U0711534

断裂与延续
人民法院建设

（1978~2005）

中国政法大学出版社

2018 · 北京

图书在版编目（CIP）数据

断裂与延续：人民法院建设：1978～2005/何永军著. —北京：中国政法大学出版社, 2018.10
ISBN 978-7-5620-8574-4

Ⅰ. ①断… Ⅱ. ①何… Ⅲ. ①法院－概况－中国－1978-2005 Ⅳ. ①D926.2

中国版本图书馆CIP数据核字(2018)第225641号

出 版 者　中国政法大学出版社
地　　址　北京市海淀区西土城路 25 号
邮　　箱　fadapress@163.com
网　　址　http://www.cuplpress.com (网络实名：中国政法大学出版社)
电　　话　010-58908435(第一编辑部)　58908334(邮购部)
承　　印　固安华明印业有限公司
开　　本　650mm × 960mm　1/16
印　　张　20.75
字　　数　340 千字
版　　次　2018 年 10 月第 1 版
印　　次　2018 年 11 月第 1 次印刷
定　　价　58.00 元

序　一

法学在西方是一门显学，与政治学、经济学和社会学并称为四大主流社会科学。但在中国，法学却还只是一门新兴学科，虽自“文革”结束后恢复以来历经三十年的发展，取得了长足的进步，但仍常被人戏称为幼稚，没获得受人尊重的学术地位。

就目前的现状来看，中国法学要摆脱幼稚局面还有漫长的路要走，与西方法治发达国家的法学比较起来，我们还有较大差距：一是在中国真正意义上的“法学研究”还不多见，国内学者现在做的工作大多还只是一种启蒙性质的工作，主要停留在译介西方国家的制度和理论上。许多法学博士论文也仅仅满足于介绍国外的制度及法理，通篇堆砌材料，少有自己的思考与贡献。一些所谓深刻的论著也常常只是用中国社会的局部经验事实来注解西方的某一理论，缺乏问题意识和现实关怀，更谈不上知识的增量。这种译介工作虽然十分重要，但就其本身而言却并非研究，最多只能算作是为研究准备材料。

二是即使有一些研究，其所研究的问题在西方法治发达国家常早已不再是什么重要问题，作为后发达法治国家，我们不得不把大量学术资源用于研究别人几十年前甚至是上几个世纪就解决了的一些问题，研究的问题不是最前沿的，理论创新的机会自然也就不多。同时不幸的是，中国自身独特的司法实践——这一学术富矿，也是中国学者最可能做出重大理论贡献的研究领域，至今也还少有学者认真地展开研究。

现有研究的方法也十分单一和落后，受学术传统和科研经费等的限制，大多数还只是规范的研究，即演算西方的法治理论和人权话语，而少有人作深入细致的经验研究，大多数论著论证宏阔空疏，结论大而失当或似是而非，所谓法学论著几同政论，法学家与政论家无异，只是在兜售自己一厢情愿的意见(而非知识)，在此情况下人们谈及一些中国法学者的观点时用所谓激进、保守和中庸等政治话语加以界分就不再是偶然的了，如果法学研究者能抱持一种价值中立的态度，结论真正是建立在可靠的经验事实基础之上，所有论点都有充足可信的证据支撑，其研究能真正做到客观和科学，那么所谓的激进、保守和中庸之说也就自然是无稽之谈，因为观点是从材料和证据中水到渠成地得出的，与作者本人并没有什么关系，不再像政论文章，其言说完全由政客的利益和价值观所决定。

所以对于有志于学术、想为中国法学摆脱幼稚局面作一点贡献的中国法学人来说，当下最紧要的任务就是恢复法学研究“学术研究”的本来面貌，将法学论文与政论文章区分开来(当然我并不完全否认政论文章所具有的价值)，少作一些大而失当的空疏的价值判断，多为自己的结论寻找一些形而上学的和经验的根据，别将自己混同于专栏作家。

正是经过痛苦的反思，出于上述认识和判断，我本人及所在学术团队近年来在法学研究的方法上开始进行了一场悄然的转向，试图告别传统规范的注释法学和价值法学而转向经验研究，告别以前那种空疏的论证，而力图对问题本身进行细致透彻的分析，达致一种精密的研究，使自身的结论尽可能科学可靠，经得起历史检验。为此，我亲自主持和参加了几个实证研究的项目，发表和出版了一系列关于实证研究的论著，而本书也可看作是在我的指导下朝上述方向所作的努力之一。

司法改革和法院建设无疑是近十余年来学界持续关注的焦点问题之一，为此而衍生的学术文献汗牛充栋，但像本书中这样的文字却是少见的。这不仅缘于作者具有鲜明的问题意识、采取了交叉学科的研究方法，更为关键的是作者具有客观、科学的精神，肯下真功夫，基本做到了所有结论均有可靠的材料支撑，从而达致了对1978~2005年间人民法院建设中人民司法传统命运变迁的可靠把握，水到渠成地得出了关于新时期人民法院建设的思路、人民司法传统的命运和转型期中国社会权威和秩序的重建等问题的看法，结论客观可靠、令人信服。如以法治中国的未来前景此一问题为例，目前学界存在两种相反的看法：乐观者认为中国必将会走向法治，而悲观者以伯尔曼在《法律与宗教》中阐述的理论为根据，认为中国没有西方社会那样的宗教信仰基础，故也就无从建立法治社会。乐观者和悲观者似乎谁也说服不了谁，因为就双方提交的证据来看都未达到使人形成内心确信的程度。而本书所呈现的历史事实却无疑较好地解决了此一问题，证成了法制（法治）中国的某种必然性。因为中国社会变迁所导致的道德、舆论等非正式社会控制手段的式微，国家除了“把法律交给人民”、厉行“以法治国”外，社会日常治理已别无他法。为此作者在结语中引用托克维尔的话指出在此社会情景中，法制（法治）中国不但是可能的，而且甚至是不可避免（一种悲剧性?）的结局。这就是史料的力量，就是所谓“一页纸的历史抵得上一卷书的推理”（Holmes语）的高明所在。阅读本书使人更加坚信，针对当前中国关于司法改革的研究成果“空前繁荣”“新观点”叠出，但经过充分论证的却少见的现状，强调观点的可靠甚于创新，因为没有经过充分论证、没有根据的所谓创新只不过是痴人说梦而已。

本书是国内外第一部系统研究人民司法传统的著作，其理论意义和现实价值不言而喻，因为人民司法传统的命运实际携带着中国国运的消息。而作者在解决自身设定的问题的同时也开启了另一系列新的问题，其研究为我们今后探索和思考“人民司法是否属于一种独立的司法形态?”“马克思恩格斯当年对资本主义法制的批判在今天是否仍然具有实现意义?”“对法治作资本主义与社会主义的划分是否妥当?”“如何处理不同性质国家间的法律移植?”等重要的理论问题提供了较好的指引，也正是在此意义上本书可被视为一项未完结的研究，许多问题有待今后继续探讨，而这可能正是好的作品所具有的共性——在前后相继的问题（学术）脉络中占有自身一个位置。作为老师，我对作者充满了期望，希望以后能看到其对上述问题所取得的进一步研究成果。

当然，本书作为一部开拓性的研究作品，其中必定会有不少不足之处，本人作为指导教师也是被“审判”的对象，故不再多言，一切只待读者诸君去品尝、去明辩、去批判。

左卫民

2007年12月于四川大学文科楼

序　二

本书开篇即道出了研究的重点：中国共产党的传统司法理念和技术在1978～2005年之间的变迁。其问题意识是，在新的社会条件下，这一传统是遗产还是包袱？在中国司法现代化的过程中，人民司法传统如何应对“一切都在变，只有‘变’是‘不变’”的社会？

而在我看来，本书关注的核心其实有两个：一是人民“司法”传统，二是从事司法的“人民”——法官。虽然永军兄将后者作为前者的要素之一。这两者当然具有逻辑上的种属关系，因为任何制度都是由人实施的。我将两者分开，是为了强调后者的重要性；在理论上，似乎也可以说，前者突出的是制度的德性，后者关注的则是人的德性。

本书将司法置于社会的整体情境中，从内外两个视角解释人民司法传统的恢复、重建、调整与变迁。其贡献之一，在于首次将人民司法传统归纳为五个方面：①服从党的领导——人民司法的组织保障；②为党和国家的中心工作服务——人民司法的任务；③走群众路线——人民司法的工作方法；④实事求是、有错必纠——人民司法的基本要求；⑤德才兼备——人民司法从业人员应具备的基本素质。通过展示处于各种社会网络中的司法制度，作者认为，二十多年来人民司法传统“经历了‘中断→恢复与发展→部分断裂→部分复兴’的戏剧性历程”。

本书在简单介绍1978年前中国社会政治、经济生活状况及法院的尴尬处境后，笔锋转至“文革”后中国共产党领导全国人民告别“继续革命”，由“无产阶级专政”转向“综合治理”的艰难历程。本书认为，“文革”后人民司法传统恢复的土壤是：农民依附于公社、城市居民依附于单位、城乡分割及严格的户籍管理制度的社会结构；拨乱反正与“告别革命”的政治背景。改革开放后，人民公社解体，单位制日趋瓦解，社会生活日益非政治化和世俗化，中国各种非正式社会控制手段日渐衰落（作者总结为“道德滑坡”“信仰危机”“舆论沉默”）。人民法院又被温和地推到了社会纠纷解决的前台。这些合力推动了人民法院新一轮的建设与审判方式的改革。在新司法模式下，深入群众、调查研究从常规变成例外；“巡回审理、就地办案”被边缘化，坐堂问案成主流；“实事求是、有错必纠”不再具有正当性。被恢复的人民司法传统又部分断裂。

新司法模式的出台是因应社会的新需求，但老问题还没有根本解决，新问题又纷沓而至。“实质正义”的贬损、愈演愈烈的“地方保护主义”“执行难”“司法腐败”使司法程序和“程序正义”空洞化，司法的合法性危机开始显山露水，暴力抗法、报复法官、信访大潮和人大代表的弃权票与反对票即为明证。为矫此弊，党明确提出“以德治国”，并将“公正与效率”和“司法为民”作为司法的主题。如此，一度被淡化的人民司法传统又有复兴端倪。

这就是本书勾勒的人民司法传统在1978～2005年间的大致轮廓。通过社会—历史的大叙事，我们可以体察到在历史长河的裹挟下司法制度的浮沉悲喜。这些历史在大量的文献的映衬下鲜活起来。不过，在素描这段历史时，作者对1978年以后重建的人民司法传统与陕甘宁边区的人民司法传统的区分语焉不详。对此读者可能会问，在历史如此剧烈的涤荡后，重建的司法传统恐怕多少会有新时代的痕迹吧，这种重建会不会是旧瓶装新酒呢？实际上，作者对这些问题并非不在意，因为要谈司法传统的变迁首先就得弄清楚原来司法的情状，即变迁的起点。当然对此作者的处境无疑是十分尴尬的，因为至今对人民司法传统的研究还是一片空白，相关学术积累甚少，作者几乎没有可援引的二手文献，故要完成重建后的人民司法传统与陕甘宁边区的人民司法传统的区分实有困难。同时，恐怕这也不是作者在本书中研究的兴趣和重点所在，作者关注的是人民法院在1978～2005年间的故事，故对此可不用多加关注。此外，也许更为重要的是，从作者对“传统”的理解来看，作者坚持希尔斯的看法认为形成一项传统至少需要“三代人的时间”，故在作者看来，实际直到20世纪80年代人民司法的传统才真正定型和成熟，如斯，那么上述提问就被消解了。而就本书的内容来看，显然作者也并未坚持对“司法传统”作本质主义的理解，而是始终关注司法技术内在的细微变化，并明确指出人民司法传统在恢复的同时也伴随着某种发展，例如同样是坚持党的领导，但在1979年以后党委审批案件的做法已经消失了。

贯穿本书历史与现实分析的最基本的分析概念，或者说理论前提，是邹谠、孙立平和萧功秦等人提出或阐发的“全能主义/总体性社会（totalism）”和“后全能主义/后总体性社会（post－totalism）”，即认为中国共产党在革命胜利后逐步在中国建立起了一个总体性社会（全能主义社会），国家吞并了社会，对经济以及各种社会资源实行全面垄断，政治、经济和意识形态三个中心高度重叠，国家实现了对社会的全面控制。而1978年以后，这种全能社会在各方面都受到了很大的挑战。我个人认为，西方学者常常使用的“totalitarianism”一词，翻译为“总体主义”过于回避了意识形态的论争，衡诸中国的纵向和横向的权力分配机制，翻译为“集权主义”也许更合适。作为一个“巨型”的理想型概念，这一分析工具肯定是管用的。从这一角度入手，首先涉及的，还是困扰我们多年的“娜拉出走后怎么样”的问题：革命成功后，革命时期的东西怎么办？和平年代的继续革命如何可能？如此，人民司法传统一方面与国家理想、国家的德性和千禧年主义密不可分，另一方面又与 1949 年以后的“国家建设”勾连在一起。当“司法”与“人民”联系在一起时，司法就不可能是纯正的司法了，其特性实在是让人回味悠长。

正如苏力所说，“一个社会的最佳治理方式必须是适应该社会发展需要的，必须是为人们社会生活所需要的”。司法治理的方式、司法的合法性来源都必然会随着社会的变化而变化。在现代社会，要想全方位地恢复司法传统，恐怕是无力回天了。对于这种改变，舒国滢先生以司法的“广场化”与“剧场化”来区分，这无疑是相当直观而有想象力的，但我认为，“广场”与“剧场”未必完全是为了获得合法性。而且，现代司法“剧场”，究其实质，正如季卫东先生指出，是为了限制行动者的恣意，使其在角色的分配、扮演的过程中，一步步陷入到自己先前行为编织的网络中。它与真实剧场的展开过程完全相反：其通过当事人的言辞，最终获得的是现代官僚制和法律程序要求的各种文牍；而真实剧场则是通过行动与语言展开文本的。

尽管社会已经沧海桑田，人民司法传统在很大程度上已经成为心向往之却不能至的司法境界，然而作者敏锐地指出，只要中国还有落后的农村，还有一个庞大的社会弱势群体存在，人民司法的传统就不会在中国消失。这一判断应该是有说服力的。至少，我们随时可以看到人民法院围绕党的各种方针，注入以人为本、构建和谐社会等所做的各种改革即是明证。事实上，只要权力的合法性没有完全向法理型转变（即使转变了也并不妨碍），人民司法传统就必然有广阔的存在空间，毕竟“人民司法”是司法的最高境界。

问题是，这种人民司法传统——即使我们愿意坚持，我们能够坚持吗？

在作者刻画的五彩斑斓的世界里，我们可以看到很多美丽的童话和乌托邦；童话和乌托邦肯定不是坏的，然而，生活在其间的人却不可能是童话和乌托邦设想的人，最终的结果，往往是乌托邦的伟大理想和旗帜掩盖了哀鸿遍野的惨痛现实。本书将法官德才兼备的素质列为人民司法传统的内容，是切中肯綮的。

本书的重要贡献之一，是重申了一个被轰轰烈烈的司法改革运动所掩盖的常识：司法者是司法最核心的要素。在作者看来，重视实质正义、忽略程序正义的“行政式司法”虽然潜伏着巨大的错案风险，但最终这些风险得以化解，原因之一是党的宗旨及司法者的德性在一定程度上弥补了法律制度本身的缺漏，绝大多数法官是清正廉洁的，是真心实意为人民服务的。而在市场经济条件下，人民司法陷入困境，导致司法的公信力急剧下降，人民司法呈现出严重的合法性危机。作者指出，这一方面是因为诉讼案件成倍增长，另一方面则是因为社会主义意识形态的淡化，司法者的品行已今不如昔。之所以从事“司法”的“人民”出现了败德行为，作者也将其归结为社会变迁：“六亿人民皆尧舜”的时代已成为历史，市场经济立论的基础是自私自利的理性人。“在整个社会‘一切向钱看’，私心和私利得到最大程度鼓励和满足的社会里又如何能够使绝大多数共产党员保持大公无私的共产主义觉悟呢？不是高尚的共产主义品质不可欲，更不是共产主义的理想不可欲，而是在一个个人主义盛行的市场经济条件下培育坚定的共产主义战士已极为困难。”

在法官职业化浪潮中，我们看到这样一个有趣的现象：最高人民法院重申法官职业化与“四化”方针和“德才兼备”原则完全一致；“人民满意的好法官”的评选标准之一是干部的“四化”方针和“德才兼备”原则。这些或许都是人民司法传统不会消亡的有力证据之一吧。

在这里，本书的论题涉及了西方自由主义政治制度无法解决的一个难题：设计再严密的制度，都需要有德性的人来运作；否则，作为行动者、能动者的人最终都会架空制度，使制度成为无用的躯壳。

自由主义的宪政民主、市场经济、消极自由等观念都要求区分政治与道德、法律与道德。进一步，自由主义还要求人的“个性”和多元化，要求国家保持价值中立。中立性又奉行“国家远距”（Staatsdistanzprinzip）原则，权力的拥有者不能以自己的价值观来证成任何社会制度。结果，国家就远离了民众的道德与良善生活，忽视了柏拉图以降的政治哲学对培养公民德性的追求。一些自由主义者甚至还假定，只要建立了良好的制度和程序上的制衡，保障了公民的消极自由，对国家而言，公民的德性是无关紧要的。换言之，制度的德性完全可以取代个人的德性。

尽管如此，自由主义始终存在一种对人性的阴郁观感和幽暗意识。正如联邦党人所说，政府不是天使，人也不是天使。抽象的政府是通过成员的活动具体化的，成员的德性是维持制度德性最重要的保障。自由主义的潜在假设是，公民的“公德”和“私德”是可以分离的。事实上，这种分离是无法成立的。经典自由主义作家密尔悲天悯人地告诫道：“如果人民的道德情况坏到证人普遍说谎、法官和其下属受贿的地步，程序规则在保证审判目的上又有什么效用呢？又，如果人民对市行政漠不关心，不能诱使忠实而有才能的人出来管理，把职务交给那些为谋取私利的人去担任，制度又怎能提供一个好的市行政呢?”〔1〕托克维尔说得则更直接：贵族政体的统治者偶尔学坏，民主政体的统治者常常自动变坏。最可怕的不是大人物缺德，而是缺德使人成了大人物。

在一个“专家没有灵魂”（韦伯语）的年代，面对越来越精巧繁复的程序，最可能出现的不是程序设计者的理想，而是使“贪官污吏越有可乘之机”（冯象语）。邓小平的总结简短有力：“没有理想，没有纪律，就会像旧中国那样一盘散沙。”

〔1〕［英］密尔：《代议制政府》，汪瑄译，商务印书馆1982年版，第25～26页。

只是在这个公共领域淡漠、共同体精神丧失殆尽、道德相对主义盛行的社会，要如何坚守一点人民司法的真正精髓，确实是个无法回答又不能不回答的问题。

本书走的是法社会学的路子，也许还可以被划入历史社会学的范畴。这种研究近年来颇为流行，如从治理的角度分析中国的刑罚乃至农村土地承包经营合同，以揭示出社会治理过程中国家那双无所不至、无所不在的“权力之眼”。法律之眼——西方文献中常常用的“in the eyes of law”，其实还是国家的“权力之眼”。本书从司法这一特定的权力、合法性生产的场域，反思传统的国家治理模式及在新一轮的社会变迁下（诸如基层组织治理的缺位、市场经济的兴起、道德生态的迅猛变化）国家治理模式的改变，这种思维方式无疑展现了很多我们以往忽视了的东西，有助于我们研究制度变迁中隐藏的路径依赖。

作者最打动人的一点，是在研究制度时，对历史深深的“同情之了解”。也许每个研究本国历史的学者，面对故纸，都会感觉到现实生活中历史的温润脉动吧。作者考察的是人民司法传统的命运（与中国转型中各种“旧制度”乃至人的命运紧密勾连）。这种考察，如果脱离了对祖国和人民命运的关注，是无法完成的。本书对历史的考察远远超出了“以古鉴今”的意义，而具有了某种迈向未来的力量。它提供给读者的，不仅仅是反思或者批判，而是一种切肤的历史感和现场感。这足以勾起每个法律人对自身的角色甚至命运的反思。

本书处处体现了作者爬梳资料的苦心和辛劳。作者的阅读面也相当广泛，但更难能可贵的是，作者并没有陷入材料的汪洋大海，无论是史料的使用，还是交叉学科理论的运用，都拿捏有度，作者的运思最终避免了使本书成为各种时髦理论的拼贴图。

另外值得一提的优点是，本书主要以叙事性的文字为主，口语化的叙事加之各种理论的融会与剖析，既能够激发读者阅读的兴趣，也可以砥砺我们对现实和历史进行反思。

晚近有关法学与社会科学的关系、运用交叉学科的议论颇多，但真正落到实处的还是凤毛麟角。本书在这方面无疑做出了令人赞赏的努力。读完本书初稿，我唯一的遗憾是，对人民司法传统在当下的实质性命运，作者并没有给出太多的结论。也许在这样一个充满“可能性眩晕”的年代，这是“不可能完成的任务”吧。

谢鸿飞

2007 年 12 月于中国社科院法研所

目 录

导 论

中国正在从事人类历史上前所未有的新实践——一个共产党执政的社会主义国家正在学习和借鉴资本主义的制度与文明，利用资本主义发展社会主义，[1] 资本主义的生产方式与社会主义的意识形态和政治组织形式耦合在一起。中国特有的市场转型对人类既有的一切社科知识和理论库存均提出了挑战，那些曾经“不证自明”的理论和学说现在只有经受住这一实践拷问，才能证明其自身存在的合法性。正是在此历史语境下，笔者接触到了本书的研究对象与主题。

研究对象与主题

本书的研究对象是 1978～2005 年间的人民法院建设，而将笔者的注意力吸引到这一题域上来的则是关于人民司法传统的命运问题。在利用和借鉴资本主义制度与文明的过程中，传统共产党司法的一些理念和技术发生了怎样的嬗变？在中国社会变迁的过程中，人民司法传统的际遇和命运如何？在中国司法现代化的过程中，人民司法传统是一份遗产还是一份沉重的包袱？面对未来，我们应当如何对待人民司法传统？

司法历来是中国共产党合法性再生产的重要场域，人民司法的一些传统理念和技术历来是中国共产党执政的重要合法性资源，人民司法传统的命运是与中国共产党以及中国社会主义的命运交织在一起的。那么，在社会转型的过程中，中国大陆司法理念与技术的变迁对中国政治

---

[1] 邓小平曾说：“资本主义已经有了几百年的历史，各国人民在资本主义制度下所发展的科学和技术，所积累的各种有益的知识和经验，都是我们必须继承和学习的”［《邓小平文选》（第2卷），人民出版社 1994 年版，第 167 页］，改革开放的过程实际也就是中国共产党学习和借鉴西方资本主义而发展自身的过程。

（特别是中国共产党执政的合法性）产生了怎样具体的影响？在新的历史条件下，中国共产党如何巩固其在司法领域中的合法性地位，从而为其长期执政奠定坚实的基础？

而人民法院建设问题又是与转型期中国社会的权威与秩序重建勾连在一起的。中国真的可能实现由一种以传统型和克里斯马型权威为主的状态向一种以法理型权威为主的状态转变吗？如果这一转变是可能的，那么如何才能实现这一转变？在这一转变中我们应凭借何种资源和采取何种手段？现代化的过程是一个充满断裂的过程，在此背景下我们应怎样处理传承与创新的关系？

现实和历史是不可分割的，“对现实的曲解必定源于对历史的无知；而对现实一无所知的人，要了解历史也必定是徒劳无功的”。〔1〕面对上述一系列提问，我们有必要深入到28年来人民法院建设的历史现场，再现人民法院的现实处境及其运作的内在政治逻辑，揭示在此期间人民法院建设的历史动因与动力，以及其所遭遇到的挑战和困难，通过对中华人民共和国法院的过去、现在和未来作一历史性的把握，从而达致对中国社会转型及其权威与秩序重建作出可靠而深入的理解。

研究动机与目的

中国将越来越市场化、越来越民主、越来越自由，这是不可阻挡的历史潮流。但同时谁也不能保证说这也意味着中国将会越来越有秩序，人们会过上一种更值得过的生活，会越来越幸福。当中国实现高度民主和自由之时（不用说从民主和自由中获益最多的，历来就只能是少数社会精英），我们的社会还仍能保持和谐有序吗？我们如何才能在得到民主和自由的同时，也拥有秩序？这是时代对我们的提问，从长远看，也是每一位有眼界、有良知的中国学人都应该正视和思考的重大政治现实问题。

当亨廷顿说出“人当然可以有秩序而无自由，但不能有自由而无秩

〔1〕［法］布洛赫：《历史学家的技艺》，张和声、程郁译，上海社会科学院出版社1992年版，第36页。

序”这样的名言时,[1]他只不过是在重申一项古老的西方政治哲学智慧。因为在他之前托克维尔就曾说过:“谁要求过大的独立自由,谁就是在寻求过大的奴役”,[2]霍布斯甚至曾基于摆脱“人人相互为敌的战争”状况的考虑而主张建立一个强大的利维坦,要求人们忍受哪怕是专制与独裁的统治。[3]西赛罗也曾警示过:“那种过分的自由,无论对人民来说,或是对个人来说,都会转变成过分的奴隶状态。”[4]而柏拉图在更早之前就曾借苏格拉底之口提出过警告:“无论在个人方面还是在国家方面,极端的自由其结果不可能变为别的什么,只能变成极端的奴役。”[5]故认为自由与奴役之间仅隔着一层纸,没有法制与秩序的保障,盲目追求自由只会导致奴役,乃是西方政治哲学的一大固有洞见。

对于生活在一个有着曾经因实行“大鸣、大放、大辩论、大字报”的所谓“大民主”而几乎致社会陷入无政府状态教训的国度的我们而言,对于维持社会秩序的重要性本应有切肤之感,但出于对专制与极权的恐惧,使我们在深情呼唤“小政府”和“弱政府”之时,已部分忘记了政府乃是“一种必要的邪恶”,忘记了一个强有力的利维坦乃是捍卫公民安全与自由最可靠的保障。[6]权力本身并不等于邪恶,也非越弱越好,只有那些恣意的没有边界的权力才是我们要坚决加以反对的。在中国,谁需要一个“弱政府”?无疑是那些正春风得意的各色社会精英,那样他/她们就可以享受更多的自由,获得更多发财的机会。谁需要一个“强有力的政府”?无疑是那些社会处境最不利的弱势群体,他/她们希望政府强大到能够供给他/她们各种维持生存与发展的福利,满

[1] [美]亨廷顿:《变化社会中的政治秩序》,王冠华等译,生活·读书·新知三联书店1989年版,第7页。

[2] [法]托克维尔:《旧制度与大革命》,冯棠译,商务印书馆1992年版,第160页。

[3] 霍布斯说:“容忍人们对暴君政体公开表示仇恨便是容忍人们对国家普遍怀着仇恨。”参见[英]霍布斯:《利维坦》,黎思复、黎廷弼译,商务印书馆1985版,第572页。

[4] [古罗马]西赛罗:《论共和国·论法律》,王焕生译,中国政法大学出版社1997年版,第59页。

[5] [古希腊]柏拉图:《理想国》,郭斌和、张竹明译,商务印书馆1986年版,第342页。

[6] 美国政治学者史蒂芬·霍尔姆斯和凯斯·R. 桑斯坦认为:“把一个能够镇压暴力和犯罪的政治体制描述为最小,是对所有历史证据的违背,暗示着这个体制是容易实现和维持的。事实并非如此,为保持私有财产而进行惩罚与威慑犯罪的开销总量提供一个反证。”参见[美]史蒂芬·霍尔姆斯、凯斯·R. 桑斯坦:《权利的成本——为什么自由依赖于税》,毕竟悦译,北京大学出版社2004年版,第43页。

足他/她们对于安全和正义的最基本需求。社会要和谐发展，我们就必须在效率与公平之间寻求某种妥协与平衡，既不能完全站在精英的立场，也不能完全站在弱势群体的立场；我们既不能容忍一个极权的政府，也不能容忍一个弱到连公民起码的安全与福利都不能供给的“无能政府”。[1]

在中国，为何秩序会成为一个令人担忧的问题？答案就在于中国社会的权威正在发生变化。要维护社会秩序就需要权威，任何时候没有权威也就没有秩序。托克维尔曾正确指出：“正如人们为了表达自己思想而需要依靠一定的语法结构一样，一切社会为了求得生存也不得不服从于某种权威，而没有这种权威，社会就会陷于无政府状态。”[2] 但在市场转型的过程中，中国在计划经济体制下建立起来的总体性社会业已日趋瓦解，执政的共产党和国家权力正在从日常社会生活中全面淡出，不断放松对社会的监控，中国的政治生活正在经历一场全面的理性化和世俗化，党和国家的权威业已降低。这一方面为民主、自由提供了空间，创造了条件；另一方面也因在一段时间内没有适当的权威来填补这一空白，致使在局部地区出现了权力真空，各种黑恶势力抬头，社会矛盾日益尖锐，犯罪活动渐趋猖獗，社会在一定程度上会陷于无序状态。故中国的秩序问题是与中国的权威转型与重建联系在一起的。

在中国，传统型权威和克里斯马型权威均已大为削弱，而法理型权威又未真正确立起来，历史正处在旧的权威体系已趋解体而新的权威体系尚未建立的间隙，国人正在品味着新的好处未得而旧的优势已失的痛楚。故在当下中国，权威和秩序问题已不仅是政治学和社会学学理上需要探讨的重大理论问题，而且也是中国社会已经遭遇并将继续面临的根本政治问题。正是出于对中国社会权威与秩序重建的关注，笔者才最终将注意的目光转移到人民法院的建设上来，开始关注人民司法传统的命运问题。

第一，加强法院建设是维护国家权威，保障民主、自由健康发展的

---

〔1〕 昆廷·斯金纳认为：“应该承认国家是有它自己生命的一个实体：一个既不同于统治者、也不同于被统治者的实体，因此能够要求这两方面的效忠”。参见［芬兰］凯瑞·帕罗内：《昆廷·斯金纳思想研究》，李宏图、胡传胜译，华东师范大学出版社2005年版，第85页。

〔2〕［法］托克维尔：《论美国的民主》（上卷），董果良译，商务印书馆1988年版，第78页。

根本途径。汉密尔顿曾说："国家权力的尊严必须通过司法机关来表示。"〔1〕国家权威的维护及统治合法性的确立均有赖于法院能够依法有效的行使审判权力。而"民主国家是滋生政治野心的温床"，〔2〕故在民主昌盛的情况下，加强法院建设、确保司法独立实属防止出现多数人暴政悲剧的万全之策，正是基于此，审慎如柏克那样的保守主义者才说："当一种民主制成为了国家的绝对权力时，这样一种独立的司法机构就更是10倍地必要。"〔3〕而用司法来防止多数人的暴政也正是托克维尔在《论美国的民主》一书中一再阐发的重要主题，对此托氏曾说："我走访一些美国人和研究美国法律之后，发现美国人赋予法学家的权威和任其对政府施加的影响，是美国今天防止民主偏离正轨的最坚强壁垒。"〔4〕

第二，人民法院是塑造未来中国社会秩序的重要力量，中国未来社会是否和谐有序在很大程度上取决于人民法院建设的成效。在我们这个转型时代，"唯一不变的就是变"，而一个急剧变革的社会常常也是一个无序的社会，所以维持社会秩序就成了我们在改革的整个过程中都将面临的一项艰巨政治任务。只有明晰此理，我们才能理解中国共产党为何始终将"稳定压倒一切"作为其执政的至理名言。〔5〕随着旧的权威和秩序的式微，社会发展呼唤法治的权威和秩序。而法治权威与秩序的建立及维系片刻也离不开法院，〔6〕加强人民法院建设正是中国迈向法治的必经路径和步骤，也是维持社会稳定、有序的基本物质条件。

---

〔1〕［美］汉密尔顿、杰伊、麦迪逊：《联邦党人文集》，程逢如、在汉、舒逊译，商务印书馆1980年版，第80页。

〔2〕［英］埃德蒙·柏克：《自由与传统》，蒋庆等译，商务印书馆2001年版，第77页。

〔3〕［英］埃德蒙·柏克：《法国革命论》，何兆武等译，商务印书馆1998年版，第267页。

〔4〕［法］托克维尔：《论美国的民主》（上卷），商务印书馆1988年版，第303页。

〔5〕邓小平曾说："中国的问题，压倒一切的是需要稳定。没有稳定的环境什么都搞不成，已经取得的成果也会失掉"，参见《邓小平文选》（第3卷），人民出版社1993年版，第284页。

〔6〕在戴雪看来法治应包含如下三要素：①人民非依法定程序，并由普通法院证明其违法，否则不能遭受财产或人身方面的不利处罚。②法律面前人人平等，即每一个英国人不论地位或阶级，均在普通法之下，均受普通法管辖。③英宪是英国各法院由涉及私人权利的个案判决所得之结果，即英宪是法院保障人权的结果而非保障人权的来源。其三点含义均与普通法院相关联，可谓没有普通法院也就没有英国式的法治模式。参见［英］戴雪：《英宪精义》，雷宾南译，中国法制出版社2001年版，第231～245页。

第三，法院建设是实现法治的物质基础和前提条件之一，探明中国的法院建设有利于加深对中国法治权威与秩序建设进程及规律的理解。中国应当告别人治而走向法治，中国应当树立法治的权威，这些话语已被当作不言而喻的真理广受人们信奉，业已成为国人讨论任何法学问题时不假思索的前提。但“徒法不足以自行”，“法律如果没有法院来详细说明和解释其真正意义和作用，就是一纸空文”。〔1〕“如果说‘法治’是近代化国家的主要特征之一，那么作为其实质性的基础则应当是这个国家的裁判制度。”〔2〕而裁判制度的现实化就是一国的法院建制及其具体的实务运作，所以可以说一国法治建设的进程在很大程度上就表现为一国法院建设的进程，关注中国法院建设实际就是关注中国法治权威与秩序建设本身。

第四，研究法院建设也是观察中国社会转型、把握中国权威和秩序建构的最佳切入点和路径之一。无论是作为社会冲突与矛盾制度化的解决机制，还是作为社会公正的最后一道防线，司法都显得极为敏感，承载和记录着政治和社会生活及人们价值观的变迁。故研究人民法院建设的过程乃是考察中国社会转型、把握中国权威和秩序建构的最佳切入点和路径之一。就本书而言，对人民法院建设的历史进行梳理正是笔者透视中国社会权威与秩序变迁及重建的一条路径。笔者试图将中国的法院建设放在中国社会权威和秩序变迁及重建这一宏观背景下来审视，同时也试图通过对人民法院建设历程的梳理而揭示出中国转型期权威和秩序重建的具体历史过程，特别是在其间人民司法传统的断裂与延续及对中国政治产生的影响。

思路与结构

为明确历史方位，从整体上把握本书所研究的这一历史时段，笔者参考了邹谠、孙立平和萧功秦等人的研究成果，借用了他们所使用的全

---

〔1〕［美］汉密尔顿、杰伊、麦迪逊：《联邦党人文集》，程逢如、在汉、舒逊译，商务印书馆1980年版，第111～112页。

〔2〕［日］染野义信：《转变时期的民事裁判制度》，林剑锋译，中国政法大学出版社2004年版，第209页。

能主义/总体性社会（totalism）和后全能主义/后总体性社会（post - totalism）这一对分析工具，[1] 将1978年前视为是中华人民共和国的全能主义/总体性社会时期，而改革开放后视为是中华人民共和国的后全能主义/后总体性社会时期。基于客观中立性的考虑，笔者在本书中使用了孙立平等社会学家所使用的“后总体性社会”这一术语来定义本书研究的这一时段。[2] 不过有必要指出的是，现已有个别学者对“后全能主义”等提法略有微词，例如徐勇即认为“后全能主义”时代的提法“与所谓‘后现代主义’等概念一样，‘后’实际上是缺乏对变革社会进行深入分析的‘偷懒的’模糊性提法。”[3] 但鉴于全能主义/总体性社会（totalism）和后全能主义/后总体性社会（post - totalism）这

---

〔1〕“全能主义”（totalism）是美国政治学家邹谠研究当代中国政治时所首创的一个术语（参见 Ho Ping - ti and Tsou Tang（eds），*China in Crisis*，University of Chicago Press，1968；邹谠：“中国廿世纪政治与西方政治学”，载《经济社会体制比较》1986年第4期），他说：“‘全能主义’（totalism）就是指，政治权力可以侵入社会的各个领域和个人生活的诸多方面，在原则上它不受法律、思想、道德（包括宗教）的限制”（参见［美］邹谠：《二十世纪中国政治——从宏观历史与微观行动角度》，牛津大学（香港）出版社1994年版，第223页）。在此基础上萧功秦提出了后全能主义（post - totalism）这一概念，孙立平将 totalism 移用到社会学研究中来，将其翻译为“总体性社会”，并相应的提出了后总体性社会（post - totalism）这一概念。孙氏所说的“后总体性社会”是指中国“总体性社会”解体过程中所要经历的整个历史阶段，此间一方面随着社会资源的分化和政治中心的转移，“总体性社会”正在发生变化，并向着与国家相分离的，主要依靠市场配置社会经济资源的市民社会发展；但是另一方面政治和行政因素仍然是一种辐射力和穿透力极强的资源，即使是完全在市场中流动的其他资源，也仍然要受到政治和行政力量的巨大影响，即“总体性社会”并没有完全解体（参见孙立平等：《动员与参与——第三部门募捐机制个案研究》，浙江人民出版社1999年版，第一章）。

〔2〕谢鸿飞曾来信建议笔者用“集权主义”取代“总体性社会”这一提法，认为将西方学者所使用的“totalitarianism”一词翻译为总体主义多少有点回避意识形态的意味，衡诸中国的纵向和横向的权力分配机制，翻译为“集权主义”也许更合适，这无疑是十分中肯的建议，丁学良在其《共产主义后与中国》一书中也曾使用过“集权主义”这一表达。但思考再三本书还是坚持使用“总体性社会”这一表达：一则是因为“总体性社会”的提法已被较多学者使用，如此便于开展学术对话；二则是笔者私下认为改革后的中国社会是一个逐步走向分层的碎片化的社会，局部社会又出现了一盘散沙的状态，“总体”比“集权”更能突显社会破碎这一事实。

〔3〕徐勇：“内核——边层：可控的放权式改革——对中国改革的政治学解读”，载《开放时代》2003年第1期。

一对概念用于分析中国社会变迁较为妥帖，并且现已广为学界所接受，[1] 故本书仍坚持使用这一对概念来把握中华人民共和国的历史。当然与社会学和政治学的研究者有别的是，本书并未将其作为一分析性概念加以使用，而仍坚守了“从史实到理论”的“清规戒律”。

根据上述思路，除了导论和结语外，本书主体部分共分四章，第二章着重介绍了1978年前总体性社会下中国社会政治、经济生活的情况，以及人民法院尴尬的处境，并具体回顾了“文革”后中国共产党领导全国人民告别“继续革命”，以及在治国上由奉行“全面专政”转变到“综合治理”上来的艰难历程，揭示了在此期间人民法院建设兴起的原因，解答了为什么要进行法院建设的问题。当然在此有必要指出的是，本书中的“告别革命”特指告别“无产阶级专政下的继续革命”，有别于20世纪90年代中期在中国历史、哲学、文学等研究领域，出现的“告别革命，远离政治，跳离主流，淡化意识形态”的思潮。[2] 1983年2月11日，刚创刊不久的《经济日报》曾在其头版“重要言论”栏目上刊载了时任中共中央总书记胡耀邦同年1月20日在全国职工思想政治工作会议上所作的题为“四化建设和改革问题”长篇报告中关于“‘继续革命’和改革”的一段讲话：“我们党坚决摒弃了‘文化大革

---

〔1〕 例如1999年孙立平等人在以希望工程为对象研究第三部门的募捐机制时，正式使用了“总体性社会”与“后总体性社会”这两个概念来描述改革开放以来中国社会的变迁过程（参见孙立平等：《动员与参与——第三部门募捐机制个案研究》，浙江人民出版社1999年版），而郭于华等人在以青基会为对象研究第三部门激励机制时也将改革开放以来的中国社会定义为“后总体性社会”（参见郭于华等：《事业共同体——第三部门激励机制个案探索》，浙江人民出版社1999年版，第204~313页）。现“总体性社会”和“后总体性社会”这一对术语已日渐为社会学学界所广泛接受和使用。与此相应，政治学者萧功秦则使用了“后全能主义时代”来概括改革开放以来生成的中国社会，其1998年撰文首次宣称：“邓［小平］后的中国在世纪之交，实际上已经完成了从改革以前的全能主义体制，向具有中国特色的‘后全能体制’（Post - totalitarian regime）的历史转变”（参见萧功秦：“中国社会各阶层的政治态势与前景展望”，载《战略与管理》1998年第5期），而2000年他又撰文再次宣称：“当今中国大陆已经进入有限多元化的后全能主义历史阶段”（参见萧功秦：“后全能体制与21世纪中国的政治发展”，载《战略与管理》2000年第6期），随后“后全能体制”和“后全能社会”的提法即为政治学界所广泛采用，2001年政治学者李强借用“全能体制”和“后全能体制”这一对术语作为分析框架研究现代国家的构建（参见李强：“后全能体制下现代国家的构建”，载《战略与管理》2001年第6期）取得了较大成功，其文章被广泛引用。

〔2〕 对此，可参见滕藤在1996年1月22日召开的中华人民共和国国史学会工作汇报会上的发言（“中华人民共和国国史学会工作汇报会纪要”，载《当代中国史研究》1996年第2期）。

命'中提出的所谓'无产阶级专政条件下继续革命'的论断。这个论断所指的'继续革命'，是'一个阶级推翻另一个阶级'。……这当然是主观臆造出来的。应当说，在社会主义条件下，这种所谓'一个阶级推翻一个阶级'的'继续革命'。既没有经济基础，也没有政治基础。"[1] 这可以看作是本书如此提法的一个官方文献依据。

人民法院建设的动力问题解决了，随即就面临着如何进行建设的新问题。在1978年召开的第八次全国人民司法工作会议上最高人民法院院长江华（1975～1983）提出了恢复"毛主席的司法工作路线"的号召，要求恢复人民司法的优良传统，故在本书第二章中笔者全面归纳和总结了人民司法传统的理念和技术，及其在新的历史时期的实践与发展，展现了人民司法的独特风采。笔者首次将人民司法传统归纳为这样五个方面：①服从党的领导——人民司法的组织保障；②为党和国家的中心工作服务——人民司法的任务；③走群众路线——人民司法的工作方法；④实事求是、有错必纠——人民司法的基本要求；⑤德才兼备——人民司法从业人员应具备的基本素质。而这每个方面中国共产党又采取了若干司法技术措施来加以落实与保障，笔者择其要者作了介绍，从而解决了什么是人民司法传统的问题，明确了文章研究主题的具体内容，为对人民司法传统作进一步的研究提供了前提和基础。

改革开放以来，中国社会发生了转型，逐步由总体性社会过渡到后总体性社会。由于社会情势的变化，人民法院建设面临着新的机遇和挑战。在本书第三章中，笔者通过对中国改革开放以来形成的后总体性社会中各种社会控制手段状况的考察，指出随着社会生活的日益去政治化、世俗化，中国各种非正式社会控制手段日渐衰落，同时原来人民内部矛盾解决的第一、二道防线的功能已趋弱化，使人民法院在社会纠纷解决中的作用日益凸显出来。从而揭示了人民法院新一轮建设的动力所在，以及20世纪80年代末期人民法院开始推行审判方式改革的内在原因，揭示了在司法改革中像"群众路线""实事求是、有错必纠"等人民司法传统的部分断裂，以致中国共产党执政的传统合法性资源出现流失。而司法实质正义品质的下降也危及部分民众对司法的认同感。

在前述基础上，本书第四章分析了在此期间人民法院建设遭遇到

[1] 胡耀邦："'继续革命'和改革"，载《经济日报》1983年2月11日，第1版。

“地方保护主义”“执行难”“司法腐败”的挑战，以及因司法“实质正义”的下降和“地方保护主义”“执行难”“司法腐败”所导致司法“程序正义”的空洞化而显露出合法性危机，再现了在世纪之交中国共产党为巩固司法的合法性地位所进行的艰苦卓绝的努力。在这一努力过程中，由于“以德治国”的提出，以及对“公正与效率”世纪主题和“司法为民”的践行，在新的社会情境下一度被淡化了的人民司法传统理念与技术又出现了部分复兴的迹象。

在总结前述历史考察的基础上，本书在结语中对导论中提出的问题作出了回应，就人民司法传统的特性，人民法院建设的新思路，人民司法传统的命运，以及未来法治中国的权威与秩序重建等问题提出了自己的看法。当然就本书而言，笔者提出的诸如“人民司法传统的命运”“中国社会权威与秩序的重建”等问题，远比给出的那些答案重要。诚如孟德斯鸠所言：“探究一个题目不应穷源尽委到了不留任何事情给读者做。问题不应该是让人去阅读，而应该是让人去思考。”〔1〕让更多的人来关注前述这些问题无疑才是笔者写作本书的初衷所在。

材料、概念与方法

当代人写当代史，历来风险较大，为往贤所力避之。一是由于作者身处其间，存在各种现实的利害，故未必能做到秉笔直书更是如此。二是研究当代史对研究者也存在智识上的极大挑战，因为“很多事情的真意义，要多年之后静眼冷观才看得明白”，〔2〕对于一个本身还处于发展、变化之中的事物要给出一个定论实属不易。三是研究当代史在史料寻找和处理上也存在诸多的困难。一则由于部分重要档案尚未开放，常无从获取原始资料，以致根本就无法进行深入研究；二则一般史料又太多、太滥，弄不好研究者就会被史料淹没而不能自拔。对于研究中国现代史的这种苦处，美国学者迈斯纳曾深有感触地说：“对一个试图写作

〔1〕［法］孟德斯鸠：《论法的精神》（上册），张雁深译，商务印书馆1959年版，第221页。

〔2〕［美］黄仁宇：《放宽历史的视界》，生活·读书·新知三联书店2001年版，第213页。

中华人民共和国史的人来说，他既苦于资料过多又苦于缺乏资料。”[1]

就本书的研究而言，无疑也存在上述诸多难处。特别是受时间、精力和财力，以及人脉资源的限制，在做本项研究时笔者除了走访过数家法院，获得一些零星的感观印象外，所凭借的资料基本上只能是公开发布、发表和出版的各种文件和读物，具体包括各种政策法规汇编、官方文件、领导人的讲话和著作、报刊、方志、年鉴、实录，以及部分学者研究相关问题后形成的第二手文献，而没能接触到相关档案，也没有获得类似私人日记、口述史和“视听资料”等方面的第一手材料，当然这对于一个主要涉及社会变迁的宏观研究而言也许并无大碍，但仍略有遗憾。

而且有必要指出的是，由于中国大陆有3000多家法院，一个研究者显然不可能对其进行一一考察，仅择其一小部分来加以考察也足以使人疲于奔命。笔者虽尽了最大的力量（主要指财力）来收集包括法院志、审判志在内的各种方志材料，但所获仍然有限，这就难免不能关照到个别法院的特殊情况，也较难反映出中国各地人民法院建设发展的不平衡状况，这是本书的读者在阅读文中所提供的那些数据时所要牢记的。如果想了解某一具体法院在各个历史时期发展的详细情况，则需读者亲自去做一番实地考察。

同时，面对史料如此丰富的研究题目，论证过程难免会给人抽样作证的印象。不过好在虽然中国大陆各地法院的情况存在一定差异，但由于都接受共产党的领导，都奉行相同的意识形态，都按照同一组织法进行建构和运作，都实施同一样的法律和执行同一样的司法政策，所以中国大陆各地法院间的差异比那些联邦制国家里各地法院间的差异要小得多，也同中国历史上其他时段各地法院间的差异小得多。如果要说有什么差异，那就是受地方社会经济文化发展水平的制约，各地法院在办公条件、物质装备、成员学历状况、工资福利和执法宽严等方面略有短长。但就本书所关注的问题而言，这些差异基本上不会影响笔者得出文中的那些宏观结论，这为本书的研究提供了不可多得的便利。当然，作为一个宏观的研究，本书的局部结论必然会被未来各种微观社会史的研究所补充、修正乃至批判，但笔者仍坚信这种宏观研究是必要的，应优

---

〔1〕［美］莫里斯·迈斯纳：《毛泽东的中国及后毛泽东的中国》（上册）杜蒲、李玉玲译，四川人民出版社1989年版，前言。

先考虑，因为没有宏观历史方位上的准确把握，微观研究就失去了依托，失去了定位其价值的坐标。而就中国现实而言，为更好地推进中国的司法改革，明确人民法院建设面临的现实困难及其历史方位显得尤为重要。此外，就笔者而言，与其说关心历史事实，不如说关心那些历史事实背后的意义。历史事实是必须关注的，但搞清楚历史事实背后的意义才是研究的目的所在。

在此笔者对文中几个概念略作交代：

第一，人民法院。本书中的人民法院特指在中国共产党领导下创建的、人民当家作主的、以全心全意为人民服务为宗旨的法院，其性质是由共产党政权的性质决定的。对于“人民法院”，1982 年 7 月 9 日江华在第三次全国民事审判工作会议上曾作了专门的讲解，他说：“我们的法院为什么加上‘人民’二字，叫做人民法院？这是由我们人民民主专政的国家性质决定的，由我们共产党的为人民服务的宗旨决定的。我们的人民法院无论是对敌人实行专政，还是解决一般的刑事、民事案件，其实质都是保护人民，是为人民办事的。一切为了人民的根本利益，这就是人民法院处理案件和进行各项工作的出发点。它完全不同于资本主义国家的法院，也不同于国民党的法院。在我们社会主义的国家里，人民是国家的主人，强调‘人民’二字，可以说是集中反映了我们人民法院的性质。”并对那种提及人民法院时不写“人民”二字的做法提出了批评，告诫其下级同行“一定要记住人民法院的性质，在任何时候都不要忽视这个问题”。[1]

第二，人民司法。本书中的人民司法特指中国共产党领导下的、体现人民当家作主精神的、以全心全意为人民服务为宗旨的司法，具体包括中华苏维埃时期、抗日战争时期、解放战争时期，以及中华人民共和国时期共产党领导下所开展的司法活动。

第三，人民司法传统。希尔斯说传统“就其最明显、最基本的意义来看它的涵义仅只是世代相传的东西（traditum），即任何从过去延传至今或相传至今的东西”。[2] 传统不仅属于过去，它还影响和塑造着现实

〔1〕《江华司法文集》，人民法院出版社 1989 年版，第 238 ~ 239 页。

〔2〕［美］E. 希尔斯：《论传统》，傅铿、吕乐译，上海人民出版社 1991 年版，第 15 页。

与未来，它是现实与未来社会的一份子。[1] 人类总是处在不断用新传统取代旧传统的历史过程之中。本书所说的人民司法传统是指中国共产党自20世纪30年代在苏区创建自己的司法制度以来，其司法在组织制度、工作方法和作风等方面所遵循的一些原则以及其采取的一系列技术（具体内容参见本书第二章）。在中国共产党的话语体系中，人民司法制度是与反人民的司法制度相对的，“人民的司法机关和反人民的司法机关，无论在任务上、组织制度上、工作方法和作风上，都是迥然不同的”。[2] 正是由于中国共产党自一开始就力图在任务、组织制度、工作方法和作风等方面将自己的司法与以往存在的一切司法区别开来，所以形成了自身十分重视实质正义的独特司法传统。

第四，人民法院建设。人民法院的建设具体包括队伍建设、思想建设、组织建设和物质装备建设等几个方面，其中思想建设和组织建设是中国共产党法院建设的独特之处。

人民司法传统的断裂与延续是在人民法院的建设过程之中呈现出来的，没有人民法院的建设也就谈不上人民司法传统的命运问题，恰如古语云：“皮之不存，毛将焉附？”而人民法院建设本身又是深嵌在中国的政治、经济和文化结构之中的，不理解中国政治、经济和文化变迁的整体过程，也就无从理解人民法院建设的历史，这就决定了笔者在把握人民法院建设的历史时采取了“总体史”的方法。为了使文章通俗易懂，增强其可读性，以便能够拥有更多专业以外的读者，笔者特意强化了本书的叙事性。此外，为遵循通行的国际学术惯例，本书中涉及相关学者时，均直书其名，而略去了诸如先生、教授等尊称或头衔。因为在学术讨论中，所有参与者的地位一律平等，我们只应注意其观点和看法，而不应刻意突出其身份与地位。文中对所引文献均已加注，读者可以查验其出处。

---

〔1〕 对于那种简单地把“传统”等同于“过去”，把“传统”或“文化传统”当成一种“已经定型的东西”，当成一种绝对的、固定化了的东西的看法，甘阳曾给予深刻地批判（参见甘阳：“传统、时间性与未来”，载《读书》1986年第2期）。而英国政治哲学家欧克肖特也曾对行为传统进行了包含时间维度的非本质主义的理解，他说行为传统的“某些部分可能比别的部分变得更慢，但没有什么是不变的。一切都是暂时的。但是，虽然一个行为传统是脆弱和捉摸不定的，却不是没有同一性，它之所以能成为知识的可能对象，是因为它的所有部分不是同时变化的，它经历的变化潜伏在它之中。它的原则是延续的原则：权威散布在过去、现在和未来之间；散布在老的、新的和将来的东西之间”（参见［英］迈克尔·欧克肖特：《政治中的理性主义》，张汝伦译，上海译文出版社2003年版，第53页）。

〔2〕 “系统地建立人民司法制度”，载《人民日报》1950年8月26日，第1版。

第一章

"告别革命"与人民法院建设的兴起

整个20世纪50～70年代，革命仍是中国大陆社会的主旋律。"革命的群众运动是不完全依靠法律的"，[1] 故法院也就几乎属于多余，"无产阶级专政下继续革命"的社会是一个趋于"无诉"的社会。人民法院虽美其名曰是无产阶级专政的"刀把子"，但还是被"造反派"们给"砸烂"了。"文革"的结束，并没有立即使中国摆脱困厄，劫后余生的革命元老派们经过殊死斗争终于冲破"两个凡是"的束缚，抛弃"以阶级斗争为纲"和"无产阶级专政下继续革命"的口号，实现全党工作重点的转移。平反冤假错案，摘掉五类人的"帽子"，落实各方面的政策，最终抹平了人与人之间不平等的政治身份。而"有法可依，有法必依，执法必严，违法必究"的提出，使中国社会的治理方式发生了重大转型：由"全面专政"开始转移到"综合治理"上来。而在20世纪80年代之初，平反冤假错案和实施新法，最终把人民法院建设推上了快车道。因为中国大陆法院再也不是处于那种"有事办政法，无事办生产"的闲散状态，而是有堆积如山的冤假错案需要复查，有新的法律正义需要实现。一个法院人、财、物全面建设的时代降临了。

"继续革命"与趋于"无诉"的社会

1978年元旦，《人民日报》《红旗》《解放军报》(即所谓"两报一刊")联合发表了一篇标题为《光明的中国》的社论，文章一开首就提

〔1〕《董必武法学文集》，法律出版社2001年版，第350页。

出了一个不同凡响的问题：

> 一九七七年，世界上各种各样的人，包括我们的一些朋友和同志，也包括我们的敌人，都密切注视着中国：在失去了伟大的领袖和导师毛泽东主席、失去了敬爱的周恩来总理和朱德委员长以后，在粉碎了“四人帮”以后，中国会向何处去?[1]

“中国会向何处去?”这是自近世以来即令国人倍感焦虑的问题，不过，就1978年初那个特定的历史时段而言，这一提问却属于明知故问的范畴，因为早在1977年2月7日“两报一刊”联合发表的社论《学好文件抓住纲》中已作了解答：“凡是毛主席作出的决策，我们都要坚决拥护；凡是毛主席的指示，我们都要始终不渝地遵循”（即“两个凡是”），要“在两个阶级的激烈斗争中，实现安定团结，巩固无产阶级专政，达到天下大治”，即所谓“抓纲治国”。作为毛泽东的“好学生，好接班人”，[2]华国锋为了维护自己的正统性，并没有打算纠正毛泽东自中共八大以来所犯的错误，这预示着中国仍将沿着“继续革命”的道路走下去。对此，日本同志社大学教授山本明当年在中国留下了如此的见闻：“无论到什么地方都能看见用油漆书写的‘继承毛主席的遗志!’‘抓纲治国!’和‘在英明领袖华主席的领导下继续革命!’这一类抽象的千篇一律的政治口号”。[3]不过这些口号对于一个当时身处其间的中国人而言，却是具有实际效力的，并非仅是抽象、空洞的符号。

自从推行“无产阶级专政下继续革命”的“伟大战略”以来，中国公民便被再次划分为两个对立的阵营：人民与敌人。一个人如果不属于人民，即属于敌人。[4]具体而言，人民由乡村的人民公社社员以及各种类型的“单位人”构成。其时传统的农业从业人员早已不再只是单纯的农民——耕种土地的人了，他们有一个新的政治身份——人民公

---

〔1〕“光明的中国”，载《人民日报》1978年1月1日，第1版。

〔2〕“全面落实抓纲治国的战略决策”，载《人民日报》1977年4月11日，第1版。

〔3〕[日] 山本明：“中国的‘诗与真实’——街头和工厂见闻（下）”，载《参考消息》1978年5月31日，第4版。

〔4〕早在1925年毛泽东在《中国社会各阶级的分析》一文中就指出：“谁是我们的敌人？谁是我们的朋友？这个问题是革命的首要问题。中国过去一切革命斗争成效甚少，其基本原因就是因为不能团结真正的朋友，以攻击真正的敌人”[《毛泽东选集》（第1卷），人民出版社1991年版，第3页]。

社社员，这些社员中除了那些土生土长的农民外，还包括响应毛泽东提出的“知识青年到农村去，接受贫下中农的再教育，很有必要”伟大号召的城镇中小学毕业生，[1] 以及少数立志做限制“资产阶级法权”模范的工农兵大学生。[2] 除此之外，所有的非农业人员，包括各类工人和干部，都归属于一个个级别不同的行政、企事业单位，即“单位人”。而各色的“地富反坏右”（地主分子、富农分子、反革命分子、坏分子、右派分子的简称）黑五类分子，和一切“走资派”是人民的敌人，是人民民主政权专政的对象。而在“反修、防修”“继续革命”“全面专政”的口号下，对社员和“单位人”的身体和灵魂展开的严密监控和无情斗争，最终导致人人自危，使大家都挣扎在生存线上，从而病态地实现了儒家“无讼”的社会理想。

一、依附于公社的社员

自从土地改革的完成，那种“天高皇帝远”的传统乡村图景在中国大地上就逐渐消失，国家权力有史以来第一次直接伸入自然村，“旧日的国家政权、士绅或地主、农民的三角关系被新的国家政权与农民的双边关系取代了”。[3] 不过，把中国广大乡村变成一个自耕农的世界并不是中国共产党人革命的目的。随着农业社会主义改造的完成，人民公社化运动很快就席卷整个中国大陆农村。

被誉为通向共产主义天堂“桥梁”的人民公社有两个基本特点：一是“一大二公”，即人民公社的组织规模大，生产资料公有化程度高；二是“政社合一”，对此 1962 年 9 月中共中央发布的《农村人民公社工作条例修正草案》明确规定，公社是中国社会主义社会在农村的基层单位，它既是经济组织，又是政权组织，既承担生产建设，又负责管理财政、粮食、贸易、民政、文教卫生、治安、民兵和调解民事纠纷

---

〔1〕 据《郫县志》记载，为响应毛泽东的号召，“文革”期间郫县“统一规定凡年满 16 周年的城镇青少年，不论他们是高中、初中或小学毕业生，都必须下乡参加农业生产，接受再教育。病残青年，按规定要经过本人申请，群众评议，县以上党委、革委批准，才能缓下或免下。”参见郫县志编纂委员会编：《郫县志》，四川人民出版社 1989 年版，第 222 页。

〔2〕 1976 年河北省 26 名大学毕业生立志下乡、回乡当农民，并写信给毛泽东以明志。参见“给伟大领袖毛主席的一封信”，载《人民日报》1976 年 3 月 13 日，第 1 版。

〔3〕 ［美］黄宗智：《长江三角洲小农家庭与乡村发展》，中华书局 2000 年版，第 171、173 页。

以及其他基层行政事务。[1] 公社的这些特点，使其带有鲜明的全能主义色彩。

首先，公社控制着社员的经济收入来源，使社员在经济上依附于公社。农民在加入公社后几乎丧失了一切生产资料（只拥有少量自留地），主要靠参加集体劳动挣工分，按工分以及人头从生产队分得口粮为生，离开了公社农民几乎无以谋生。其次，人民公社的建立为共产党的组织向下延伸、落实把"支部建在连上"的政策、实现党对乡村的一元化领导创造了条件，从而使对农民进行思想改造、政治控制成为可能，使社员在政治上也依附于公社。自从土地改革和清匪反霸运动以来，传统乡村中的绅士等精英阶层已被打倒，而代之以在这些运动中成长起来的入党积极分子。党通过其自身的组织以及妇联、共青团等外围组织，把那些传统分散的原子式的农民组织起来，以开展批判大会、办夜校和组织政治学习等方式向农民灌输崭新的意识形态，增强农民对新社会和党组织的忠诚度。最后，公社掌握着社员改变命运的机会。"在大集体的格局下，社员所要经历的每一件大事都无法绕开集体，入学、参军、成家、外出等都必须获得集体的同意（即干部的同意），集体则通过向社员出具的各种证明来表征它对他们的控制权。对于获得难得的社会流动机会的个别人来说，机会是否能够转化为现实，很大程度上取决于集体领导人的态度。"[2] 总之，置身于人民公社中的社员，人人都处于以共产党组织为核心的权力网络之中，国家的权力渗透进农民的家庭，家庭的内部关系、婚姻、生育、子女教育、老人赡养、生产乃至消费等都受到公社的干预和监控。公社对于社员"什么都要管，从头管到脚，从生管到死"。[3]

二、依附于单位的单位人

自从1956年城市工商业社会主义改造完成以来，中国所有的非农业人口几乎都生活、工作在工厂、商店、学校、医院、研究所、文化团体、党政机关等各种类型的单位中（即使是待业者，其生活也深刻地受到户口所在地的街道办事处和居委会等单位的影响，他们需要依靠其获

---

〔1〕 参见"农村人民公社工作条例修正草案（1962年9月27日）"，中国人民解放军政治学院党史教研室编：《中共党史参考资料》（第二十四册），第137~151页。

〔2〕 吴毅：《村治变迁中的权威与秩序》，中国社会科学出版社2002年版，第126页。

〔3〕 转引自张乐天：《告别理想——人民公社制度研究》，东方出版中心1998年版，第8页。

得生存资料），虽然存在工人和干部之别，但他们都有一个共同的身份，即单位人。

作为一个计划经济体制下的单位人，其最大的特征就是其对单位的“依附性”。[1] 首先，在社会和经济方面依附于单位。在改革开放前，即单位职能转换以前，个人的收入、住房、医疗、养老金、子女就业等关系切身利益的事宜都由单位负责解决，离开了单位个人就失去了生存的依托，所以学者评论说在改革开放前“没有单位，一个城里人就无法生存，他不仅没有稳固的经济来源，也没有保障他合法权益的组织，完全被排斥在社会之外。他的内心会产生一种极度的不安全感，渴望在社会上找到一个托付终身的场所——单位”。[2] 其次，在政治上依附于单位。遵循把“支部建在连上”的原则，中国的每个单位都建立有共产党的组织，以及其外围组织共青团、工会等，党通过政治运动和政治学习等方式来定期向每个成员进行意识形态教育，做职工的思想政治工作是单位领导所负有的职责之一，每个单位人基本上只能通过共产党组织的网络来实现其政治表达。最后，在行动上直接依附于单位领导人。单位人对单位的依附实际上是通过对单位领导人的依附来表现的，职工的品行直接受领导人的监督和评定，个体对党组织和单位的忠诚实际是通过对单位领导人的忠诚表达出来的，单位的领导人也通过对积极分子在利益分配和向上流动上以奖励来对个人的行为进行正面引导。总之，正如学者所言，“在单位体制下，社会各阶层人们的社会行为被逐一整合到一个个具体的‘单位’中，单位赋予社会成员社会行为的权利、身份和合法性，满足他们的各种需求，代表和维护他们的利益，控制他们的行为”。[3]

三、城乡分割——严格的户籍管理

城乡之别自古有之。马克思和恩格斯曾说：“城乡之间的对立是随着野蛮向文明的过渡、部落制度向国家的过渡、地域局限性向民族的过

---

〔1〕 最早对中国单位制现象展开研究的是美国哈佛大学社会学教授华尔德，他在 1986 年出版了《共产党社会的新传统主义》一书，在书中他首次提出了“单位依附”理论。参见[美] 华尔德：《共产党社会的新传统主义：中国工业中的工作环境和权力结构》，龚小夏译，香港牛津大学出版社 1996 年版。

〔2〕 周翼虎、杨晓民：《中国单位制度》，中国经济出版社 1999 年版，第 2 页。

〔3〕 李汉林：“中国单位现象与城市社区的整合机制”，载《社会学研究》1993 年第 5 期。

渡而开始的，它贯穿着文明的全部历史直至现在。”而“城乡之间的对立是个人屈从于分工、屈从于他被迫从事的某种活动的最鲜明的反映，这种屈从把一部分人变为受局限的城市动物，把另一部分人变为受局限的乡村动物，并且每天都重新产生二者利益之间的对立”。[1] 彻底消除城乡差别，从而为实现人的全面自由发展创造条件，是社会主义革命的题中应有之意。

但是在中华人民共和国成立之初，面对“一穷二白”的现实，中国共产党人远没有精力去着手考虑消灭城乡差别的问题，其行动逻辑不得不服从于当务之急——全面重建被长年战争所破坏的社会秩序。1951年7月16日，为了维护城市“社会治安，保障人民之安全及居住、迁徙自由”，公安部颁布了《城市户口管理暂行条例》，把城市人口分编为住家户、工商户、公寓户、船舶户、寺庙户、外侨户，并由公安机关发给户口，如遇户口变动要求户主按照规定持户口簿到当地人民公安机关办理手续，违者按其情节轻重给予处分。其后1955年国务院发布了《关于建立经常户口登记制度的指示》，要求对城乡所有人口都进行登记。同时为了制止农村人口盲目外流，1957年中共中央、国务院联合发出《关于制止农村人口盲目外流的指示》，1958年全国人大常委会通过的《中华人民共和国户口登记条例》第10条第2款也规定：“公民由农村迁往城市，必须持有城市劳动部门的录用证明，学校的录取证明，或者城市户口登记机关的准予迁入的证明，向常住地户口登记机关申请办理迁出手续。”这标志着中国以严格限制农村人口向城市流动为核心的户籍制度正式建立起来，城乡分割成为中华人民共和国的一种制度安排。而国家为了推进工业化实行强制性积累，对农产品实行统购统销政策，切断了城乡之间的市场联系，同时对城市个人基本生活消费品实行定量配给制，以及采取由国家垄断劳动人事等制度又进一步固定了城乡分割这一社会事实。

在中华人民共和国成立后的几十年里，一个城市人可以随时到农村去当农民，那些上山下乡、扎根农村的人会被作为先进典型颂扬。但是一个农村人想要取得城镇户口、变成城市人，却大致只有如下四种途径：一是通过学习考试取得干部身份和城镇户口；二是“农转非”，由农业人口转为城市户口；三是因工作需要或表现好，按照国家每年分配

---

〔1〕《马克思恩格斯选集》（第1卷），人民出版社1995年版，第104页。

的干部录用指标，将其转为干部；四是参军转业，或民办教师转公办。[1] 而这些机会显然与绝大多数农民无缘。直到20世纪80年代，黄宗智在长江三角洲农村考察时，中国城乡的分割仍然给他留下了深刻印象：

> 除了年长者，村庄大部分人并非自愿住在自己的村社里，而是被国家政权强行圈定在内。几乎每个人都在翘首盼望“较好的”农业外工作和城镇生活。他们谈论从村庄“出去”，对凭自己本事出去和靠拉关系、走后门出去都表示同样的羡慕。[2]

在城乡二元分割的体制下，城市人拥有教育、就业、养老和医疗等各方面的国家保障，而农民却几乎享受不到国家的任何福利保障。中华人民共和国的户籍制度带来了一种新的基于户籍身份的不平等，它非但不能消灭城乡差别，相反还进一步强化了城乡之间的差别。[3]

四、趋于“无诉”的社会

经济上的一大二公，政治上的高度集权，对人口流动的严密控制，事实上使中国“整个国家与整个社会的关系改变了。从天高皇帝远的国家—社会形式，变成了党国（a party - state）无所不包、无所不管的国家社会”。[4] 不过，这并不必然意味着政治权力事实上就会全面进入社会生活的各个领域，使其成为现实的是文化大革命。“文革”伊始，就显得不同寻常，就显露出狰狞的面目，1966年6月1日《人民日报》的社论《横扫一切牛鬼蛇神》写道：

> 在短短的几个月内，在党中央和毛主席的战斗号召下，亿万工

---

〔1〕 于建嵘：《岳村政治——转型期中国乡村政治结构的变迁》，商务印书馆2001年版，第300页。

〔2〕 ［美］黄宗智：《长江三角洲小农家庭与乡村发展》，中华书局2000年版，第299页。

〔3〕 当然毛泽东并没有完全放弃消灭城乡差别的理想，他所作的努力包括：号召知识青年下乡；发展农村的医疗卫生和教育事业；兴办农村工业，直接把部分农民变为工人。对此美国学者莫里斯·迈斯纳曾不无风趣地说：“文化大革命显然是一场城市运动，其重大的政治斗争都是发生在城市，主要的革命行动者也是城市的工人、学生和知识分子。但与此相矛盾的是，文化大革命产生的社会效益却是在农村”。参见［美］莫里斯·迈斯纳：《毛泽东的中国及后毛泽东的中国》，杜蒲、李玉玲译，四川人民出版社1989年版，第464页。

〔4〕 ［美］邹谠：《二十世纪中国政治——从宏观历史与微观行动角度》，牛津大学（香港）出版社1994年版，第253页。

农兵群众、广大革命干部和革命的知识分子，以毛泽东思想为武器，横扫盘踞在思想文化阵地上的大量牛鬼蛇神。其势如暴风骤雨，迅猛异常，打碎了多少年来剥削阶级强加在他们身上的精神枷锁，把所谓资产阶级的“专家”、“学者”、“权威”、“祖师爷”打得落花流水，使他们威风扫地。〔1〕

在“阶级斗争年年讲，月月讲，天天讲”、不断“继续革命”的日子里，中国整个社会生活已高度泛政治化，无处没有政治斗争，也无物不可作为政治斗争的工具用以攻击别人。人们相互监控，互相揭批，互为警察。社会本身已变成密尔所说的那种暴君：它不但侵入生活细节，而且奴役人的灵魂本身。〔2〕革命需要改造的不仅是人的肉身，还有人的“主观世界”、人的心灵。在文化大革命期间，研究那些高深的哲学问题已不再只是书斋学者们的专利，假如有人告诉您目不识丁的老农〔3〕和工人正聚在一起讨论和研究哲学问题，您也不要感到不可思议，那只不过是平常的政治节目而已。

高强度的革命意识形态灌输，虽然并未把所有社员和单位人都培养成为“社会主义的接班人”，却把每个人心底的那点私心杂念压迫得无处藏身。在乡间，公社政治生活中以集体经济为基础、以行政控制为手段的“集权式乡村动员体制”，〔4〕使乡村社会秩序显得“井然有序”，因为一切显性的矛盾都可能被视为是“阶级斗争的新动向”，通过运用政治斗争的方式加以解决了。在20世纪70年代，整个中国社会已具有高度的整体性，对此学者评论说：“现在，党中央离地方是如此之近，以至于人们在农村的每一个角落都可以听到中央的声音，看到因中央政策的变化而引发的各种变动。而且，人们在不同的地方可以看到同样的变动，因为这种变动是同样的政策引发的。”在持续的政治运动中，小农的自私理性隐退了，“在那些年代里，自私的农民变得无私了，散漫的农民变得有组织了，政治淡漠的农民充满了政治的热情，连乡村中常

〔1〕“横扫一切牛鬼蛇神”，载《人民日报》1966年6月1日，第1版。

〔2〕［英］密尔：《论自由》，许宝骙译，商务印书馆1959年版，第5页。

〔3〕参见“哲学解放到山洼　尖锐武器群众拿”，载《人民日报》1976年6月4日，第3版；“汨罗公社向阳一队的一次理论讨论会”，载《人民日报》1976年6月2日，第3版。

〔4〕于建嵘：《岳村政治——转型期中国乡村政治结构的变迁》，商务印书馆2001年版，第285页。

见的那些偷鸡摸狗的事情也很少发生了”。[1] 而在城市，虽然“文革”初期受造反派的冲击，居民委员会的正常活动被中断，全国大多数城市的治安委员会与调解委员会均停止了日常工作，许多地方的水、电、通讯、运输等出现了中断，加之物品短缺，里弄中抢劫、小偷小摸、扒窃、走私、黑市活动等开始盛行。但是很快城市各里弄成立了革委会，及时填补了因居委会缺失后形成的权力真空。同时，为了消除里弄中居民间的争吵、混乱局面，1968 年军队和工宣队进入里弄帮助革委会工作，他们参加学习班，将各种针对他人的批斗会转变成自我批斗会，并与当时“文革”中的各种政治运动相联系，基本上制止了里弄中的混乱局面。此外，由于大批闲散的无业青年学生被动员去“上山下乡”，远离城市，也为城市社会秩序的维持创造了有利条件。[2] 而“文革”后期开展的一系列运动，如“一打三反（打击反革命分子，反对贪污、盗窃，反对投机倒把，反对铺张浪费）”“清理阶级队伍”“批林批孔”“学习无产阶级专政理论”“反击右倾翻案风”等，不断掀起“斗私批修”的高潮，使人民内部矛盾暂时隐退，只剩下敌我矛盾。

与革命结伴而行的是全体人民的普遍贫穷，中华人民共和国成立近三十年，相当一部分人民的温饱问题仍未得到解决。公社并没有像人们预期的那样把农民送入天堂，相反，由于其奉行“吃大锅饭”的平均主义政策，违反了经济发展的基本规律，无法调动广大农民生产经营的积极性，结果事与愿违。对此，后来有人总结说：“从 1962 年到 1980 年，在全国大概只有 10% 到 20% 的生产队是办得好的，或是比较好的，其余的，有些办得不很好，有些办得很不好。”[3] 直到 1978 年时，中国大陆农民人均年收入才达 134 元，[4] 全国农村没有解决温饱的贫困

---

〔1〕 参见张乐天：《告别理想——人民公社制度研究》，东方出版中心 1998 年版，第 245、441 页。在大兴“群众专政”的日子里，实际是没有多少人敢违法乱纪的。例如昔阳县团前庄大队社员张没虎只是因为掰了生产队的 6 个青玉米就被反复批斗和推打，使其不堪忍受，被迫自杀（参见“昔阳县平反推行极左路线造成的冤假错案”，载《人民日报》1980 年 8 月 13 日，第 3 版）。

〔2〕 郭圣莉、王一依：“从里委会到革委会——‘文革’十年中居委会的考察与思考”，载《广州大学学报》2004 年第 7 期。

〔3〕 石开：“人民公社体制需要进行改革”，载《经济日报》1983 年 1 月 24 日，第 2 版。

〔4〕 《中华人民共和国年鉴 1991》，中华人民共和国年鉴社 1991 年版，第 123 页。

人口就有2.5亿之多。[1]“大多数农民是处在非常贫困的状况，衣食住行都非常困难”。[2]同样，置身于计划经济体制下的单位人，处处均受累于短缺经济的影响，吃饭穿衣全靠凭票供应，十余年来基本没有涨过工资，奖金制度事实上早已被废除。绝大多数人住房拥挤，家庭负担沉重，生活窘迫，身无余钱。

对于满脑子充满革命激情或被革命运动所征服、为了革命可与亲人断绝关系、[3]依附于公社或单位、一穷二白、身无长物的人们而言，他们有一大好处，即不必将其宝贵的时间浪费在解决私人间的法律纠纷上。一则由于社会关系简单，人们之间没有什么经济往来，也就没有多少官司可打。[4]二则即使有了纠纷，当事人所在公社与单位的干部凭借其权威也能将其“摆平”，纠纷的解决基本不用上法庭。对于“文革”前中国社会的治理方式，国外有学者曾评论说，“社会控制类型很少涉及正式的法律制度……冲突和反叛不是由有关的各方带到法庭来的个人行为，而是关系到家庭、邻里、同事和上司的公共事务。某些行为在一个比较个人主义的社会被看作是管闲事，但在中国则被认为是承担社会责任。大部分小的纠纷都由基层社会单位来解决，而不是由专门的法律制度来解决”。[5]如表1-1、表1-2所示，自中华人民共和国成立以来，全国民事案件年平均收案数和民事诉讼率一直呈下降趋势，中

---

〔1〕“中国20年解决2亿贫困人口温饱”，《中华人民共和国年鉴2000》，中华人民共和国年鉴社2000年版，第697页。

〔2〕《邓小平文选》（第3卷），人民出版社1993年版，第237~238页。

〔3〕1978年8月《人民日报》登载了北京市通县张家湾公社枣林庄大队读者王亦的一封来信，她在信中说她生在新社会，长在红旗下，但父亲有严重的历史问题。她憎恨父亲可恶的历史，早已下决心和他划清界限，断绝关系。1968年她初中毕业，就到枣林庄大队落户，和父亲断绝了一切关系，决心在农村扎根一辈子。但是她的丈夫马风春仍然因她“出身不好”而受到被取消预备党员资格的待遇（参见“马风春结婚后的遭遇”，载《人民日报》1978年8月9日，第3版）。与自己身份不好的亲人断绝关系，是整个“继续革命”时代十分普遍的现象，例如1965年4月15日，四川省犍为县人民法院在一份名叫《关于处理为了划清政治界限而要求离婚的案件情况》的报告中说，1964年10月至1965年3月，该院就审理办结此类案件20件，其中判决离婚的14件、调解离婚的1件、撤诉的5件（参见四川省犍为县人民法院编：《犍为法院志1941~1985》，国家图书馆国情资料室藏，第13页）。

〔4〕柏拉图曾借苏格拉底之口说，一切公有、人们除了一身之外别无长物，便就可消除纠纷，“因为人们之间的纠纷，都是由于财产，儿女与亲属的私有造成的”。参见［古希腊］柏拉图：《理想国》，郭斌和、张竹明译，商务印书馆1986年版，第201页。

〔5〕［美］詹姆斯·汤森等：《中国政治》，顾速等译，江苏人民出版社1996年版，第311页。

国已日渐接近于一个“无诉”的社会。[1]

表1-1 中华人民共和国成立后各时段全国民事案件年平均收案情况

项目 时间段	全国一审民事案件收案数（件）	年平均案件数（件）	升降百分比（%）
1950～1956年	8 549 143	1 221 306.14	100
1957～1965年	5 346 071	594 007.89	-51.36
1966～1976年	2 218 937	201 721.55	-83.48

资料来源：全国法院受理一审民事案件数来源于何兰阶、鲁明健主编：《当代中国的审判工作（下）》，当代中国出版社1993年版，第3、8和12页。

表1-2 中华人民共和国成立后相关年份民事诉讼率

项目 年份	全国一审民事案件收案数（件）	全国人口数（10万）	民事诉讼率（件/每10万人）	升降百分比（%）
1952	1 582 815	5748.2	275.36	100
1957	818 969	6465.3	126.67	-54.00
1965	551 971	7253.8	76.09	-72.37
1978	300 787	9625.9	31.25	-88.65

资料来源：全国法院一审民事案件收案数来源于何兰阶、鲁明健主编《当代中国的审判工作（下）》，当代中国出版社1993年版，第4、10、15页；全国年底人口数来源于《中国人口年鉴1986》，社会科学文献出版社1987年版，第405页。

而对于法院来说，在革命的背景下已纯粹成了多余。因为革命本身即是“法”，在“造反有理”“群众专政”的名义下，人人均可自封为

[1] 当然这不是说社会已没矛盾，相反矛盾可能还十分繁多和突出，例如有人回忆说：“在人民公社政社合一的管理体制下，在不断的政治运动冲击下，社员之间为争工评分，‘大吵三、六、九，小吵天天有’；社员与干部之间，因为强迫命令瞎指挥，搞得矛盾重重。运动一来，帽子一大把，互相开展‘阶级斗争’，社会主义同志式的相互关心、相互帮助的关系被斗得面目全非。”（参见周曰礼：“回顾安徽的农村改革”，中共中央党史研究室、中央档案馆编：《中共党史资料》（第六十八辑），中共党史出版社1995年版，第42页）。但这些矛盾和纠纷都通过运用行政的手段或运用阶级斗争的方式被解决了。

“法官”对别人进行审判，设立法院再也没有多大必要。文化大革命一开始，造反派很快就发现司法的自治性、法院办案的程序是“继续革命”的绊脚石。1966年12月18日，中央文化革命领导小组副组长江青在接见群众代表时说：“公安部、检察院、最高人民法院，许多东西都是从资本主义国家搬来的，是凌驾在党政之上的官僚机构。他们这几年一直跟毛主席相对抗。”〔1〕试图从根本上否定整个公、检、法系统。1967年1月25日，公安部部长谢富治对外也宣称：“‘法院’这个名称是旧的东西，沿用国民党时候的名称……要通过斗争把原来法院存在的资产阶级的、封建主义的东西统统搞掉。……建国17年来，这个问题没有解决，要靠你们造反来解决。”〔2〕同年8月7日，谢又在公安部全体工作人员大会上发表的讲话中全面否定了建国17年来的公安工作，明确提出要把公安机关“彻底打碎”，煽动群众“砸烂公、检、法”。〔3〕随即全国各地人民法院均受到冲击，组织机构基本瘫痪，为控制局面，只得实行军管。原来的法院组织被取消，审判权由公安机关军管会（人民保卫组）代行。

拨乱反正与“告别革命”

粉碎江青反革命集团后，全国人民迫切希望纠正“文化大革命”的错误，把那些在“文革”中遭受迫害的人士解救出来，把党和国家的工作重心转移到社会主义现代化建设上来。但是华国锋坚持“两个凡是”不放，仍然号召“把无产阶级专政下的继续革命进行到底”，〔4〕为纠正“文化大革命”的错误、拨乱反正设置障碍。为此，他坚持认为“批邓、反击右倾翻案风，是伟大领袖毛主席决定的，批是必要

〔1〕何兰阶、鲁明健编：《当代中国的审判工作（下）》，当代中国出版社1993年版，第622页。

〔2〕有林、王瑞璞等编：《中华人民共和国国史通鉴》（第3卷），红旗出版社1993年版，第293页。

〔3〕徐达深主编：《中华人民共和国实录》（第3卷），吉林人民出版社1994年版，第306页。

〔4〕华国锋：“把无产阶级专政下的继续革命进行到底——学习〈毛泽东选集〉第五卷”，载《人民日报》1977年5月1日，第1版。

的”，“确有极少数反革命分子”“制造了天安门广场反革命事件”，不愿意恢复邓小平的职务，也不愿为“天安门事件”平反。但在广大党员、干部和群众的强烈呼吁与压力下，华国锋不得不说，“要在适当的时机让邓小平出来工作”，“群众在清明节到天安门去表示自己对周总理的悼念之情是合乎情理的”。在1977年7月召开的党的十届三中全会上，一致通过恢复邓小平中共中央委员，中共中央政治局委员、常委，中共中央副主席，中共中央军委副主席，国务院副总理，中国人民解放军总参谋长的职务。而在1977年5月24日，即其复出前，邓小平就旗帜鲜明地指出“两个凡是”不符合马克思主义，必须用准确的、完整的毛泽东思想来指导我们全党、全军和全国人民。[1] 同年8月，中共十一次全国代表大会召开，作为中国共产党的副主席邓小平在大会上做了闭幕词，号召一定要恢复和发扬党的群众路线、实事求是、批评与自我批评和民主集中制等优良传统和作风。[2]邓的复出及其讲话，为次年掀起的关于真理标准问题的讨论提供了组织保证，创造了舆论环境。同时，关于真理标准问题的讨论又为党的十一届三中全会的胜利召开奠定了思想基础。而十一届三中全会宣布停止使用“以阶级斗争为纲”和“无产阶级专政下继续革命”的口号，把全党工作的重点转移到社会主义现代化建设上来，从而使中国得以“告别革命”，进入一个全面建设的崭新时代。

一、平反冤假错案

“四人帮”垮台后，由于华国锋等人坚持“两个凡是”，不愿从根本上否定文化大革命的错误，故并未使在“文革”中遭受迫害的广大干部和群众立即获得解放。相反，在“抓纲治国”的口号下，社会中仍然弥漫着阶级斗争的气息。在1977年3月的中央工作会议上，陈云、王震顶着巨大压力，分别在小组上发言，要求让邓小平出来工作和为“天安门事件”平反。他们的发言得到与会大多数人的赞同，拉开了平反冤假错案的序幕。1977年7月召开的中共十届三中全会恢复了邓小平党和国家的领导职务，实际上否定了毛泽东晚年“批邓”的决策，是对“两个凡是”的一个重大突破。但是在1977年8月召开的中共十

---

〔1〕《邓小平文选》（第2卷），人民出版社1994版，第38～39页。

〔2〕邓小平：“在中国共产党第十一次全国代表大会上的闭幕词”，载《人民日报》1977年8月25日，第1版。

一大上，华国锋在所作的政治报告中却仍然对“平反冤假错案”只字不提，只是轻描淡写地说：“干部是我们党的宝贵财富”，“‘四人帮’强加于人的一切诬蔑不实之词应予推倒”，[1]并没有全面平反建国以来、特别是“文革”期间制造的冤假错案的实际打算。而要真正结束“文革”带来的混乱，动员各方面的力量致力于四化建设，就必须全面平反冤假错案，解救处于受迫害状态的广大干部群众，创造安定团结的局面。平反冤假错案既是拨乱反正[2]的组织和人事保障，也是拨乱反正的核心内容之一。

在一个意识形态高度一元化的国度里，控制和掌握新闻媒体具有决定性的意义，林彪、“四人帮”正是运用其手中的笔控制党的“喉舌”（党的机关刊物）达成目的的，故有人直截了当地称“‘四人帮’是用笔杆子杀人的刽子手”。[3]在中国文章既然能杀人，那么它就一定能救人。为了彻底清算“四人帮”迫害老干部的所谓“老干部 = 民主派 = 走资派 = 反革命”的荒谬理论，平反冤假错案运动的具体策划者和组织实施者、当时的中央党校副校长胡耀邦首先要做的就是利用其所掌握的《人民日报》来控制和影响舆论导向。1977 年 10 月 7 日，即粉碎“四人帮”一周年的特殊日子，《人民日报》用一个版面发表了胡耀邦请人写的标题为《把“四人帮”颠倒了的干部路线是非纠正过来》的重头文章，犀利地批判了在干部路线上的“两个凡是”。一石击起千层浪，文章发表后的短短 1 个月内，《人民日报》就收到上万封表示支持和拥护的信件和电报。为了巩固和扩大战果，在胡耀邦的组织策划下，同年 11 月 27 日，《人民日报》在头版头条以“本报评论员”的名义发表了《毛主席的干部政策必须认真落实》一文。文章指出，无产阶级的原则是有错必纠，部分错了，部分纠正，全部错了，全部纠正，并要求各级党委加强对组织部门的领导。《人民日报》在发表这篇文章的同时，在第 2 版“毛主席的干部政策必须认真落实”的总标题下，还刊载了从

---

〔1〕 华国锋：“在中国共产党第十一次全国代表大会上的政治报告”，载《人民日报》1977 年 8 月 23 日，第 1 版。

〔2〕 对于什么是“拨乱反正”，邓小平曾有明确的说法：“我们现在讲拨乱反正，就是拨林彪‘四人帮’破坏之乱，批评毛泽东同志晚年的错误，回到毛泽东思想的正确轨道上来”。参见《邓小平文选》（第 2 卷），人民出版社 1994 版，第 300 页。

〔3〕 何令修、曹贵林：“‘四人帮’是用笔杆子杀人的刽子手”，载《人民日报》1977 年 8 月 27 日，第 3 版。

众多来信中精选出来的5封来信。这两篇文章的发表对“文化大革命”中在干部工作上形成的左的错误思想和“两个凡是”的观点给予了沉重的打击，从而为平反冤假错案，落实干部政策工作的开展作了重要的舆论准备和动员。

同年12月初，在叶剑英、邓小平、陈云等人的竭力举荐下，胡耀邦终于取代郭玉峰接任中组部部长一职，为他实施落实党的干部政策、平反冤假错案的抱负提供了舞台，从而也正式拉开了“文革”后大规模平反冤假错案的序幕。在平反冤假错案的过程中，胡耀邦所采取的措施主要包括两个方面，一是在行动上大胆突破“两个凡是”的约束，按照实事求是、有错必纠的原则办事，排除各方面的阻挠。他就任后立即改造中组部，改变其“门难进、脸难看、话难听、事难办”的官衙恶习，恢复党的优良传统，把党的组织部门办成“党员之家”和“干部之家”，起用“靠边站”的老干部，成立一个老干部接待组，做好信访接待工作，并坚持抽空亲自接待来访人员。在其到任的第一个月里，每天就有几百人到中组部上访，一个月下来收到信件达6麻袋之多。〔1〕二是继续发表文章、利用新闻媒体扩大平反冤假错案的舆论动员。例如1978年1月10日，《人民日报》发表了题为《切实整顿组织部门　落实党的干部政策》的评论员文章，要求各级组织部门把被“四人帮”颠倒的干部路线是非纠正过来，认真落实干部政策，尽快把过去审干工作中遗留问题严肃地处理好。同年1月19日，《人民日报》又发表了题为《切实清理审干积案，落实党的干部政策》的社论，指出按照实事求是的原则认真清理积案，处理审干中的遗留问题，是一场严肃的政治斗争，必须排除“四人帮”的流毒和影响，尽快妥善解决。同时不断报道各部门和地区平反冤假错案的进展情况。总之，一方面从正面提出要求和号召，并对工作开展得富有成效的地区和部门进行表扬。另一方面对那些落后的思想和现象进行批判，对那些阻挠平反的人和事进行严肃查处。〔2〕澄清平反冤假错案的政策和原则，例如要求在落实党的政策的时候，一定要认真处理好父母有问题的子女和出身于剥削阶级家庭的子女的问题，实事求是地把强加给他们的诬蔑、不实之词推倒，把装

〔1〕叶虎：“胡耀邦平反冤假错案纪实”，载《文史春秋》1998年第2期。

〔2〕许一明、蔡珪村“福建省委把平反冤案和揭批‘四人帮’结合起来　严肃处理三明地委阻挠平反冤案的严重事件”，载《人民日报》1978年5月27日，第1版。

在档案袋中的这类材料销毁，在上学、入党、入团、服兵役、就业等方面，经过考验，凡是符合条件的，应当和其他青年一样对待。[1]

1978年4、5月间，第八次全国人民司法工作会议在北京召开，最高人民法院时任院长江华在报告中提出：“在揭批林彪、‘四人帮’的斗争中，要认真落实干部政策。对于‘文化大革命’以来受审查的司法干警尚未作出结论的，要尽快作出正确结论。结论错了的，要实事求是地予以纠正。冤案要昭雪。一切诬蔑不实之词，必须推倒。”“当前，要遵照中共中央有关文件的精神，抓紧复查因反对林彪、‘四人帮’而被判刑的冤错案件，认真落实政策。冤案必须彻底平反。错案要予以纠正，全错的全平，部分错的部分平，不错的不平。”[2]同年11月2日，江华在第二次全国刑事审判工作会议闭幕会上又作了“积极开展复查和纠正‘文化大革命’期间判处的冤假错案件的工作”的讲话，强调在及时打击各种现行犯罪的同时，要积极解放思想，积极着手平反冤假错案，以便维护安定团结的政治局面。[3]同年召开的中共十一届三中全会，其公报又再次指出：“只有坚决地平反假案，纠正错案，昭雪冤案，才能够巩固党和人民的团结，维护党和毛泽东同志的崇高威信。在揭批‘四人帮’的群众运动结束以后，这个任务还要坚决抓紧完成。”[4]至此，平反冤假错案的政策障碍已全部扫清，全国范围内大规模平反冤假错案的工作正式展开。

在平反冤假错案中，全国各地人民法院涌现出了许多先进人物，例如甘肃省武都县人民法院院长杨茂春，在自己被平反重任法院院长后，未待办妥手续就迅速投入到平反冤假错案的工作中。

> 他没买饭票先借着吃，没有被子暂住招待所，就开始上班了。从那时起，他每天都工作十三四个钟头，午休和吃饭时间常常接待上访群众，饭打回来放凉了还顾不上吃。回法院工作八十多天后才

---

〔1〕《人民日报》评论员：“落实干部政策的一个重要问题”，载《人民日报》1978年2月18日，第1版。

〔2〕《江华司法文集》，人民法院出版社1989年版，第22、26页。

〔3〕《江华司法文集》，人民法院出版社1989年版，第50～59页。

〔4〕参见“中国共产党第十一届中央委员会第三次全体会议公报”，载《人民日报》1978年12月24日，第2版。

理了一次发，看了一次电影。[1]

一些勇于解放思想，冲破禁区，在平反工作上富有成效的法院受到了媒体的表扬，[2]那些主动纠正自己原来办案中所犯错误的法官受到了媒体的称赞。[3]同时，那些妨碍平反工作顺利进行的人员则遭到严厉处罚，受到媒体的谴责。例如新疆阿克苏县人民法院副院长杨天芳、秘书杨金魁，极力反对复查李亚民“反革命”冤案，甚至在上级法院指令复查时还一再捣乱破坏，致使这起冤案拖延几年得不到纠正。1978年11月，有关部门对他们进行了严肃处理，杨天芳被免职并给以严重警告处分，杨金魁被处以留党察看。[4]又如天津蓟县县委书记马树魁，对天津市决定平反的冤案顶着不办，顽固对抗，天津市委决定让其停职检查。对支持他的一个市委副书记，也责令检查，下放到基层工作。对平反该件冤假错案持抵制和反对态度的蓟县公安局长、法院院长、检察院检察长均给予撤职处分。[5]

在相关工作人员的努力工作和广大群众的积极支持下，平反工作进展十分顺利，最终取得了历史性的胜利。1980年初，邓小平在一次讲话中说：“这三年内，特别是最近一年，中央和全国各地都平反了一大批冤假错案。已经得到平反的，据不完全的统计，总数已经有290万人。没有立案审查而得到平反的，比这个数字还要大得多。我们平反了天安门事件，平反了包括彭德怀、张闻天、陶铸、薄一波、彭真、习仲勋、王任重、黄克诚、杨尚昆、陆定一、周扬等同志在内的一大批同志的冤假错案，并且不久就要为刘少奇同志恢复名誉。”[6]到1982年底，全国大规模的平反冤假错案工作基本结束时，据不完全统计，全国共平

---

〔1〕“给他落实政策以后……——记武都县人民法院院长杨茂春”，载《甘肃日报》1979年5月9日，第1版。

〔2〕卢世谟：“临夏县法院抓紧处理冤假错案”，载《甘肃日报》1979年1月4日；“解放思想　清理积案”，载《吉林日报》1979年6月7日，第3版。

〔3〕朱汝鹏：“尊重事实维护法制——记太仓人民法院夏宗桂纠正自己的一件错案”，载《新华日报》1979年1月13日，第3版；“坚持真理　修正错误”，载《人民日报》1979年3月1日，第3版。

〔4〕“新疆阿克苏地委打击歪风伸张正气　严肃处理破坏复查冤案的法院干部”，载《人民日报》1979年4月18日，第4版。

〔5〕“蓟县县委召开大会为刘宝金彻底平反”，载《人民日报》1980年4月29日，第1版。

〔6〕《邓小平文选》（第2卷），人民出版社1994版，第243页。

反纠正了约300万名干部的冤假错案，47万多名共产党员恢复了党籍，数以千万计的无辜受株连的干部和群众获得解脱。[1]

二、关于真理标准问题的讨论

1977年9月初，南京大学哲学系教员胡福明向《光明日报》投了一篇标题为“实践是检验真理的标准”的文章，文中旗帜鲜明地指出：检验真理的标准只能是社会实践，理论与实践的统一是马克思主义的一个最基本的原则，革命导师是坚持用实践检验真理的榜样，任何理论都要不断接受实践的检验。这实际是对“两个凡是”进行不点名道姓的批判。正在寻找思想解放突破口的《光明日报》新任总编杨西光敏锐地意识到这篇文章所具有的重要政治价值，在其主持下会同中央党校的孙长江等人对其进行了多次修改，最后经时任中央党校副校长的胡耀邦审阅后，于1978年5月10日以《实践是检验真理的唯一标准》（以下简称《标准》）为题刊登在中央党校的内刊《理论动态》上，次日又以《光明日报》特约评论员的名义在《光明日报》上公开发表，新华社当即向全国发了通讯稿，5月12日《人民日报》《解放军报》也对《标准》一文进行了全文转载。[2]

表1-3 1978年《人民日报》《光明日报》《解放军报》讨论真理标准问题部分重要文章

作者	文章题目	出处
《光明日报》特约评论员	实践是检验真理的唯一标准	《光明日报》1978年5月11日，第1版
邢贲思	关于真理的标准问题	《人民日报》1978年6月16日，第2版
《解放军报》特约评论员	马克思主义的一个最基本的原则	《解放军报》1978年6月24日，第1版
韩树英	“一分为二”是普遍现象	《光明日报》1978年7月23日，第1版
沈小峰	从科学史看真理的标准	《人民日报》1978年8月10日，第3版
杨易辰	拨乱反正必须解放思想	《人民日报》1978年8月23日，第3版

---

〔1〕 有林、郑新立、王瑞璞：《中华人民共和国国史通鉴》（第4卷），红旗出版社1993年版，第42页。

〔2〕 胡福明：“真理标准大讨论的序曲——谈实践标准一文的写作、修改和发表过程”，载《开放时代》1996年第1、2期。

续表

作　者	文章题目	出　处
沈阳部队后勤部理论组	斥林彪所谓"句句是真理"	《人民日报》1978年8月29日，第2版
《光明日报》特约评论员	坚持马克思主义的科学态度	《光明日报》1978年9月19日，第1版
《人民日报》特约评论员	谈谈"抽象肯定，具体否定"的问题	《人民日报》1978年9月22日，第2版
《人民日报》特约评论员	一切主观世界的东西都要受实践的检验	《人民日报》1978年9月25日，第2版
李洪林	科学和迷信	《人民日报》1978年10月2日，第3版
宋振庭	论高举毛泽东思想的旗帜	《人民日报》1978年10月27日，第3版
《人民日报》特约评论员	天才论和实践论的斗争	《人民日报》1978年10月30日，第2版

《标准》一文的发表虽然遭到了党的副主席汪东兴等人的责难，当时党中央的机关刊物《红旗》杂志在最初半年内对真理标准问题的讨论也保持沉默，抱着一种不介入的态度（直到当年第12期，在邓小平等人的批评下才发表了谭震林的《井冈山斗争的实践与毛泽东思想的发展》一文，加入了这一思想解放的洪流[1]）。但在邓小平、李先念、胡耀邦、罗瑞卿等人的支持和推动下，思想解放的潮流已锐不可当，如表1－3所示，当时全国影响最大的三家报纸《人民日报》《光明日报》《解放军报》先后发表了若干篇文章，以对林彪的"天才论""顶峰论"以及华国锋等人的"两个凡是"展开全面的批判，同时像《哲学研究》《教学与研究》《武汉大学学报》等专业性学术期刊也加入了真理标准问题的讨论行列，而且难能可贵的是这一次讨论最终突破了纯学术的范围，社会各界都参加到讨论中来，例如《哲学研究》编辑部、黑龙江省委、社会科学院经济研究所和《经济研究》编辑部、解放军政治学院、河南省委党校、浙江省委常委、上海市委党校、宁夏回族自治区党

〔1〕 参见谭震林："井冈山斗争的实践与毛泽东思想的发展"，载《红旗》1978年12期。谭在文中指出：凡是实践证明是正确的，就要敢于坚持；凡是实践证明是错误的，就要敢于纠正。

委、南京部队炮兵党委等学术团体、地方党政军部门，以及汪锋、廖志高、习仲勋、江渭清、刘子厚、谭启龙、王铎、李德生、甘渭汉、赵紫阳、陈伟达、许世友、向仲华、许家屯、乔晓光、韩先楚、肖华、白如冰、宋平、王恩茂等地方党政军领导人也纷纷以座谈、发表讲话等形式表示对实践是检验真理唯一标准的支持，〔1〕到1978年末，全国各地报刊发表关于实践是检验真理唯一标准的文章就达到数百篇之多，一时间形成了众人共讨“两个凡是”的局面，其盛况恰如文化大革命一样空前绝后。〔2〕对于这一讨论，邓小平在同年底召开的中央工作会议闭幕会上的讲话中作了如此评价：

> 目前进行的关于实践是检验真理的唯一标准问题的讨论，实际上也是要不要解放思想的争论。大家认为进行这个争论很有必要，意义很大。从争论的情况来看，越看越重要。一个党，一个国家，一个民族，如果一切从本本出发，思想僵化，迷信盛行，那它就不能前进，它的生机就停止了，就要亡党亡国。这是毛泽东同志在整风运动中反复讲过的。只有解放思想，坚持实事求是，一切从实际出发，理论联系实际，我们的社会主义现代化建设才能顺利进行，我们党的马列主义、毛泽东思想的理论也才能顺利发展。从这个意义上说，关于真理标准问题的争论，的确是个思想路线问题，是个政治问题，是个关系到党和国家的前途和命运的问题。〔3〕

讨论最终使人们一致认为，必须坚持实践是检验真理的唯一标准这一马克思主义的原则。这场讨论，促进了全国性的马克思主义思想解放运动，也为中共十一届三中全会的召开准备了思想条件。而十一届三中全会召开后，关于真理标准问题的讨论仍没有完全停止，相反更加深入，全国各地基层单位展开了轰轰烈烈的关于真理标准问题讨论的补课工作。

三、工作重心的转移

在关于真理标准的讨论热火朝天、大规模平反冤假错案拉开序幕之际，1978年11月10日中央工作会议召开，按照华国锋最初的设想，这

---

〔1〕参见《人民日报》1978年7月至11月关于真理标准相关讨论的新闻报道。

〔2〕有意思的是，实际早在1963年2月1日一位叫朱士耀的作者就在《光明日报》第4版上发表过一篇名叫“实践是检验真理的唯一标准”的文章，而二者社会反响却有天壤之别，由此人们可以窥探历史的玄机，明白什么是所谓的“时势造英雄”。

〔3〕《邓小平文选》(第2卷)，人民出版社1994版，第143页。

次会议的议题有三：一是讨论如何进一步贯彻执行以农业为基础的方针，尽快把农业生产搞上去。会议印发了《关于加快农业发展速度的决定》《农村人民公社工作条例（试行草案）》两个讨论稿。二是商定1979、1980两年国民经济计划的安排。三是讨论李先念在国务院务虚会上的讲话。根据邓小平的意见，会议宣布在讨论这些议题之前先讨论从1979年1月起把全党工作的着重点转移到社会主义现代化建设上来的问题。11月12日，陈云在东北组的发言中列举了6个亟待解决的历史问题：一是薄一波等六十一人所谓叛徒集团问题；二是对于"文化大革命"中被错误定为叛徒的同志应给以复查，应该恢复党籍的要恢复他们的党籍；三是陶铸、王鹤寿问题；四是彭德怀问题；五是"天安门事件"问题；六是康生问题。[1] 这些都是大家关心但又不敢触及的敏感问题，解决这些问题必然涉及对"文革"的评价和对"文革"前的指导思想、指导方针的评价，必然触及以"阶级斗争为纲"的理论是否正确的问题。陈云的发言在会上引起了强烈反响，改变了整个会议的进程，使会议脱离了事先设置的轨道向前发展。经过广泛的讨论，会议达成了共识：不解决重大的历史遗留问题，就不可能统一思想，集中智慧，迅速而顺利地实现全党工作重心的转移。11月25日，在工作会议的第三次全体会议上，华国锋代表政治局对大家关心的重大问题作了明确的表态：要为"天安门事件""反击右倾翻案风""二月逆流""薄一波同志等六十一人案件"和彭德怀、陶铸、杨尚昆等平反；有关揭发康生和谢富治的材料，交中央组织部审理；关于一些地方性重大事件的问题，由省、市、自治区党委实事求是地处理。在12月13日闭幕会上，邓小平发表了"解放思想，实事求是，团结一致向前看"的著名讲话，提出解放思想是当前的一个重大政治问题，民主是解放思想的重要条件，处理遗留问题为的是向前看，要研究新情况、解决新问题。[2] 中央工作会议的顺利召开为党的十一届三中全会的胜利举行奠定了坚实基础，邓的讲话成了三中全会的主题报告。

1978年12月18日，党的十一届三中全会如期开幕，169名中央委员和112名候补中央委员出席会议。12月22日会议结束时通过了《中国共产党第十一届中央委员会第三次全体会议公报》（以下简称《公

〔1〕《陈云文选》，人民出版社1986年版，第208～210页。

〔2〕《邓小平文选》（第2卷），人民出版社1994版，第140～153页。

报》)。《公报》称全会决定:“鉴于中央在二中全会以来的工作进展顺利,全国范围的大规模的揭批‘四人帮’的群众运动已经基本上胜利完成,全党工作的着重点应该从1979年转移到社会主义现代化建设上来。”“大规模的急风暴雨式的群众阶级斗争已经基本结束,对于社会主义社会的阶级斗争,应该按照严格区别和正确处理两类不同性质的矛盾的方针去解决,按照宪法和法律规定的程序去解决,绝不允许混淆两类不同性质矛盾的界限,绝不允许损害社会主义现代化建设所需要的安定团结的政治局面。”[1] 这就在事实上宣告中共中央已放弃“以阶级斗争为纲”的方针,放弃“文革”以来所奉行的“在无产阶级专政下继续革命”的路线。同年12月25日,《人民日报》发表了题为《把全党工作的重点转移到现代化建设上来》的社论,向全国人民传达了中共中央这一新的决策。1981年中共第十一届中央委员会第六次全体会议通过的《中国共产党第十一届中央委员会关于建国以来党的若干历史问题的决议》,对十一届三中全会作了如下评价:

> 1978年12月召开的十一届三中全会,是建国以来我党历史上具有深远意义的伟大转折。全会结束了1976年10月以来党的工作在徘徊中前进的局面,开始全面地认真地纠正“文化大革命”中及其以前的“左”倾错误。这次全会坚决批判了“两个凡是”的错误方针,充分肯定了必须完整地、准确地掌握毛泽东思想的科学体系;高度评价了关于真理标准问题的讨论,确定了解放思想、开动脑筋、实事求是、团结一致向前看的指导方针;果断地停止使用“以阶级斗争为纲”这个不适用于社会主义社会的口号,作出了把工作重点转移到社会主义现代化建设上来的战略决策;提出了要注意解决好国民经济重大比例严重失调的要求,制订了关于加快农业发展的决定;着重提出了健全社会主义民主和加强社会主义法制的任务;审查和解决了党的历史上一批重大冤假错案和一些重要领导人的功过是非问题。全会还增选了中央领导机构的成员。这些在领导工作中具有重大意义的转变,标志着党重新确立了马克思主义的思想路线、政治路线和组织路线。从此,党掌握了拨乱反正的主动权,有步骤地解决了建国以来的许多历史遗留问题和实际生活中出

---

〔1〕“中国共产党第十一届中央委员会第三次全体会议公报”,载《人民日报》1978年12月24日,第1版。

现的新问题，进行了繁重的建设和改革工作，使我们的国家在经济上和政治上都出现了很好的形势。[1]

这个评价是中肯的。十一届三中全会揭开了中国改革开放新时代的序幕。随着拨乱反正的深入开展，思想的不断解放，全党工作着重点的转移，阶级斗争这个“纲”最终被抛弃，经济建设、实现四个现代化成为中国政治生活的新主题。1979 年 3 月 30 日，邓小平在党的理论工作务虚会上讲：“我们当前以及今后相当一个历史时期的主要任务是什么？一句话，就是搞现代化建设。……社会主义现代化建设是我们当前最大的政治，因为它代表着人民的最大的利益、最根本的利益。”[2]同年 10 月，其在中共省、市、自治区委员会第一书记座谈会上又说：“经济工作是当前最大的政治，经济问题是压倒一切的政治问题。不只是当前，恐怕今后长期的工作重点都要放在经济工作上面。”[3]而同年 11 月 26 日，邓小平在接见美国不列颠百科全书出版公司编委会副主席吉布尼和加拿大麦吉尔大学东亚研究所主任林达光等时又说：“就我们国内来说，什么是中国最大的政治？四个现代化就是中国最大的政治。”[4]在中国共产党高层领导人中世俗理性已全面恢复，世俗的目标取代了神性的政治。

四、摘帽与落实政策

一旦宣告抛弃“在无产阶级专政下继续革命”和“以阶级斗争为纲”，实现中国共产党全党工作重心的转移，集中精力搞以经济建设为中心的四个现代化建设，那么为“地富反坏右”五类人摘帽和落实原国民党起义、投诚人员的政策等工作也就提上了议事日程。因为既然不再打算搞革命，那么继续保留革命的靶子——人为地树立一些“敌人”就非明智之举，而且要真正做到集中精力搞四个现代化建设，就得千方百计团结一切可以团结的人，以便动员社会各方面的力量，调动社会上的一切积极因素。

第一，是为右派分子摘帽。1978 年 4 月 5 日，中共中央批准了中央统战部、公安部 4 月 4 日向中央呈送的《关于全部摘掉右派分子帽子

---

〔1〕“关于建国以来党的若干历史问题的决议”，载《人民日报》1981 年 7 月 1 日，第 1 版。

〔2〕《邓小平文选》（第 2 卷），人民出版社 1994 年版，第 162～163 页。

〔3〕《邓小平文选》（第 2 卷），人民出版社 1994 年版，第 194 页。

〔4〕《邓小平文选》（第 2 卷），人民出版社 1994 年版，第 234 页。

的请示报告》，决定全部摘掉右派分子帽子。为右派分子全部摘帽之所以能走在大规模平反冤假错案的前面，据官方媒体的说法是因为早在1975年毛泽东和周恩来就打算全部摘掉右派分子的帽子，只是“由于‘四人帮’反党集团的疯狂破坏，毛主席、周总理的这一无产阶级政策”才未能实现。[1] 同年6月，中组部、中宣部、中央统战部、公安部、民政部根据中央决定联合拟订了《贯彻中央关于全部摘掉右派分子帽子决定的实施方案》，规定“凡不应划右派而被错划了的，应实事求是地予以改正。经批准已改正后，恢复政治名誉，由改正单位分配适当的工作，恢复原来的工资待遇，但不补发工资，生活有困难的，给予必要的补助。原是共产党员，没有发现新的重大问题的人，应予恢复党籍。原是共青团员的，应予撤销开除团籍的处分。”同年10月17日，在胡耀邦的亲自主持下，中组部专门成立了审查改正右派工作办公室，统领和指导全国的改右工作。同年11月17日，《人民日报》发表了新华社“遵照华主席为首的党中央决定，全国全部摘掉右派分子帽子，凡不应划右派而被错划了的，应实事求是地予以改正，安置工作和党的有关政策的落实正在进行”的通讯，对此，同一天《人民日报》还发表了社论，称全部摘掉右派分子帽子是“一项重大的无产阶级政策”，它“对于调动一切积极因素，化消极因素为积极因素，促进安定团结，巩固无产阶级专政，实现新时期的总任务，具有重要意义”。对摘掉帽子的右派分子，“不再叫他们‘右派分子’或‘摘帽右派’了。今后在提职、提级、调整工资、奖励、授予职称等问题上，都要与其他职工一样对待，不要歧视他们”。[2] 改右工作深得党心、民心，加之措施得力，故到1981年底被错划为“右派分子”的53万多人全部得以平反，[3]其余右派分子也被摘帽。

第二，为所谓“地富反坏”四类分子摘帽。1978年中共十一届三中全会在讨论制定《农村人民公社工作条例（试行草案）》时，从实际情况出发，对地富分子摘帽和地富子女成分问题做出了一些实事求是的规定。其中指出地主、富农家庭出身的社员，其本人成分一律是社员，

---

〔1〕“遵照华主席为首的党中央决定全国全部摘掉右派分子帽子”，载《人民日报》1978年11月17日，第1版。

〔2〕“一项重大的无产阶级政策”，载《人民日报》1978年11月17日，第1版。

〔3〕有林、郑新立、王瑞璞：《中华人民共和国国史通鉴》（第4卷），红旗出版社1993年版，第42页。

享有同其他社员一样的权利，不得歧视；他们的子女一律不应作为地主、富农家庭出身；多年来遵守政府法令、老实劳动、不做坏事的地、富、反、坏分子，经过群众评审，县革命委员会批准，一律摘掉帽子，给予社员待遇。1979 年 1 月 11 日，中共中央又作出《关于地主富农分子摘帽问题和地富子女成份问题的决定》，指出地主、富农分子经过二十多年至三十多年的劳动，他们当中的绝大多数已经成为自食其力的劳动者，除了极少数坚持反动立场、至今还没有改造好的以外，凡是多年来遵守政府法令、老实劳动、不做坏事的地主、富农分子以及反、坏分子，经过群众评审，县革命委员会批准，一律摘掉帽子，给予农村人民公社社员的待遇。地主、富农家庭出身的农村人民公社社员，他们本人的成份一律定为公社社员，享有同其他社员一样的待遇。今后，他们在入学、招工、参军、入团、入党和分配工作等方面，主要应看本人的政治表现，不得歧视。地主、富农家庭出身的社员的子女，他们的家庭出身应一律为社员，不应再作为地主、富农家庭出身。〔1〕随即大多数“四类分子”被摘帽。而 1983 年公安部又发布《关于给现有“四类分子”一律摘掉帽子的通知》，要求对“四类分子”全部摘帽。1984 年 11 月，《人民日报》发表通讯说中国已为最后一批共计 79 500 余名“四类分子”摘掉帽子。至此，中共完成了自建国以来对 2000 多万名“四类分子”进行教育改造的历史任务。〔2〕

第三，为原国民党起义、投诚的人员落实政策。1979 年 1 月 17 日，中共中央批准中央统战部等六部门《关于落实对国民党起义、投诚人员政策的请示报告》，重申了中国共产党对国民党起义、投诚人员“既往不咎，一视同仁，量才录用，妥善安置”的政策，对其冤假错案要给予纠正；凡因历史问题被戴上历史反革命帽子或其他帽子的一律摘掉；被判刑的撤销原判，恢复公民权；因追究历史问题被开除公职的，要妥善安置。文件下达后，各地为 40 多万国民党起义、投诚人员落实了政策。1982 年 3 月，五届全国人大常委会第 22 次会议审议了国务院提出的关于宽大释放全部在押的原国民党县团以下党政军特人员的建议，决定对

〔1〕“化消极因素为积极因素，中央决定给得到改造的四类分子摘帽，对地富子女的成份也作了明确规定”，载《人民日报》1979 年 1 月 29 日，第 1 版。

〔2〕“十一届三中全会以来党中央的一项重要决策，全国给最后一批地富反坏分子摘帽，建国以来对两千多万名四类分子教育改造的历史任务已胜利完成”，载《人民日报》1984 年 11 月 2 日，第 4 版。

在押的原国民党县团以下党政军特人员全部予以宽大释放，并给予政治权利。这类人员中有尚在服刑的7000人，刑满仍留在劳动改造单位的有5.5万人。到同年6月，所有这些人员全部都获得释放。[1]

在给五类分子摘帽和落实原国民党起义、投诚人员政策的同时，对原小商、小贩、小手工业者也落实了政策，摘掉了一些人资本家的帽子，恢复其劳动者的合法身份；知识分子头上“臭老九”的帽子也被摘掉了；民族政策、宗教政策和侨务政策，以及对台胞、台属的政策也进行了相应调整。这一切标志着长期以来处于“无产阶级专政对象”的一大批人最终摆脱了“政治贱民”的身份，成为中国告别革命时代、政治开始世俗化的一个起点，为一个平等的公民社会在中国的兴起奠定了基础，意义深远。

社会治理网络的恢复、重建及人民法院建设的兴起

当拨乱反正的深入发展最终使中国共产党领导人恢复世俗理性、放弃革命而转向社会全面建设之时，“文革”期间所推行的“全面专政”那套把戏就显得不合时宜了，[2]新时代的社会控制再也不能依靠疾风暴雨式的政治运动来进行维持，社会治理问题一时间凸显出来。“镇压一群人与治理一个社会，这两者之间永远有着巨大的差别。”[3]新秩序的建立既然摒弃了镇压之类赤裸裸的暴力，那么就只能建立在理性、和平的法制基础之上。为此，中共十一届三中全会公报指出，“为了保障人民民主，必须加强社会主义法制，使民主制度化、法律化，使这种制度和法律具有稳定性、连续性和极大的权威，做到有法可依，有法必依，执法必严，违法必究。从现在起，应当把立法工作摆到全国人民代表大

---

〔1〕何沁主编：《中华人民共和国史》，高等教育出版社1999年版，第270页。

〔2〕1978年，中共中央机关刊物《红旗》杂志在第10期发表了批判“全面专政”的特约评论员文章《无产阶级专政和社会主义民主——批判张春桥〈论对资产阶级的全面专政〉》；同年10月9日《人民日报》第3版发表了张显扬、王贵秀的署名文章《“全面专政”的提法是反科学的》，这表明中共最高当局已决定抛弃“全面专政”这一治国策略。

〔3〕［法］卢梭：《社会契约论》，何兆武译，商务印馆2003年版，第17页。

会及其常务委员会的重要议程上来”。[1] 但是法治目标的实现不可能一蹴而就，现实的需要和历史记忆的复苏使中国共产党很快恢复和重建了建国初期以来形成的基层社会治理网络，宣告对社会实行“综合治理”，正是在这种“综合治理”的逻辑与背景下，人民法院建设最终兴起。

一、社会治理网络的恢复与重建

中华人民共和国一成立，共产党就在全国各地建立了基层人民政权，为了镇压反革命、巩固新生的人民政权，各县（区）都成立了司法科，并旋即组建了县（区）人民法院，同时为了方便人民诉讼、及时解决纠纷，一些基层人民法院还成立了巡回法庭甚至人民法庭。为了维持地方社会治安秩序，一些老根据地和解放区早在对敌斗争中即建立了基层治保组织，如山东省冠县在1940年6月即在一些区建立了治安保卫小组。[2] 北京市平谷县1943年就在部分村设立了治安员，1944年民主建政以后，村政委员会设治安委员（或政工委员）。[3] 中华人民共和国成立后，各地积极学习老解放区的经验，积极着手基层治保组织建设，如北京市大兴县1949年初全县311个村设立公安员，1951年267个村建立治安保卫委员会，有村公安员379人。[4] 而宁夏回族自治区中卫县1950年12月县公安局即在所属的柔远乡试点，建立治安保卫组织，至1951年秋，以乡建治保委员会38个，治保委员228名；以村建立治保小组157个，治安员418名。[5]在总结各地实践经验的基础上，1952年8月11日，公安部发布了经政务院批准的《治安保卫委员会暂行组织条例》，要求全国各城市于镇压反革命运动开展后、农村于土地改革完成后，以机关、工厂、企业、学校、街道、行政村为单位普遍建立群众性的治安保卫委员会，以便于在基层政府和公安保卫机关领导下发动群众，协助人民政府防奸、防谍、防盗、防火，肃清反革命活动，保卫国家和公众治安。这样就使基层治保组织作为个别地方的经验事实变成了全国范围内的一种常规制度。1954年3月22日政务院发布了《人民调解委员会暂行组织通则》，要求在城市一般以派出所辖区或街

〔1〕“中国共产党第十一届中央委员会第三次全体会议公报”，载《人民日报》1978年12月24日，第2版。

〔2〕山东省冠县地方史志编纂委员会编：《冠县志》，齐鲁书社2001年版，第490页。

〔3〕平谷县志编纂委员会编：《平谷县志》，北京出版社2001年版，第432页。

〔4〕大兴县志编纂委员会编：《大兴县志》，北京出版社2002年版，第420页。

〔5〕中卫县志编纂委员会编：《中卫县志》，宁夏人民出版社1995年版，第616页。

道为单位，农村以乡为单位建立群众性的调解委员会，调解委员会在基层人民政府与基层人民法院指导下调解民间一般民事纠纷与轻微刑事案件，并通过调解进行政策法令的宣传教育。对此，刘少奇在20世纪50年代曾说，搞好政法工作，解决人民内部矛盾有三道防线，基层调解委员会是第一道防线，人民法庭、公安派出所是第二道防线，公安局、检察院和法院是第三道防线，前两道防线的工作做好了，第三道防线的工作就主动了。故中华人民共和国在建立后不到数年内即在基层社会建立了包括基层人民法庭（法院）、自保委员会和调解委员会等在内的防御社会纠纷的正式治理组织，此外还有中国共产党党组织、共青团组织、妇联组织、工会组织，以及大队（生产队）、居委会和各级单位等防御社会纠纷的协助治理组织（如前文所述，由于社员和单位人对公社、单位具有依附性，使公社、单位及其领导人具有了解决其纠纷的权威），从而在中国基层社会建构起了一种纵横交错的有效社会治理网络。

但这张严密的"网"，在"文革"中被撕破了。在"怀疑一切、打倒一切""踢开党委闹革命""文攻武卫"的阶级斗争中，如前所述，在1967年时全国各地人民法院普遍被砸烂了，人民调解工作也被当作"阶级调和"路线、"阶级斗争熄灭论"的产物受到批判，调解组织普遍遭到破坏。[1] 例如湖南省湘乡县1959年将调解委员会和治保委员会合并组建了"治保调处委员会"，但在1966年到1972年间却名存实亡。[2] 同时，"文革"开始后，基层自保组织也停止了工作，直到1968年方才逐步恢复。各级党、团、工会和妇联组织也同样陷于瘫痪和混乱状态，如北京市平谷县，1967年9月县和公社的妇联组织被撤销，直到1973年8月才恢复。[3] 总之，在"文革"初期，整个常规的社会治理网络被破坏了，为了维持社会秩序，从1967年下半年开始只得在全国实行军管。

不过，从1972年开始，"文革"中被砸烂的各级人民法院开始陆续恢复，与此同时各地公安机关军管会相继撤销。在此过程中，基层人民法院的一些派出人民法庭也随之恢复，有些地方甚至每个公社都设立了

---

〔1〕 石太有："发挥人民调解组织的作用"，载《人民日报》1982年1月29日，第5版。

〔2〕 湘乡县志编纂委员会编：《湘乡县志》，湖南出版社1993年版，第716页。

〔3〕 平谷县志编纂委员会编：《平谷县志》，北京出版社2001年版，第393页。

公社法庭。[1] 在基层人民法院恢复的前后，一些地方也恢复了人民调解组织。[2] 而原治保会被"三位一体"（民兵、治保、消防）的民兵组织所取代，[3] 为了调动治保人员的积极性，部分地区对有功人员进行了表彰和奖励，故在"文革"后期，出于维持社会秩序的需要，中国共产党开始逐步修复被破坏的基层社会治理网络。

但现实很快就显露出"文革"所带来灾难的多重性，除了人们被戕害的肉身外，还有其心灵和信仰，以及中国共产党党组织本身，党的威信、战斗能力和动员能力均有所下降。[4] 作为毛泽东接班人林彪的

---

〔1〕 如广东梅县在1976年11月至1979年4月在全县31个人民公社均设了公社法庭，参见梅县地方志编纂委员会：《梅县志》，广东人民出版社1994年版，第793页。

〔2〕 如犍为县人民法院于1973年1月1日恢复，同年1月10日县革委会恢复了各级调解组织。公社设调解委员会，大队设分会，生产队设小组（四川省犍为县人民法院编：《犍为法院志1941～1985》，国家图书馆国情资料室藏，第13页）。清远县人民法院于1972年10月1日恢复，到次年3月31日时，全县已恢复调解委员会372个（清远县人民法院编：《清远县法院志》，国家图书馆国情资料室藏，第14页）。陇县人民法院于1973年6月1日恢复，而在1972年全县19个社、237个大队、1个居民委员会就普遍恢复了人民调解组织（陕西省陇县人民法院编：《陇县法院志》，国家图书馆国情资料室藏，第47页）。湖南省浏阳县在1973年恢复法院的同时也重建了调解组织（浏阳市地方志编纂委员会编：《浏阳县志》，中国城市出版社，1994年，第270页）。河北省丰宁满族自治县，1973年在恢复法院的同时恢复了调解组织。1976年全县45个公社民调组织1年内解决各类纠纷1067件，是法院受理案件近10倍，有18个公社未上交一件纠纷（丰宁满族自治县志编纂委员会编：《丰宁满族自治县志》，中国和平出版社1994年版，第844页）。

〔3〕 参见"湖北民兵：长江镇民兵密切配合治保组织，搞好值班巡逻，维护城镇秩序"，载《湖北日报》1973年12月31日，第2版；"巩固无产阶级专政的一项重要措施——淮南化三建实行民兵、治保、消防'三位一体'的调查"，载《安徽日报》1975年12月18日，第3版；"四七一工厂党委认真学习上海民兵建设经验，实行民兵、治保、消防'三位一体'"，载《长江日报》1975年5月10日，第3版；东方机床厂人民武装保卫部："实行民兵、治保、消防'三位一体'好处多"，载《贵州日报》1975年8月28日，第3版；"民兵、治保、消防'三位一体'好"，载《辽宁日报》1975年5月23日，第3版。

〔4〕 1980年邓小平曾说："林彪、'四人帮'对我们党损害极大，现在应该说，我们党在人民当中的威信不如过去了。过去，我们克服困难，党的一个号召，党中央的一句话，全国照办，非常顶事。1959年、1960年、1961年那样的严重困难，在党的统一领导下面，很快就克服了。那是很值得回忆的。2000多万职工下放，走群众路线，讲清楚道理，大家并不埋怨。现在就不那么容易了。为什么呢？林彪、'四人帮'横行时期，踢开党委闹'革命'，党被打乱了，'四人帮'实行的是帮领导、帮统治。现在摆在我们面前的迫切问题，是要恢复党的战斗力。党应该是一个战斗的队伍，是无产阶级的先锋队，应该是统一的、有高度觉悟的、有纪律的队伍。只有修复到这种状态，党才能有战斗力"。参见《邓小平文选》（第2卷），人民出版社1994年版，第268页。

叛变，以及早先深得毛泽东信任的“四人帮”的为害，破灭了毛“总是正确”的神话，使共产主义信仰在一些人身上消失了，一些青年人出现了信仰危机。[1]而“怀疑一切、打倒一切”导致了无政府主义思想的泛滥，在历次政治斗争中使一些人（特别是青年人）养成了“打、砸、抢”的反叛习惯，用官方的话来讲即是“林彪、江青反革命集团横行多年，在思想上毒害了许多人，尤其是青少年受害最深，致使其中一部分人走上了犯罪道路”。[2]对于一个长期缺失完备的法律体系，主要靠做思想政治工作、搞群众运动，以意识形态来维持日常秩序的国度而言，政治的神性面纱一旦被撕掉，信仰贬值，后果就不堪设想。同时随着中国共产党全党工作着重点的转移，经济利益日益受到人们的强调和重视，[3] 那些长期被阶级斗争所遮蔽的社会矛盾就显露出来，故与改革开放相伴而行的是全国治安形势的恶化与社会纠纷的增加。

1978 年 8 月，为了加强治安管理工作、维护良好的社会秩序，公安部在京召开了第三次全国治安工作会议。[4] 而一段时间来，城市里的社会治安形势尤为混乱。例如 1979 年 9 月 9 日晚，在上海市控江路，一伙流氓竟然有恃无恐地当众猥亵女青年，引起社会各界广泛关注。[5] 同年 11 月 22 日，时任全国人大常委会副委员长的彭真，在全国城市治安会议上讲道：

> 部分大中城市社会秩序仍然时好时坏，特别是最近时期，刑事犯罪活动相当猖獗。刑事犯罪活动嚣张的城市，群众恐慌不安，生产、工作和生活受到严重干扰。许多女职工夜晚上下班提心吊胆，要父兄和丈夫接送。广大职工、干部和市民对这种状况极为不满。广大人民群众强烈要求党和政府采取有力措施，严厉打击犯罪分

---

〔1〕 李洪林：“‘信仰危机’说明了什么？”，载《人民日报》1980 年 11 月 11 日，第 5 版。

〔2〕《江华司法文集》，人民法院出版社 1989 年版，第 197 页。

〔3〕 20 世纪 80 年代初的中国，拜金主义已初露端倪，当时社会上流传“书记姓‘钱’，厂长姓‘蒋’（奖）”这样的俗语（参见《江华司法文集》，人民法院出版社 1989 年版，第 229 页）。

〔4〕“加强治安管理工作　维护良好社会秩序”，载《人民日报》1978 年 9 月 5 日，第 1 版。

〔5〕“控江路江浦路口发生扰乱治安事件”，载《解放日报》1979 年 9 月 16 日，第 1 版。

子。这个问题必须立即抓紧解决。[1]

但在新的社会情景下，社会治安工作已不可能在短期内取得一劳永逸的成效，部分地区的社会治安形势在继续恶化，例如河南省新乡1981年全市发案率上升到中华人民共和国成立以来的最高峰，成为河南社会治安最严峻的城市之一，当时曾流传这样的顺口溜："人在家里心在跳，担心坏人在街道；人在外边心在跳，担心小偷把门撬；在家在外心都跳，担心孩子被捅刀。"[2] 面对日益恶化的治安形势和日益增多的社会矛盾，力图拨乱反正，"告别革命"的改革者，已不可能步"全面专政"的后尘，[3]对此他们只有两种应对策略：一方面健全和完善法制，力争做到"有法可依，有法必依，执法必严，违法必究"；另一方面进一步修复和强化原来的社会治理网络，在党委统一领导下，党、政、军、民、学一起行动，实行"综合治理"。[4]

就前者而言，首先是清理中华人民共和国成立以来的既有法律制度。1979年11月29日，第五届全国人大常委会第十二次会议通过了《关于中华人民共和国成国以来制定的法律、法令效力问题的决议》，规定从1949年10月1日中华人民共和国成立以来，前中央人民政府制定、批准的法律、法令；从1954年9月20日第一届全国人民代表大会第一次会议制定中华人民共和国宪法以来，全国人民代表大会和全国人民代表大会常务委员会制定、批准的法律、法令，除了同第五届全国人民代表大会制定的宪法、法律和第五届全国人民代表大会常务委员会制定、批准的法令相抵触的以外，继续有效，从而使一些过去行之有效的法律法规得以继续施行。其次，加快全国人大及常委会的立法步伐，五届全国人大二次会议制定了《刑法》《刑事诉讼法》《人民法院组织法》等7部法律，并于1980年元旦同时生效；1982年重新颁布了《中华人民共和国宪法》，而《中华人民共和国民事诉讼法（试行）》也于同年

---

〔1〕 彭真：《论新中国的政法工作》，中央文献出版社1992年版，第198页。

〔2〕 戴小华、吴恒权："综合治理社会治安的新途径——新乡市实行社会治安承包责任制的调查"，载《人民日报》1985年5月11日，第4版。

〔3〕 1979年3月30日，邓小平在党的理论务虚会上不无幽默地说："林彪、'四人帮'宣传什么'全面专政'，对人民实行封建法西斯专政，我们已彻底粉碎了这个专政"。参见《邓小平文选》（第2卷），人民出版社1994年版，第168页。

〔4〕 "加强社会主义法制　维护社会治安秩序"，载《人民日报》1979年12月9日，第1版。

颁行。最后，加强法制的宣传教育力度，1980 年后全国各县（区）陆续恢复设立了主管司法行政工作的机关——司法局（部分地方最初称为司法科，稍后才改称司法局），各地县级司法局下面一般都设有法制宣传股具体负责法律宣传教育工作，从而使法律宣传教育的组织保障得到加强，后来基于普法的需要，有的地方还设立了普法办公室。

就后者而言，鉴于“社会治安问题是一个十分复杂的社会问题……稳定社会秩序，单靠政法部门，单靠法制，还不能从根本上解决问题”。[1] 所以在加强政法部门建设的同时，还着力加强了以下几方面的工作：

第一，在全国范围内进一步加快了人民调解组织的恢复和重建工作。依据《关于中华人民共和国建国以来制定的法律、法令效力问题的决议》，1980 年 1 月 19 日《人民日报》重新公布了《人民调解委员会暂行组织通则》，要求在全国继续实施，借此部分还没有恢复人民调解组织的地方稍后即对其进行了恢复和重建，如安徽省贵池县自 1980 年始在乡、村、街道居委会、厂矿企业建立调解委员会。[2] 据不完全统计，1981 年时全国已有调解组织 81 万多个，调解人员 575 万多人。据部分省、市、自治区不完全统计，1980 年共调解纠纷 612 万件，相当于同期基层人民法院受理一审民事案件的 10.8 倍。由于及时调解民间纠纷，避免了许多人的非正常死亡，同时挽救了一批将要走上犯罪道路的人，对于维持社会治安起了积极作用。[3]

第二，在公社（乡镇）设立司法助理人员，加强对调解工作的指导和管理。为了加强基层调解工作，一些地方在 20 世纪 70 年代末开始在人民公社设立司法助理员，如山东省冠县 1978 年即在全县 18 处人民公社设专职司法助理员 1 人，负责民事纠纷调解工作，行政隶属人民公社，业务归县法院领导。[4]在全国各地建立主管司法行政工作的司法科（局）后，基层调解工作由基层人民法院转为司法科（局）管理，为了加强对基层调解工作的管理和指导，司法科（局）普遍成立了调解股，设专人负责此项工作。在公社（政社分离后为乡或镇）设立司法助理

〔1〕《江华司法文集》，人民法院出版社 1989 年版，第 190 页。

〔2〕贵池市地方志编纂委员会编：《贵池县志》，黄山书社 1994 年版，第 263 页。

〔3〕“首次全国人民调解工作会议在京召开”，载《人民日报》1981 年 8 月 27 日，第 1 版。

〔4〕山东省冠县地方史志编纂委员会编：《冠县志》，齐鲁书社 2001 年版，第 499 页。

员也成为各地加强基层调解工作的普遍做法，如河北省丰宁满族自治县，1984 年为全县 45 个乡（镇）均配备了兼职司法助理，1985 年为 7 个乡配备了专职司法助理 7 人，1987 年为 13 个乡镇配备了专职司法助理。[1]而湖南省湘乡县 1979 年开始，区、社（镇）先后配备专职司法助理员，管理基层调解工作。区社调解委员会更名为人民调解领导小组，一般由管政法的党委副书记、司法助理员、公安员、民政干部、妇女主任组成。1981 年对全县农村人民调解组织进行了整顿，次年召开全县司法调解工作会议，总结交流预防、调解民间纠纷的经验。1984 年司法局内设人民调解指导股，加强对人民调解工作的业务指导。[2]在各地司法局的推动下，到 20 世纪 80 年代中期全国基层农村普遍建立了乡（镇）、村、队三级调解网，城镇也建立了相应的调解网络，到 1985 年 11 月初全国 98% 以上的村镇建立了调解组织。[3]

第三，进一步加快了自保委员会的恢复和重建工作。例如北京市大兴县 1980 年恢复建立村治保会 683 个，有治保委员 1782 人。[4] 同时也涌现出了一些从事治保工作的先进人物。[5]

第四，一些地方出现了治安联防队、保安服务公司和“法律服务站（所）”等维护地方治安秩序和解决纠纷的新型组织机构。例如为了加强治安防范，宁夏回族自治区中卫县先后组建了治安联防队和保安服务公司。[6] 北京市平谷县 1989 年 5 月成立保安服务公司，提供保安服务，有 30 人上岗，到 1990 年时全县 12 个单位聘用保安员 64 人。[7] 河北省丰宁满族自治县 1987 年在一些乡镇试办“法律服务站（所）”。[8] 当然除了上述以从事治保和防御纠纷为专务的组织与机构外，依据“综合治理”的精神，工会、共青团、妇联，宣传、文化、教育部门，以及

---

〔1〕 丰宁满族自治县志编纂委员会编：《丰宁满族自治县志》，中国和平出版社 1994 年版，第 848 页。

〔2〕 湘乡县志编纂委员会编：《湘乡县志》，湖南出版社 1993 年版，第 716 页。

〔3〕 李冰：“小统计”，载《人民日报》1985 年 11 月 4 日，第 4 版。

〔4〕 大兴县志编纂委员会编：《大兴县志》，北京出版社 2002 年版，第 421 页。

〔5〕 “热心维护社会治安的人——记广西环江县城关镇街道治保主任陈鸿顺的事迹”，载《人民日报》1980 年 1 月 23 日，第 3 版。

〔6〕 中卫县志编纂委员会编：《中卫县志》，宁夏人民出版社 1995 年版，第 616 页。

〔7〕 平谷县志编纂委员会编：《平谷县志》，北京出版社 2001 年版，第 432 页。

〔8〕 丰宁满族自治县志编纂委员会编：《丰宁满族自治县志》，中国和平出版社 1994 年版，第 848 页。

厂矿、企业、机关、学校等也对"综合治理"负有一定责任。总之，自20世纪70年代末期以来，一个强有力的基层社会治理网络在中国大陆逐步恢复与完善起来，早在1982年初，一位作者在其文章中就这样写道：

> 民事纠纷比较麻烦复杂，过去很多基层单位不愿意管，互相推诿，当事人只好找书记、厂长或单位领导人解决，既影响这些单位的领导人集中精力抓全局性的工作，也影响纠纷得到及时有效的解决。建立调解组织后，情况不同了，除了少数重大纠纷必须由领导出面解决外，日常纠纷一般由调委会作了处理。许多调解组织还配合妇联、共青团等有关部门，在群众中积极开展订立"安定团结公约"、"五好家庭"、"和睦小组"等活动，促进了家庭和睦、邻里团结和齐心生产。许多调解组织，还配合有关部门，对管界内犯有错误的青少年进行帮救工作。[1]

在20世纪80年代初期，党和国家权力对基层社会的控制得到了一定加强，[2] 全国各地社会秩序均有较大好转。这一则是"文革"结束后列宁的建党原则得到了恢复，党组织的力量得到了加强，特别是1983年开始的整风运动增强了党的战斗力。二则是"文革"后复出的一批老干部、"老革命"怀着被解放的感激心情，在各项工作中起到了良好的带头作用，成为一种重要的积极性政治资源。三则是"文革"政治运动的遗产也发挥了作用，一些基层干部在"文革"中学会了发动群众搞政治运动的全套技术和策略，而且政治斗争的记忆仍充斥在广大群众的脑海中，暂时还没多少人敢对政治参与表示怠慢。例如，1981年中央决心对社会治安实行"综合治理"，据北京、天津、上海、南京、杭州、沈阳、哈尔滨、武汉、广州、成都、重庆、济南、太原、南

---

〔1〕 石太有："发挥人民调解组织的作用"，载《人民日报》1982年1月29日，第5版。

〔2〕 那种认为自改革开放以后，中国社会全能的色彩就立即减弱了的看法是不符合历史事实的，至少在20世纪80年代的大多数时间里，在社会治安"综合治理"的旗号下，党和国家权力对基层社会的控制得到了一定加强，直到20世纪90年代初期，人口流动的加剧，基层组织的涣散，情势才发生了变化。对此，王铭铭通过运用民族国家建设理论对中国乡镇组织的变迁进行历史梳理也得出改革开放后国家权力不是退出了农村，而是以更为精细的方式渗入了农村的结论（参见王铭铭："中国乡镇组织变迁研究"，载马戎、刘世定、邱泽奇主编：《中国乡镇组织变迁研究》，华夏出版社2000年版，第26~71页）。

宁、长春、西安、郑州、贵阳等18个城市6月份统计，被群众扭送公安机关的犯罪分子就有5490多人，揭发犯罪线索近10 000起。许多犯罪分子慑于人民民主专政的威力，主动向当地公安机关投案自首。[1]党和国家的组织与动员能力，以及对社会的控制能力一时间均得到强化。

二、人民法院建设的兴起

当中共中央决心“告别革命”，厉行民主和法制，使社会治理逻辑最终由“全面专政”转向“综合治理”之时，人民法院建设就正式提上了议事日程，因为人民法院及其人民法庭无疑是实行法制的载体，也是社会治安“综合治理”网络中的重要组成部分。[2]不过在人民法院全面建设展开之前，却还有许多历史遗留问题需要处理。

（一）解放思想

1. 批判“砸烂公、检、法”的提法。在“文革”“砸烂公、检、法”的狂风恶浪里，各级人民法院都成了“重灾户”，[3]几乎每个人民法院的工作人员都经受了不同形式的打击和迫害，即使在1972年各级人民法院陆续开始恢复后的较长时间里，仍有许多人未能摆脱“文革”带来的影响。“砸烂公、检、法”的口号一日不被推翻，各级人民法院就一日不得扬眉吐气。所以法院系统要拨乱反正，首先就得从批判“砸烂公、检、法”这一口号开始。[4]1975年10月29日，江华在有各高级人民法院院长和副院长参与的座谈会上，较早对“砸烂公、检、

[1] “全党动手　发动群众　争取治安情况根本好转”，载《人民日报》1981年7月25日，第1版。

[2] 赵晓力的研究表明，自20世纪80年代以来中国农村基层法院在实践中形成了一种有别于西方经典司法理论的“司法—治理理性”，其主旨乃是通过法律来治理农村社会（参见其博士论文《通过法律的治理：农村基层法院研究》，北京大学图书馆藏）。这个中缘由无疑是多方面的，对此笔者将在后面章节中部分论及，但是自1978年以来基层法院建设兴起的社会背景无疑也是其重要原因之一：法院建设的兴起既然是社会治理转型（由“全面专政”转向“综合治理”）的结果，那么它也就必然会染上“综合治理”的色彩，甚至于用“综合治理”来论证法院存在的合法性。

[3] “重灾户”是江华的用语。1977年11月30日，江在“揭发批判林彪、‘四人帮’的座谈会上的讲话”中说“文革”中“人民法院是受灾的‘重灾户’之一”；在第八次全国人民司法工作会议上，他又说：“在‘文化大革命’中，人民司法机关是遭受林彪、‘四人帮’严重破坏的‘重灾户’。”参见《江华司法文集》，人民法院出版社1989年版，第9、11页。

[4] 1977年10月江华曾说：“人民法院批判林彪、‘四人帮’，就要集中力量批判他们‘砸烂公、检、法’的罪行。”参见《江华司法文集》，人民法院出版社1989年版，第3～4页。

法”的提法进行了批判，指出“公、检、法是无产阶级专政的重要工具，所以不能削弱，只能加强，‘砸烂公、检、法’，取消人民法院，是错误的”。[1] 1976年10月，“四人帮”倒台后，次年全国各地掀起了批判林彪、“四人帮”的新高潮，“砸烂公、检、法”的口号自然也在批判之列。在各地报纸发表文章批判“砸烂公、检、法”的同时，1977年12月4日，《人民日报》也发表了最高人民法院理论组的署名文章《牢牢掌握无产阶级专政的“刀把子”——批判林彪、“四人帮”一伙“彻底砸烂”人民法院的罪行》，其文指出：“人民法院是无产阶级国家机器的重要组成部分，担负着打击敌人，保护人民，巩固无产阶级专政，保护社会主义经济基础，促进生产力发展的历史任务。它是革命人民手中的‘刀把子’，我们必须牢牢地掌握这个武器。”[2] 为此，1978年4月25日，在第八次全国人民司法工作会议上，江华在其为大会所作的主题报告中一开篇就专门为中华人民共和国成立二十八年来“毛主席的革命路线在司法战线占主导地位”进行了辩护，以驳斥“文革”中“砸烂公、检、法”提法的荒谬。[3] “砸烂公、检、法”的被彻底否定，使人民法院获得了正名。

2. 参与真理标准问题的讨论，驳斥“宁左勿右”“左比右好”等流毒。[4] 1978年下半年，当真理标准问题的讨论席卷全国，要求进一步冲破各种思想禁区的声音此起彼伏之时，政法战线也自觉地加入了这一思想解放的洪流，对此，当时政法系统内部有学者著文说：

> 目前报刊上“关于实践是检验真理的唯一标准”的讨论，正以磅礴的气势，冲破一些禁区，为思想理论界以至社会生活带来一派新的生机。同整个思想理论战线比较起来，政法战线还显得比较沉闷，这是不是政法战线没有禁区，不需要冲破呢？当然不是！例如，长期以来，在政法战线上讳言“在适用法律上一律平等”；讳言“独立审判，只服从法律”；讳言法律对于处理两类社会矛盾的

[1] 《江华司法文集》，人民法院出版社1989年版，第1页。

[2] 最高人民法院理论组：“牢牢掌握无产阶级专政的‘刀把子’——批判林彪、‘四人帮’一伙‘彻底砸烂’人民法院的罪行”，载《人民日报》1977年12月4日，第2版。

[3] 《江华司法文集》，人民法院出版社1989年版，第11~15页。

[4] 1978年4月25日，江华在第八次全国人民司法工作会议上称“宁‘左’勿右”“‘左’比右好”等是必须肃清的流毒。参见《江华司法文集》，人民法院出版社1989年版，第22页。

作用（只能讲处理敌我矛盾，不能讲处理人民内部矛盾）；从讳言“一般监督”到讳言“反对违法乱纪”；讳言“律师制度”；讳言“革命人道主义”；甚至于一般地讳言“正规法制”、“法制不完备”、“无法可依”等等。仅就这几个例子就可以说明，政法战线上的禁区的确不少。[1]

而为了澄清人们对法制和司法的一些错误认识，刚刚复刊的《人民司法》和《人民日报》相继发表了原最高人民法院院长董必武(1954~1959）1957年3月18日在军事检察院检察长、军事法院院长会议上的讲话，重温了董老的一些论断：“我们要保护群众运动的果实，要保护和发展生产力，就必须进一步健全人民民主法制”，“群众运动是个法宝，但不能老是搞运动。情况变了，我们的工作方法也要随之改变”，“人类从进入文明社会以后，说到文明，法制要算一项。简单地说，国家没有法制，就不能成为一个国家”，“有法不依，法就是空的东西，起不了作用”。[2] 与此同时，“文革”中的极左现象也受到了批判，人们认识到左倾思想与党实事求是的原则不相符，左也可以坏事，为了顺利进行平反冤假错案必须清除各种左倾观点，克服“左比右好”的思想。为此，法院系统的内部刊物《人民司法》在1978年第2期上发表了春晓的署名文章《驳“左点保险”》。但要完全清除“左倾”思想还有较长的路要走，1980年江华在五届全国人大三次会议上还说：“长期以来，在多次政治运动中，司法战线不恰当地一股劲地反右，许多司法人员由于被批判为‘右倾’而挨整。因此，怕‘右’不怕‘左’的思想倾向在司法人员中至今还普遍存在。”[3]当然需要指出的是，在高层掀起的思想解放洪流面前，各地人民法院也结合学习新法规、平反冤假错案等工作，通过培训、座谈会等形式参与了真理标准问题的讨论。例如广州市各区、县法院院长和市法院院长们，从1979年9月3日开始用十多天时间学习五届全国人大二次会议通过的法律，在学习期间，联系实际讨论了真理标准问题，进一步端正思想路线，为实施新法律做好

---

〔1〕 王桂五：“政法战线也要冲破禁区”，载《人民日报》1978年11月7日，第3版。

〔2〕《人民司法》1978年第1期和《人民日报》1978年10月19日第1版均登载了《董必武同志在军事检察院检察长、军事法院院长会议上的讲话（摘要）》一文。

〔3〕《江华司法文集》，人民法院出版社1989年版，第158~159页。

准备。[1]关于真理标准的讨论、对左倾观念的批判，使人民法院普遍恢复了实事求是的工作作风，为平反冤假错案工作的顺利开展创造了良好条件。[2]

3. 批判“重刑轻民”思想。一旦着手发展经济，原来那种片面强调人民法院是无产阶级专政的“刀把子”，只重视对敌专政，而不重视解决民事纠纷的“重刑轻民”思想和做法就开始受到了人们的批判。1979 年最高人民法院时任副院长唐德华著文批评说：“有些同志轻视民事审判工作，认为‘民事民事，生活小事，管不管它，出不了大事’；有的领导同志对民事工作，也是‘说起来重要，做起来次要，忙起来挤掉’。这些看法和做法都是不对的，同当前形势的发展，同民事审判工作为四个现代化服务的要求，都是很不适应的。”[3]同年，河北省高级人民法院院长在接受记者采访时也强调说：“许多形成案件或纠纷的‘家务事’不仅要‘断’，而且要‘断’好，不是‘婆婆妈妈’，‘无足轻重’，而是与实现四个现代化有着直接的密切关系。”[4]为了正面引导，一些媒体开始公开表扬个别民事审判工作做得好的人民法院。[5]当然，要想在人手少、办案经费紧张、物质装备奇缺的情况下使各地法院重视民事审判工作，恐怕只能是一厢情愿。故直到 1982 年 7 月，江华在吉林省视察工作时还说：“你们说，有一部分人对民事审判工作不重视。我看，是大部分同志对民事审判工作没有正确认识或者认识不足，不能说是一部分。”[6]事实上，重视民事审判工作的观念在人民法院真正树立起来，要等到 1982 年 10 月 1 日《中华人民共和国民事诉讼法（试行）》开始实施，人民法院开始对案件收取诉讼费用，从审判民事

---

〔1〕 黄振喜：“扫除思想障碍　为实施新法律做好准备——市区、县法院院长联系实际讨论真理标准问题”，载《广州日报》1979 年 9 月 27 日，第 1 版。

〔2〕 江华曾说：“做好平反纠正冤案、假案、错案工作，必须进一步解放思想。……要把思想、理论、路线是非搞清楚，否则你怎么敢冲突禁区呢？” 参见江华：“严明法纪 纠正冤案错案”，载《人民日报》1978 年 12 月 15 日，第 4 版。

〔3〕 唐德华：“充分认识和发挥民事审判工作的作用”，载《人民日报》1979 年 4 月 21 日，第 3 版。

〔4〕 “人民内部闹纠纷怎么办？——省高级法院院长答本报记者问”，载《河北日报》1979 年 5 月 14 日，第 2 版。

〔5〕 杨玉东：“江都县法院集中力量处理民事积案　使长期陷于民事纠纷的人解除了精神负担”，载《人民日报》1980 年 10 月 29 日，第 3 版。

〔6〕《江华司法文集》，人民法院出版社 1989 年版，第 246 页。

案件中尝到甜头后才成为现实。

当然这次思想解放运动的内容，除了上述之外，普及民主和法制的理念也是其重要的组成部分，而且还取得了一些影响深远的成就，例如为此而健全了法制，制订了各种法律，结束了党委审批案件的制度，增强了司法的独立性，[1]在打击犯罪中强调用法制的手段取代原来群众运动的做法，等等。对其具体内容笔者将在本书第二章中作进一步的介绍。

（二）*贯彻实施新法律*

1978 年五届全国人大一次会议通过了新的《宪法》，其第 41 条规定："最高人民法院、地方各级人民法院和专门人民法院行使审判权。……人民法院审判案件，依照法律的规定实行群众代表陪审的制度。对于重大的反革命案件和刑事案件，要发动群众讨论和提出处理意见。人民法院审判案件，除法律规定的特别情况外，一律公开进行。……"重新恢复适用的 1954 年《人民法院组织法》第 7 条也规定："人民法院审理案件，除法律规定的特别情况外，一律公开进行。被告人有权获得辩护。"为此，全国各级人民法院有选择地对部分案件开始试行陪审和公开审判，例如沈阳市、县（区）两级人民法院，在揭批林彪、"四人帮"假左真右反革命修正主义路线的同时，遵照《宪法》和《人民法院组织法》的规定，实行公开审判、辩护、陪审、合议等审判制度，有力地打击了犯罪分子，维护了法律尊严，受到人们的称赞。[2]同时，一些媒体也常常以"人民法庭回到群众中来了"之类吸引眼球的标题，扩大对各地实施公开审判的新闻报道。但是，由于受现实条件的限制，当时许多人民法院（特别是基层人民法院）对实行公开审判持消极态度，即所谓"一无房，二无人，公开审判搞不成"。例如甘肃省宁县人民法院这个被媒体表扬的先进法院，一开始也不是人人都赞成搞公开审判，有的认为机构不健全，司法干警量少质弱，全院只有一位人员过去搞过公开审判，其他人员连见都没有见过，而且公诉、陪审、辩护人不齐全，法庭用的房子也没有，觉得条件不具备，难以实行

〔1〕 邢贲思："对当前思想解放运动的一些看法"，载《人民日报》1980 年 10 月 10 日，第 5 版。

〔2〕 "实行公开审判等制度　维护法律尊严"，载《人民日报》1978 年 12 月 4 日，第 2 版。

公开审判；有的强调当前平反纠正冤错案件任务重，时间紧，顾不上搞公开审判；还有的人嫌麻烦，怕费事，怕按正规制度办事束缚自己的手脚，影响办案效率和办案质量。不过，主张积极推行公开审判的意见还是占了上风。

> 他们报请县委，增加充实了办案力量，任命了法庭庭长和审判员、书记员，明确了职称，并在县、社人民代表大会上选举产生了五十二名陪审的群众代表，保证了合议庭的组成。为了熟悉公开审判的开庭业务，他们举办短期培训班八次，选择案件，进行现场练兵，组织旁听学习，以老带新，新老互学，提高了干警的司法业务水平……没有开庭用房，他们就在院落中进行，……公开审判不仅有力地揭露了罪犯，更好地促使当事人服判，而且也对人民群众进行了生动的社会主义法制教育，受到了群众的欢迎。每次开庭，总有数百名群众参加旁听，他们如有不同意见和看法，经审判员同意后，也可以发言。不少群众在休庭合议的空隙时间，主动对民事案件的当事人进行规劝和调解，表现了人民群众参与国家审判活动的积极性。〔1〕

这种群众参与的公开审判，成了人民司法的特殊景观和中华人民共和国政治文化的独特内容，被看成是社会主义优越性的表征之一。故而最高人民法院对推动地方各级人民法院积极开展公开审判十分用力，江华在讲话中多次强调要落实公开审判制度。他批评那些不愿搞公开审判的落后分子说：“不能把实行宪法规定的公开审判等项制度和反对形式主义混为一谈。公开审判等项制度，是人民法院必须执行的法定形式，是人民群众监督审判工作的一种形式。这种形式是非有不可的。有的法院片面强调客观条件不完备，迟迟没有实行公开审判，是很不应该的，这是关系到审判合法不合法的问题。必须抓紧时机，积极创造条件，把公开审判开展起来。”〔2〕1979年5月15日至19日，江华还特意到天津法院系统视察工作，召开司法人员座谈会，了解各级法院的组织建设、思想建设情况，并就公开审判、复查冤假错案和司法工作如何适应党工

---

〔1〕 李功国：“宁县人民法院实行公开审判案件”，载《甘肃日报》1979年4月21日，第1版。

〔2〕《江华司法文集》，人民法院出版社1989年版，第69页。

作重点转移等问题，听取了各级法院的汇报，发表了重要讲话。[1]

同年7月，五届全国人大二次会议先后通过了《刑法》《刑事诉讼法》《人民法院组织法》等7部法律，这些法律的颁布施行，既保障了人民法院司法“有法可依”成为可能，也成为人民法院建设的新起点。由于它们都将于1980年1月1日实施，于是在1979年的下半年里，积极学习新法，着手新法的实施准备工作，成为人民法院日常除办案以外的中心工作之一。全国公、检、法系统采取了举办轮训班、法制讲座和在职学习等多种形式轮训干部，中央政法干校也为各省、市、自治区培训了师资，并组织人力编写了刑法、刑事诉讼法教材，组织公安司法人员学习新法。各地公、检、法部门自身也作了许多努力，例如广东市公、检、法机关组织了1100多人分班学习刑法和刑事诉讼法，为了掌握更多的法律知识和弄懂弄通法律条文的基本精神，学习班邀请了北京大学和中国人民大学法律系的教师来广州专门讲解刑法和刑事诉讼法。[2]但受人财物的限制，为实施新法所作的准备工作在总体上并不令人满意，1979年12月22日，即新法实施的前夕，江华在上海召开的民事审判工作会议上沉重地讲道：

> 从现在看，不少地方为“两法”（指《刑法》和《刑事诉讼法》，下文同——引者注）的实施还没有做好充分准备，一是干部队伍没有调配好……二是必要的物质条件还不具备，没有审判法庭等等。没有法庭怎么能搞公开审判呢？有的地方对中央关于保证“两法”实施的指示重视不够，口头上说重视，而不解决实际问题。这就要多宣传，特别是向有关的党委同志多宣传，没有法庭不能公开审判，是要违法的。[3]

1980年3月，其时新法已开始实施，江华在当年召开的全国高级人民法院院长会议上，就贯彻适用新法再次指出：

> 我建议省、地、县人民法院都要搞一个实行公开审判的进度规划。根据本地区的实际情况，凡条件具备的人民法院，要积极地全面地依法实行公开审判。目前条件尚不具备的人民法院，要积极创

---

〔1〕“最高人民法院院长江华来我市视察工作”，载《天津日报》1979年5月26日，第1版。

〔2〕“广东省政法战线采取多种形式学习新法律”，载《人民日报》1979年8月11日，第4版。

〔3〕《江华司法文集》，人民法院出版社1989年版，第106页。

造条件，在今年六月、九月、十二月分三批开展公开审判活动。大、中城市特别是对外开放城市的人民法院，要尽快地实行公开审判。[1]

新法生效后，一开始显然实施效果并不尽如人意，但无论怎么说，各地人民法院还是大体落实了陪审制和某种形式主义的公开审判，1980年初，《人民日报》的记者在其报道中说，根据中央的决定，各地公、检、法部门陆续调进了一批具有一定水平的人员充实公安、司法队伍，调整、健全了组织机构。各级人民法院已经或正在建立审判委员会，以便从组织上保证审判工作的顺利进行。[2]而同年，江华在向全国人大所作的工作报告中同样肯定，在复查案件和实施两法的过程中，加强了人民法院的思想建设、组织建设和业务建设。人民法院的工作已经开始走上依法办案的轨道，司法建设进入了一个新的发展时期。[3]

（三）人民法院人、财、物建设的全面展开

平反冤假错案和实施新的法律，最终使人民法院由幕后走到了前台，在此情境下，中国大陆法院人、财、物的建设终于“被迫”上路了。而与经费和物质保障的匮乏比较起来，司法工作人员的缺乏在当时显得尤为突出，所以首先要解决的就是人的问题。

1. 人民法院队伍建设。从“文革”末期各地人民法院复建到1979年新法实施的前夜，虽已历经数载，但人民法院的干部队伍仍没有摆脱量少质弱的境况。一方面人不够用，人力与任务相差太大，当时全国整个法院系统仅有工作人员58 000人；另一方面人员素质不高，既有法院工作人员政治思想水平、政策业务水平、工作能力低，工作作风不纯。[4]有数据表明，全国司法干警中，只有1/3或多一点是过去长期做司法工作的外，而其余2/3左右是刚加入司法队伍不熟悉业务的人员，[5]1980年时全国法院系统受过专门法律教育的在职干部仅占6%，而且法院系统的干部年龄在45岁以上的就将近1/3。[6]而部分地区情况

〔1〕《江华司法文集》，人民法院出版社1989年版，第115～116页。

〔2〕“为实施新法律做充分准备”，载《人民日报》1980年1月5日，第3版。

〔3〕“江华在人大会上作最高人民法院工作报告表明人民法院走上依法办案的正轨”，载《人民日报》1980年9月5日，第1版。

〔4〕《江华司法文集》，人民法院出版社1989年版，第90页。

〔5〕《江华司法文集》，人民法院出版社1989年版，第45、91页。

〔6〕赵玉思：“法律教育应该大力发展”，载《人民日报》1980年10月10日，第5版。

更糟，如直到1983年时，四川省全省法院干部中，政法院系的大专毕业生仅有498人，占4.6%；而小学以下文化水平的占15%，其中还有相当数量是文盲或半文盲。云南法院少数民族干部小学以下文化程度的占37%，其中文盲、半文盲的比例更高。[1]事实表明在中华人民共和国成立三十年之际，中国所拥有的仍然是一支不堪重负的司法队伍。

针对上述情况，要做的工作如下：

第一，充实法院人员。为了贯彻实施新法，1979年中共中央组织部计划给全国各级人民法院选调48 000名干部，但到年底实际只调入将近29 000人，尚差19 000人，为此，江华在1980年召开的全国高级人民法院院长会议上一再强调“要抓紧充实，把人调进来”。[2]当时选调是人民法院增补人员的主要方式，例如1980年4月三台县人民法院一次就接纳了35名选调干部。[3]部队转业干部是当时人民法院增补人员的重要来源之一，如新华社在1981年9月1日给《人民日报》的来电中说：“一大批解放军转业干部响应党的号召，即将奔赴全国各地政法战线。这批转业干部今天在全国29个省市自治区的198个教学点上，分别参加了政法专业集训班的开学典礼。”[4] 但囿于当时中国法学教育发展的落后，法院所招人员的质量大多不甚理想。对此，1983年江华在上交中共中央书记处的报告中曾这样写道：

> 近几年两省（指云南、四川——引者注）法院也调进一批干部，总的来讲，绝大多数是好同志。但是，这些干部中学过法律的很少，不少人文化水平也较低，而且有相当数量的人是安置性质的，甚至还有一些很难坚持工作的病残人。四川省去年第四批由军队转业调进法院的干部中，有四人患精神病，重庆市市中区人民法院去年分配来转业干部十五人，三分之一是病残人员。云南也不乏这类事例。对这些人员，法院非接受不可，所谓“包袱大家背嘛！”湖南有个县把一个文化水平很低的同志分到了法院，连记录也作不了，当县法院要求另换人时，组织部门有人说：“卖肉还搭

[1] 《江华司法文集》，人民法院出版社1989年版，第307页。

[2] 《江华司法文集》，人民法院出版社1989年版，第116页。

[3] 三台县法院志编纂领导小组编：《三台县法院志》（1999），国家图书馆国情资料室藏，第250页。

[4] “加强社会主义法制，保卫人民生活和四化建设　全军挑选一批干部转业到政法战线”，载《人民日报》1981年9月2日，第1版。

点骨头，何况分配干部。"[1]

为了获得真正有用的人才，除了选调和分配外，人民法院开始探索从高中毕业、在职工人和退伍转业军人等中招考的新办法来引进人才。而在1985年2月召开的全国法院院长会议上，最高人民法院也明确提出："为加强法院队伍的革命化、正规化、现代化建设，我们要努力实现几个转变，这就是：由干部的调配制过渡到考试制，由低文化结构过渡到高文化结构，由行政工作方式过渡到法官责任制，由手工方式过渡到管理现代化。"[2] 自此招考成为人民法院增补人员的主要方式，例如人民三台县人民法院1985年接纳选调干部4名，部队转业干部2人，而通过招考一下就接纳新成员17名；[3]清远县人民法院1985年接纳了7名分配的中专司法毕业生，同时还从社会上公开招考了32名青年干部。[4]通过选调、分配、招考等诸种方式吸纳工作人员，有数据显示，到1986底，全国人民法院已共有各类人员162 486人，[5]而1987年和1988年两年中央又批准人民法院系统增编55 000人，[6] 这使20世纪70年代末那种人员严重不足的状况基本得到缓减和改善。

第二，结合新法的学习加紧了对人民法院工作人员的短期轮训。针对当时法院系统工作人员学历和业务素质普遍低下的现实，1979年7月，江华提出争取从当年起用3年左右时间把助理审判员以上的干部轮训一遍。主要靠各省、市、自治区想办法，例如办司法干部学校、举办短期轮训班等。在此期间，各地的政法学院除办好自己的本科教育，培养政法干部外，也要尽其所能为各地人民法院轮训若干批助理审判员以上的干部。训练材料由最高人民法院组织人编写，各省、市、自治区也要自己编写一些。暂时不能进干校和训练班的，边工作边学习。[7]当然当时也有部分地区在《刑法》和《刑事诉讼法》颁布之前就已开始着

---

〔1〕《江华司法文集》，人民法院出版社1989年版，第307～308页。

〔2〕 宋光："努力做好司法行政工作为开创法院工作新局面积极作出贡献——在全国法院司法行政工作座谈会上的讲话（摘要）"，载《人民司法》1985年第8期。

〔3〕 三台县法院志编纂领导小组编：《三台县法院志》（1999），国家图书馆国情资料室藏，第250页。

〔4〕 清远县人民法院编：《清远县法院志》（1989），国家图书馆国情资料室藏，第39页。

〔5〕《中国法律年鉴1987》，法律出版社1987年版，第883页。

〔6〕 郑天翔：《行程纪略》，北京出版社1994年版，第574页。

〔7〕《江华司法文集》，人民法院出版社1989年版，第91页。

手轮训干部了，例如从1979年3月10日起，北京市高级人民法院就聘请北大的教师和本市法院领导和有实践经验的审判人员，举办了面向全市司法干警的司法业务讲座，内容主要涉及一些法律基础知识和基本司法技能，每周六上课，每次将近600人听讲。[1]对于办短期培训班江华有个妙喻，叫作“炒花生”，他说：“可以开办短期训练班，‘炒花生’，边炒边卖，3个月为一期或4个月为一期，炒来炒去就炒出来了。”[2]当然，由于“缺经费，无场所”，搞培训遇到的困难相当多。

2. 人民法院办公场所和设施的改善。中华人民共和国成立后，各地人民法院创建初期，由于经费不足，大部分未设有专门的审判法庭，一般案件只在会议室或办公室里开庭，遇有公开审判重大和有影响的案件，则借用有关部门的大礼堂、影剧院，或在公开场所临时搭台。1954年9月《人民法院组织法》实施后，一些人民法院虽建成部分简易的审判法庭，但自50年代后期起，社会主义法制建设未被重视，审判法庭建设长期停滞不前，“文化大革命”初期，法院被砸烂，有的审判法庭被改作他用，人民法院恢复重建时，原有的审判法庭所剩无几，例如1974年江苏省恢复人民法庭建制时，全省所有人民法庭都没有办公用房。[3]所以仅有人还不行，要实行陪审制、搞公开审判还得要有审判庭，新法的颁布实施把人民法院审判庭的建设提上了议事日程。

实际上，在增补人员和轮训干部的同时，部分法院的审判庭的建设已破土动工。以福建省为例，《刑法》《刑事诉讼法》颁布后，省高级人民法院就着手把建设审判法庭作为其实施的一项重要准备工作，报经中共福建省委、省政府决定，于1979年9月由省财政给每个基层人民法院2万元专项补助经费，用于建设审判法庭。[4]然而财政经费紧张是当时各地普遍的现实，要在短期内拿出一大笔钱来给各地法院修建审判庭是有困难的，在此情况下，“以罚款（金）促建”就成了解决法院建设经费困难的自然选择。为此，1981年4月江华在全国高级人民法院

---

〔1〕 方成志：“北京市高级人民法院举办司法业务讲座”，载《人民司法》1979年第6期。

〔2〕《江华司法文集》，人民法院出版社1989年版，第131页。

〔3〕 江苏省地方志编纂委员会编：《江苏省志·审判志》，江苏人民出版社1997年版，第305页。

〔4〕 福建省地方志编纂委员会编：《福建省志·审判志》，中国社会科学出版社1999年版，第224页。

院长会议上说：“房子不够，从明年开始，国家可以给点钱盖房子。没收贪污走私的钱和经济罚款，数目不少，不要分掉（分掉容易把风气搞坏），经过一定的批准手续，可以拿来盖房子和添置技术设备。”〔1〕但是这种办法毕竟不是在每个地方都管用，也不能从根本上解决问题，1983年江华在云南和四川考察时见到的情形仍不尽如人意：

> 云南绝大多数基层人民法院条件很差，无法庭，无接待室，七八个人挤在一间办公室里，当事人来谈话，大家办不成公；有的一张办公桌两人合用；有的无档案柜，大批档案卷宗捆放在地上。人民法庭更无办公用房，租旅社或借公社的房子，办公、住宿、接待群众、审判案件都在一间房子里，工作很难进行。有的人民法庭无固定办公地址，审判员背着挎包到处跑，群众称为“背包法庭”“叫花子法庭”。四川法院的情况也差不多，米易县法院有二十三名干部，只有两间办公室；达县市法院从建院至今无一间办公用房，租旅馆办公。〔2〕

江华的奔走与呼吁引起了中国共产党高层人士的关注和重视，1983年11月国务院批转最高人民法院《关于全国法院系统急需解决的两个问题（一是审判法庭建设，二是业务经费）的报告》的通知下达各地后，全国各地人民法院法庭建设的步伐明显加快。以福建省为例，省高级人民法院组织了5个调查组，对全省审判法庭场所以及业务经费情况进行全面调查，并分别向最高人民法院、省委、省人大常委会、省政府作专题汇报，进一步加快全省审判法庭建设的步伐。1980年至1985年，福建省高级人民法院向省财政厅、省计委累计申请专项资金374万元，用于补助各级人民法院审判法庭建设。截至1985年底，全省88个人民法院应急建设了51个审判法庭，20个人民法院正在修建中，合占总数的80.68%。〔3〕而像在1949年至1976年的27年里迁址达11次（8处）之多的山西省清徐县人民法院，也于1984年新建成了二层办公楼，建筑面积达732㎡。〔4〕当然，要使人民法院审判庭的建设取得重大突

---

〔1〕《江华司法文集》，人民法院出版社1989年版，第183页。

〔2〕《江华司法文集》，人民法院出版社1989年版，第311页。

〔3〕福建省地方志编纂委员会编：《福建省志·审判志》，中国社会科学出版社1999年版，第224页。

〔4〕山西省清徐县人民法院编：《清徐法院志》，1998年版，国家图书馆国情资料室藏，第67~68页。

破，仍尚待时日，特别是大多数人民法庭办公条件的改善在20世纪80年代还无力解决。

在进人和建造简易审判法庭之际，改善人民法院其他办公设施的工作也在同时展开。为了贯彻执行刑法、刑事诉讼法等各项法律，开展司法业务工作，1980年10月24日，司法部和财政部发出《关于司法业务费开支范围的规定的联合通知》，对法院和司法行政机关的司法业务费开支范围作了规定，具体包括审判费、业务设备购置费、业务设备消耗费、短期培训费等11项内容，要求对法院的物质装备建设要给以适当的经费保障。不过，当时大多数人民法院（特别是基层人民法院）能做的还只是购置一些笔墨纸砚和简单的办公家具，[1]而要在短期内统一干警们的着装和购置包括囚车在内的交通工具等仍有相当的困难。据1983年江华在云南和四川的考察见闻，当时法院还普遍缺乏交通工具：

> 四川全省有二百三十一个法院，现在还有一百七十四个法院没有囚车，占百分之七十五。三个民族自治州的中级和基层人民法院，过去下乡办案是骑马，现在法院自己无马，农村实行生产责任制后，租马也租不到，只好徒步代马了。还有的法院提审犯人在押解途中乘公共汽车，或用自行车驮带，还有的如同“苏三起解”，长途步行，很不安全，影响也很不好。许多法院因无交通工具，传票也送不出去。[2]

同时人民法院干警的衣食住行也面临许多具体困难，而广大人民法庭工作人员其办公和生活条件也尤为艰苦，江华在他上交中共中央书记处的报告中继续写道：

> 关于法院干警的服装、粮食供应等方面也存在许多实际问题，特别是人民法庭，与县以下公安派出所相比，管辖范围要大得多，任务也不轻，但法庭干部粮食供应每月不足三十斤，加班无补助，更无服装，工作条件也很差。[3]

对于那些经常需要翻山越岭下乡办案的人民法庭审判人员来说，每天不足1斤粮，显然是成问题的。人民法院办公条件的窘况引起了高层

---

〔1〕 而个别情况糟糕的地方，基层法院连发放干警工资，购置笔墨纸砚都较为困难。参见《江华司法文集》，人民法院出版社1989年版，第310页。

〔2〕《江华司法文集》，人民法院出版社1989年版，第311页。

〔3〕《江华司法文集》，人民法院出版社1989年版，第311页。

的重视，各级部门也积极行动起来，经国务院批准，从1984年开始，全国各级人民法院担任现职的审判员、助理审判员和书记员穿着统一的审判制服。到是年底，全国各级人民法院审判员、助理审判员和书记员都穿戴上了特制的审判制服，结束了审判人员没有制服的历史。同时，最高人民法院、财政部、国家物资总局采取无偿调拨的方式先后为全国各基层法院配置了囚车1辆，一些法院也自行购置了摩托车、自行车等交通工具，到1985年时各地人民法院的办公条件都得到了一定改善。当然，改善是相对有限的，以四川省犍为县人民法院为例，1985年时包括人民法庭在内全院有15个庭室、58人，其时连人手1辆自行车也还办不到，9个人民法庭中只有1个配有1辆摩托车，全院没有1部电话，办公自动化更谈不上。[1]

不过，虽然还有许多不甚理想的地方，但20世纪80年代人民法院建设取得的成绩仍然可用十分显著来形容。对此，1988年4月1日，郑天翔在七届全国人大一次会议上作报告时说：“五年来，在地方党委、政府的支持下，地方各级法院的物质条件有了明显改善。全国地方法院中，有审判法庭的，1983年仅占当年法院数的20%，1987年底达到了一半。湖北、湖南各级法院有审判法庭的已达到90%以上。有的省还为人民法庭兴建了办公用房和宿舍，湖北省已达到70%以上。目前全国有98%的地方法院配置了囚车。交通、通讯状况有了明显的改善。法院管理的现代化开始起步。”[2]

〔1〕 四川省犍为县人民法院编：《犍为法院志1941～1985》，国家图书馆国情资料室藏，第60页。

〔2〕 郑天翔：《行程纪略》，北京出版社1994年版，第573页。

第二章

人民司法传统的恢复与发展

美国社会学家华尔德在研究改革开放前中国工业中的工作环境和权力结构时，指出中国共产党在其工厂单位中创造了一种诸如依附（Dependence）、庇护（Patron - client）、特殊主义（Particularism）等"传统"现象。其看法较为独特之处在于：他并不将此视为中国传统文化的遗传，而将其归结为共产党所特有的政治和经济组织形式的产物，属于现代的"发明"。为此，他将中国单位组织中的这些在现代（西方）工业中已基本消亡的社会特性称之为共产党社会的"新传统主义"。虽然他一再强调"新传统主义"只是一个分析性概念，而不是一个历史性概念，[1] 但事实上其也基本符合历史事实。马克思和恩格斯曾在《共产党宣言》中宣称："共产主义革命就是同传统的所有制关系实行最彻底的决裂；毫不奇怪，它在自己的发展进程中要同传统的观念实行最彻底的决裂。"[2] 而共产党人要同传统的制度与观念彻底决裂，就必须在各方面创造属于自己的新传统。中国共产党在其近一个世纪的奋斗历程中，凭借其理想和实践在中国这块古老的土地上创造了一系列的新传统，[3] 在政法领域也有不凡的表现。1959 年 5 月 16 日，人民司法的创始人之一董必武曾在全国公安、检察、司法先进工作者大会上讲：

我们党从井冈山建立革命政权的时候起，就有了自己的政法工

〔1〕［美］华尔德：《共产党社会的新传统主义：中国工业中的工作环境和权力结构》，龚小夏译，牛津大学（香港）出版社 1996 年版，第 10 页。

〔2〕《马克思恩格斯选集》（第 1 卷），人民出版社 1995 年版，第 293 页。

〔3〕 要形成一定传统得需要较长时间，美国社会学家希尔斯曾说："从倡导者到接受者这样的过程。它至少要持续三代人——无论长短——才能成为传统"（参见［美］E. 希尔斯：《论传统》，傅铿、吕乐译，上海人民出版社 1991 年版，第 20 页）。中国共产党存在的历史长度，显然已使其具备了创造传统的时间条件。

作。人民政法工作和军事工作、经济工作、文教工作一样，在党中央和毛主席的领导下，从民主革命到社会主义革命，逐步积累起丰富的经验，形成了自己的优良传统。这就是服从党的领导、贯彻群众路线、结合生产劳动、为党和国家的中心工作服务。[1]

正是这样一些政法新传统，使中国共产党的政法工作得以区别于帝制时代的政法工作和国民党统治下的政法工作，使中国共产党获得了广大人民的支持和拥护，不断战胜一切艰难和险阻，最终取得了革命和建设的一系列胜利。但是，文化大革命使“党的路线、方针、政策被林彪、‘四人帮’搞乱了，党的优良传统和作风被他们搞掉了，造成了司法队伍的组织不纯、思想不纯和作风不纯”。[2] 所以“文革”一结束，恢复人民司法的传统就成为人民法院建设的头等大事。

为此，1978 年 4 月 24 日至 5 月 22 日，即在 1965 年 12 月 15 日至 1966 年 1 月 8 日召开的第七次全国人民司法工作会议 12 年后，最高人民法院在北京召开了第八次全国人民司法工作会议，会上江华在其所作大会主题报告中指出：“林彪、‘四人帮’一伙疯狂破坏毛主席制定的司法工作路线，颠倒了路线是非，搞乱了人们的思想，严重地破坏了人民司法工作。我们必须继续深入揭批林彪、‘四人帮’的反革命罪行，拨乱反正，进一步分清路线是非，全面地正确地贯彻执行毛主席的司法工作路线。”具体而言就是要做到：①必须坚决把专政矛头对准一切反革命分子；②必须正确处理人民内部闹纠纷的问题；③必须把司法工作置于中国共产党的直接领导之下；④必须实行党委领导下的群众路线；⑤必须认真执行党的政策和国家的法律；⑥必须执行法律规定的审判制度和程序；⑦必须发扬调查研究，实事求是的工作作风；⑧必须努力学好政治，学好业务，做到又红又专。[3] 恢复人民司法的传统成为了本次会议的主题，[4] 而在本次会议结束后的第二天，江华还在《人民日报》上撰文强调说：“当前，恢复和发扬司法工作的优良传统，整顿和健全审判制度和程序，是进一步加强人民法院建设，加强社会主义法制

---

〔1〕《董必武法学文集》，法律出版社 2001 年版，第 423 页。

〔2〕《江华司法文集》，人民法院出版社 1989 年版，第 32 页。

〔3〕《江华司法文集》，人民法院出版社 1989 年版，第 15 ~ 20 页。

〔4〕 周道鸾：“人民法院在改革中不断前进”，载郭道晖主编：《十年法制论丛》，法律出版社 1991 年版，第 258 页。

的一个重要方面。"〔1〕

吉登斯曾说："即便是在那些最传统的文化中，'传统'都通过反思而被利用，而且在某种意义上也'通过话语而被理解'。"〔2〕传统之所以被称为传统，就是因为它塑造着现实和未来，并且这种塑造是建立在人们部分自觉意识和参与基础之上的。上述董必武和江华的讲话都力图用简洁的语言去揭示和再现中国共产党政法工作的新传统，以便规范和指导广大司法工作者的行动，即"通过话语而使人们理解"。不过由于董和江的讲话本身是有针对性和特殊使命的，其并不是专门为了阐述人民司法的新传统而做的讲话，故他们并不刻意追求对人民司法的新传统做出全面的概括。而且由于其讲话受当时历史语境的制约，也被深深地打上了时代的烙印，并不完全符合历史事实。例如董必武讲话时正值"大跃进"，故办案要"结合生产劳动"这一当时的极左做法也就进入其视野，而江华的讲话发生在"文革"后拨乱反正初期，所以他关注的重点在于如何结束"文革""无法无天"的混乱局面。〔3〕笔者通过对文献的梳理，将人民司法的新传统归纳为如下五个方面：①服从党的领导——人民司法的组织保障；②为党和国家的中心工作服务——人民司法的任务；③走群众路线——人民司法的工作方法；④实事求是、有错必纠——人民司法的基本要求；⑤德才兼备——人民司法从业人员应具备的基本素质。当然由于它们具有统一的指导思想和理论基础，这些传统之间存在着紧密的内在逻辑联系，其具体内容也存在一定的交叉之处。

---

〔1〕江华："实施新宪法是人民法院的光荣职责"，载《人民日报》1978年5月23日，第3版。

〔2〕［英］安东尼·吉登斯：《民族——国家与暴力》，胡宗泽、赵力涛译，生活·读书·新知三联书店1998年版，第12页。

〔3〕2006年6月23日，《人民法院报》与《人民司法》杂志社、《最高人民法院公报》编辑部、江西省赣州市中级人民法院在赣州市联合举办了"第一届应用法学研究有奖征文颁奖仪式暨社会主义法治理念与人民司法优良传统研讨会"，时任最高人民法院副院长的黄松有出席会议，并作了重要讲话，他认为人民司法的优良传统主要有"党的领导、服务人民、群众路线、司法公正、求实创新"等方面的内容，这是21世纪初年最高法人民院领导人对人民司法传统的最新概括。参见张娜、宁群："发扬人民司法优良传统树立社会主义法治理念——'社会主义法治理念与人民司法优良传统研讨会'述要"，载《人民法院报》2006年7月18日，第6版。

服从党的领导

中国共产党以其长期来为民族和国家所做的卓越贡献，赢得了民众的拥戴，成为中国人民革命和建设的领导核心。具体而言，党的领导主要包括政治、思想和组织三种形式。党的政治领导是关于政治原则、政治方向、重大决策的领导，即用党的路线、方针、政策引导和指导人民群众去进行革命和建设。党的思想领导就是坚持用共产主义的理想和信念教育广大党员和群众，使人们树立起共产主义的信仰，自觉遵守党的路线、方针、政策。党的组织领导就是通过党员干部、党的各级组织和广大共产党员组织、带领人民群众去实现党提出的各项主张和任务。党的政治领导和思想领导终归是要靠党的干部、党的各级组织和广大共产党员去实施，故如果没有强有力的组织领导，党的政治领导和思想领导就会落空。

对于接受党的领导，法院的司法工作也不得例外。中国共产党历来反对法院以其司法的特殊性为名反对和排斥党的领导。1957 年 12 月 14 日，中共中央批转最高人民法院、司法部党组《关于司法工作座谈会和最高人民法院的反右派斗争情况的报告》，强调了党领导司法的原则。1958 年 6 月 23 日至 8 月 20 日，最高人民法院和司法部在北京召开第四届全国司法工作会议。会议再次重申，人民法院必须绝对服从党的领导；不仅要坚决依靠党中央的领导，而且要坚决依靠各级党委的领导；同时，司法工作必须坚决贯彻群众路线，在遵守法律的前提下，珍视和支持群众的创造。[1] 对此，1959 年中国人民大学的一个研究小组曾撰文说："党对政法工作的领导包括方针政策上的、政治思想上的、组织上的和业务上的领导。党的领导是绝对的、全面的，不能加以丝毫限制和削弱，任何反对和忽视党的领导的现象，都是不能容忍的。"[2] 故长期以来党的领导被视为是中华人民共和国政法工作的传统之一。[3]

---

〔1〕 徐达深主编：《中华人民共和国实录》（第 2 卷），吉林人民出版社 1994 年版，第 205 页。

〔2〕 陈逸云："政法工作必须绝对服从党的领导"，载《政法研究》1959 年第 2 期。

〔3〕 彭真：《论新时期的社会主义民主与法制建设》，中央文献出版社 1989 年版，第 358 页。

不过，党对司法业务的具体领导，实际上是通过各级党委下设立的政法委员会来实现的，政法委员会是中国共产党领导政法工作的常设组织机构。不过各个时期政法委员会的名称和设立情况有所变化，就全国的整体情况而言，自20世纪50年代开始各县（区）以上中共党委就陆续设立了政法委员会党组，“文革”期间被破坏，“文革”后（1979年左右）各县（区）党委普遍设立了政法领导小组，20世纪80年代初各地都先后改称为政法委员会，1988年又改称为政法领导小组，1990年再次恢复政法委员会的称号，至2005年时未变。[1]

政法委员会一般由书记、副书记和委员组成，下设办公室。书记一般由党委分管政法工作的副书记担任，政府、人大、公安局、检察院、法院、司法局、民政局相关领导出任政法委副书记或委员。例如1981年7月中共金县县委政法委员会成立，由县委1名副书记、县政府1名副县长、县人大1名副主任兼任正副组长，公安局、检察院、法院、司法局、民政局的主要领导为成员，下设办公室。1983年7月，又改为书记制。由县委分管政法工作的副书记兼任政法委书记，设政法委办公室，由常务副书记兼政法委办公室主任，主持日常工作。[2]广西壮族自治区柳州市柳北区于1985年4月5日成立中共柳北区委政法委员会，区党委书记兼任政法委员会书记，柳北区公安分局局长、区检察院检察长、区法院院长和政法办公室主任为政法委员会委员。同年6月，改由

---

〔1〕 例如河北省长安区政法委员会最早成立于1957年3月1日，全称为中共长安区政法委员会党组。1961年12月，该党组撤销，政法工作由区委领导。1967年3月，在砸烂“公、检、法”的口号下，区政法机关遭到严重破坏。1979年10月26日，区法制领导小组成立，1981年6月10日，改称区委政法领导小组，1982年12月23日，区政法领导小组撤销，成立中共长安区政法委员会。1988年11月4日，根据市委通知精神，撤销区政法委员会，成立区政法领导小组。1990年7月，又称政法委员会。参见石家庄市长安区地方志编纂委员会编：《石家庄市长安区志》，中国社会出版社1997年版，第447页。甘肃省广河县1952年10月经县委常委会议研究决定县委以下设立政法党组。1953年政法党组成立，存续至1966年。“文化大革命”中，政法党组被“文革”机构取代，1979年5月4日恢复成立。1980年11月3日，撤销政法党组，设立中共广河县委政法领导小组。1982年11月30日，撤销县委原政法领导小组，成立中共广河县委政法委员会。参见广河县志编纂委员会编：《广河县志》，兰州大学出版社1995年版，第406页。

〔2〕 大连市金州区地方志编纂委员会办公室编：《金县志》，大连出版社出版1989年版，第547页。

区党委副书记兼任政法委员会书记，增补区司法局局长为政法委员会委员。[1] 不过也有一些地方的政法委员会书记一直是由公安局长兼任的，例如四川省青神县1979年至20世纪90年代初历届政法委员会书记均由公安局长兼任。[2]

具体而言，政法委的主要任务是领导和协调公安机关、人民检察院、人民法院、司法行政机关、国家安全等部门工作，认真贯彻县委和上级政法部门在各个时期的政法工作方针、政策，协调组织政法部门统一行动，部署各个时期所管辖区域的政法工作，研究解决复杂疑难案件及问题，同时深入调查研究，掌握情况及时向党委汇报和提出意见，当好党委的参谋和助手，组织协调所管辖区域的社会治安综合治理工作，等等。[3] 由于受极左思想的影响，特别是1957年反右运动后，有人提出党委对司法除了进行政治、思想和组织的领导外，还应过问案件，插手具体司法业务。由于党对司法的政治、思想和组织领导均着重体现在司法队伍建设上，对此笔者将在本章第五节中再作交待，此节仅就党对司法业务的具体领导采取的一些技术作一介绍和探讨。

一、党委审批案件

中华人民共和国成立初期，在土地改革、镇压反革命等运动中，由于当时司法制度建设很不完备，为了防止出现偏差，中央要求有关逮捕、审判，尤其是死刑判决，均须经过相当一级党委审查批准，以保证案件质量。1957年中共中央批转由中共最高人民法院、司法部党组提交的《关于司法工作座谈会和最高人民法院的反右派斗争情况的报告》指出党委有权过问一切案件，除死刑案件的审批制度按照1957年9月10日中央“关于死刑案件审批办法的指示”执行外，凡是党委规定审批范围的案件和与兄弟部门意见不一致的案件，都应当在审理后、宣判前，报请党委审批。任何借审判“独立”，抗拒党委对具体案件审批的

---

[1] 广西壮族自治区柳州市柳北区志编纂委员会编：《柳北区志》（1994），国家图书馆国情资料室藏，第47页。

[2] 青神县县志编纂委员会编：《青神县志》，成都科技大学出版社1994年版，第402页。

[3] 可参见防城县志编纂委员会编：《防城县志》，广西民族出版社1993年版，第75页；大连市金州区地方志编纂委员会办公室编：《金县志》，大连出版社出版1989年版，第547页；康定县地方志编纂委员会编纂：《康定县志（续编）》，巴蜀书社出版社2000年版，第296页。

想法和做法都是错误的，必须坚决纠正。[1] 如此一来，党委审批案件就成为定制被确立下来。为此，中共中央和县级以上各级党委均设政治法律委员会（前文已交待，不同时期其称呼不一），负责制定司法工作的方针，协调公安机关、人民法院、人民检察院的工作关系；司法机关不仅服从党的方针政策的领导，而且要服从党委对审判具体案件以及其他方面的指示和监督；重要刑事案件的判决，要由同级党委审批。[2]

在司法工作者政策水平和业务能力偏低的情况下，上述做法也许具有一定的现实合理性，但却有违一般司法规律，人为地制造与增添了矛盾和麻烦。在司法实践中，党委与法院对具体案件处理意见不一致的情形在所难免，为了解决党委与法院意见的分歧，1955 年董必武告诉各省市法院院长说："遇有经党委确定杀的案子，法院发现确有可不杀的事实根据时，应向党委提出意见；党委确定还要杀时，仍可声明保留意见向上级党委反映。这是对党负责，不是闹独立性。如果有意见不提，或提了之后不能坚持向上级党委反映或不执行党委决定就是错误的。实际上只要法院的决定正确又有事实根据，党委不会不考虑。"[3] 从董的讲话我们可以看出，实际上他对此难题也没有什么特别有效的解决办法，因为制度本身并没有提供对策，唯一能祈求的就是相关人员能本着党性、良心对人民负责，而这无疑像赌博一样不具有确定性。同时，由于案件最终如何处理是由党委研究决定，以致实践中出现部分审判人员对工作极不负责任的情形。对此，1959 年 6 月 8 日，共和国第三任最高人民法院院长谢觉哉（1959 ~ 1965）曾批评说："我们审的案子要经党委批准，但也是根据我们司法机关审查的事实和意见批的，如果我们提的不正确，党委批了，出了错。这我们也要负责任的。我们不能这样设想：反正有党委负责，我们就可以不负责或者少负责，那是不对的。正确的做法应该是：认真的研究党的方针政策，使党的方针政策在审判工作中，具体的体现出来，然后又请求党的批准。"[4] 但由于没有具体制度约束，显然无力从根本上解决这一难题。

---

〔1〕 张晋藩等主编：《中华人民共和国国史大辞典》，黑龙江人民出版社 1992 年版，第 298 页。

〔2〕 樊天顺、李永丰、祁建民主编：《中华人民共和国国史通鉴·第二卷（1956 ~ 1966）》，红旗出版社 1994 年版，第 251 页。

〔3〕《董必武法学文集》，法律出版社 2001 年版，第 254 页。

〔4〕 王定国等编：《谢觉哉论民主与法制》，法律出版社 1996 年版，第 226 页。

出于革命话语的需要，中国共产党特别强调要与资产阶级司法在原则上划清界限，资产阶级司法的一切内容、形式和话语中国共产党都试图加以摈弃，对司法独立——这一资产阶级启蒙思想家的发明当然也不例外，但由于1954年《宪法》和《法院组织法》均规定了“人民法院独立进行审判，只服从法律”，所以像“司法独立与审判独立有无区别?”“如有区别，那么应如何对二者进行界定?”等问题就成为摆在中国共产党司法人员面前的现实理论难题，而且党委审批案件的实践所引发的错误和混乱也不时地引起人们痛苦的反思。为此，1962年5月30日谢觉哉在内蒙古自治区政法党员干部会上特意将“独立审判”作为一个专门问题提出来加以讲解，他说：

> 法院组织法第四条规定，人民法院独立进行审判。宪法第七十八条也规定，人民法院独立进行审判。开国以来好多年来，好多地方不了解这个问题，都怕讲独立审判。实际上我们的法院并不是自己在那里独立思考问题，常常是看人家的颜色来判案。原因是：第一，审判独立和司法独立是两件事，司法独立是资产阶级骗人的，我们不赞成。第二，独立审判和对党闹独立性是两件事，不要混淆起来。资产阶级的司法独立，是说司法超乎阶级之外，其实阶级社会的东西就不可能超乎阶级之外的。司法独立，是17世纪欧洲资产阶级闹革命时，同封建阶级争权提出来的，那是孟德斯鸠开始提出三权鼎立的问题，那时候贵族不服从法律，才提出司法独立。资产阶级革命胜利，他们也要讲这个话，是为了骗人的，已经失掉了进步意义。因为阶级社会的国家，这是一切决定于统治阶级，统治阶级要怎样就怎样。所以司法独立我们是反对的，已经批判过了。我们讲审判独立，就是到了法院里面要讲道理，不可能那样也好，这样也好，审判独立与对党闹独立性是两回事。对党闹独立性，就是违反党的政策，不服从党的领导。我们现在讲审判独立，这是党规定的，党需要司法机关能够独立进行审判。要独立进行审判，是在党的领导下独立审判，是如何正确地执行党的政策。[1]

谢无疑希望通过对“司法独立”和“独立审判”作话语的区分，以挽救“独立审判”的声誉，不让人们错误地把“独立审判”简单地等同于“对党闹独立性”，以便使其获得合法性与正当性，因为在党领

〔1〕 王定国等编：《谢觉哉论民主与法制》，法律出版社1996年版，第275～276页。

导一切的原则下，任何“对党闹独立性”的行为与做法无疑都属于离经叛道，为此他接着进一步解释说：

> 当然，独立进行审判也可能搞错了，搞错了怎么办呢？如果不是原则错误，而是具体事（实）有错误，法律上也规定了的，检察机关对法院的审判反对，可以依照审判程序提出上诉，上级法院发现下级法院把案子搞错了，它可以命令下级法院重新审判，或者提到上级法院来审判。至于党员有不正确的想法，党可以检查他的工作，批评他，甚至给他处分。可是我们过去对这个问题没有想一想，一想就会通。[1]

但实际上只要存在党委审批案件，法官之上存在“法官”，审判独立就是一句空话，所以谢最后无可奈何地说：

> 因为不独立审判，发生许多毛病。有些同志也感到这个案子这样判不大好，但是人家硬要这样判，也只好这样判。不独立审判，法院可以不负责任，这个案子不是我判错的，是你要我这样判的。这不好，法院的同志要负责任，要提出自己的主张。这个问题将来中央开政法会议时要提出讨论，你们也可以讨论一下。如果说宪法上规定错了的，就提议修改，既不提议修改，又不执行，不好。如何执行？这是摆在法院工作同志面前的一个课题。[2]

独立审判与党委审批案件根本就不可并立，审判不独立，则错案在所难免，但在当时的政策和法律框架下，作为最高人民法院院长的谢觉哉也提不出什么解决办法，只好把球最后踢出去，将其作为一个课题留待以后研究。

“文革”后，伴随着思想的解放，民主和法制成为国人的共识，人们对政法工作中长期以来习以为常的一些规则进行了反思，党委审批案件的制度开始受到实务界和学界一些人士的批评。[3] 1979 年 3 月 6 日，

---

〔1〕 王定国等编：《谢觉哉论民主与法制》，法律出版社 1996 年版，第 276 页。

〔2〕 王定国等编：《谢觉哉论民主与法制》，法律出版社 1996 年版，第 276 页。

〔3〕 据《关于坚决保证刑法、刑事诉讼法切实实施的指示》的起草人之一刘海年回忆，1979 年河北省某县县委书记给中央写了一封信，要求改革党委审批案件的制度，其介绍说，如他只批案而不听案，则难免犯官僚主义的错误，易铸错案；而让他听案，甚至仅仅让他阅卷，他每天 24 小时工作，时间也不够用，更不用说做县委书记分内的事情了。此信被多位中央领导人批示，大家一致同意其意见。参见刘海年：《战国秦代法制管窥》，法律出版社 2006 年版，第 511 页。

学者李步云在《人民日报》理论部编的内参《理论宣传动态》第62期上发表《党委审批案件的制度需要改变》一文，痛陈党委审批案件有九大弊病：一是党委审批案件，名义上是党委集体讨论决定，实际上往往是由管政法工作的书记个人决断。二是审判人员主要是负责把案件的事实搞清楚，而处理是否恰当，则由党委负责。这种把掌握案情同适用法律割裂开来，难免要出现或枉或纵的差错。三是强调运用法律由党委"把关"，也容易造成审判人员不负责任。四是党委审批案件，也往往使某些审判工作的重要环节包括公开审判在内，容易流于形式。五是党委审批案件，也不利于切实搞好公、检、法三机关的相互制约。六是党委审批案件，不利于严格按照法律的规定定罪量刑，以维护法律的严肃性。七是党委审批案件不利于人民群众对法制实行监督。八是由党委审批案件，实际上是国家的审判权不完全掌握在审判机关手里，而是在很大程度上掌握在同级党委手里。这同《人民法院组织法》关于"人民法院独立进行审判，只服从法律"，以及新《宪法》关于"国家的审判权由人民法院行使"的法律规定是相矛盾的。九是取消党委审批案件的制度不是"不服从党委领导""向党闹独立"。〔1〕同一天，《人民日报》的《情况汇编》第1038期转载此文，报中央领导人参阅，受到重视。〔2〕同年7月27日，彭真在全国检察工作座谈会、全国高级人民法院和军事法院院长会议、第三次全国预审工作会议上代表中国共产党高层表达了"服从法律，就是服从党中央的领导和国家最高权力机关的决定，也就是服从全国人民……绝不是什么'以法抗党'、'向党闹独立性'"的观点，并对党委是否要继续审批案件发表了如下看法：

> 那么，党委还要不要审批案件？一般案件党委不要批。批那个干什么！党委工作那么多、那么忙，案卷那么厚，你又不能看或不能全看，别人跟你那么一说你就批，很容易出错误。党委何必多此一举。法院有审判委员会，检察院有检察委员会，可以讨论、处理重大疑难案件。当然，这不是说，党委对任何案件都概不过问。对于有的重大复杂案件，党纪、政纪和刑事责任纠缠在一起的案件，没有党委或中央的直接领导和过问，公、检、法怎样很快弄清事实真相和正确处理呢？此外，如果党委发现冤、假、错案，就是一般

〔1〕李步云：《走向法治》，湖南人民出版社1998年版，第326～328页。
〔2〕李步云：《走向法治》，湖南人民出版社1998年版，第329页。

案件，也必须责成和督促司法机关复查处理。[1]

彭真的讲话虽然留有余地，但已对党委审批案件的做法作了原则上的否定，这表明中国共产党高层已决心废除长期以来沿袭的这一做法。1979年9月9日，中共中央发布了《关于坚决保证刑法、刑事诉讼法切实实施的指示》（以下简称《指示》），宣布正式取消这一制度：

> 今后，加强党对司法工作的领导，最重要的一条，就是切实保证法律的实施，充分发挥司法机关的作用，切实保证人民检察院独立行使检察权，人民法院独立行使审判权，使之不受其他行政机关、团体和个人的干涉。国家法律是党领导制定的，司法机关是党领导建立的，任何人不尊重法律和司法机关的职权，这首先就是损害党的领导和党的威信。党委与司法机关各有专责，不能互相代替，不应互相混淆。为此，中央决定取消各级党委审批案件的制度。[2]

《指示》进一步指出，党对司法工作的领导，主要是方针、政策的领导。各级党委要坚决改变过去那种以党代政、以言代法，不按法律规定办事，包揽司法行政事务的习惯和做法，并指出应着重从以下几方面加强对司法工作的领导：①经常了解、研究司法工作情况，指导司法机关的党组织分析一定时期的敌情，社情及其他有关情况，确定工作重点，解决实际困难。②检查、监督司法机关贯彻执行党的方针政策和国家法律的情况，帮助他们总结经验，改进作风，发扬成绩，纠正错误，坚决同违法犯罪行为作斗争。③认真挑选、配备司法干部，加强对司法机关中党员干部的管理教育，不断提高他们的思想、政策和业务水平。同时，《指示》还明确规定，为了保持县以上公、检、法机关领导骨干的相对稳定，恢复由上级公、检、法机关协助地方党委管理，考核有关干部的制度。地方党委对公、检、法机关党员领导干部的调配，应征得上级公、检、法机关的同意，这对于人民法院拒绝同级党委的不当干预提供了一定的组织保障。

对于《指示》江华给予了高度评价，他说：“中共中央关于保证

---

〔1〕 彭真：《论新时期的社会主义民主与法制建设》，中央文献出版社1989年版，第25~26页。

〔2〕 中国人民解放军政治学院科学社会主义教研室：《法规选编》，1985年版，第392页。

'两法'实施的指示，我认为是建国以来甚至建党以来，关于政法工作的第一个最重要的最深刻的最好的文件，是我国社会主义法制建设新阶段的重要标志，具有重大的现实意义和深远的历史意义。""中央这个文件规定，党对人民法院工作的领导主要是方针、政策的领导，并决定取消各级党委审批案件的制度。这是三十年来人民法院工作的一项重大的改革，是加强和改善党对人民法院工作领导的重要措施。"〔1〕但是他对于《指示》能否彻底贯彻执行仍怀有一些忧虑，他说：

> 长期以来我们就是那样做的，改变它很不容易啊！有少数同志至今还习惯于那种做法，甚至还认为那样做是应该的正确的。有的同志要人民法院审理案件非得照他的意见办不可，什么法律，什么独立审判，都不算数，他的话就是法律，甚至说什么"你独立审判不听我的话，我调你的工作！"你看，他有多么大的权力啊！〔2〕

三十年来养成的惯习要在短期内完全改观显然具有难度，特别是在党委仍然掌管着法院干警人事任免权的情况下尤为困难。对此，1980年8月4日，江华在北京市高级人民法院召开的刑事审判工作会议上沉痛地说：

> 人民把国家的审判权交给了人民法院，我们能不能承担起这个责任？我们现在的干部队伍，在政治素质上和思想作风上符合不符合要求？我看多多少少是存在一些问题的。我个人看法，有些司法干部尤其是法院的领导干部缺少坚持实事求是、严格依法办事的勇气，不敢承担人民法院依法独立审判案件的责任。中央决定党委不审批案件以后，有的人还非要把案件送审不可，党委不批，他就不敢判，还美其名为"争取党委领导"。这哪有一点对党对人民负责的责任心呢？〔3〕

虽然要在实践中全面废除党委审批案件的做法尚需一些时日，但毕竟是向前迈进了一大步，人民法院的独立司法拥有了前所未有的制度保障，以致1980年8月24日美联社驻北京记者罗德里克在看到新华社当天发表的，江华关于在刑事案件审判中党委审批的做法应该取消的报道后，向国内转发消息说："中国最高法院院长提出了一个空前的、十分

---

〔1〕《江华司法文集》，人民法院出版社1989年版，第135、138页。

〔2〕《江华司法文集》，人民法院出版社1989年版，第138～139页。

〔3〕《江华司法文集》，人民法院出版社1989年版，第149页。

重要的主张：共产党不再干预刑事案件的判决。”“江华的讲话意味着中共领导准备使司法真正独立，不受共产党左右。”[1] 显然罗德里克的报道是不准确的，但也足见中国共产党对司法领导方式的这一改革在世界范围内引起了人们的广泛关注，颇具影响。

二、向党委请示和报告

法院工作人员就相关事宜及时向党委请示报告，这是党委了解情况，正确及时地对人民法院的司法工作进行领导的前提，也是实现党对人民法院司法工作进行领导的重要方式。当然就人民法院自身而言，向党委请示报告，也是其碰到困难时寻求帮助的一个好办法，在党掌握绝大多数权力和资源的情况下，离开了党组织的支持和帮助，法院司法常常会寸步难行，故对于人民法院来说，党的领导绝不仅仅只是一句意识形态的空话。对此，董必武曾在1958年告诫他的下级同仁说：“假使上级法院与地方党委的意见不一致，你们应该服从党委。法院离开党委的领导要想前进一步办法是不多的。”[2] 故长时间以来共和国成功的审判人员都十分重视向党委请示报告工作。例如，20世纪50年代河北省永清县人民法院涌现出的优秀审判员刘泽钧，他5年多审结刑、民事案件1592件，其中调解967件，判决625件，判决后上诉的26件，但最后基本都维持了原判。他工作成功的经验之一就是“工作绝对服从党的领导”，他非常重视和擅长向党委请示、报告他的工作，他介绍他的成功经验说：

> 几年来，在我所处理的案件中，除了那些简单轻微的刑、民事案件外，凡需逮捕判刑、政策性较强以及涉及到村、社干部的案件，都做到在事前和在处理过程中向党委请示，事后向党委报告。……在工作中，除有时直接请示驻乡县委并通过县法院接受县委领导外，还绝对服从乡党委的领导，经常将人民法庭的情况、专题总结和院务会议的精神，向法庭驻地的乡党委汇报；到其他乡处理案件进行工作时，也随时将人民法庭的工作情况和所要处理的案件情况向乡党委汇报和请示，听取他们的意见。到村、社进行工作

---

〔1〕“美联社驻北京记者罗德里克评述：江华关于废除党委审批案件的讲话”，载《参考消息》1980年8月28日，第1版。

〔2〕《董必武法学文集》，法律出版社2001年版，第418页。

时，则注意尊重支委的意见。[1]

有了党委的支持和帮助，审判人员无论是在调查取证，做当事人的思想工作，还是在开庭审案，使当事人接受法院的判决上都如虎添翼，这也是有经验的中国共产党司法人员乐于向党委请示报告工作的重要原因。1979 年 9 月 9 日，中共中央发布的《关于坚决保证刑法、刑事诉讼法切实实施的指示》虽然宣布废弃党委审批案件的制度，但仍保留了向党委请示报告的制度，要求法院在办案的过程中，对于"极少数特殊重大情况必须向上级请示者"，"各级司法机关中的党组织和党员干部，要主动向同级党委汇报请示工作，并充分发挥工作中的主动性、积极性和创造性"。[2]

对于法院司法必须就相关事宜向党委请示报告，寻求党委的支持和帮助，这是 20 世纪 80 年代江华、彭真和郑天翔在讲话中一再反复告诫政法界同仁的重要主题。1980 年 6 月 14 日，江华在湖北检查工作时讲："要做到依法办事，最重要的是加强党对人民法院工作的领导。各级人民法院要主动向同级党委汇报请示工作，凡属方针、政策问题必须请示党委，对党委和负责同志关于审判业务方面的一些意见应当尊重，符合法律的一定要听；对审判活动中遇到的困难，如缺乏必需的物质条件和来自某些行政机关、团体和个人对审判工作的干扰，要如实地报告党委，请求给以支持和解决。"[3] 他在 1981 年召开的第三次全国刑事审判工作会议上又说："人民法院审判案件，凡涉及重大方针政策问题和处理重大疑难案件，应当主动向党委请示报告，对人民法院审判工作的情况，要经常向党委汇报。"[4] 1982 年 7 月，在第三次全国民事审判工作会议上，江华在谈及做好民事审判工作的重要意义时说道："民事审判工作政策性强，涉及面广，这就要求我们各级人民法院注意经常向党委反映情况和请示，民事审判工作中的具体困难和问题，更应当依靠各级人民政府协助解决。"[5] 1985 年彭真在同中央政法委员会、国家安全部、公安部的几位负责人讲话时说："依靠党的领导，向党请示汇报，

---

〔1〕 刘泽钧："我作审判工作的体会"，载《政法研究》1959 年第 1 期。

〔2〕 中国人民解放军政治学院科学社会主义教研室：《法规选编》，1985 年版，第 392、393 页。

〔3〕《江华司法文集》，人民法院出版社 1989 年版，第 137 ~ 138 页。

〔4〕《江华司法文集》，人民法院出版社 1989 年版，第 208 页。

〔5〕《江华司法文集》，人民法院出版社 1989 年版，第 244 页。

这一条非常重要。当然，这不是说每一件琐碎事都要请示报告，而是说重大、复杂的问题，一定要事前请示事后报告。”〔1〕1987 年彭真在全国政法工作会议上又讲：“政法机关必须坚持党的领导，接受党的领导，重大问题必须向党委请示报告。……重大疑难的案子，牵连到这里那里，事关重大，一定要主动向党委请示报告。”〔2〕同年 6 月，郑天翔在第十三次全国法院工作会议上也讲：“重要的、复杂的问题，人力、物力的困难，不依靠党委的领导和支持，也不可能解决。所以，各级法院要尊重和接受同级党委领导，过去如此，现在如此，今后也如此。”〔3〕同年 10 月，郑天翔在同四川省、成都市及各区法院干部的谈话中又说：“党委越是放手，对重大问题。我们就越要加强向党委请示报告，努力完成党、国家和人民交给的任务。”〔4〕实际上，即使不进行这样反复的强调，长期接受党教育的审判人员遇事也会主动向党委请示报告。当然有所进步的是，中国共产党已不再要求法院遇事都一一请示报告了，只要求对重大问题进行报告，而对于什么是重大问题则全由法院自行认定，这一是思想解放的结果，二是由于法院案件增多，想一一进行请示报告已不可能。

三、政法委协调案件

1979 年中共中央取消党委审批案件的制度后，在要求人民法院应就重要事项向党委请示报告的同时，为加强和改善党对司法的领导，1982 年中共中央书记处又进一步作出决定，要求党委不要讨论具体案件，但对于案情疑难、争议较大的案件，可由政法委员会协调各方面意见，最后由人民法院依法判决。〔5〕政法委协调案件，成为废除党委审批案件后党领导司法的重要内容和形式之一。

实践中，政法委协调案件一般采取分三步走的办法：第一步由单位之间互相通气解决；第二步单位间解决不了的，由政法委办公室协调解

---

〔1〕彭真：《论新中国的政法工作》，中央文献出版社 1992 年版，第 390 页。

〔2〕彭真：《论新时期的社会主义民主与法制建设》，中央文献出版社 1989 年版，第 359 页。

〔3〕郑天翔：《行程纪略》，北京出版社 1994 年版，第 530 页。

〔4〕郑天翔：《行程纪略》，北京出版社 1994 年版，第 545 页。

〔5〕《江华司法文集》，人民法院出版社 1989 年版，第 276 页。

决；第三步政法委办公室无法协调解决的，召开政法委员会讨论解决。[1] 对于重要工作和重大问题的决策政法委一般采取联合办公会议制度。联合办公会议是由党委、政法委员会牵头，吸收公、检、法、司各部门的领导参加，共商对重要问题或案件的处理办法。[2] 政法委协调案件一般较为注重司法的政治和社会影响，总是力争将司法的法律效果与社会效果统一起来，使其有利于维护社会的稳定。对此，2000 年时任中共中央政法委书记的罗干在全国法院加强基层建设工作会议上曾说："在对涉及全局性的、社会影响大的案件，党委政法委要加强协调和指导，使案件依法得到正确处理，取得良好的政治社会效果。"[3]

现实中，政法委在协调案件时对法院具体办案介入的强度，因各地政法委工作人员法治观念的差异而存在差别。法治观念强的，尊重法院独立办案，介入就少些；法治观念弱的，缺乏尊重法院独立办案精神，对法院办案的介入就会多一些。当然，政法委对案件的协调有利有弊，就其有利之处而言，在司法人员素质偏低、司法自身力量较弱小，而转型时期社会矛盾尖锐的情况下，政法委对案件的协调从总体上讲在社会宏观治理方面发挥了较为积极的作用。例如 1993 年，牟定县政法委员会召开会议 23 次，其中，研究影响大、有争议的案件 6 件（挪用公款案 1 件 1 人，邻里纠纷 1 件 4 人，殴打国家工作人员 1 件 3 人，暴力抗税 1 件 1 人，重大责任事故案 1 件 1 人，研究处理收审人员死亡 1 件 1 人），[4] 对于这些案件政法委不及时介入，仅凭法院自身的力量将很难对其作出妥善解决，即使依法判决，当事人也未必会完全接受。《康定县志（续编）》上记载了数起政法委积极介入案件进行协调从而使纠纷得到合法妥善解决的例子：

> 1992 年 10 月，州中院在康定北门广场对本县瓦斯乡黑日村村民张明均故意伤害致人死亡案，宣判死刑立即执行时，参会之罪犯

---

〔1〕 昌宁县地方志编纂委员会办公室编：《1986～1990 年昌宁县情》，1994 年版，第 40 页。

〔2〕 石家庄市长安区地方志编纂委员会编：《石家庄市长安区志》，中国社会出版社 1997 年版，第 449 页。

〔3〕 罗干："在全国法院加强基层建设工作会议上的讲话"，载《民事审判（指导与参考）》2000 年第 3 卷，法律出版社 2000 年版，第 6 页。

〔4〕 牟定县年鉴编辑委员会编辑：《牟定年鉴 1994》，云南年鉴杂志社 1994 年版，第 200 页。

亲属和个别村民，当场谩骂我审判人员和执行人员，尔后尾随刑车沿途燃放鞭炮，在社会上造成极坏影响，县委、县府对此极为重视，立即召开会议研究，决定由县政法委专职副书记带领工作组，前往该村对有关人员以法制宣传教育为主讲明国家依法处决罪犯的合法性、正确性以及所出现的不良行为造成的危害性、严重性，经历四天的工作，澄清了这些人的模糊认识，增强了法制观念。该村老村长代表全村村民和罪犯的有关亲属向工作组认了错、道了歉，表示今后要加强法制学习、宣传、贯彻，杜绝类似事件的再度发生。

1993年对个别意见分歧的案件进行协调处理，如雅拉乡团伙抢劫案件，从犯投案自首，坦白交待并检举同伙，对自首者是否逮捕意见不一，政法委立即召集公、检、法几家进行研究，统一认识，依法办案，体现了党的宽严政策；又如康定县法院受理的一起故意伤害案，因涉及康定、雅江、新龙等县，处理稍有不慎，三县的部分群众就会发生械斗，县政法委通过州政法委出面调解，做好雅江、新龙等县有关群众的思想工作，使案件得以妥善处理，避免了一场群众性械斗事件。[1]

由于政法委有中国共产党发达的组织网络作依靠，在资源占有和社会动员的能力方面均远远超过人民法院，故其在解决重大社会冲突上较人民法院具有明显优势。也正是因为社会矛盾突出，长期以来政法委都表现得极为活跃，以武汉市江夏区委政法委员会为例，1982年至1995年该政法委共召开公、检、法、司“四长”会议345次，召开案件协调会议806次，协调案件1130件。[2]

就政法委协调案件的不利方面而言，由于政法委协调案件太注重政治和社会效果，以致偶尔会出现不依法办事的现象，而且政法委协调案件也为个别党性不强的人干预司法、搞权钱交易提供了便利。作为人民法院的直接领导者，政法委书记的意见对人民法院具有决定性的影响，政法委书记如果想干预法院的司法，他/她总能达成目的。对此，江华

[1] 康定县地方志编纂委员会编纂：《康定县志（续编）》，巴蜀书社出版社2000年版，第299页。

[2] 敖开新：“我所知道的县委政法委工作”，载《武汉文史资料·江夏政法专辑》，1996年版，第8页。

曾说，“在一些地方，个人批案、以言代法的现象依然存在，甚至把政法委员会的协调变成了审批和决定”。[1] 政法委把自己的意见直接强加于人民法院办案人员的情况时常发生。对于那些不当的干预，江华向他的下级同行建议说：“对持有不恰当意见的同志，要耐心解释，通过交换意见，求得认识上的一致。对个别坚持不改的，就应该向上级党委和上级人民法院反映。依法办事是我们的神圣职责，我们要维护国家法律的尊严和权威。”[2] 但要每个审判人员都不顾一切地顶住外界干预和压力显然不现实，对此江华曾感慨地说：

> 现在还有少数司法干部不敢坚持人民法院依法独立进行审判的原则，怕人家说是脱离党的领导，这是一种糊涂观念。以党代政，以言代法，长期以来搞惯了，形成了一种习惯势力，改起来很不容易。人民法院不敢依照法律独立负责地审判案件，就不能切实地行使宪法赋予的国家审判权，就不能切实负责地履行人民赋予的职责，这是失职！审判人员（包括院长、庭长）不敢依法办案，就不具备当审判人员的资格。如果自己不敢严格执法，可以申请离开岗位，让别人来干嘛。如果因为坚持原则、依法办案受到打击报复，你就告状，告到中央去。我们当院长、副院长的，要支持审判人员严格执行法律，为他们撑腰，为他们承担责任。[3]

随着中国法制建设的向前推进和法治观念的普及，“人民法院独立进行审判，只服从法律，就体现了服从党的领导。在具体业务上，党委不能代替人民法院决定对案件如何处理”[4] 最终被作为一种正确的观念树立起来，这在话语上为法院审判人员对抗个别人对法院司法的不当干预提供了有利条件，政法委对法院司法的负面影响日渐减少，至少那种公然干预的现象减少了。当然在20世纪80年代党委不当干预人民法院司法的事件仍时有发生，一些地方党委的个别人员随意撤换人民法院负责人的违宪事件也时常发生。最典型的事件是1985年11月8日，河南省长葛县的中共县委分管组织工作的副书记竟免去人民法院三个正副院长的职务，而这个县的人大常委会居然通过了相应的决议。在得知原

---

〔1〕《江华司法文集》，人民法院出版社1989年版，第276页。

〔2〕《江华司法文集》，人民法院出版社1989年版，第131页。

〔3〕《江华司法文集》，人民法院出版社1989年版，第277页。

〔4〕《江华司法文集》，人民法院出版社1989年版，第130页。

院长郭秀峰在申诉途中不幸遭遇车祸身故后，省人大和省高院随即派人到长葛县进行干预，县委才同意恢复原三个正副院长的职务。[1] 不过，为了增强人民法院抗干扰的能力，人们也曾试图对相关制度做一些有益的改进，例如1984年郑天翔曾建议说："县法院院长最好配备能够参加县委常委的同志担任，现任院长中如适宜参加的最好参加。从长远来看，这样做，对于加强和健全我国的社会主义法制建设是有益的。"[2] 希望通过提高人民法院院长在党内的政治地位来提高人民法院的地位和抗干扰的能力。为了促使党委和政法委支持人民法院依法办案，郑天翔还进一步建议说："除各级党校加授宪法和法律课程，政法各部门加强干部轮训外，建议省、市、自治区党委举办县、市政法书记轮训班。"[3] 各级政法委书记知法懂法，无疑是其正确领导人民法院司法的前提，这一建议可谓良善。

为中心工作服务

在革命和建设的每一个阶段，中国共产党都会提出一个中心工作任务，这一是源于毛泽东关于矛盾论的哲学思想，二是出于在一段时间内集中和动员全党和全民族的力量共同致力于特定奋斗目标的需要。中心工作是一段时间的主要矛盾，或者说是矛盾的主要方面，其他一切工作都必须为其服务。为此，毛泽东早在1943年6月写的《关于领导方法的若干问题》中就曾指出："在任何一个地区内，不能同时有许多中心工作，在一定时间内只能有一个中心工作，辅以别的第二位、第三位的工作。……领导人员依照每一具体地区的历史条件和环境条件，统筹全局，正确地决定每一时期的工作重心和工作秩序，并把这种决定坚持地贯彻下去，务必得到一定的结果，这是一种领导艺术。"[4] 而在中国共产党的历史上，全党的中心工作不是革命即是建设，政法工作始终处于

---

〔1〕"长葛县委竟撤换县法院负责人　河南省人大常委会已督促纠正"，载《人民日报》1986年8月17日，第4版；韦德、佳里、辛铸："长葛风波"，载《人民司法》1986年第12期。

〔2〕郑天翔：《行程纪略》，北京出版社1994年版，第387页。

〔3〕郑天翔：《行程纪略》，北京出版社1994年版，第387页。

〔4〕《毛泽东选集》（第3卷），人民出版社1991年版，第901页。

为革命和建设中心工作服务的地位，例如中华人民共和国成立之初，争取财政经济的好转是当时国家面临的最紧迫的任务，董必武即对参加全国司法会议的党员干部说："一定要告诉我们在司法部门工作的党员同志，要团结在各地党委的周围，团结在党的政策下，团结在毛主席的旗帜下，要为争取国家财政经济状况基本好转而斗争。"〔1〕同样当中华人民共和国的第一个五年计划出台后，有论者即在《政法研究》上发表文章号召要"发挥审判工作为我国第一个五年计划服务的积极作用"。〔2〕而当"大跃进"运动在全国轰轰烈烈的开展之时，一些论者又撰文强调司法工作必须为总路线服务，〔3〕对此，一些论者甚至还结合本地的具体实际就司法工作如何在本地为中心工作服务做了研讨。〔4〕所以"司法工作要为党和国家的中心工作服务"长期以来就是人民司法的支配性话语之一。

党的十一届三中全会明确提出要把全党的工作重心转移到社会主义现代化建设上来，针对这一新的情况，1979 年彭真在法制宣教班第一期结业典礼上提示说："公、检、法的任务，总是围绕着党和国家即全国人民的任务的。"〔5〕既然现代化建设已成为党的中心工作和中国最大的政治，那么其自然也就成为司法新的服务对象。1982 年 8 月《人民日报》发表社论强调指出，"随着党和国家的工作重心转移到社会主义现代化建设上来，政法工作要更加自觉地、更加明确地为保卫和促进社会主义现代化建设服务。这是政法工作的根本任务"。〔6〕而 1986 年 4 月 8 日郑天翔在六届全国人大四次会议上所作工作报告一开篇即说："一年来，全国各级人民法院进一步明确了审判工作必须为党和国家的总任务、总目标服务；为社会主义现代化建设服务。"〔7〕而此后为中心工作服务又被进一步细化，推衍到"为经济建设服务""为改革开放保

〔1〕《董必武法学文集》，法律出版社 2001 年版，第 50 页。

〔2〕鲁明健："发挥审判工作为我国第一个五年计划服务的积极作用"，载《政法研究》1955 年第 5 期。

〔3〕霍明光："司法工作必须为总线路线服务"，载《政法研究》1958 年第 5 期。

〔4〕王光力："河南省的司法工作如何为中心工作服务"，载《政法研究》1958 年第 6 期。

〔5〕彭真：《论新中国的政法工作》，中央文献出版社 1992 年版，第 190 页。

〔6〕"政法工作要更加自觉地为四化建设服务"，载《人民日报》1982 年 8 月 3 日，第 1 版。

〔7〕郑天翔：《行程纪略》，北京出版社 1994 年版，第 461 页。

驾护航”,[1] 甚至“为乡镇企业服务”，等等。

当然作为革命和建设的实干家，中国共产党人历来就不满足于仅提口号，而是更重视具体行动。同理，司法要为中心工作服务也是通过一系列司法技术和手段表现出来的，其本身是由理念和技术构筑起来的一个完整系统。

一、主动服务

既然人民司法要为人民服务，要为党和国家的中心工作服务，那么在中国共产党看来司法工作者就得体现出一种主动精神，即热情和积极，像资产阶级法学家所宣讲的法官应该中立、被动等教条就不完全适用于人民司法，像孟德斯鸠所说的“法官需要冷静，对一切诉案多多少少要冷漠无情”,[2] 中国共产党人也断然不会完全赞同，因为作为共产党员的法院干警是“不能简单办完案就算了，要从全局出发，从党的事业出发”,[3] 要对司法的实际社会效果负责，人民法官不能孤立办案、关门办案、就案办案，在办案过程中还必须承担起党和国家希望其承担的一些职责，参与社会综合治理。

1. 宣传法制。“文革”后，法制取代政治运动成为中国共产党的治国方略,[4] 法治也成为中国共产党崭新的意识形态之一。而随着立法的增多，普法成为一项十分紧迫的任务。1985 年 6 月 16 日，《人民日报》发表了题为《把法律交给人民》的社论，号召在全国开展普法运动。同年 11 月，党中央、国务院转发了中央宣传部和司法部联合制作的《关于向全体公民基本普及法律常识的五年规划》，同月六届全国人大常委会第十三次会议作出了《关于在公民中基本普及法律常识的决定》，12 月底《人民日报》发表了评论员文章，号召把普法学习引向深入。[5] 经过广泛动员、建立领导机构、制定计划、组织编写教材、培训宣传骨干、认真进行试点等一系列准备工作之后，从 1986 年开始，

---

〔1〕 可参见张宿堂、龚达发：“任建新在第五次全国民事审判工作会议上提出　更好发挥审判职能作用为党和国家总任务服务”，载《人民日报》1990 年 12 月 6 日，第 1 版。

〔2〕［法］孟德斯鸠：《论法的精神》（上册），张雁深译，商务印书馆 1959 年版，第 96 页。

〔3〕 郑天翔：《行程纪略》，北京出版社 1994 年版，第 552 页。

〔4〕 相关研究可参见强世功：《法制与治理——国家转型中的法律》，中国政法大学出版社 2003 年版，第 178 ~ 186 页。

〔5〕“把普法学习引向深入”，载《人民日报》1986 年 12 月 27 日，第 4 版。

在全国范围内有领导、有组织、有计划、有步骤地开展了普及法律常识的工作。[1] 而在普法的过程中，人民法院（特别是基层人民法院）扮演了较为重要的角色，早在1985年6月15日，时任中央书记处书记的邓力群在全国法制宣传教育工作会议上的讲话中就强调说："司法部门还要结合公证、律师工作、公开审判和民事调解工作等司法活动进行法制宣传。"[2] 最高人民法院也十分重视地方人民法院的普法宣传工作，1985年底郑天翔在当年召开的全国法院司法统计工作会议上号召说，人民法院应主动到群众中去办案，就案讲法。要做到每办一个案子就等于给群众上一次法制教育课，使群众知法、守法，预防犯罪。[3] 为此，1988年11月25日至28日，最高人民法院在北京召开了部分高级人民法院法制宣传工作座谈会。会议要求建立以高级人民法院为中心、中级人民法院和基层法院为基础的法制宣传网络；要求宣传法院的各项审判工作，法院的自身改革和建设；要求注意运用各种典型的、有教育意义的案例进行宣传；要求以正面宣传为主，努力做到合法、准确、健康、通俗、生动。[4] 在党和政府的一再要求和号召下，各地基层人民法院都结合自身的业务，采用就地开庭，就案讲法，举办打击刑事犯罪活动成果展览，举行法律知识讲座和举办法律学习班，编写稿件，通过电台、电视台、报刊进行宣传，领导深入监所进行法制演讲，印发布告、通告等多种形式积极开展了法制宣传教育工作。例如武义县人民法院历年来以宣判大会、会议宣传、宣讲法律知识、法律咨询、上法制课、新闻报道、图片展览、艺人演唱等多种形式进行法制宣传。[5] 而为了宣传法制，长年以来各地基层人民法院常常利用节假日，或群众聚会的机会开展法律咨询活动，例如浙江省武义县人民法院1987年6月10日至11日，在柳城举行的一年一度的传统庙会期间，组织干警为山区群众

〔1〕 蔡诚："关于五年普法工作的基本总结和今后任务——在第三次全国法制宣传教育工作会议上的报告"，《中国法律年鉴1991》，中国法律年鉴社1991年版，第756页。

〔2〕 邓力群："在全国法制宣传教育工作会议上的讲话"，《中国法律年鉴1987》，法律出版社1987年版，第669页。

〔3〕 "人民法院要主动到群众中办案就案讲法"，载《人民日报》1985年12月10日，第4版。

〔4〕 王克宁："部分高级法院法制宣传工作座谈会"，《中国法律年鉴1989》，法律出版社1990年版，第943页。

〔5〕 浙江省武义县人民法院编：《武义法院志》，浙江人民出版社2000年版，第441～445页。

开展法律咨询服务活动，受到当地干部群众的好评。是年，该院还在所辖的柳城、壶山等地为群众提供法律咨询服务518次。[1] 1986年11月，香港《明报》记者朱凤撰文谈及在大陆的见闻时称："近一时期，走进大陆的大小城市，每每可见在举行法制宣传，大街小巷，张挂图片，在震耳欲聋的播音器声中，一些法院，公安人员以及律师们，摆摊设点，解答人们种种有关法律方面的咨询。"[2] 法官上街宣传法制成为20世纪80年代以来中国城乡的一大景观。

2. 帮助审查合同。除了提供法律咨询外，在20世纪80年代很多基层人民法院为了落实为经济建设中心工作服务和积极参与社会治安综合治理，主动到农家和厂矿企业去帮助其审查完善所订立的经济合同。例如1985年河北省保定市南市区人民法院就帮助39家企业完善了376份经济合同，预防了经济纠纷的发生。[3] 而河北省石家庄市井陉矿区人民法院采取同企业建立依法服务联系点的办法，登门讲法，为企业审查经济合同，为减少和防止犯罪做了许多工作。[4] 1987年山东共出动审判干部6000多名，组成巡回法庭2000多个，深入乡镇村庄和工矿企业，运用法律手段和审判职能，开展专项治理、理顺民事、经济法律关系的工作。据统计，他们共帮助修订完善合同18.5万余份。[5] 而山东省蓬莱县法院针对村镇企业、合作企业、个体户的经济纠纷日益增多的情况，组织人员对全县村镇企业、合作企业、个体户的承包合同和购销合同进行了全面的审查。本着边审查边清理解决的原则，对长期拖延的有效合同，依照法律手段使之兑现，修正了一些盲目签订的违法无效合同。到1988年8月，共帮助企业清理收回拖欠货款3280万元，修正合同151份，有力地促进了农村商品经济的健康发展。[6]

3. 培养法律人才。为了指导人民调解工作和搞好社会治安综合治

---

〔1〕浙江省武义县人民法院编：《武义法院志》，浙江人民出版社2000年版，第444页。

〔2〕"知法犯法者更应绳之以法"，载《参考消息》1986年11月15日，第2版。

〔3〕河北省保定市地方志编纂委员会编：《保定市志》（第一册），方志出版社1999年版，第822页。

〔4〕井陉矿区人民法院编：《井陉矿区人民法院志（1950～1997）》，1998年版，第193页。

〔5〕关升英、霍力民："山东各级法院注重道德纪律教育"，载《人民日报》1988年5月15日，第4版。

〔6〕姜东福："法官进乡村办案在基层　蓬莱县法院为乡镇企业解忧难"，载《经济日报》1988年8月18日，第3版。

理，人民法院历年来还帮助基层培养法律人才，例如潍坊市寒亭区人民法院1991年在帮助企业追回欠款647万的同时，还帮助其培训了近百名“法律明白人”。[1] 又如曾荣获最高人民法院集体一等功的山东省昌邑县人民法院，主动帮助企业培训和建立特邀陪审员队伍，加强企业法律监督，强化经济审判工作，200多名企业陪审员在宣传法律法规，审查管理本单位的经济合同、陪审经济案件、向法院反馈企业有关信息等方面做了大量工作。[2] 而全国法院系统的先进单位吉林省梨树县人民法院为减少民事诉讼，主动协同司法部门，整顿基层调解组织，培训调解人员，并推行调解工作岗位责任制。[3]

4. 主动揽案。“不告不理”是近现代资产主义国家司法的一个基本准则，但中国共产党从全心全意为人民服务的宗旨出发，主张怎么对人民有利就怎么做，不讲求司法的形式被动性，如果现实有需要，人民法院也可主动上门揽案子。对此谢觉哉曾讲：“刑事方面如某些人员的违法乱纪，危害公共集体的事业，损害公共财产等这些事件，告到法院，法院要管；没有告到法院的，法院也要管。”[4] 在参与社会治安综合治理、为经济建设保驾护航政策的感召下，从20世纪80年代以来，人民法院积极主动上门揽案的现象十分常见，对此一人民些法院还很是下了一些功夫，例如河南省泌阳县人民法院1990年以来，在全县选拔和培养了400名敢说真话、责任心强的“民间纠纷信息员”，让他们及时给当地人民法院反馈纠纷信息，以便人民法院能尽快介入纠纷的解决。[5] 更为典型的是河南省方城县人民法院，当其了解到，有些企业许多债权需要清理，但又不愿告诉，其原因是既怕影响债权与债务单位的经济往来，又怕告到法院判决后执行不了，反而白花诉讼费后，主管经济庭的副院长和经济庭审判人员一起，先后深入县水泥厂、酒厂、化纤厂、油

---

〔1〕 邢洪义、徐化源：“潍坊寒亭区法院清欠标本兼治”，载《人民日报》1991年10月5日，第2版。

〔2〕 赵宝信：“加强法律监督　提供法律服务　昌邑县法院设企业特邀陪审员”，载《人民日报》1993年1月15日，第3版。

〔3〕 熊永年：“梨树县人民法院积极做好预防犯罪工作”，载《人民日报》1985年7月23日，第4版。

〔4〕 王定国等编：《谢觉哉论民主与法制》，法律出版社1996年版，第220～221页。

〔5〕 吕绍智、陈新青：“泌阳培养‘民间纠纷信息员’”，载《人民日报》1991年12月12日，第3版。

厂、兽药厂、城关粮站、城市信用社等十多家较大的企业，宣传法制知识，提高企业依法保护自己的意识。同时表明人民法院愿为企业服务的态度。摸清案情后，就地收案，就地审理，就地执行。这些企业的领导听了审判人员的谈话以后，当即对本单位应起诉的20多件案件提起了诉讼。〔1〕当然，人民法院对上门揽案具有如此大的积极性，除了受中国共产党意识形态话语支配外，实际最为关键的是自20世纪80年代中期以来民事和经济案件已开始收取诉讼费，在司法经费极度紧张的情况下，开发案源也就成了人民法院创收的重要渠道，人民法院在积极为当事人服务的同时自身也获得了经济上的好处。

5. 抢险、救灾、维持治安。作为人民的公仆，人民法院的审判人员和其他工作人员在人民群众遭遇自然灾害，以及出现突发事件引起社会秩序混乱之时还负有参加抢险、救灾，维持治安等责任，而不得袖手旁观。同时，抢险、救灾、维持治安也是人民法院参与社会治安综合治理的重要内容和形式。因此，历年都有司法人员因为抢险、救灾、维持治安而受到相关方面的各种表彰，例如1981年7月，三台县人民法院在抗洪救灾中为了保护人民生命财产安全，院领导带领干警顶着滂沱大雨，踩着洪水泥泞帮助群众搬运笨重物资，夜以继日的辛勤抢险，后来该法院副院长羊森林被四川省委省政府授予“抗洪救灾先进个人”称号，其余5名干警被三台县委县政府授予“抗洪救灾先进个人”称号。〔2〕1995年康定发生了百年不遇的特大洪灾，康定县法院干警坚持在抗洪抢险救灾工作第一线，解救被水围困的群众，抢运快被洪水淹没的物资，扛沙袋砌防洪堤等。数名干警负伤，涌现出许多动人事迹，受到群众好评，廖洁等2人被评为州先进个人，陈玉强等6人被评为县先进个人。〔3〕1996年咸宁市遭遇洪灾，咸宁市人民法院干警英勇顽强，无私无畏地积极参与抗洪抢险，正、副院长亲自奔赴第一线，既当指挥

---

〔1〕 侯全有、尚云轩：“由坐堂法官变为上门‘菩萨’方城县法院为企业服务注重实效”，载《经济日报》1993年3月15日，第7版。

〔2〕 三台县法院志编纂领导小组编：《三台县法院志》（1999），国家图书馆国情资料室藏，第311、314页。

〔3〕 康定县地方志编纂委员会编纂：《康定县志（续编）》，巴蜀书社2001年版，第405页。

员，又当战斗员，出色地完成了任务，最后该院荣立抗洪抢险集体三等功。[1]

二、专项斗争

1981年召开的第三次全国刑事审判工作会议提出，刑事审判工作要积极参与对社会治安的“综合治理”，运用法律武器，依法严惩对国家危害严重的反革命分子，从重从快惩处极少数严重危害社会秩序的刑事犯罪分子，做到打击少数，分化瓦解多数，防范和制止刑事犯罪活动，以争取社会治安的进一步好转。[2] 人民法院的司法工作也必须参加到党和国家对社会治安的综合治理中来，而这最重要的体现之一就是人民法院必须支持和配合公安和检察机关为打击犯罪而开展的各项专项斗争。像1982年至1986年在全国范围内开展的“严厉打击严重经济犯罪活动”的运动，1983年至1987年在全国开展的“严厉打击刑事犯罪活动”的运动，以及1989年8月起开展的“扫黄除六害”运动等各级人民法院都给予了密切配合。1987年9月26日，郑天翔在与陕西省高级人民法院、西安市中级人民法院干部的座谈中专门就专项斗争问题发表了讲话，他说：“专项斗争虽然去年、前年也进行过，但像现在这样大规模的专项斗争，是今年的特点，专项斗争的范围很广，中央有指示，国务院发了通知的就有十几项。”具体包括打击盗窃、走私、倒卖文物；禁止捕猎珍稀动物；打击非法出版活动；整顿市场秩序；打击盗伐、滥伐林木活动；打击非法收购、走私黄金；打击拐卖妇女儿童的犯罪活动；打击卖淫、嫖娼活动；打击贩运毒品的犯罪活动；物价大检查；等等。[3]

人民法院除了参与全国性的专项斗争之外，还要参与当地政法委员会开展的一些专项斗争，例如1988年上海市在严打过程中，公、检、法三机关还积极配合，开展“反盗窃”“打流氓”等专项斗争，有力地打击了犯罪分子的气焰。[4] 又如广西壮族自治区1988年先后抓了四次

---

〔1〕王志强：“咸宁市法院创建‘最佳人民法院’历程”，载咸宁市政协文史资料委员会等编：《咸宁文史资料第十三辑（咸宁政法）》（1997），第121页。

〔2〕“第三次全国刑事审判工作会议提出　坚决打击严重危害社会秩序的罪犯”，载《人民日报》1981年11月25日，第3版。

〔3〕郑天翔：《行程纪略》，北京出版社1994年版，第539～542页。

〔4〕叶公琦：“加强法制工作，促进经济建设”，载《中国法律年鉴1989》，法律出版社1990年版，第895页。

集中打击行动：一是元旦、春节开展以打击杀人、抢劫、重大盗窃为主要内容的专项斗争；二是4月至6月开展反盗窃自行车的专项斗争；三是上半年继续开展自1987年8月开始的打击卖淫、拐卖妇女儿童的专项斗争；四是10月份开展对流窜犯、犯罪团伙的集中打击行动。这一年，公安机关共侦破各种刑事案件2.6万多起，人民法院依法判处各种案犯1.6万余人（含上年旧存）。有力地打击了严重刑事犯罪分子，分化瓦解了其他犯罪分子，保持了社会治安的基本稳定。[1]

而20世纪90年代，人民法院还由被动配合公安和检察机关的专项斗争发展到主动发起一些专项斗争，例如1994年3月，针对一段时期来，伪造、倒卖、盗窃发票的违法犯罪活动在一些地方，特别是南方沿海开放城市相当猖獗，并向内地发展蔓延，在局部地区已经泛滥成灾，成为社会公害的状况，为了维护国家税收秩序和社会治安秩序，保证税制改革的顺利实施，坚决刹住伪造、倒卖、盗窃发票违法犯罪活动的发展势头，最高人民法院决定在全国范围内开展了集中打击伪造、倒卖、盗窃发票活动的专项斗争。[2] 1998年，最高人民法院又针对20世纪90年代以来一些地方以各种名义毁林开垦或乱占滥用林地，造成林地大量流失和森林资源受到严重破坏的现象，切实加强森林资源保护工作，有效地实施天然林保护工程，牵头与最高人民检察院、国家林业局、公安部、监察部联合发出通知，要求从1998年11月1日至1999年1月31日在全国范围内组织开展严厉打击破坏森林资源违法犯罪活动的专项斗争。[3] 在这些专项斗争中，各级人民法院都积极参与其中，发挥了重要作用，为社会转型中秩序的维持作出了重要贡献，当然与此同时也使法院在一定程度上沿袭了过去运动式司法的部分积弊。

三、司法建议

中国共产党历来反对人民法院单纯办案，认为孤立办案是一种对人

---

[1] 陶爱英：“健全社会主义法制，保障和促进民族地区改革与建设的发展”，载《中国法律年鉴1989》，法律出版社1990年版，第915～916页。

[2] “最高人民法院最高人民检察院公安部国家税务总局关于开展打击伪造、倒卖、盗窃发票专项斗争的通知”，载《中国法律年鉴1995》，中国法律年鉴社1995年版，第701～702页。

[3] “最高人民法院、最高人民检察院、国家林业局、公安部、监察部关于开展严厉打击破坏森林资源违法犯罪活动专项斗争的通知”，载《中国法律年鉴1999》，中国法律年鉴社1999年版，第579～580页。

民不负责任的反动做法，要求人民法院不但要办完案，而且还要做通当事人的思想工作，使纠纷得到实质性的化解，人民生活的实际困难得到妥善的解决，司法的社会效果得到充分的展现。因此，人民法院在审理案件过程中，发现某些应当追究刑事责任的情形，而有关机关未予追究；或当事人的某些行为已构成犯罪而司法机关未予认定；或发现有关单位在思想教育、安全保卫、经营管理、规章制度等方面存在一些问题和漏洞；或发现有关单位内部存在纠纷的隐患，而疏导不力，矛盾有激化的危险或已激化时，就有职责向有关部门提出建议。〔1〕在新的历史形势下，司法建议是人民法院参与社会治安综合治理的重要方式与途径。为了配合社会治安综合治理，早在20世纪80年代初就有论者在《人民日报》发文呼吁，要重视和做好司法建议工作。〔2〕而且一些人民法院的司法建议工作也搞得有声有色，例如辽宁省复县人民法院在刑事审判工作中，就把开展司法建议活动视为综合治理的一项重要措施，由于他们在审判活动中，从打击和防范两个方面开展工作，扩大了办案效果，对于堵塞漏洞，预防和减少犯罪起了积极作用。〔3〕黑龙江绥化地、县两级人民法院通过在办案过程中了解到的各种问题，及时地向有关部门提出加强政治思想工作，改善经营管理，堵塞漏洞，预防违法犯罪的建议，扩大了办案效果。〔4〕哈尔滨市中级人民法院和各基层人民法院，积极开展司法建议对预防犯罪减少纠纷起到了积极作用。〔5〕而厦门市两级人民法院1985年至1990年间，在办案中共发出书面、口头司法建议394件（次），其中报告党政机关20件；向主管部门提出119件；向发案单位提出35件；口头（或开座谈会）提出180次。〔6〕

---

〔1〕作为职责，它既是义务，也是权力，所以有学者就将其直接称之为“人民法院的司法建议权”（参见谭兵：“论人民法院的司法建议权”，载《法学季刊》1986年第1期）。

〔2〕黄智敏、覃正东、方成志：“要重视和做好‘司法建议’工作”，载《人民日报》1982年2月8日，第3版。

〔3〕“辽宁省复县人民法院在审判工作中积极开展司法建议活动”，载《人民司法》1982年第2期。

〔4〕“绥化地、县两级法院积极提出司法建议”，载《人民日报》1982年10月8日，第3版。

〔5〕李绍仁：“哈尔滨市中级法院和各基层法院 积极开展司法建议 对预防犯罪减少纠纷起到了积极作用”，载《人民日报》1985年1月30日，第4版。

〔6〕《厦门政法志》编纂委员会编：《厦门政法志1906～1990》，厦门大学出版社1997年版，第427页。

由于人民法院对人民利益的高度关注，极为注重司法的社会效果，频繁的进行司法建议，致使20世纪80年代人民法院在司法过程中对当事人的关照是无微不至。对此，我们可从20世纪80年代初北京市燕山区法院办理的两件离婚案件中窥见一般：

案例一 黑龙江肇东县一女青年被骗嫁给北京一工人，婚后生活不幸福，离家出走，流落街头。1982年10月向燕山区法院提出要求离婚。法院受理此案后，先将女青年安排在旅社住下，对其耐心细致地做思想工作，鼓励其树立生活的勇气。女青年感到自己回原单位没法工作和生活，在北京又无法解决户口和工作问题，故要求法院帮助其将户口转到齐齐哈尔市她舅舅家。燕山区法院审判委员会根据案情和女方的要求，在办理离婚前，先由承办人将女青年送到齐齐哈尔市她的舅舅家，同时尽最大的努力，取得齐齐哈尔市有关部门的配合，解决了女青年的户口和工作问题，为她重新生活创造了一个较好的条件。然后，燕山区法院依法给女青年办了离婚手续，判决男方赔偿女方的全部经济损失，并向男方父子所在的单位提出了司法建议。

案例二 1982年燕山区法院受理了一起离婚案件，男方是汽车司机，女方是工人。他们在同一单位工作，既是同乡又是同学。他们婚前的恋爱时间长达两年之久，婚后生一男孩。男方提出夫妻没有感情，要求离婚。女方提出男方与他的女徒弟有不正当的关系、喜新厌旧，坚决不同意离婚。为了办好这起离婚案，办案人员深入到这对夫妻所在的单位，走访了居民组织和有关单位，调查了解到女方提出不离婚理由的重要证据。办案人找来男方的女徒弟，对她进行法制教育和社会主义道德教育。在证据面前，女青年向办案人员交代：在单位举办驾驶训练班时，男方担任女青年的教练，在教学接触中，男方觉得女青年年轻漂亮，便产生了喜新厌旧的思想，后来发展到发生了不正当的关系……女青年的如实交代，证实了女方坚决不同意离婚的理由是正确的。办案人员分析了这对夫妻的婚姻基础和婚后感情，决定做好这对夫妻的和好工作。在这对夫妻所在单位配合下，先将女徒弟调出原单位，并将调出原因告诉调入单位，请两个单位协助做好工作。紧接着，办案人员先后30多次找男方谈话，反复讲解有关法律规定，进行婚姻道德教育，严肃批评他的错误。在法律和道德面前，这位男青年终于认识到自己的行为是不道德的。他向法院保证痛改前非。一个濒临破裂的家庭得救了。[1]

在上述两个案例中，人民法院法官所做的一切已远远超越了一个裁判者所具有的职责，或者说审判案件本身只是其工作的最微小的一部分。在此，人民法官既是共产主义道德和法律的“布道者”，又扮演了救难队员、济贫帮困志愿者的角色，其利用党的组织和网络取得了任何一个资本主义国家法院法官都望尘莫及的业绩。所以案例一中的女青年对燕山区法院的法官说：“你们是人民的好法官，人民需要这样的好法官。”案例二中的女当事人对办案人员感激地说：“是婚姻法保护了我，是人民法院挽救了我的家。”人民法院以此维护了人民群众对党和国家的信仰，司法本身也成了中国共产党合法性再生产的场域。

历史经验表明，过分强调司法要为中心工作服务常常导致司法的失误和偏差，一是颠倒和混淆了法院的职责，对此董必武曾批评说：“许多法院工作人员还不十分了解审判工作的重要，也不了解法院工作主要是搞审判。我曾经对一些人讲过，法院主要是搞好审判。”[2]二是常常导致法院把司法程序抛在一边，不依法律程序办案，容易酿成冤假错案。1957年董必武曾对动辄以中心工作为名误把人民内部矛盾当作敌我矛盾处理的做法提出批评说“有的法院为了‘打击邪气，支持中心工作’，对一些轻微的殴打、赌博、私宰耕牛等违法行为，采取‘杀鸡吓猴’的办法，从严惩处”是过头了。[3]而“文革”后，江华对此历史教训也有清醒的认识，他说：“为了配合‘中心’、紧跟‘形势’、推动‘运动’，不按法律规定的程序制度审判案件的错误做法，事实证明容易造成冤错案件，必须纠正。”[4]20世纪80年代以来的司法实践与此前最大的不同，就在于无论是“严打”还是专项斗争，官方都强调要“依法”进行，是在基本顾及诉讼程序的基础上展开的。而且这种为中心工作服务的做法在新时期还有了一个新的特点，那就是它是与社会治安综合治理这一话语结伴而行的，而且二者在行动策略上也常常合二为一。正是这种综合治理、为中心工作服务的话语使人民法院的司法

---

〔1〕晓渡、吴恒权：“在一起起婚姻案面前——记北京市燕山区人民法院维护妇女权益的事迹”，载《人民日报》1984年3月2日，第4版。

〔2〕《董必武法学文集》，法律出版社2001年版，第384页。

〔3〕《董必武法学文集》，法律出版社2001年版，第403页。

〔4〕《江华司法文集》，人民法院出版社1989年版，第92页。

充满了鲜明的治理色彩。[1] 在此过程中人民法院一方面部分失去了自身的特殊性和独立性，另一方面也用自身的解纷功能和业绩证明了其存在的合法性，向党和国家表明其工作所具有的重要价值，为不断强化其建设和推行法制寻找到合理根据。当然人民法院在参与社会治理的同时自身也受到了治理，融入了中国共产党组织的一张庞大的社会治理网络之中，许多人民法院历年均被同级党委和政府授予“党建工作先进集体”“精神文明先进单位”“计划生育先进集体”等光荣称号。

走群众路线

群众路线是中国共产党的根本政治路线和组织路线，也是其根本的领导作风和工作方法，是中国共产党战无不胜的法宝。早在 1943 年 6 月毛泽东就在他那篇著名的文章《关于领导方法的若干问题》中指出，“我们共产党人无论进行何项工作，有两个方法是必须采用的，一是一般和个别相结合，二是领导和群众相结合”，“在我党的一切实际工作中，凡属正确的领导，必须是从群众中来，到群众中去。这就是说，将群众的意见（分散的无系统的意见）集中起来（经过研究，化为集中的系统的意见），又到群众中去做宣传解释，化为群众的意见，使群众坚持下去，见之于行动，并在群众行动中考验这些意见是否正确。然后再从群众中集中起来，再到群众中坚持下去。如此无限循环，一次比一次更正确、更生动、更丰富”，“从群众中集中起来又到群众中坚持下去，以形成正确的领导意见，这是基本的领导方法”。[2] “文革”后，邓小平指出，群众是中国共产党力量的源泉，群众路线和群众观点是中国共产党的传家宝。[3] 中国共产党的历代领袖都清醒地认识到，丢掉了群众路线，中国共产党的红旗就要落地，江山就要易色，所以群众路线历来就受到中国共产党的高度重视和认真践行。

群众路线是中国共产党做一切工作的根本路线，自然也是其政法工

---

〔1〕 对此的相关研究，可参见赵晓力的博士论文《通过法律的治理：农村基层法院研究》，北京大学图书馆藏，论文号 A96003。

〔2〕《毛泽东选集》（第 3 卷），人民出版社 1991 年版，第 897、899、900 页。

〔3〕《邓小平文选》（第 2 卷），人民出版社 1994 年版，第 368 页。

作的根本路线，[1] 而且有人甚至将其称之为“政法工作的生命线”。[2] 人民法院从其建立时起，就在中国共产党的领导下在其司法工作中始终不渝地坚持这条路线。中国共产党经常教育司法干警同脱离群众、脱离实际、坐堂问案的现象进行不调和的斗争，并在实际工作中，随着革命斗争形势的发展不断丰富和充实走群众路线的内容和形式。在“大跃进”时期，“审判工作的群众路线，又进一步发展到审判与生产劳动相结合。即：审判人员到那里办案，就在那里参加生产，利用空隙进行审判；到那里参加中心工作，就结合了解那里的情况，发现问题，依靠党委，及时处理。司法干部参加生产劳动，以一个普通劳动者的姿态出现在群众之中，就更加密切了与群众的联系，同群众建立深厚的感情”。[3] 而“文革”期间做法更为过激，搞“群审”“群判”，用群众审判取代法院的司法。

“文革”后，在民主和法制话语的鼓动下，一方面，人们对“文革”期间所谓的“群众办案”“群审群判”等变味的群众路线进行了大胆地批判和抛弃，1977 年最高人民法院的研究班子著文指出，“他们（‘四人帮’一伙——引者注）打着审判工作走群众路线的幌子，把‘群审群判’吹得震天响，实质上是搞‘群众要怎么办就怎么办’，取消党的领导，取消专门机关的工作”。[4] 江华也批评说：“群众运动与群众路线不是一回事，过去有些政治运动实质上也并没有很好地贯彻群众路线，而往往是少数人瞎指挥，运动群众或做群众的尾巴，不按党的正确路线、政策和国家的法律办事，以致产生很大的副作用，特别是‘文化大革命’竟成了一场内乱、浩劫，制造了大量冤假错案。”[5] 另一方面，群众路线作为一项政治法律遗产受到了人们的高度重视，江华说，“只讲依法治国，不讲依靠群众，不讲做政治思想工作，好像有了法就有了一切，这个说法好不好？我说，不够好，不完全。没有法不行，有法不执行也不行。但是，执法还要依靠群众，依靠有关方面的协

---

〔1〕 周景芳：“政法工作要坚持和发扬党的走群众路线的光荣传统”，载《政法研究》1959 年第 6 期。

〔2〕 于进渭：“群众路线是政法工作的生命线”，载《人民日报》1959 年 1 月 1 日，第 6 版。

〔3〕 王云生：“审判工作怎样贯彻群众路线”，载《政法研究》1959 年第 6 期。

〔4〕 最高人民法院理论组：“牢牢掌握无产阶级专政的‘刀把子’——批判林彪、‘四人帮’一伙‘彻底砸烂’人民法院的罪行”，载《人民日报》1977 年 12 月 4 日，第 2 版。

〔5〕《江华司法文集》，人民法院出版社 1989 年版，第 234 页。

助。只靠法律办事，不依靠群众，问题往往就解决不好，甚至解决不了”。[1] 为此，1979 年 7 月 1 日五届全国人大第二次会议通过的《刑事诉讼法》《人民法院组织法》《人民检察院组织法》又肯定了司法工作群众路线的诉讼程序、原则、制度和方法，司法工作群众路线的优良传统重新得到了恢复和发扬。例如《刑事诉讼法》第 4 条就规定“人民法院、人民检察院和公安机关进行刑事诉讼，必须依靠群众”，要求实行专门机关与群众相结合的原则，对此 20 世纪 80 年代编著的一些刑事诉讼法学教材直接将“依靠群众”[2] 或“专门机关与群众相结合”[3] 作为中国刑事诉讼的一项原则。1979 年 8 月，最高人民法院时任副院长王战平撰文说：“群众路线是我国司法工作的优良传统。专门机关同广大群众相结合的办法，必须坚持下去。”[4] 同样走群众路线也是通过一系列司法技术手段来实现的，大体而言，“文革”后人民法院司法中在坚持走群众路线上沿袭的传统技术主要包括以下四个方面的内容。

一、深入群众、调查研究

官僚主义式的坐堂问案历来为中国共产党人所深恶痛绝，中国共产党要求其司法人员必须本着对人民负责的精神、实事求是的态度，深入实地，走访群众，对案件进行调查研究，务必尽可能查明案件事实真相。苏区司法的模范人物马锡五就是这种办案方式的典型，他创立的“马锡五审判方式”的特点之一就是“一切从实际出发，实事求是，客观、全面、深入地进行调查研究，反对主观主义的审判作风”。[5]

中华人民共和国成立后对案件进行调查研究的办案方式得到了进一步的强调，1952 年进行的司法改革，坐堂问案被视为国民党反动司法

---

〔1〕《江华司法文集》，人民法院出版社 1989 年版，第 67 页。

〔2〕 参见王国枢、王以真、王存厚编：《刑事诉讼法概论》，北京大学出版社 1981 年版，第 71～75 页；邓崇范编：《刑事诉讼法概论》，吉林人民出版社 1981 年版，第 17～20 页；王牧、任振铎撰：《刑事诉讼法》，吉林大学出版社 1984 年版，第 63～67 页；樊凤林等：《刑事诉讼法学》，中国人民公安大学出版社 1988 年版，第 106～109 页；郝双禄主编：《刑事诉讼法教程》，法律出版社 1988 年版，第 36～37 页；徐益初：《刑事诉讼法》，四川人民出版社 1988 年版，第 36～38 页；等等。

〔3〕 参见张子培主编：《刑事诉讼法教程》，群众出版社 1982 年版，第 54～55 页；朱云编：《刑事诉讼法教程》，吉林人民出版社 1986 年版，第 71～73 页。廖俊常编：《刑事诉讼法》，四川省社会科学院出版社 1986 年版，第 44～47 页；等等。

〔4〕 王战平：“必须严格地执行刑法”，载《人民日报》1979 年 8 月 4 日，第 3 版。

〔5〕 张希坡：《马锡五审判方式》，法律出版社 1983 年版，第 42～44 页。

的作风之一受到了猛烈的批判。“大跃进”时期，为了实现司法的“跃进”，为了深入群众，各地人民法院甚至提出审判人员参与生产劳动的号召，以此消除审判人员与人民群众之间的隔膜，清除审判人员孤立办案、脱离群众的作风，当时有学者论证说：“政法工作人员参加生产劳动，以一个普通劳动者的身份出现在人民群众之中，这就能够彻底有效地扫除官气、暮气、骄气，密切和人民群众的联系。并从切身的体会中增强了政法工作必须一切为了人民群众、便利于人民群众和依靠人民群众的群众观点。”[1] 1964 年最高人民法院在向全国人大所作工作报告中提出了“依靠群众，调查研究，就地解决，调解为主”的方针（即民事审判工作的“十六字”方针），“调查研究”被作为民事审判工作的指导性方针之一被定格下来。当然，并不只是对于民事案件有此要求，实际上对于刑事案件也一样，中国共产党也同样要求法官应对有疑问的相关证据进行实地调查核实。

人民司法要求审判人员对案件必须进行调查研究，对于案件的证据审判人员应该尽可能亲自出马去调查核实，从而使长年累月、翻山越岭的调查取证成为广大基层人民法院的审判人员工作的重要组成部分，而“下乡办案”也成为汉语中新增加的一个固定词汇。对此，在现存的一些书籍和图册中常可见到一些遗迹，例如 1999 年发行的《三台县法院志》的编著者就在正文前面的插图中特意刊载了一组由 7 张照片组成的审判人员“下乡办案”的图片；1985 年完成的《陇县法院志》其编著者也在正文前的插图中专门刊载了一组由 5 张照片组成的“民事审判干部下乡办案”的图片。“下乡办案”长期以来已成为共和国司法亲民、为民办实事的重要体现，成为人民司法的一大重要特色和亮点，成为共和国司法人的一种身体知识和积习，一种符合政治正确的话语表达。1979 年 5 月，河北省高级人民法院时任院长陆治国在接受《河北日报》记者采访时曾不假思索地说道：

> 人民法院处理民事案首先要深入群众，调查研究，把案件的事实搞清楚，然后按照党的政策和国家法律，依靠群众，采取民主的方法，说服教育的方法，批评和自我批评的方法，摆事实，讲道理，分清是非，提高当事人的思想觉悟，在双方自愿的基础上调解

---

〔1〕 周景芳：“政法工作要坚持和发扬党的走群众路线的光荣传统”，载《政法研究》1959 年第 6 期。

解决。[1]

深入群众，调查研究已被看作是办案的基本步骤。1982年制定的《中华人民共和国民事诉讼法（试行）》第56条也明确规定："人民法院应当按照法定程序，全面地、客观地收集和调查证据。"将深入群众、调查取证在法院办理民事案件中加以法定化。1988年《人民日报》的1名记者报道说，湖南省永兴县人民法院林业审判庭成立2年来，办案人员坚持巡回办案，携卷下乡，他们跑遍了全县22个乡镇、196个村、1326个村民小组，走访当事人2216人次，召开各种座谈会150余次。[2] 故20世纪80年代以来的中国民事诉讼活动，人们形象地将其描绘为"当事人动动嘴，法官跑断腿，律师翻翻本"。[3]

不过由于受条件（如没有充足的交通工具）和工作负担的限制，这一要求对审判人员常免不了显得有一点强人所难，特别是拨乱反正时期，案件多、压力大，一些新手对人民司法的传统也较陌生，所以不时有人站出来批评说："我们有些同志习惯于坐堂问案，不重视核对事实，分析研究"。[4] 但即便如此，这种调查研究、下乡办案的工作方法在20世纪90年代以前的人民法院（特别是基层人民法院）的司法中仍得到了较好的施行。

二、巡回审理、就地办案

巡回审理、就地办案也是人民司法长期来克服官僚主义、衙门作风，亲民、便民，走群众路线的一种成功办法。早在1932年6月9日颁布的《中华苏维埃共和国裁判部暂行组织及裁判条例》第12条就规定："各级裁判部可以组织巡回法庭，到出事地点去审判比较有重要意义的案件，以吸引广大的群众来参加旁听。"[5] 第二次国内革命战争时期，为了便利民众诉讼，各根据地定期派推事或裁判员组成巡回法庭深入基层，对相关案件进行就地审判。例如著名的"马锡五审判方式"

---

〔1〕"人民内部闹纠纷怎么办？——省高级法院院长答本报记者问"，载《河北日报》1979年5月14日，第2版。

〔2〕曹真："踏遍青山解冤结"，载《人民日报》1988年2月1日，第4版。

〔3〕黄松有："渐进与过渡：民事审判方式改革的冷思考"，载《现代法学》2000年第4期。

〔4〕杨延福："要建立审判人员责任制"，载《人民日报》1979年9月17日，第3版。

〔5〕韩延龙、常兆儒编：《中国新民主主义革命时期根据地法制文献选编》（第3卷），中国社会科学出版社1984年版，第308页。

实际就是一种“深入基层、巡回办案、方便群众、重视调解”的办案方式。即使在抗战当时那样困难的情况下，个别根据地甚至也通过立法将巡回审判加以制度化。例如晋西北行政公署专门于1942年3月1日公布施行《晋西北巡回审判办法》；淮海区也制定了《淮海区巡回审判实施办法》。中华人民共和国成立后，颁布实施的《中华人民共和国人民法院暂行组织条例》第7条规定：“人民法院审判案件，除在院内审判外，应视案件需要，实行就地调查、就地审判和巡回审判”。[1]许多地方的人民法院，特别是基层人民法院，在土地改革、镇压反革命、三反五反等运动中组织巡回法庭开展审判活动，配合并推动了中心工作，发挥了重要作用。据曾任湘潭县人民法院副院长的刘学斋回忆，1951年湘潭县人法院鉴于“全县地广人多、交通不便、群众到县院打官司难的这一情况”，遂指派书记员易新亚和他组成“湘潭县人民法院巡回审判组”，携卷下乡，进行中华人民共和国成立后湘潭县人民法院开展的首次巡回审判：

> 经过一番准备工作，10月7日，我俩脚穿草鞋，身背雨伞，挎着内装一块5尺长的“湘潭县人民法院巡回审判组”白布条幅、办公用具，待查案卷的特制油布公文袋，拎着日常用品，从县院步行出发，沿途在茶园铺、中路铺、马家堰、花桥、花石、龙口、青山桥、四路港、安□坪、石潭等地的区、镇、乡政府内，挂牌设庭，接待群众，解答咨询，受理诉讼，就地审理案件，走访群众，了解《婚姻法》的施行情况。历时24天，就地审结了新收虐待案3起，离婚案7起，查清了13起在审案件的全部事实，调处简易纠纷12起，解答法律咨询20多项。迂回400多华里，于10月31日返回县院，圆满地完成了任务。[2]

这样的巡回审判方便了群众，为共产党政权赢得了良好声誉，当地人称赞说：“如今社会真正好，‘县太爷’走出衙门就群众，老百姓打官司就方便多啰！”而除了基于清理积案或处理重大案件考虑，像上述这样临时派人组成审判组（庭）下去就地审判外，包括湘潭县人民法

---

〔1〕 中央人民政府法制委员会编：《中央人民政府法令汇编1951》，人民出版社1953年版，第104页。

〔2〕 刘学斋：“首次巡回审判追记”，载中国人民政治协商会议湖南省湘潭委员会文史资料研究委员会编：《湘潭县文史》（第6辑），1991年版，第184页。

院在内的全国各基层人民法院稍后还逐步推出了选择若干适当的地方建立固定的“审判站”，定期派人下去审理案件的新型巡回审判方式。1953年全国第二届司法会议决议也明确决定各县应逐步普遍建立巡回法庭，县人民法院应派出巡回法庭到各区巡回审判。对于搞巡回审判的意义，1953年3月时任政务院政治法律委员会党组书记的彭真在向毛泽东及中共中央所作的报告中说：

> 为了克服法院的衙门作风，便于依靠群众就近进行调查，使案件得到迅速和正确的处理，并免使当事人“劳民伤财”，县应设立巡回法庭，到各区搞巡回审判。除重大复杂案件可集中在县法院处理外，一般案件应由巡回法庭就近审判。有些法院采用了这样的办法后，大受群众欢迎。群众认为，这样办不仅不花钱、不走路、不误工、办案正确，并且学会了道理（审判给群众以教育）。有的地方的群众说：“过去打官司上衙门，而今打官司在家门”，“过去衙门向南开，有理无钱莫进来；现在人民法院下乡来，狡猾抵赖吃不开”。〔1〕

在此基础上，1954年第一届全国人大根据当时的实际情况，在制定《中华人民共和国人民法院组织法》时把“巡回审判站”改成了人民法庭，其第17条规定：“基层人民法院根据地区、人口和案件情况可以设立若干人民法庭。人民法庭是基层人民法院的组成部分，它的判决和裁定就是基层人民法院的判决和裁定。”保持了巡回法庭联系群众、便利群众和依靠群众，及时调查、处理案件，及时进行法制宣传等优点。人民法庭开始实行“驻庭办案和巡回就审相结合”的工作方法。在“文革”以前的正常岁月里，巡回审判制度在各地基层人民法院得到了认真的贯彻执行，例如辽宁省，在“大跃进”期间各地法院普遍携卷下乡、下厂、下街道，就地调查、就地审判成为基本的审判方式，全省有70%左右的案件实现了就地审判和宣判。〔2〕

“文革”结束后，巡回审判又受到了人们的重视，各地于“文革”期间砸烂的人民法庭也陆续得到了恢复，一些人民司法传统恢复得较早

---

〔1〕 彭真：《论新中国的政法工作》，中央文献出版社1992年版，第76页。

〔2〕 刘蓬：“彻底贯彻司法工作的群众路线坚决　为建设社会主义总路线服务”，载中华人民共和国最高人民法院司法部办公厅编：《人民司法工作在跃进：人民司法工作必须贯彻群众路线（第一册）》，法律出版社1958年版，第31页。

的基层人民法院的巡回审判搞得有声有色，例如吉林省敦化县人民法院从1980年至1982年上半年，共受理民事案件894起，其中农村案件446起，在已审结的409起农村案件中，有401起是巡回就地审理的，占98%。[1]一些中共领导人也公开表示支持和赞赏搞巡回、就地审判，1982年1月，彭真在中央政法委员会的一次例会上说：

> 陕甘宁边区法院院长马锡五同志，他办案子是就地调查研究，就地同群众讨论，把问题弄清楚了，三言五语判了，再就地征求群众意见，大家赞成，案子就完了，群众叫他“马青天”。毛主席讲过，我们审案还是要靠“马青天”的办法，调查研究，就地解决。如果审理每个案子都把农民弄到城里，在城里住上十天，就耽误十天的工，还要吃饭、住旅馆，终审判决到地区一级，花钱误工就更多了。所以，有些案子恐怕要尽可能地采取过去那种巡回审判、就地审判的经验。[2]

在此背景下，1982年3月8日第五届全国人大常委会第22次会议通过的《中华人民共和国民事诉讼法（试行）》第7条规定：“人民法院审理民事案件，应当根据需要和可能，派出法庭巡回审理，就地办案。”第104条又规定：“人民法院审理民事案件，应当根据需要和可能，派出法庭巡回就地开庭审理。人民法院派出法庭巡回审理时，除重大，复杂的案件以外，适用简易程序。”巡回审判被进一步确定为一种法定的办案原则与方式。人民法院派出法庭，巡回审理、就地办案被当时的学者认为是中国1982年《民事诉讼法（试行）》的一个特点：

> 这一条也是我国审判工作的优良传统。我国地广人多，一个县几乎等于国外的一个小国家，住在乡下的农民进城到法院打官司，要走不少路，吃、住也成问题，花钱不少，很有困难。为八亿农民着想，要有就地办案这个制度。并且这不仅便于农民打官司，不耽误生产，不多花钱，而且也便于法院办案，便于了解案情、迅速而准确地解决问题。[3]

伴随着《民事诉讼法（试行）》的实施，各地基层人民法院纷纷结

---

〔1〕“坚持巡回就审立足便民利民——敦化县人民法院巡回就审民事案件情况调查”，载《人民司法》1983年第3期。

〔2〕彭真：《论新中国的政法工作》，中央文献出版社1992年版，第269页。

〔3〕张友渔：“关于民事诉讼法的若干问题”，载《张友渔文选》（下卷），法律出版社1997年版，第164页。

合自身的实际情况以各种形式开展巡回审判。例如浙江省宁波市海曙区人民法院，自1979年6月建院后，民事案件主要是在人民法院审理。当时认为文化大革命后遗症大，就地审理怕当事人吵闹起来，不好收场，有损法律尊严；又考虑居委会办公用房一般比较拥挤，就地审理很不方便。《民事诉讼法（试行）》颁布以后，该区人民法院组织干警进行了学习，认识到中国民事诉讼法的一个显著特点就是方便群众诉讼。据此，在院、庭长亲自办案的带动下，办案人员深入工厂、街道就地审理了部分民事案件。[1] 又如河北省康保县李家地人民法庭，全庭只有2名干部，对巡回审理，就地办案先是顾虑重重，担心“一没场所，二没设备，审判人员和当事人混在一起，有失法官的威信，不利于案件的审理；法庭人少到当地办案，就得锁门，不能接待当事人”。后来改变了认识，坚持搞巡回审判，为了解决法庭人员少、下去办案法庭无人接待的矛盾，开始试行定期接待的制度，每月逢五或十为法庭接待日，其他时间下乡办案。每次下乡都把巡回计划贴在门上，以便有紧急情况的当事人好找他们，审判人员总结说巡回审理、就地办案具有便于群众进行诉讼，有利于群众生产，防止了矛盾激化，有利于对群众进行法制宣传，便于指导基层调解组织等好处。[2]

与此同时，实务界和学术界也加强了对巡回审判、就地办案的宣传，如最高人民法院的机关刊物《人民司法》在1983年第3期上发表了标题名为“提倡巡回办案就地审理”的评论员文章，个别论者甚至还极力鼓吹对二审案件也要全面实行巡回审判。[3] 而20世纪80年代出版的所有的民事诉讼法学教材也都根据《民事诉讼法（试行）》第7条的规定将“巡回审判、就地办案”解释为中国民事诉讼的一项基本原则。[4] 经过各方面的宣传和推动，在全国各地涌现出了一大批落实

---

〔1〕“就地审理民事案件好处多”，载《人民司法》1983年第3期。

〔2〕河北省康保县李家地人民法庭：“坚持就地办案”，载《人民司法》1983年第4期。

〔3〕周继庆：“二审巡回办案好处多　改变作风见成果”，载《人民司法》1983年第9期。

〔4〕例如常怡主编由重庆出版社1982年出版的《民事诉讼法教程》，在第二章“民事诉讼法的基本原则”中专设了第七节“巡回审理，就地办案的原则”；柴发邦主编由法律出版社1983年出版的《民事诉讼法教程》，在第四章“民事诉讼法的基本原则”中也专设了第八节“巡回审理、就地办案原则”；王怀安主编由人民法院出版社1988年出版的《中国民事诉讼法教程》也在第二章“民事诉讼法的基本原则”下将“巡回审理，就地办案”作为中国民事诉讼法的特有原则之一。

巡回审理、就地办案的先进典型，例如巡回就地审判、就地结案占民事案件结案总数73.3%的天津市河东区人民法院，[1] 经常到农家门口开庭的湖北省公安县法院，[2] 走村串寨的人民审判员湖南省永顺县人民法院法庭庭长欧天锡，[3] 以及转变“坐堂等案”审判作风，制订了正副院长定期下乡接待群众来访、现场审理疑难案件制度的安徽省萧县人民法院，[4] 等等。民众对这种巡回审判十分欢迎，当时有民谣说：“法官在眼前，告状不犯难，就地来办案，省工又省钱。”而与此相应的是各基层人民法院的人民法庭建设也取得了较大的发展。对于人民法庭建设，1985年4月3日，郑天翔在第六届全国人民代表大会第三次会议上讲道：

> 近一年来，各地人民法院普遍重视加强基层人民法院的派出机构——人民法庭的组织建设和业务建设，取得了明显的进展。人民法庭的审判人员深入群众，巡回审判，就地办案，便利了群众诉讼，也有利于及时查明纠纷的事实真相，使大量的民事纠纷和一部分轻微刑事案件得到及时处理。但是，人民法庭的数量设置和力量配备不适应客观需要，亟待进一步加强。[5]

伴随着普法宣传的深入、人民法庭的增加和人员配备的完善，20世纪80年代末期巡回审判、就地办案在中国基层人民法院得到全面展开，例如湖南省基层人民法院1988年搞巡回定点办案，2个月内审结各类案件就达3万多起，[6] 官方的倡导和民众的需求使巡回审判、就地办案显得生机勃勃。

三、陪审制度

中国传统法庭威严而神秘，平民百姓对其是敬而远之。作为革命者中国共产党人希望做的就是彻底改变这种状况，建设广大人民自己的法

---

[1] 刘建勋、杨夫保：“巡回上门办案　为群众提供方便　天津河东区法院实行就地审判”，载《人民日报》1983年3月23日，第4版。

[2] 刘家兴：“法庭设在家门口”，载《人民日报》1984年12月24日，第4版。

[3] 毛磊：“走村串寨的人民法官”，载《人民日报》1985年3月25日，第4版。

[4] 蒋志敏：“萧县人民法院转变‘坐堂等案’作风”，载《人民日报》1986年2月21日，第4版。

[5] 郑天翔：“最高人民法院工作报告”，载《经济日报》1985年4月16日，第2版。

[6] “为改革和经济建设服务，湖南基层法院巡回定点办案，两个月内审结各类案件3万多”，载《人民日报》1988年5月12日，第4版。

庭，使普通民众能够亲近和参与审判，让人民群众当家作主。而陪审就是实现这种愿望的恰当制度装置。早在苏区的时候，中国共产党的司法就局部地实行了陪审制，聘请陪审员参与案件的审判。中华人民共和国成立后人民法院在司法中沿袭了解放区的做法，并在借鉴苏联人民陪审员制度的基础上，建立了自己的人民陪审员制度。1949 年 9 月 29 日，中国人民政治协商会议全体会议通过的《中国人民政治协商会议共同纲领》规定："人民法院审判案件依照法律实行人民陪审制度。"为中华人民共和国实行人民陪审员制度奠定了宪法基础。1951 年 9 月，中央人民政府公布了《中华人民共和国人民法院暂行组织条例》，其第 6 条规定："为便于人民参与审判，人民法院应视案件性质，实行人民陪审制。陪审员对于陪审的案件，有协助调查、参与审理和提出意见之权。"〔1〕首次在立法上明确了人民陪审员的权利和职责。1953 年 3 月，作为政务院政治法律委员会党组书记的彭真在向毛泽东及中共中央作报告时指出，"在一审案件中，由群众选举公正的陪审员参加审判，不仅容易在较短的时间内把案情弄清，因而使案件容易得到正确处理，并且可以密切法院与群众的联系，使群众切实感到自己是国家的主人，增强群众对国家的责任感"。〔2〕1954 年第一届全国人大制定的《宪法》和《人民法院组织法》均对实行人民陪审员制度作出了规定，除简单的民事案件、轻微的刑事案件和法律另有规定的案件外，人民法院审判第一审案件，均由审判员和人民陪审员组成合议庭进行，中华人民共和国的人民陪审员制度正式建立起来。

为了实施《宪法》和《人民法院组织法》，各地都任命了人民陪审员。与以前不同的地方在于，此前的人民陪审员都是临时邀请的，而 1954 年《宪法》和《人民法院组织法》实施后人民陪审员大多数是由选举产生的。例如汶上县人民法院 1952 年开始实行人民陪审员制度时，陪审员均系临时邀请的有关部门代表和有关方面人员，1954 年方普选固定陪审员 18 名，1955 年 11 月下旬，其所辖五、六、七、八区增选陪审员 86 名，并对其进行短期培训。〔3〕又如惠民县，1951 年惠民县人民

〔1〕 中央人民政府法制委员会编：《中央人民政府法令汇编 1951》，人民出版社 1953 年版，第 104 页。

〔2〕 彭真：《论新中国的政法工作》，中央文献出版社 1992 年版，第 76～77 页。

〔3〕 山东省汶上县志编纂委员会编：《汶上县志》，中州古籍出版社 1996 年版，第 157 页。

法庭审理案犯就开始实行人民陪审员制度，1956 年县第二届人民代表大会才选出陪审员 50 名，经培训后，轮流在法院和法庭履行陪审职责。[1] 由于中华人民共和国成立之初国家重视且民众革命热情较高，许多革命积极分子乐于担任陪审员，故 20 世纪 50 年代陪审制在大多数基层人民法院得到了一定的实施。不过由于一系列现实困难，实际上也有一些地区的法院并没有认真执行人民陪审员制度，以致 1961 年 8 月最高人民法院在复函江苏省高级人民法院时不无遗憾地说："近年来，不少地方对陪审制度在实际上已经没有执行了。这是不对的，必须坚决纠正。如果你省各地法院，也存在这种现象，希望你院督促所属各地人民法院进行一次检查，切实加以整顿。"[2] 而 1963 年 2 月最高人民法院又专门发通知要求结合基层普选做好人民陪审员的普选工作，并批评说："少数人民法院，由于怕麻烦，或者认为人民陪审员不起作用，在审理应当实行陪审的案件时，不通知人民陪审员参加审判，这是违法的，应予纠正。"[3] 而"文革"的到来，公、检、法被砸烂，人民陪审员制度也随之被废弃。

"文革"之后，原来的法律得以恢复适用，而且 1978 年制定的《宪法》，以及 1979 年制定的《人民法院组织法》和《刑事诉讼法》都规定了人民陪审员制度，为了贯彻执行这些新的法律，各地都通过选举任命了一批新的人民陪审员，例如山东省沾化县人民法院 1979 年开始对实行人民陪审员制度进行试点，1980 年随着《刑法》和《刑事诉讼法》的实施，凡法律规定陪审的刑事、民事案件，全部实行陪审制度。1982 年在县第十届人民代表大会上，选举产生人民陪审员 41 名。[4] 又如山东省汶上县，恢复陪审制后，1980 年县第九届人民代表大会选出陪审员 80 名，并颁发陪审员证书。[5] 湖南省常德县人民法院于 1979

---

〔1〕 山东省惠民县地方史志编纂委员会编：《惠民县志》，齐鲁书社 1997 年版，第 425 页。

〔2〕 "最高人民法院关于认真贯彻执行人民陪审员制度的复函"，陕西省西安市中级人民法院编印：《司法资料汇编第一辑》，1978 年印制，第 695 页。

〔3〕 "最高人民法院关于结合基层普选选举人民陪审员的通知"，陕西省西安市中级人民法院编印：《司法资料汇编第一辑》，1978 年印制，第 696 页。

〔4〕 山东省沾化县地方史志编纂委员会编：《沾化县志》，齐鲁书社 1995 年版，第 196 页。

〔5〕 山东省汶上县志编纂委员会编：《汶上县志》，中州古籍出版社 1996 年版，第 157 页。

年年初建立人民陪审员制度，1980 年 10 月时共有陪审员 112 名，他们是群众选举、为人正直、办事公道、有一定文化水平和法律知识的社队干部、教师、机关工作人员、工人和社员。为了使其不断提高办案能力，法院组织他们参加脱产学习班，进行法律知识学习。[1] 而在上海市，到 1980 年时按照《人民法院组织法》的规定在全市区共民主选出 1670 名陪审员，当选的人民陪审员，大多数是各区所属街道、里弄、工厂、机关、商店、学校等单位的积极分子。他们作风正派，工作积极，办事公道，能联系群众，为选民所信任，在审判中发挥了一定作用。[2]

四、诉讼调解

做思想政治工作历来是中国共产党在政治上的一大特色和优势所在，也是其党的建设的重要内容，会做人民群众的思想政治工作是中国共产党对其党员的基本要求。毛泽东曾说："共产党人在劳动人民中间进行工作的时候必须采取民主的说服教育的方法，决不允许采取命令主义态度和强制手段。"[3] 这落实在司法工作上，就要求不能简单一判了事，要做通当事人的思想工作，通过审判对其进行社会主义的思想和道德教育。而这种做思想工作，"说服—心服"的办案方式即人们常说的调解。简而言之，在主观上至少有以下三个理由使中国共产党认为这样做是完全必要的：一是中国共产党的司法是为人民服务的司法，人民满意是其基本要求；二是中国共产党希望通过司法来教育民众，培养其社会主义的情操和觉悟；三是中国共产党把社会矛盾划分为敌我矛盾和人民内部矛盾，主张对于人民内部矛盾应当采取说服教育的方式加以解决。[4]

---

〔1〕"常德县人民法院注意培养人民陪审员"，载《人民日报》1980 年 10 月 14 日，第 4 版。

〔2〕"上海民主选出 1670 多名人民陪审员"，载《人民日报》1980 年 8 月 12 日，第 1 版。

〔3〕《毛泽东选集》（第 5 卷），人民出版社 1977 年版，第 371 页。

〔4〕日本学者高见泽磨说："在中国，纠纷的解决，可以说是由通过说理来解决纠纷的第三者（说服者）和被说理从而心中服气的当事人（心服者）一起上演的一出社会戏剧"，他将这种调解办案方式称着是"说服—心服"的纠纷解决方式。并从客观现实条件的角度分析了中国采取调解方式解决纠纷的成因，认为正是司法者与当事人双方的力量不足、纠纷形态本身以及认识纠纷的方式三个因素致使采取调解方式解决纠纷成为必要。参见［日］高见泽磨：《现代中国的纠纷与法》，何勤华等译，法律出版社 2003 年版。

第一，人民司法应尽力使人民群众满意，这对于以全心全意为人民服务为宗旨的中国共产党而言，几乎是自然的律令。例如谢觉哉在延安时就曾在他的日记中写道："要在人民对于司法的赞否中，证明司法工作的对与否"。[1] 也正是基于此，中国共产党始终强调在司法中应做到法律效果与社会效果的统一，因为只有如此才符合中国民众追求实质正义的心理和愿望，避免形式主义的法律压迫和奴役人民，故中国共产党的司法人员常常周旋于法律和民意之间，努力寻求二者间的和谐。例如，1956 年最高人民法院审理一件离婚案件时，依照法律规定应当判决离婚，但当事的女方及部分群众不同意判离婚，女方当事人甚至扬言法院判决其离婚就要自杀，考虑到判决离婚可能带来负面社会影响，致使法院迟迟不敢判决。为解决这一问题，董必武一方面强调法院办案不应受当事人威胁的影响；另一方面又告诉其手下的审判人员说："为了减少阻力，我们应当采取办法与有关方面进行商量，约集有关单位和当地群众代表开两次会。第一次向他们讲道理，讲清离与不离对男女双方的利害关系，说明我们处理这类案件的政策精神，听取和收集他们的意见，但不要希望取得意见完全一致。根据收集的意见，再召开一次会议，对不正确的意见进行解释，宣布我们的决定和对女方的善后处理问题。"[2] 如此一来，执行法律的过程实际上就变成了与群众进行交涉，做群众思想工作、教育群众的过程。

司法以人民是否满意作为评价的重要标准，这无疑是共产党的政权即人民政权的充分体现。但是长期以来，由于中国共产党的司法人员对公民个体和人民群众几乎不加以区分，常常把人民群众等同于一些具体的个人，这样就极容易破坏司法自身的自治性和中立性，使其陷入技术上的困难。例如在"大跃进"时期，为了在政法工作中也实现一个大的跃进，一些地方的司法部门提出，对审判工作要做到"几满意"，即中共党组织、公安、检察机关、群众、当事人对案件处理结果都要表示满意。对于如此过左的提法，深谙法理的董必武不得不站出来批评说：

> 提口号要实事求是，不着边际的提不好，有的地方提所谓"几满意"，这种口号怎样实现呢？不好检查，无从验证。比如：党委不一定对法院工作都满意，可能在一定时期党委没有来得及过问法

---

〔1〕《谢觉哉日记》（上册），人民出版社 1984 年版，第 469 页。

〔2〕《董必武法学文集》，法律出版社 2001 年版，第 339 页。

> 院的工作，没有什么意见，过问的话，总不能没有意见。兄弟部门也不会都那样满意，公、检、法三机关的团结不是建筑在满意的基础上，而是建筑在分工负责、互相制约的基础上，完全满意就统一了，也不成其为各个环节了。还有，当事人被判了刑，他能满意吗？民事案件也有是非之分，哪能都满意？对别人提的意见要分析，意见有不正确的，不能都采纳，对提意见的人来说也就不能都满意。一个人对自己也往往是不满意的，我对自己就常常是不满意的，你们对自己都满意吗？毛主席说过，空口号少提。“几满意”的这种提法是一种空泛的口号，是不符合实际的。〔1〕

董的批评显然很有道理，上述把让人民满意直接等同于让一些具体的个人和组织满意的提法无疑是不妥当的。不过，只要中国还是“人民当家作主”的国家，人民司法的性质没有发生改变以前，要求司法必须使人民满意就永远不会改变，为此对人民群众做思想工作就要继续进行，调解的办案方式就会一再被强调，因为人民司法并不以是否符合“理性”为目标，而是以“善”（最大限度有益于人民）为自己追求的最终理想。

第二，在司法中教育群众，这也是中国共产党司法的一大特色。在革命和建设的漫长岁月里，中国共产党从来就不把司法单纯地视为只是为了解决纠纷的手段，在其看来办案的过程同时也是向人民群众宣讲政策与法律、传播其意识形态、提高人民群众思想觉悟的过程。谢觉哉曾说：“审判目的，一个惩办、一个保护、一个教育。”〔2〕对于中国共产党的审判工作而言，其教育性被视为与保护性和惩办性具有同等的重要性。而要对人民群众进行教育就得说理，就得依靠做思想工作这一技术，就得多做调解工作，尽量少进行硬性判决。故中国共产党历来重视人民法院审判说理（不过主要是以口头的方式进行，而并未反映在书面的判决中。这一则是为了避免司法的过分形式主义，二则是囿于司法人员专业技术水平的低下），对于判决不说理持批判态度，1963年5月谢觉哉就曾对一些不说明道理的判决书批评说：

> 我们现在看办的案子，说服力有多大，所谓说服力就是教育作用，拿什么东西教育呢？主要靠判决书，要判决出来大家看了都心

〔1〕《董必武法学文集》，法律出版社2001年版，第416～417页。

〔2〕王定国等编：《谢觉哉论民主与法制》，法律出版社1996年版，第293页。

服，才有说服力。前年少奇同志在湖南曾说过："有些地方审案不调查，判案不讲理"。所谓不讲理，为什么这样判，道理没有。有的判得虽然对，但道理说不出来，就没有说服力。[1]

毋庸置疑，判决不说理与中国共产党要求司法应具有教育性不相符。但如仅对相关当事人进行教育，同样也不符合中国共产党的要求，中国共产党强调司法要"办理一案，教育一片"，应在教育当事人的同时也对案外的广大人民群众进行教育，为此人民法院常常召集成百上千，甚至上万人对案件进行公审、公判，例如1979年5月20日上午金寨县人民法院判处长期利用封建迷信活动造谣惑众、奸淫妇女、骗财害命的"神汉"姜德友死刑时，就在金寨县青山镇召开了万人公判大会。[2]

第三，中国共产党一贯主张对于人民内部矛盾应采取民主说服的方式加以解决。毛泽东在1957年发表的《关于正确处理人民内部矛盾的问题》一文中指出，在中国社会主义建成后，"在我们的面前有两类社会矛盾，这就是敌我之间的矛盾和人民内部的矛盾。这是性质完全不同的两类矛盾"。敌我矛盾属于对抗性的矛盾，应该用专政的方法加以解决；而人民内部矛盾是在人民利益根本一致基础上发生的矛盾，不具有对抗性，应该用民主说服的方法加以解决。他说："在1942年，我们曾经把解决人民内部矛盾的这种民主的方法，具体化为一个公式，叫做'团结——批评——团结'。讲详细一点，就是从团结的愿望出发，经过批评或者斗争使矛盾得到解决，从而在新的基础上达到新的团结。按照我们的经验，这是解决人民内部矛盾的一个正确的方法"。[3] 毛泽东的这一思想，在共产党的司法中得到了坚决的贯彻。对此，1957年董必武曾说，对于人民内部矛盾应"根据政策、法律，尽可能用调解、说服、批评教育的方法来解决，并从加强思想政治教育倡导新社会的道德风尚，来促进矛盾的根本解决"。[4] 而即使是在"文革"之后，毛泽东的上述思想也被中国共产党作为治国的一份宝贵遗产继承下来，1982年江华在强调要重视民事审判工作时曾说："不要把民事审判工作看得

---

〔1〕 王定国等编：《谢觉哉论民主与法制》，法律出版社1996年版，第296页。

〔2〕 "打击利用迷信进行犯罪活动的坏人，金寨县人民法院判处'神汉'姜德友死刑"，载《安徽日报》1979年6月11日，第3版。

〔3〕 《毛泽东选集》（第5卷），人民出版社1977年版，第369页。

〔4〕 《董必武法学文集》，法律出版社2001年版，第406页。

太简单了，不要当作婆婆妈妈的事情。处理人民内部纠纷要讲团结，要多做人的思想工作。"[1] 而两种矛盾的划分在“文革”后也仍然是中国共产党政治文化的一个重要组成部分，频见于一些官方正式的文件之中。

也正是因为上述种种原因，要求在司法过程中做思想工作的呼声在“文革”之后的岁月里仍时常可闻，例如 1992 年 2 月 11 日，《人民日报》第 5 版登载了读者马姣龙和王卫东的 2 封来信，陈述了陕西省礼泉县人民法院和河北省武安市人民法院在执行工作中做当事人的思想工作使案件执行收到了较好的效果。《人民日报》的编辑为此写了《执法也要善于做思想工作》的评论，阐述如此做的好处：可以结合具体案例宣传法律知识；可以疏导诉讼当事人的消极、对抗情绪，减少或消除不安定因素；可以对法院审理结果进行再检验；可以提高执法人员的素质。[2] 而思想工作做得是否细致常常也成了判断办案质量好坏的标准之一，例如河北省石家庄市井陉矿区人民法院于 1986 年 6 月上旬对 1985 年审结的 12 个民事案件进行了评查，其中办案质量较差的有 2 件，而之所以说这 2 件案件办案质量较差其原因之一就是其思想工作做得不细，[3] 思想工作做得不细被当作是办案质量不高的表现之一。而“文革”之后走上正轨的司法，无疑进一步强化了调解的必要性，1982 年制定实施的《民事诉讼法（试行）》第 6 条就规定：“人民法院审理民事案件，应当着重进行调解”，这就是当时各种民事诉讼法学教科书宣称的著名的“着重调解原则”的法律依据，“着重调解”被当作是 1982 年制定的《民事诉讼法（试行）》的一个重要特点，[4] 而为了使人民法院的调解工作富有成效，同法第 99 条还规定：“人民法院进行调解，根据案件需要，可以邀请有关单位和群众协助。被邀请的单位和个人，应当协助人民法院进行调解。”而追求在司法过程中做思想工作的结果，使得人民法院常常把调解结案率作为对法官工作进行考评的指标之一，而调解也就成为最主要的纠纷解决方式。当然这番苦心并没有白费，1985 年 4 月 3 日，郑天翔在六届全国人大三次会议上说：“在人民法院

---

〔1〕《江华司法文集》，人民法院出版社 1989 年版，第 246 页。

〔2〕“执法也要善于做思想工作”，载《人民日报》1992 年 2 月 11 日，第 5 版。

〔3〕井陉矿区人民法院编：《井陉矿区人民法院志（1950～1997）》，1998 年版，第 127 页。

〔4〕《张友渔文选》（下卷），法律出版社 1997 年版，第 163 页。

办结的民事案件中，调解解决的占85%左右。"[1] 调解已成绝大多数民事案件的结案方式。

实事求是、有错必纠

实事求是是中国共产党的思想路线，被誉为毛泽东思想的精髓，是所有中国共产党党员必备的最基本的思想方法和工作方法。共产党认为人的认识是有限的，人在工作中犯错误是在所难免的，犯错误并不可怕，可怕的是犯了错误不能大胆地进行改正。这一思想路线落实到司法领域，就要求"有反必肃"和"有错必纠"。彭真曾在1956年第三次全国检察工作会议上说："错捕、错判要坚决纠正、平反，因为我们的国家是代表人民的，是实事求是、光明正大的，不冤枉好人。""旧法观点说什么'官无悔判'，这是荒谬的理论。对发现的错捕、错判案件坚决及时地纠正，是对党、对国家、对人民负责的态度。冤枉好人而毫不在乎，或者放纵了真正的反革命分子，都是对党、对国家、对人民不负责的态度。"[2] 1957年，毛泽东也在他那篇著名文章《关于正确处理人民内部矛盾的问题》中指出："我们的方针是：'有反必肃，有错必纠'。……发现了错误，一定要改正。无论公安部门、检察部门、司法部门、监狱、劳动改造的管理机关，都应该采取这个态度。"[3]"文革"之后，邓小平再次重申中国共产党的这一贯政策说："我们的原则是'有错必纠'。凡是过去搞错了的东西，统统应该改正。"[4] 江华在五届全国人大二次会议上作工作报告时也说："复查纠正冤、假、错案，从根本上说，是恢复和发扬党的实事求是的优良传统的一个重要方面。坚持真理，修正错误，是一个马列主义者应有的基本态度。我们党历来有一条规矩，就是对于人的处理要持慎重态度，一旦发现了错误，就立即纠正。这在封建社会办不到，在资本主义社会办不到，就是在社会主义社会如果是错误路线领导，也不可能办到。……我们今天复查纠正

---

〔1〕 郑天翔：《行程纪略》，北京出版社1994年版，第435页。

〔2〕 彭真：《论新中国的政法工作》，中央文献出版社1992年版，第115、116页。

〔3〕《毛泽东选集》（第5卷），人民出版社1977年版，第377～378页。

〔4〕《邓小平文选》（第2卷），人民出版社1994年版，第144页。

冤、假、错案，正说明了社会主义制度的优越，说明了社会主义司法制度的优越。"[1] 长期以来"实事求是、有错必纠"一直被中国共产党作为其立法和司法的指导性原则，并看作是社会主义司法制度的优越性之一，体现了人民司法为人民、对人民高度负责的精神。为了贯彻执行这一指导思想，共产党在法律上设置了包括"以事实为根据、以法律为准绳"和"公、检、法三机关分工负责、互相配合、互相制约"等基本原则，以及上诉审程序、死刑复核程序和审判监督程序等具体程序来保障其得到贯彻落实。[2] 不过限于本书研究的旨趣，在此笔者对那些法律上的一般程序规定暂且略过，仅就那些十分富有特色的常规司法技术手段作一介绍。

一、复查

要纠正错案，首先就得发现错案，对已经处理的案件进行定期或不定期的复查，正是长期以来人民法院发现并纠正冤假错案的常规方法之一。案件复查既可由当事人申诉引起，也可由人民法院主动进行，而且这种复查实际是没有时间限制的，任何时候办理的案件，无论过去多久，只要认为必要都可对其进行复查，一旦发现错误都必须对其进行重新处理。在新中国成立以来几十年内的司法实践中，人民法院生效判决具有既判力这样的观念在中国是完全缺失的，"一案不再理""官无悔判"早被当作一种反动的司法作风而被扫地出门，所以在一定意义上我们可以说中华人民共和国的司法史实际上就是一部案件复查史，案件复查是人民法院司法的一项常规性活动。而作为人民法院的一项重要工作、人民司法工作的一个重要方面，案件复查历来也颇受重视，以致几乎中华人民共和国成立以来编撰的每一部法院志或审判志都要特意开辟专条、专节甚至专章来记载该法院几十年来在案件复查上做的工作，在贯彻执行"实事求是，有错必纠"原则上取得的辉煌成就。下面笔者就以《丰宁满族自治县志》和《开远市志》的记载为例，对人民法院案件复查工作试作分析与说明。

---

[1] 《江华司法文集》，人民法院出版社 1989 年版，第 81 页。

[2] 参见肖扬主编：《中国刑事政策和策略问题》，中国人民公安大学出版社 1999 年版，第 283～288 页。

表 2－1　部分人民法院历年复查刑事案件处理情况

法院	复查时间	复查的案件	复查处理情况
河北丰宁满族自治县人民法院	1952 年 11 月～1953 年 2 月	共查各类案卷 940 卷，占总卷数 1392 卷的 67.52%。	查出有问题的有 162 卷，占查卷数的 17.23%，对有差错的案件进行了纠正。
	1956 年	对 1955 年和 1956 年捕、判的 251 件刑事案件逐案进行了复查。	查出错案和定性及量刑不当的共 46 件，都实事求是地进行了纠正处理，并查找了原因。
	1957 年	组织人员补齐了 1955～1956 年 243 份刑事案卷所缺的法律手续，同时处理申诉信件 16 件。	
	1962 年	公、检、法 3 个机关抽调干部 4 名，组成复查小组，对 1958～1962 年 2 月底共 4 年的捕、判、管、教案件进行一次复查。	共复查 706 件案件，其中判决结案的有 437 件，经复查发现问题的有 23 件，占所判刑事案件总数的 5.26%。对这些案件认真严肃地处理，纠正了偏差。
云南开远县人民法院	1953 年 9 月	协同公安局等有关部门复查土改及镇反中判处的案件。	对错处案件进行纠正。
	1956 年 9 月	在省高级法院工作组的帮助下，检查 1955～1956 年 6 月审结的刑事案件 502 件。	对 11 件错判、20 件有偏差、11 件量刑不当、42 件事实不清、6 件定性不当的案件作出纠正处理。
	1961 年	复查在 1960 年“改造落后”中审理的 66 起刑事案件。	纠正全错的 3 件，部分错判的 13 件。
	1962 年 7 月	复查 1957～1961 年在“大跃进”、公社化运动中审结的 673 件刑事案件。	纠正错判的 51 人，错管制的 29 人，量刑畸重的 23 人。

资料来源：丰宁满族自治县志编纂委员会编：《丰宁满族自治县志》，中国和平出版社 1994 年版，第 845 页；云南省开远市志编纂委员会编纂：《开远市志》，云南人民出版社 1996 年版，第 572～573 页。

像表2－1中类似的记载还可找到很多，因为“有反必肃”“有错必纠”是全国性的司法政策，而且凭借中国共产党强大的组织网络，在中国什么政策都能“一竿子插到底”，全国每一个人民法院都搞过案件复查，而在当地的志书中都留下了记载，故这样的材料真可谓汗牛充栋。仅从上表两个县人民法院复查案件的情况来看，我们就可初步得出如下结论：①刑事案件复查的面是较宽的，几乎所有的刑事案件都进入了复查的范围；②这种复查几乎是常规化的，每几年就要进行一次大规模的复查工作；③复查是有实际法律效果的，并非只是作秀或徒具形式，通过纠正冤假错案其最终导致了一部分人命运实质性的改善。在此上演了一幕幕共和国政治的荒诞剧：政治运动→司法变形→冤假错案→复查纠错……政治运动→司法变形→冤假错案→复查纠错……只要狂风暴雨式的政治运动存在，常规化的司法活动就不大可能维持，大范围内冤假错案的发生就不可避免。对此，1980年江华在北京市高级人民法院召开的刑事审判工作会议上曾不无遗憾地说：“过去，政治运动一个接一个，审判工作经常处于为运动服务的状态，‘形势需要’竟成了定罪量刑的一个主要根据，只强调紧跟形势，不强调依法办案。事实证明，运动中办的案子里冤案错案多。”[1] 在此情况下每几年进行一次复查纠错就成为缝合政治创伤、重建政治合法性的必要措施，“有反必肃”“有错必纠”的政策也就不断被合法化和正当化。

在第一章中笔者已经介绍过，平反冤假错案是“文革”后人民法院建设的动力之一，1978年至1987年复查各类冤假错案始终是中国政治生活中的重要节目，也是各级人民法院工作的重头戏，为了医治“文革”的创伤，各地人民法院进行了卓有成效的复查工作。

> **安徽省贵池县人民法院** 1978年4月，县法院成立复查办公室，对全县“文革”期间判处的724起案件（其中政治案289件，普通刑事案435件），进行复查，结案720件。至1982年6月，总的改正面为39.7%。其中政治案件的改正面为90%，普通刑事案件的改正面为5.23%。1982年，继续对“文革”前的历史老案进行复查。历年申诉的有620件，经复查469件510人，其中政治案件宣告无罪的有164人，免予刑事处分的7人，普通刑事案件宣告无罪的139人，免予刑事处分的16人。对“文革”后1978年至

[1] 《江华司法文集》，人民法院出版社1989年版，第151页。

1979 年判刑的案件 67 件进行复查，复查结果：改判 20 件 21 人，其中政治案件有 14 人被宣告无罪，普通刑事案件 45 件 48 人，有 3 人被宣告无罪。1987 年全面完成了 1957 年至 1961 年中所判处的反革命和政治案共 948 件 1029 人的复查任务。通过复查，宣告无罪的 451 件 456 人，部分改判的 4 件 5 人，免予刑事处分的 2 件 2 人，维持原判的 491 件 566 人。通过平反冤假错案，落实了党的“实事求是，有错必纠”的政策，调动了一切积极因素投入四化建设。[1]

北京市丰台区人民法院　1979 年 8 月，对“文化大革命”期间判处的全部普通刑事案件，亦逐件进行复查，坚持实事求是，全错全改，部分错部分改。到 1980 年 1 月底，对 10 年来判处的案件 1117 件，除 260 件“反革命”案件此前已复查完毕外，全部进行了复查。共复查了 857 件 944 人。对其中冤假错案给予纠正、平反。1983 年 3 月至 5 月，法院对起义投诚人员案件、台属台胞案件以及 1958 年重新处理的内部留用的坏分子案件，组织人员进行了复查，对其中的冤假错案进行了平反纠正。1984 年成立申诉组，属刑事审判庭领导，主要处理刑事申诉案件和按规定复查已审结的刑事案件。1987 年 7 月，法院依法成立申诉庭，负责审理刑事、民事、经济案件的申诉工作。至 1990 年，共收案 335 件、结案 342 件。[2]

到 1987 年，全国范围内复查“文革”前各类旧案的工作基本结束，不用说各地人民法院都取得了辉煌的成就，许多人的命运从此得以改变，平反冤假错案的伟大功绩在史册上留下了厚重的一笔。而中国的司法，在平反冤假错案的过程中也赢得了一次制度上创新的机会，那就是各地人民法院在总结申诉信访工作经验的基础上最终设立了告诉申诉庭，使申诉及人民法院自身的案件复查工作逐步走上了制度化和诉讼化的道路，保证了人民法院随时有人处理申诉和对相关案件进行复查，而不再像过去那样只在因应中央的要求和运动时才开展大规模的复查工作。

---

〔1〕 贵池市地方志编纂委员会编：《贵池县志》，黄山书社出版社 1994 年版，第 262 页。

〔2〕 北京市丰台区地方志编纂委员会编：《北京市丰台区志》，北京出版社 2001 年版，第 260 页。

二、回访

回访是指人民法院在审理案件之后，派员深入案件发生地和当事人所在地，了解裁判或调解协议履行的情况，征询各方面的意见，从而检查办案质量，校验审判效果，并采取一定措施，解决某些司法遗留问题的活动。早在1934年陕甘宁边区的司法中就有了回访的做法，中华人民共和国成立后，这一做法继续得到沿袭，被当作是对国民党反动司法"官无悔判"、一判了事、置人民死活不顾作风的否定。回访是人民司法力求使人民满意，确保司法的法律效果与社会效果相一致的重要技术手段，是在司法工作中做思想工作的具体形式，同时也是发现错案并及时加以纠正的重要途径。长期以来回访被认为是人民司法的优越性之一，20世纪60年代初曾有论者撰文指出：人民法院对已办结的民事案件进行回访工作，是审判工作进一步贯彻群众路线的重要方面，也是巩固和扩大办案效果、提高办案质量的有效方法。它充分体现了人民法院对人民高度负责的精神，是中国社会主义司法工作新型作风的重要标志之一。其一，回访工作能够更加深入地检验办案质量，巩固和扩大办案效果；其二，回访工作体现了党和国家对人民高度负责的精神，增强了党和人民司法机关与人民群众的密切联系；其三，回访工作是教育和提高审判人员的思想水平、业务水平，努力做好审判工作的好办法；其四，回访工作有助于总结审判实践经验，推动司法工作更好、更全面地持续跃进。[1]

"文革"之后，回访这一人民司法的传统技术得到了复兴。

第一，它作为一种知识被再次确认和传播，获得了知识上的合法性。例如金默生、刘歧山等1979年编的法制普及读物《法律常识手册》中就专门收录了"回访"这一词条，[2] 刘延寿1981年编写的小册子《法制问题解答》中也列举了"回访"这一题目。[3] 而由杨荣新主编1991年出版的《民事诉讼法教程》也专门编写了"回访"一节，对回访的概念和意义作了详细的阐释。[4]

---

〔1〕 章文扬："民事案件处理后登门访问的重要意义"，载《政法研究》1960年第5、6期。

〔2〕 参见金默生、刘歧山等：《法律常识手册》，中国青年出版社1979年版，第166页。

〔3〕 刘延寿编：《法制问题解答》，甘肃人民出版社1981年版，第200页。

〔4〕 杨荣新主编：《民事诉讼法教程》，中国政法大学出版社1991年版，第462～464页。

第二，回访作为一个学术问题得到了认真的对待，实务界和学术界的部分人士发表文章对回访进行了相关的讨论，例如《人民司法》1979 年第 1 期发表了赵展云的文章《坚持回访工作提高民事审判工作水平》，《青少年犯罪研究》1983 年第 8 期发表仲崇广的调查报告《重视刑事回访，促进综合治理——遵义市人民法院对判处的青少年犯进行回访》，《河北法学》1986 年第 4 期发表了郭纪元的论文《建立我国的民事回访制度》。这些文章的观点是相似的，都认为回访是人民司法的一项优良传统，是社会主义司法优越性的体现，应对其进一步加强和完善。

第三，回访在相关司法解释中得到了明确规定，成为中国的一项正式司法制度。例如 1979 年 2 月最高人民法院制定的《人民法院审判民事案件程序制度的规定（试行）》中就对回访作了专门的规定，要求“人民法院对处理过的民事案件可实行重点回访。回访是检验审判工作质量好坏的方法之一。特别对那些案情复杂，影响较大的民事案件，经过调解或判决处理后，过一段时间应进行回访，听取当事人、基层组织和群众的反映，检查办案质量、执行情况和处理效果，总结经验，改进工作。如发现问题，要继续做好工作”。[1] 又如最高人民法院制定并于 1991 年 2 月 1 日起试行的《关于办理少年刑事案件的若干规定（试行）》，其第 43 条就规定：“对于判处管制、拘役宣告缓刑、有期徒刑宣告缓刑的少年罪犯，人民法院可以协助公安机关同其原所在学校、单位、街道、居民委员会、村民委员会、监护人等共同制定帮教措施，并进行必要的回访考察。”第 44 条规定：“人民法院可以通过多种形式，与少年管教所建立联系，了解少年罪犯的改造情况，协助少年管教所做好帮教、改造工作。人民法院可以定期或者不定期地对正在服刑的少年罪犯进行回访考察。”[2]

第四，回访作为一种制度在基层人民法院的司法中得到了一定践行，而且在新的时期又被赋予了一种新的意义，即成为各级人民法院参与社会治安综合治理的一项重要内容和手段。例如 20 世纪 80 年代，鞍

〔1〕 法学教材编辑部《民事诉讼法资料选编》编辑组编：《民事诉讼法资料选编》，法律出版社 1987 年版，第 315 页。

〔2〕 最高人民法院研究室编：《司法手册》（第八辑），人民法院出版社 1992 年版，第 642 页。

山市中级人民法院经济审判庭在审判工作中就坚持回访制度，受到了媒体的肯定。[1] 而1991年6月3日至7日最高人民法院在江西省九江市召开了全国法院减刑、假释工作座谈会，会议肯定了回访是人民法院参与社会治安综合治理的重要形式。[2] 1993年全国人民法院对判决和调解撤诉的经济纠纷案件的当事人进行了大量的回访工作，共回访当事人17 031次。[3] 而在实施回访的基础上，个别法院还对其做了进一步的发挥，例如河北省辛集市人民法院在总结1995年试行的“向败诉人发送回访函”制度的基础上，1996年又明确提出“主动和败诉人交朋友”，每个院级领导和庭级领导都要交2～3名败诉人朋友，办案人员更要和败诉人广交朋友。[4]

三、信访

假如说复查和回访都是人民法院主动去寻找自身的错误并加以纠正，那么信访则是人民法院坐等当事人上门，在当事人帮助下发现与纠正其错误。在中国，信访工作是指各级党委和政府机关及各种社会管理组织受理人民群众来信、接待人民群众来访的一项经常性的群众工作。[5] 长期以来信访是共产党建立起与人民群众的密切联系，克服官僚主义，赢得群众的拥护和爱戴的重要措施和技术手段，也是党和国家了解社情民意的一条重要渠道。“十月革命”后不久，列宁就强调指出：“每个苏维埃机关，都要张贴关于接待群众来访的日期和时间的规定，不仅贴在屋里，而且贴在人人可以看到的大门外面。接待室必须设

---

〔1〕 晓渡：“鞍山市中级人民法院经济审判庭　在审判工作中坚持回访制度”，载《人民日报》1984年4月14日，第4版。

〔2〕 张小林：“全国法院减刑、假释工作座谈会”，载《中国法律年鉴1992》，法律出版社1992年版，第716页。

〔3〕 王卫：“经济纠纷案件审判”，载《中国法律年鉴1994》，法律出版社1994年版，第98页。

〔4〕 郭见哲、吴剑波：“辛集法院建立交朋友制度”，载《经济日报》1996年12月4日，第6版。

〔5〕“信访”一词是在处理人民来信来访工作的长期实践中逐步形成的。1966年7月，中央办公厅把专门负责信访工作的中央办公厅秘书室改为“信访处”，在党政机关内部正式确认“信访”一词。1971年《红旗》杂志刊登《必须重视人民来信来访》一文，第一次公开把人民来信来访称为“信访”、处理人民来信来访工作称为“信访工作”。此后，“信访”一词便经常出现在中央和地方的各种报刊、杂志上，成为有确定涵义的、为社会所承认的专业名词。参见中央办公厅信访局、国务院办公厅信访局编：《信访学概论》，华夏出版社1991年版，第5页。

在可以自由出入、根本不需要什么出入证的地方。每个苏维埃机关都要有登记簿，把来访者的姓名、意见要点和问题性质最简要地记下来。星期日和假日也要规定接待时间。"[1] 早在1951年，中华人民共和国刚刚成立不久，针对当时人民群众的来信来访，毛泽东就指出："必须重视人民的通信，要给人民来信以恰当的处理，满足群众的正当要求，要把这件事看成是共产党和人民政府加强和人民联系的一种方法，不要采取掉以轻心置之不理的官僚主义的态度。如果人民来信很多，本人处理困难，应设立适当人数的专门机关或专门的人，处理这些信件。"[2] 同年6月7日政务院总理周恩来发布了《政务院关于处理人民来信和接见人民工作的决定》的命令，使人民共和国的信访工作逐步走向制度化。此后，1957年5月，第一次全国信访工作会议又制定了《中国共产党各级党委机关处理人民来信接待群众来访工作暂行办法（草案）》，使信访工作进一步制度化和常规化。

接待和办理群众信访也是人民法院工作的重要内容之一，而且信访还是中华人民共和国政法传统的重要表征之一。[3] 早在20世纪50年代初，一些人民法院就纷纷设立了接待室，试行"院长接待日"制度。1953年4月，董必武在第二届全国司法会议上讲道："在司法改革运动中证实了过去我们主张的陪审制、巡回审判制以及在法院设问事处、接待室（好像医院的门诊部）等，都是人民所欢迎的。"[4] 对人民法院的信访工作给予了充分肯定。在第二届全国司法会议后，各地人民法院加强了信访接待工作，例如广东省梅县人民法院从1953年秋开始设接待室，规定每周星期三为院长接待日，接待来访群众。[5] 而且人民法院的信访工作不断得到了强调，1957年7月董必武在为一届全国人大四次会议准备的发言稿中写道："全国人民法院审判案件，在这样广大范围之内与人民群众直接相接触，解决的问题又都是人民群众切身的问题，因此处理人民来信、来访显然是其中一项十分重要的工作，它应当是人民法院一项经常性的重要政治任务。"为此他进一步指出："各级

---

〔1〕《列宁全集》（第28卷），人民出版社1956年版，第330页。

〔2〕《毛泽东文集》（第6卷），人民出版社1999年版，第164页。

〔3〕左卫民、何永军："政法传统与司法理性——以最高法院信访制度为中心的研究"，载《四川大学学报》2005年第1期。

〔4〕《董必武法学文集》，法律出版社2001年版，第157页。

〔5〕梅县地方志编纂委员会编：《梅县志》，广东人民出版社1994年版，第797页。

人民法院应当在院长、副院长中，指定一人亲自掌管这项工作，审查一些重要的来信，亲自接见一些来访的人员。在当前正确处理人民内部矛盾的要求下，处理来信、来访的工作更占重要地位。人民法院只有认真进行这项工作，才能及时了解人民内部矛盾，宣传政策、法律，并发生调整某些人民内部矛盾的作用。如果以官僚主义的作风来处理来信、来访，则不但不能发生这种作用，反而会使当事人和与当事人利害相同的其他人员同法院发生矛盾。"[1] 凭借其最高人民法院院长的地位，董必武的提议得到了较好的响应。而"文革"初期法院被砸烂，信访工作当然也就不复存在。

"文革"后，信访工作很快得到了重视和恢复，而且在拨乱反正的过程中出现了前所未有的信访高潮，在此情况下1978年召开了第二次全国信访工作会议。而为规范人民法院的信访工作，1979年9月最高人民法院特意发布了《最高人民法院关于来信来访中不服人民法院判决的申诉案件应按审级处理的通知》。由于人民法院是平反冤假错案的"主战场"，人民法院系统的信访工作在"文革"之后的数年里十分繁重，例如仅广东省梅县人民法院一家法院从1980年至1985年，接待人民群众就达6502人次，处理人民群众来信就达1.9万多件。[2] 各个人民法院在20世纪80年代中期纷纷都在人民接待室的基础上设立了信访科（处），例如1986年6月，成都市东城区人民法院就增设了信访接待科。[3] 而随着信访矛盾的突出，信访案件的增加，法院信访制度的正规化建设也日益受到重视。1986年11月召开的全国法院信访工作座谈会明确指出，法院的信访工作是审判工作的一部分，法院的信访机构是审判机构之一，法院的信访人员是审判人员，从那以后，一般就不再笼统地讲法院的信访工作，而称为告诉申诉工作。[4] 1987年6月4日至13日，最高人民法院在北京召开了第13次全国法院工作会议（以前称司法会议或院长会议），会议要求各级人民法院要大力改进申诉信访工作，充分保护公民、法人对人民法院发生法律效力的判决、裁定提出申

---

〔1〕《董必武法学文集》，法律出版社2001年版，第409～410页。

〔2〕梅县地方志编纂委员会编：《梅县志》，广东人民出版社1994年版，第797页。

〔3〕《成都市锦江区法院志》编纂委员会编：《成都市锦江区法院志》，四川辞书出版社1999年版，第17页。

〔4〕祝铭山："在部分高、中级法院告诉申诉工作座谈会上的讲话（摘要）"，载《中国法律年鉴1989》，第777页。

诉的民主权利。要调整现有信访机构的职能，设置告诉申诉审判庭；要不断探索经验，使申诉信访工作逐步法制化。[1] 1987年9月25日，最高人民法院首次设立了告诉申诉庭，同年底四川、湖南、河南、云南、山东、辽宁、内蒙古等高级人民法院也先后成立了告诉申诉庭。告诉申诉审判工作的职责范围主要包括：受理和审查不服人民法院的刑事、民事、经济纠纷案件的判决和裁定的申诉，符合立案标准的，转主管审判庭审理，不够立案标准的，对当事人做好息诉服判的教育工作，申诉无理的，通知驳回；受理和审查公民和法人提起诉讼的案件，符合立案条件的，转主管审判庭审理，不符合立案条件的，分别不同情况办理；对涉及跨地区法院的管辖不明或者管辖有争议的案件，行使指定管辖权；办理同级人大常委会和本院院长交办的告诉申诉案件等。[2] 但对于各地方人民法院是否设立告诉申诉庭，最高人民法院有两个想法：一是全国不搞“一刀切”；二是上下级人民法院机构不要求完全对口。是否设立全由各地人民法院根据自身条件而定。[3] 但各地人民法院争相仿效陆续设立了告诉申诉庭。1988年4月1日，郑天翔在第七届全国人大一次会议上说，在1983年至1987年间全国人民法院每年都要接待来访430多万人次，处理来信400多万件，工作中确实发现和纠正了一些冤错案件，解决了许多老大难问题，充分保护了宪法和法律规定的公民对法院的判决、裁定提出申诉的权利，并明确指出：

> 目前，主要的问题是需要建立正规的申诉制度。有些法院干部以官僚主义态度对待申诉，对来信来访中提出的问题，不做认真细致的调查研究，而是敷衍应付，以致本来可以解决的问题，没有解决，可以早日解决的问题，久拖不决。这是错误的，我们要努力改正。同时，也有些人滥用申诉权利，对人民法院已作出的正确裁决“无理搅三分”，有的甚至在人民法院经过反复调查，多次处理后，仍然纠缠不休。由于以上两方面的原因，也由于申诉、信访量确实太大，法院人力不足，应接不暇，以致重复申诉的在基层法院平均

---

〔1〕 王克宁：“第十三次全国法院工作会议”，载《中国法律年鉴1988》，法律出版社1989年版，第705页。

〔2〕 张军：“1987年的审判工作”，载《中国法律年鉴1988》，法律出版社1989年版，第13～14页。

〔3〕 祝铭山：“在部分高、中级法院告诉申诉工作座谈会上的讲话（摘要）”，载《中国法律年鉴1989》，法律出版社1990年版，第780页。

为30%左右，在中、高级法院平均为40%左右。当前，有的罪犯或其亲属对证人、受害人威胁利诱，让他们作假证、搞翻案的违法活动，在一些地方相当多。有的明显是无理申诉的人长期滞留大城市，有的人借上访为名进行违法犯罪活动，有些流窜作案分子就混杂其中，严重影响社会治安。

为了改变这种局面，我们对处理申诉信访工作不断地进行了改革。在1983年，确定了对建国前判处案件的申诉原则上不再受理；调整了处理申诉信访的机构及其职能，设置了告诉申诉审判庭；规定了处理申诉信访的程序。这些都是为了尽可能地从大量重复的无效劳动中抽出手来，集中力量解决那些应该解决的问题。但这还不能从根本上扭转申诉信访的不正常状态，需要继续改进。我们认为，向法院提出的申诉，只能限于应由法院受理的诉讼问题，并且应当向法院正式提出，不能托人情、发传单、贴海报。我们建议全国人大和人大常委会早日制定申诉法，建立人民申诉制度，使宪法规定的公民权利和自由得到保障，同时依法制止滥用权利和自由的行为。[1]

设立告诉申诉庭，将原来行政化的信访工作方法纳入到司法的轨道上来，这是一项重大的制度改革和创新。在中、高级人民法院设立告诉申诉庭的同时，1988年全国各地一些基层人民法院也先后设立了告诉申诉庭，例如1988年1月三台县人民法院将刑事审判第二庭和信访科合并，成立告诉申诉庭，承担民事和自诉刑事案件的立案受理工作，审理刑事、民事申诉案件。[2] 同年8月，成都市东城区人民法院将信访接待科更名为告诉申诉审判庭。[3] 而到1988年底，山西省11个中级人民法院有7个建立了告诉申诉庭，而少数基层人民法院也建立了告诉申诉审判庭。[4] 但要真正使告诉申诉庭成为一审判机构，把人民法院的信访工作纳入诉讼的轨道上来仍尚待时日。1988年10月，最高人民

---

〔1〕 郑天翔：《行程纪略》，北京出版社1994年版，第568页。

〔2〕 三台县法院志编纂领导小组编：《三台县法院志》（1999），国家图书馆国情资料室藏，第24页。

〔3〕《成都市锦江区法院志》编纂委员会编：《成都市锦江区法院志》，四川辞书出版社1999年版，第17～18页。

〔4〕 张健民："山西省法制建设十年"，载《中国法律年鉴1989》，法律出版社1990年版，第883页。

法院副院长祝铭山在当年召开的部分高、中级人民法院告诉申诉工作座谈会上曾批评说："现在有的法院的告诉申诉庭仅仅是原来的信访机构换了个牌子，办法还是老一套——谈谈转转，这与我们设想的成立告诉申诉庭的目的就不大符合了。对这种情况，应当改变，使这个庭确实能够发挥审判庭的作用，确实把工作纳入审判轨道。"[1] 但问题和不足并没有使设立告诉申诉庭的改革停止下来，据不完全统计，截至1989年9月底，全国已有24个高级人民法院、227个中级人民法院和1141个基层人民法院成立了告诉申诉审判庭。[2]

德才兼备

党的领导，党的路线、方针、政策的正确贯彻执行都离不开干部，1935年5月4日，斯大林曾在克里姆林宫举行的红军学院学员毕业典礼上说："人才、干部是世界上所有宝贵的资本中最宝贵最有决定意义的资本。应该了解：在我们目前条件下，'干部决定一切'。"[3] 毛泽东在1938年也指出，"政治路线确定之后，干部就是决定的因素"。[4] 中国共产党历来十分重视培养和选拔合格干部。在革命和建设的过程中，中国共产党始终坚持德才兼备的干部选拔原则和任人唯贤的干部任免路线，毛泽东曾说："在这个使用干部的问题上，我们民族历史中从来就有两个对立的路线：一个是'任人唯贤'的路线，一个是'任人唯亲'的路线。前者是正派的路线，后者是不正派的路线。共产党的干部政策，应是以能否坚决地执行党的路线，服从党的纪律，和群众有密切的联系，有独立的工作能力，积极肯干，不谋私利为标准，这就是'任人唯贤'的路线。"[5] 在20世纪50年代，毛泽东又将德才兼备原则进一步细化为"又红又专"。他说："我们各行各业的干部都要努力精通技

〔1〕 祝铭山："在部分高、中级法院告诉申诉工作座谈会上的讲话（摘要）"，载《中国法律年鉴1989》，法律出版社1990年版，第780页。

〔2〕 最高人民法院办公厅："人民法院审判工作40年"，载《中国法律年鉴1990》，法律出版社1990年版，第15页。

〔3〕《斯大林选集》（下卷），人民出版社1979年版，第373页。

〔4〕《毛泽东选集》（第2卷），人民出版社1991年版，第526页。

〔5〕《毛泽东选集》（第2卷），人民出版社1991年版，第527页。

术和业务，使自己成为内行，又红又专”。“政治是主要的，是第一位的，一定要反对不问政治的倾向；但是，专搞政治，不懂技术，不懂业务，也不行。我们的同志，无论搞工业的，搞农业的，搞商业的，搞文教的，都要学一点技术和业务”。[1] 在毛泽东眼中，“红”即拥有正确的政治立场和观点；“专”即具有为人民服务的专业知识和技能。“又红又专”体现了正确的政治立场、观点和为人民服务的专业知识、技能的统一，二者缺一不可。不过在处理红与专的位序上，中国共产党实际始终将“红”摆在第一位，“专”只是在“红”基础上提出的进一步要求。对此，毛泽东说：“所谓先专后红就是先白后红，是错误的。因为那种人实在想白下去，后红不过是一句空话。”[2] 但“文革”中，由于对知识分子采取了错误的政策，批判所谓“白专道路”和“资产阶级学术权威”，事实上干部的知识化和专业化已被否定，导致只重视“红”而不讲究“专”。

“文革”之后，中国共产党在总结历史经验教训的基础上，恢复德才兼备的干部选拔原则和“又红又专”的干部选拔标准，而且与过去相比，“专”受到了高度重视。1980 年 1 月，邓小平在中共中央召集的干部会议上作了《目前的形势和任务》的重要讲话，他在强调干部要具有革命性（坚持社会主义道路）的基础上，特别强调：“专并不等于红，但是红一定要专。不管你搞哪一行，你不专，你不懂，你去瞎指挥，损害了人民的利益，耽误了生产建设的发展，就谈不上是红。不解决这个问题，不可能实现四个现代化。”“今后的干部选择，特别要重视专业知识。我们长期都没有重视，现在再不特别重视，就不可能进行现代化建设。”[3] 而且在新时期中国共产党还对毛泽东提出的“又红又专”的干部标准做了进一步的充实和提高，最终形成了“革命化、年轻化、专业化和知识化”（简称“四化”）的干部标准，针对当时领导干部实际存在的终身制和年龄偏大的现象，因时制宜地提出在“红”（革命化）与“专”（专业化和知识化）的同时应力争干部的年轻化。1980 年 8 月邓小平在中共中央政治局扩大会议上对陈云关于干部队伍应实现“四化”的意见大加赞赏，他说：“陈云同志提出，我们选干

---

[1] 《毛泽东选集》（第 5 卷），人民出版社 1977 年版，第 471 页。

[2] 《毛泽东选集》（第 5 卷），人民出版社 1977 年版，第 471 页。

[3] 《邓小平文选》（第 2 卷），人民出版社 1994 年版，第 262、264 页。

部，要注意德才兼备。所谓德，最主要的，就是坚持社会主义道路和党的领导。在这个前提下，干部队伍要年轻化、知识化、专业化，并且要把对于这种干部的提拔使用制度化。这些意见讲得好。许多同志除了不注意干部队伍的年轻化外，对干部队伍的知识化、专业化也很不重视。这也是过去在知识分子问题上长期存在的'左'倾思想的一种恶果。"〔1〕对此1982年中共十二大修订的新党章，首次专列了"干部"一章，其第34条明确规定："党的干部是党的事业的骨干，是人民的公仆。党按照德才兼备的原则选拔干部，坚持任人唯贤，反对任人唯亲，并且要求努力实现干部队伍的革命化、年轻化、知识化、专业化。"〔2〕"四化"正式成为中国共产党干部队伍建设的指导方针，成为新时期中国共产党干部德才兼备的具体内涵。1987年10月，召开的中共十三大肯定了"四化"方针，1992年召开的中共十四大继续强调要坚持干部"四化"的方针和德才兼备的原则。

具体就司法系统干部的任用而言，中华人民共和国成立后实际上也自觉的贯彻执行了"又红又专"的标准。1952年6月，彭真在全国政法干部训练会议上讲道："我们要求司法干部具备的条件：第一，立场坚定，观点正确；第二，熟悉政策、法律。"〔3〕这实际就是"又红又专"标准在司法干部身上的具体化，司法干部的"专"就体现在对政策、法律的熟悉上。不过，在中华人民共和国成立后的很长时间里司法干部都只做到了"红"，而"专"严重不足。面对中华人民共和国成立之初司法干部紧缺的局面，为了充实法院队伍和消除法院队伍组织不纯的问题，董必武甚至建议从五反运动后失业的积极分子和荣军学校轻残废的军人中寻找干部的来源。〔4〕1957年董必武在讲话中谈到如何提高审判质量时又说："要提高审判工作质量，最主要的是提高审判人员的政治思想水平。审判工作质量不高，有好几方面的原因，政治方面、思想方面和业务方面，主要应该从政治和思想两方面来解决。当然这并不否认业务的重要性，但是业务再好，政治思想跟不上，业务也是提不高的。"〔5〕在中国共产党看来，司法人员的"红"远远比"专"重要，

---

〔1〕《邓小平文选》（第2卷），人民出版社1994年版，第326页。

〔2〕盛继红编：《中国共产党党章汇编》，中国人民大学出版社1991年版，第135页。

〔3〕彭真：《论新中国的政法工作》，中央文献出版社1992年版，第74页。

〔4〕《董必武法学文集》，法律出版社2001年版，第131～132页。

〔5〕《董必武法学文集》，法律出版社2001年版，第385页。

不“红”光“专”是绝不行的。“文革”期间，由于极左思潮泛滥，司法干部学习业务遭到了极力反对，诬蔑学习业务是“业务挂帅”“冲击政治”，钻研业务的人被扣上“留恋旧法”“走回头路”的帽子，致使人们不敢讲业务、学业务，司法人员的“专”根本谈不上。“文革”结束后，“又红又专”的干部标准在司法系统中又得到了重新树立，司法干部的“专”得到了重视。1978 年 4 月 25 日，江华在第八次全国人民司法工作会议上号召广大司法工作者必须努力学好政治，学好业务，做到又红又专，他说：

> 努力钻研业务，建立一支又红又专的司法队伍，是全面地正确地贯彻执行毛主席的司法工作路线的重要保证。司法干部不仅要有高度的政治觉悟和思想水平，而且要懂得司法业务知识、社会知识和科学知识，才能正确执行党的政策和国家的法律，做好人民司法工作。广大司法干部要在努力学习马列著作和毛主席著作的基础上，认真学习党的各项具体政策和国家的法律、法令以及各种知识，造成钻研业务的浓厚空气，做到又红又专。[1]

针对“文革”后司法干部年龄偏高、文化水平偏低的局面，1980 年 3 月彭真曾说：“选拔培养干部，一是看政治条件，是否全心全意执行中央的方针、政策（包括曾犯严重错误，能够认真改正的同志）。要根据干部过去的实际行动，特别是三中全会以来的表现，作为鉴定、选拔的标准。二是年龄，要年富力强，能真正顶班工作。三要有一定的专业知识和工作能力，政法各部门都有自己的专业。”[2] 彭真的说法实际已十分接近干部的“四化”方针了。而 1982 年中共十二大修订党章明确提出干部的“四化”标准后，“革命化、年轻化、专业化和知识化”取代了“又红又专”，成为培养德才兼备司法队伍的新指针。1983 年 6 月，江华在六届全国人大一次会议上说：“中级和基层人民法院的机构改革也正在进行。在机构改革中，各级人民法院都注意选拔德才兼备、具有较丰富的法律专业知识和司法实践经验的优秀中青年干部，特别是懂法律专业的知识分子干部到领导岗位上来。经过调整后的领导班子，在革命化、年轻化、专业化和知识化方面，都有了一定程度的改

[1] 《江华司法文集》，人民法院出版社 1989 年版，第 20 页。

[2] 彭真：《论新中国的政法工作》，中央文献出版社 1992 年版，第221 页。

善。"[1] 1987年6月27日，郑天翔在最高人民法院干部会议上谈及党的司法干部标准时也说："归根到底，党要培养德才兼备的人才，用德才兼备的人才，器重德才兼备的人才，党不培养那些贪图功名利禄的人，不培养那些个人主义者。"[2] 而为了实现司法干部的德才兼备，在实践中，中国共产党采取了一系列诸如严把进人关、政治思想教育、干部培训、奖励与惩罚、树立榜样和清退等技术和措施来加以保障，限于文章篇幅在此笔者只对前三种技术作一介绍。

一、严把进人关

严把进人关是确保干部质量、实现干部队伍"四化"的基础和前提，对此中国共产党有清醒认识，当然由于法律人才的严重缺乏，中华人民共和国后几十年里中国共产党在选任司法干部上选择余地十分有限，例如1952年6月董必武在全国政法干部训练会议上针对中华人民共和国成立之初司法干部缺乏的现实，提议从以下几种人员中开辟新的司法干部来源：①骨干干部，应选派一部分较老的同志到法院担任领导骨干；②青年知识分子；③五反运动中的工人店员积极分子；④土改工作队和农民中的积极分子；⑤转业建设的革命军人（包括一部分适于做司法工作的轻残废军人）；⑥各种人民法庭的干部，工会、农会、妇联、青年团等人民团体还可帮助选拔一批适宜于做司法工作的干部和群众运动中涌现出并经过一些锻炼的群众积极分子。[3] 政治上是否先进是挑选司法干部时首先考虑的因素，只要政治上过硬，即使专业能力较弱，通过简单培训后即可让其从事司法工作，这样做实际上只是顾及了司法干部政治上的"红"，其业务上的"专"却无从保障。

"文革"后由于思想的解放，人们对民主和法制的重视，社会上人才储备的日渐增多，为严把法院进人关创造了比以前较为有利的条件。以宁夏回族自治区为例，1978年10月12日，区高级人民法院党组在有关报告中即要求，基层人民法院院长应配备县级干部担任，审判员应配备区级干部担任，对其他人员也应调配政治思想好，政策、业务水平较强，有一定文化程度，能坚持日常工作的干部。[4] 1983年8月3日，郑天翔

---

〔1〕《江华司法文集》，人民法院出版社1989年版，第301页。

〔2〕郑天翔：《行程纪略》，北京出版社1994年版，第534页。

〔3〕《董必武法学文集》，法律出版社2001年版，第123页。

〔4〕宁夏审判志编纂委员会编：《宁夏审判志》，宁夏人民出版社1998年版，第336页。

在同省、市、自治区人民法院院长谈话时说："中央政法委员会提出为政法系统增加20万人，会分到法院系统一些。数额有限，吸收人要强调质量。条件是政治上要绝对可靠，思想品质端正，不能有'三种人'，[1]年龄要轻（一般不要超过25岁），高中以上文化（语文程度要适当高一些，起码要能搞笔录），身体健康。"[2] 以上谈话对人民法院拟招人员的政治立场、品性、年龄、学历和身体状况都提出了具体的要求。在提出人民法院录用人员具体要求基础上，为了保证能招录到优秀人才，人民法院还采取了如下措施来加以保障。

1. 考试。运用考试来选拔人才在中国有悠久的历史，科举考试制度就是这方面的典型例证。"文革"后，健全和完善党和国家的领导制度和人事制度倍受改革者的重视，1980年8月18日邓小平在中共中央政治局扩大会议上作了《党和国家领导制度的改革》的重要讲话，他说："五中全会党章草案，提出废除干部领导职务终身制，现在看来，还得要进一步修改、补充。关键是要健全干部的选举、招考、任免、考核、弹劾、轮换制度，对各级各类领导干部（包括选举产生、委任和聘用的）职务的任期，以及离休、退休，要按照不同情况，作出适当的、明确的规定。"[3] 改革者们希望在条件成熟之时，适时采取招考的方式延揽人才。新法的施行和案件的增加，使自1979年以来人民法院的编制一直在增加，为了保证所招收人员的质量，人民法院逐步开始试行公开招考的方式来选拔人才。1984年8月1日，郑天翔给时任中共中央总书记的胡耀邦（1980～1987）写信反映人民法院拟将招收人员由调配制改为招考制的构想，"除大专毕业生实行分配外，法院新增编制实行公开招考，坚持标准，择优录用的办法"，并说天津市在这方面已取得了成功经验，各地人民法院期望能获准照办。对此胡耀邦和习仲勋均表示同意。[4] 得到中国共产党高层的肯定后，法院系统内部的招考制改革在全国范围内正式被提上议事日程。在1985年2月召开的全国法院院长会议上，最高人民法院就提出"为加强法院队伍的革命化、正规化、现代化建设，我们要努力实现几个转变，这就是：由干部的调配制

[1] 所谓"三种人"，即造反起家的人、帮派思想严重的人和打砸抢分子。参见石翠岩主编：《中国社会主义建设简明辞典》，中国国际广播出版社1988年版，第19页。

[2] 郑天翔：《行程纪略》，北京出版社1994年版，第375页。

[3] 《邓小平文选》（第2卷），人民出版社1994年版，第331页。

[4] 郑天翔：《行程纪略》，北京出版社1994年版，第415～416页。

过渡到考试制，由低文化结构过渡到高文化结构，由行政工作方式过渡到法官责任制，由手工方式过渡到管理现代化”。[1] 同年4月3日，郑天翔在向全国人大作工作报告时说：“为保证质量，我们正在把新增干部由调配制改为招考制。除分配的大专毕业生、研究生和精选一部分适合法院工作的干部外，一律要按照统一标准，通过统一考试，择优录用，其中，拟担任审判员的，经过一定锻炼后，再依法报批。”[2] 为此最高人民法院以身为范，同年就大胆改革干部制度，采取平时考核与专业考试相结合、群众推荐与领导审批相结合的办法，以便择优选拔助审员、审判员，为此1985年《人民司法》第6期封首登载了当时记者拍摄的关于最高人民法院副院长任建新、祝铭山亲临最高人民法院审判官选拔考试现场这一具有历史纪念意义的照片。

2. 政治审查。政治审查，简称政审，是中国共产党纯洁队伍一贯采取的措施，入团、入党要政审，升学、转干也一样离不开政审。中国共产党历来认为人民法院是替人民掌握“刀把子”的，人民的司法必须掌握在人民信赖的人手里。只有那种政治上可靠，能够真心实意为人民服务的人才是人民需要的司法人员，政审正是排除不合格的人员进入司法队伍的重要保障措施。一般而言，对一个试图进入人民法院工作的人员的政审内容具体包括审查本人的政治面貌，政治历史状况，对党的路线、方针和政策的态度，以及在重大政治斗争中的表现，等等。作为共产主义事业的接班人，党员和团员被理所当然地认为是政治上的优秀分子，符合“红”和“革命化”的标准，是人民司法工作者的理想人选，所以在政审中党、团员是最符合条件的人员，其次才是那些历史上没有任何政治问题的人士，有时人民法院在招收人员时为了保险起见，还特意规定只有共产党员才有资格报名。如此一来，就使人民法院的工作人员中党员和团员的比例十分之高，特别是法官，几乎全部都是党员或团员。例如四川省三台县人民法院1950年至1953年间首次出任审判员的10人中只有2名党员和3名团员，经过司法改革后，1956年至1978年间首次出任审判员、正副庭长的28人中只有1名是团员，其余全是党员。1979年至1996年间初任审判员、正副庭长的106人中非党

---

[1] 参见宋光：“努力做好司法行政工作为开创法院工作新局面积极作出贡献”，载《人民司法》1985年第8期。

[2] 郑天翔：“最高人民法院工作报告”，载《经济日报》1985年4月16日，第2版。

员和团员只有5人，1996年底实任助理审判员的32人中只有4人是非党、团员。[1]

当然由于受不良社会风气的影响，法院招收人员一直受到诸多干扰，一些不合格的人员混进了法院系统。郑天翔曾反复申明最高人民法院的立场，1985年4月3日他在六届全国人大三次会议上说："坚决杜绝弄虚作假、徇私舞弊、拉关系、走后门等不正之风。违者，一经查明，对被录用的坚决除名。任何单位、任何人都不要硬让法院接受不符合法院要求、不够法院干部条件的人。"[2] 1988年4月1日，他在七届全国人大一次会议上又呼吁要给人民法院在录用人员上以自主权，严把"进人关"，"无论是社会招干，还是单位调配的或转业军人，都坚持标准，公开招考，择优录用，不合格的坚决不要。我们在去年规定，这次进人由各高级法院统一管理，对不合格的，有权拒绝接收。最高人民法院将进行检查，如发现有通过'指令'、'条子'、'搭配'和'关系'等途径进来的不合格者，坚决清退。我们殷切希望各级党委、各级人大和政府支持法院保证进人质量，希望组织、人事部门帮助法院把好进人关"。[3] 虽然最高人民法院一再强调要严把法院"进人关"，杜绝腐败，并采取了一些措施，但此问题并没有得到完全解决。"三盲院长"（文盲、法盲和流氓）姚晓红的事例表明，[4] 如果组织、人事部门干部党性不强、不够敬业，"指令""条子""关系"和贿赂完全可以使考试和政审失去意义。

二、政治思想教育

做政治思想工作是中国共产党党的建设的一项常规性的重要工作，郑天翔曾说："我们说打江山靠思想政治工作，今天坐江山，巩固政权，搞建设，也要靠思想政治工作，靠思想觉悟。"[5] 中国共产党所信奉的哲学使其认为人们并不会自然而然地具有先进的政治思想，意识形态的东西主要靠灌输，即使是一个"又红又专"的干部，如果长时间不接

---

〔1〕 三台县法院志编纂领导小组编：《三台县法院志》（1999年），国家图书馆国情资料室藏，第253～259页。

〔2〕 郑天翔：《行程纪略》，北京出版社1994年版，第438页。

〔3〕 郑天翔：《行程纪略》，北京出版社1994年版，第574页。

〔4〕 尹天玺、燕家卓："震惊全国的'三盲院长'查处纪实"，载《记者观察》1999年第11期；郑亦工、王泽斌："'三盲'院长姚晓红的幕后新闻"，载《正气》2000年第5期。

〔5〕 郑天翔：《行程纪略》，北京出版社1994年版，第476页。

受政治教育和学习也可能蜕化变质，所以在中国共产党领导下的每一个机关和组织里政治学习和思想教育都是必不可少的节目，它是中国共产党强力推进政治社会化的重要途径。对此，人民法院也概莫能外，从不间断的政治学习和思想教育总是与每一位人民法院工作人员的职业生涯相伴始终。1958 年 4 月董必武曾说："在成都会议上，毛主席还提出'实业'和'虚业'的问题。'实业'就是业务，在我们来说就是办案。办案不钻业务是不好的。当然，只钻业务不管政治和思想也有问题，我们还要搞'虚业'，要谈政治和思想。"[1] 在中国共产党看来搞不好"虚业"（政治和思想工作），实业也就无从搞好，一个人只有真正具有为人民服务的思想和觉悟才能做出有益于人民的业绩，即没有革命的思想就没有革命的行动。"文革"后党的建设受到了重视，1979 年彭真号召"政法战线各级领导机关和所有的工作同志必须保持纯洁的党性、坚强的党性"。[2] 江华也在讲话中指出：

> 为了加强社会主义法制，做到有法可依，有法必依，执法必严，违法必究，我们要培养出一批大公无私的不惜以身殉职的人民法官，使他们在审判工作中忠实于法律和制度，忠实于人民利益，忠实于事实真相。这样的法官愈多，就愈能保持人民法院审判活动应有的独立性，愈能维护社会主义法制的尊严。为此，要采取多种方式对审判人员进行培养教育。审判人员要努力学习马列主义、毛泽东思想，学习政策法律，学习审判业务，还要学点经济理论、科学技术和管理知识。边干边学，增长才干。对那些学得好的、在审判工作中做到"三个忠实"的优秀审判人员，要予以表彰；对极少数执法犯法的干部，要严肃处理。司法行政教育工作，按照中共中央有关文件去办。[3]

江华的继任者郑天翔，对人民法院系统的思想政治工作也十分重视，他说："要提高思想觉悟，增强团结，提高工作效率和质量，不搞好思想政治工作是不行的。共产党办事归根到底还是靠思想政治工作。"[4] 而具体就人民法院的政治学习而言，可简单地将其分为人民法

---

〔1〕《董必武法学文集》，法律出版社 2001 年版，第 412 页。

〔2〕彭真：《论新中国的政法工作》，中央文献出版社 1992 年版，第 194 页。

〔3〕《江华司法文集》，人民法院出版社 1989 年版，第 71 页。

〔4〕郑天翔：《行程纪略》，北京出版社 1994 年版，第 476 页。

院自身主持进行的政治学习和党委（常通过党校）和政府组织进行的政治学习。人民法院自身主持进行的政治学习被称为司法工作者的日常政治学习，而党委和政府组织的学习被称为特别学习。从相关《法院志》和《审判志》记载的情况来看，历年来人民法院干警政治学习和教育的主要内容包括马克思列宁主义，毛泽东思想，邓小平理论，党章，各个时期中国共产党的路线、方针和政策，模范人物的先进思想及事迹，等等。[1] 就学习和教育的这些内容而言，可以说是每一个合格的中共党员和干部都应该接受的，并没有太多的独特性。同时，政治学习和思想教育常常与整党、整风运动结合在一起。例如针对中共十二届二中全会从 1983 年冬季开始全面整党的决定，郑天翔在第九次全国人民法院工作会议上号召“各级法院要在省、市、自治区党委的统一领导和统一部署下，在更好地完成繁重的审判任务的同时，有次序地进行全面整党。各级法院的党组织和党员，都要提高对于整党必要性和紧迫性的认识，自觉地积极地参加这一场关系我党我国前途命运的整党”。[2] 中国共产党正是像这样通过长期坚持对法院工作人员进行意识形态的灌输和思想规训，试图将其培养成为具有“革命性”的司法干警，做到始终与中共中央保持高度一致，使人民法院的干警具有全心全意为人民服务的品质，不致蜕化成为压迫人民的官僚。

三、干部培训

培训干部是中国共产党加强党的建设和国家政权建设的一贯做法。早在 1923 年，中国共产党在安源就创办了党校，开展干部培训工作。中华人民共和国成立后干部培训工作得到了进一步加强，只是在“文革”期间才被迫一度中断。“文革”后，干部“四化”方针的提出，使干部培训工作受到了高度重视，1982 年 9 月胡耀邦在中共十二大上指出：“为了造就社会主义现代化建设的大批专门人才，必须大力加强干部的教育和训练工作。今后使用和提拔必须把学历、学习成绩同工作经历、工作成绩一样作为重要依据。各级党校，政府和企业的干部学校，以及被指定的某些高等院校和中等专业学校，都要按照社会主义现代化

---

〔1〕 参见浙江省武义县人民法院编：《武义法院志》，浙江人民出版社 2000 年版，第 463 ~466 页；三台县法院志编纂领导小组编：《三台县法院志》，1999 年版，国家图书馆国情资料室藏，第 267 ~268 页。

〔2〕 郑天翔：《行程纪略》，北京出版社 1994 年版，第 380 页。

事业的需要和各自的分工，修订教学计划，担负起对干部进行正规化培训的任务。所有在编制内的工作人员，都要分批分期参加轮训。轮训以后，根据结合实际的考核，可以对他们的工作相应地调整。普遍轮训干部是提高干部素质的一项重要的战略措施。"〔1〕中共十二大通过的新党章第34条明确规定："党的干部必须接受党的培训，接受党的考察和考核。"〔2〕而1982年《宪法》第19条第1款和第3款也规定："国家发展社会主义的教育事业，提高全国人民的科学文化水平"。"国家发展各种教育设施，扫除文盲，对工人、农民、国家工作人员和其他劳动者进行政治、文化、科学、技术、业务的教育，鼓励自学成才"。第27条第1款又规定："一切国家机关实行精简的原则，实行工作责任制，实行工作人员的培训和考核制度，不断提高工作质量和工作效率，反对官僚主义。"这使国家对干部进行培训有了党章和《宪法》的依据，工作逐步趋向制度化和正规化。

司法是一项业务性很强的工作，但由于受现实条件的限制，长期以来中国大陆司法职业的门槛很低，许多没有受过任何高等教育、没有任何法律从业经验的人先后进入了法院，为了使其能胜任本职工作，顺利完成工作任务，对其进行业务培训就成为必然的要求，为此中央以及各地都成立了相关的政法干校、党校和司法培训班等机构适时地对相关人员进行培训，这自共和国成立几十年来除"文革"期间外从未中断。而且其培训面也较为广泛，如表2-2所示，在1950年至1963年的14年里，像青海这样边远省份的法院也有约53.36%的干部接受过形式不一的培训。

"文革"后，随着立法步伐的加快、新法规的不断颁布，干部队伍建设"四化"标准的确立，司法干部的业务培训受到了前所未有的重视。在实践中，中国司法干部培训，包括岗位培训、学历和专业证书教育以及大学后继续教育三种主要类型。在新的形势下，人民法院系统内这三种形式的培训都有较大的发展。

第一，岗位培训得到了大力加强。岗位培训又包括岗前培训、在职培训和新法律的专项培训。就岗前培训而言，自始至终国家对于新进入

---

〔1〕胡耀邦："全面开创社会主义现代化建设的新局面——在中国共产党第十二次全国代表大会上的报告"，载《人民日报》1982年9月8日，第5版。

〔2〕盛继红编：《中国共产党党章汇编》，中国人民大学出版社1991年版，第135页。

表 2-2 1950~1963 年青海省人民法院干部培训情况表

项目	实有干部数	已经受训人数				未受训人员数
		合计	各级党校	各级政法干校、司训班		
				中央	省市	
合计	283	151	12	46	93	132
省高级法院	38	26	3	10	13	12
7 个中级法院	73	43	5	18	20	30
41 个基层法院	172	82	4	18	60	90

资料来源：青海省地方志编纂委员会编：《青海省志·审判志》，黄山书社 1999 年版，第 45 页。

人民法院的军队转业干部和新招考进的相关人员大都进行了岗前的职业培训。例如 1981 年 9 月，江苏省司法厅举办第一期军队转业干部司法专业集训班。全省集训设 10 个片、18 个教学点，时间 4 个半月。应训军转干部 2123 人，实训 2089 人，占应训人数的 98.4%。主要学习法学基础理论、宪法、刑法、刑事诉讼法、民法原理、民事诉讼法（试行）、婚姻法等。1985 年 4 月，江苏省司法厅举办第二期军队转业干部司法专业集训班。应训军转干部 213 人，其中有法院军转干部 58 人，时间 5 个月，集训班学习专业课程有：法学基础理论、宪法、刑法、刑事诉讼法、民法、民事诉讼法（试行）、经济合同法、婚姻法、法院和检察院组织法、司法行政业务。经期终考试合格，由集训班发给结业证书。1986 年 3 月，江苏省司法厅举办第三期军队转业干部司法专业集训班。应训军转干部 213 人，其中有法院军转干部 26 人，时间 4 个半月，学习专业课程 12 门：法学基础理论、宪法、刑法、刑事诉讼法、民法、民事诉讼法（试行）、婚姻法、经济合同法、律师制度、公证制度、司法文书、审判业务。在期终考试，受培训干部们取得较好成绩。[1] 同时，为了使广大法院工作人员尽快熟悉新的法规和业务，全国各地人民法院对干警都采取了多种形式的在职培训和新法律的专项培训。例如青海省 1979 年 11 月至 1980 年 10 月，举办了两期刑事训练班和一期司法干警刑法、刑事诉讼法在职训练班。参加学习的共 162 人。

---

〔1〕 江苏省地方志编纂委员会编：《江苏省志·司法志》，江苏人民出版社 1997 年版，第 213~214 页。

前者学习期为1个半月；后者学习期为3个月。1981年1月至12月，青海省又举办了民事训练班、书记员训练班和法警训练班各一期，参加学习的干警126人。学习期短的为1个半月，长的为6个月，并选派部分基层人民法院院长到中央政法干校轮训。1982年至1983年有1名基层人民法院院长被派到中央政法干校轮训，25名基层人民法院工作人员（其中基层人民法院院长级20人，庭长级1人，审判员级4人）被派到中央政法第二干校学习。[1] 1986年4月8日，郑天翔在六届全国人大四次会议上说1985年全国法院系统参加各类短期培训的有十多万人。[2] 为了加强司法人员的职业培训，根据七届全国人大二次会议通过的《关于最高人民法院工作报告的决议》，各省、自治区、直辖市高级人民法院建立以短期培训为主要任务的法官培训中心。到1990年，全国已有福建、天津、北京等13个高级人民法院建立法官培训中心，并依照本地法院系统干部教育培训规划要求，对审判业务人员进行岗位培训。[3]

第二，在职学历和专业证书教育有计划地得到开展。北京政法学院、西南政法学院、西北政法学院、华东政法学院、中南政法学院先后复办，一些综合性大学也重建了法律系，开始招收法科学生。而各种函授教育、电视教育和夜大学也兴办起来，例如九三学社、北京市司法局、北京大学法律系联合举办了北京市法律夜大学，自1980年开办以来，吸收了不少学员就学。[4] 天津市也开办了业余法律大学，吸收部分政法战线的人员就读。[5] 1984年12月，最高人民法院党组向中共中央提交了《关于创办全国法院干部业余法律大学的报告》，称全国人民法院15万干警，虽然整体上政治素质不错，但大多学历偏低，其中大专以上文化程度的只占总人数的7%，其中属于大学法律专业毕业的，还不到总人数的3%。全国有一半以上的法院干警，没有受过最起码的

---

〔1〕 青海省地方志编纂委员会编：《青海省志·审判志》，黄山书社1999年版，第45～46页。

〔2〕 郑天翔：《行程纪略》，北京出版社1994年版，第474页。

〔3〕 李德仁："法院系统干部教育培训工作"，载《中国法律年鉴1991》，法律出版社1991年版，第104页。

〔4〕 "北京法律夜大学办得好"，载《人民日报》1983年4月9日，第4版。

〔5〕 "为提高司法干部的业务水平天津市开办业余法律大学"，载《人民日报》1979年7月10日，第4版。

专业训练。这种状况与法院担负的审判工作任务极不适应。而目前全国政法院、系的培养能力与法院的实际需要相差甚远，故此最高人民法院试图创办一所全国法院干部业余法律大学，以满足其现实需要。〔1〕1985 年 9 月，全国法院干部业余法律大学开始招生，校长由当时的最高人民法院院长郑天翔（1983 ~ 1988）兼任，总校设在北京。在全国 29 个省、自治区、直辖市高级人民法院和铁路运输高级法院设立了 30 所分校；在全国各地中级人民法院设立了 336 个分部；在全国各高、中级人民法院和县（旗）、区人民法院设了 1 985 个教学班。各分校、分部由各高、中级人民法院院长兼任分校校长、分部主任。各分校、分部还配备了专职副校长、副主任，负责主持学校日常工作。为了帮助学员学习，1986 年 4 月学校和《人民司法》编辑部联合创办了刊物《学习与辅导》。全国法院干部业余法律大学 1985 级学员就有 35 000 多人，1986 级学员达 39 000 多人。〔2〕经过多方努力，据 1988 年 4 月《人民日报》的记者报道，全国人民法院已有 1/3 以上的干部正通过业余大学、电视大学、函授大学、党校、政法管理干部学院等多种途径学习。〔3〕同年 10 月 13 日，全国法院干部业余法律大学首届学员毕业，2.9 万人获得法律专科毕业证书。〔4〕到 20 世纪 80 年代末期，全国人民法院审判人员的专业素质已有一定提高，但与理想状态仍有较大差距。

---

〔1〕 郑天翔：《行程纪略》，北京出版社 1994 年版，第 417 ~ 419 页。

〔2〕 陈肇彬：“全国法院干部业余法律大学”，载《中国法律年鉴 1987》，法律出版社 1987 年版，第 808 页。

〔3〕 “法院干部队伍素质提高　也有少数干警违法乱纪”，载《人民日报》1988 年 4 月 3 日，第 2 版。

〔4〕 毛磊：“全国近 3 万法院干部获专科毕业证书”，载《人民日报》1988 年 10 月 14 日，第 4 版。

第三章

社会转型与人民司法传统的部分断裂

亨廷顿在其《变化社会中的政治秩序》一书开篇即提出一个重要命题："各国之间重要的政治分野，不在于它们政府的形式，而在于它们政府的有效程度。"在他看来，"共产主义集权国家和西方自由国家一般都可归入有效能的国家的范畴，而不属于衰微的政治体制"。[1]也就是说传统社会主义国家虽然在民主和法治上不尽如人意，但它们仍然是一种统治和治理有效的国家，一种能实现有效政治整合的政治体制。社会主义在中国的实践无疑为亨氏的上述说法提供了一个有力的注足，中华人民共和国的建立结束了近代以来中国"一穷二白"和"一盘散沙"的局面，除了"文革"少数人为混乱时期外，中国是一个治理有序的国家。但就是这样一个国家，当它在向市场经济和民主政治转型的过程中却遭遇到了巨大的秩序挑战：与国家权力退却相伴而行的是整个社会的日趋碎片化，原有的总体性社会解体，而相应的非政府组织却没有得到及时的发展，局部社会又重新陷入了"一盘散沙"的状态，人们之间变成了缺乏关联的原子，社会处于失范状态。一方面社会矛盾与纠纷激剧增加；另一方面社会却已不可能像以前那样能消化和压制住绝大多数纠纷，许多矛盾只能留给法院解决。当大量纠纷涌入法院，不堪重负的法院除了进行改革——改变自己的工作和行为方式外别无他法。司法人员由全能的"慈母"开始向冷漠的"官僚"转变，由对实质正义的关切转为主要关心形式上的程序合法性，在此过程中人民司法传统出现了部分断裂，中国共产党执政的合法性也因此受损。

---

〔1〕［美］塞缪尔·P. 亨廷顿：《变化社会中的政治秩序》，王冠华、刘为等译，生活·读书·新知三联书店1989年版，第1页。

改革开放与“后总体性社会”的来临

中国自近代以来一直面临着总体性危机，为了摆脱这一危机，中国共产党在革命胜利后逐步在中国建立起了一个总体性社会（全能主义社会）。国家拥有全能的权力，一切社会资源都在国家的控制和支配之下，社会成员离开了国家就不能生存和发展。20 世纪 70 年代末，中国共产党为了摆脱“文革”造成的危机。实现四个现代化，被迫实行改革开放政策。从此中国社会重新焕发出活力，而以发展社会主义市场经济为导向的改革开放最终改变了中国社会的整个面貌。

一、人民公社的解体

“文革”后处于公社体制下的中国广大农村仍缺乏生机和活力，远未摆脱贫穷落后的面貌，在中华人民共和国成立三十年之际许多农民仍未解决温饱问题，终年挣扎在生存线上。以安徽省为例，1977 年时全省 28 万多个生产队中有将近 90% 的队还不能维持温饱，其生产靠贷款，吃粮靠返销，用钱靠救济，而其中有 10% 的队在饥饿线上挣扎，[1] 例如肥西县的大多数人民公社就处于这种情况，社员们历年的人均年收入都不及 100 元（见表 3－1），长年温饱没着落。

表 3－1　安徽省肥西县 1975～1978 年公社收益分配情况

年份	总收入（万元）	总支出（万元）				社员人均年收入（元）
		税收	各项费用	集体提留	分给社员	
1975	8071	412.3	2344	761.7	4553.0	66
1976	9748	404.0	2901	863.0	5580.0	80
1977	9347	397.0	2943	647.0	5360.0	75
1978	9171	353.7	2966	527.3	5324.0	73

资料来源：《肥西县志》，黄山书社 1994 年版，第 89 页。

---

〔1〕 周曰礼：“回顾安徽的农村改革”，载中共中央党史研究室、中央档案馆编：《中共党史资料》（第六十八辑），中共党史出版社 1998 年版，第 42 页。

而要谈中国农村的经营体制改革，就得从安徽省说起。1977 年万里受中共中央的委派出任安徽省第一省委书记，他在调查了解民情的基础上，决定调整农村政策，调动农民的生产积极性。当年安徽省农委制定了《关于目前农村经济政策几个问题的规定》的“试行草案”，其基本精神就是尊重生产队的自主权，允许农民经营自留地和搞正当的家庭副业，其收获除完成国家任务外可以到集市上出售；生产队可以实行定任务、定质量、定工分的责任制，只需个别人完成的农活可以责任到人。邓小平对安徽的做法给予了肯定，并向四川省委第一书记赵紫阳进行了推荐。在借鉴安徽做法的基础上，1978 年初中共四川省委也出台了《关于目前农村经济改革的几个主要问题的规定》，提出“各地都要把执行按劳分配原则当成一件大事认真抓起来，严格按照社员劳动的质量和数量评定工分。”肯定了一些地方上已经实行的“定额到组、评工到人”的办法。[1] 在思想解放和地方改革实践的推动下，1978 年召开的中共十一届三中全会通过了《农村人民公社工作条例（试行草案）》（即新“六十条”），提出要加强农业劳动组织，建立严格的生产责任制；在计酬形式方面，可以按定额计分，可以按时计分加评议，也可以在生产队统一核算和分配的前提下，包工到作业组，联系产量计算报酬，实行超产奖励。但同时又强调“两个不许”，即不许包产到户，不许分田单干，这仍是高悬在农民头上的两道禁令牌。

然而早在 1978 年 11 月 24 日，即中共十一届三中全会召开的前夕，安徽省凤阳县小岗村的 18 户农民代表，为了解决吃饭问题却私下订约实行了“包产到户”，从而拉开了农村变革的序幕。“包产到户”带来的农业大丰收，使改革者初步尝到了改革的甜头。消息不胫而走，人们纷纷要求实行“包产到户”。为了回应民众的要求，1979 年 2 月安徽省委决定在肥西县山南公社进行“包产到户”的试点，同年 6 月肥西县搞“包产到户”的生产队已占生产队总数的 40%，年底达到 93%，[2] 并且迅速遍及安徽全省。而与此同时，贵州、四川、甘肃、内蒙古、河南等省区的一些穷困社队也秘密或半公开地搞起了

---

〔1〕 周曰礼：“回顾安徽的农村改革”，载中共中央党史研究室、中央档案馆编：《中共党史资料》（第六十八辑），中共党史出版社 1998 年版，第 48～49 页。

〔2〕 肥西县地方志编纂委员会编：《肥西县志》，黄山书社 1994 年版，第 90 页。

“包产到户”。当然，在此过程中伴随着各种质疑与反对的声音，有些地方勉强搞了一个“包产到户”的试点队以后，就有人埋怨说：“辛辛苦苦三十年，一夜退到解放前。”改革者始终需要与各种左倾的人和事作斗争。

地方上的实践中国共产党高层相当关注，对“包产到户”和“包干到户”逐渐由默许过渡到旗帜鲜明地支持。1979 年 9 月中共十一届四中全会通过的《中共中央关于加快农业发展若干问题的决定》首次对“包产到户”开了口子，其明文规定：“除某些副业生产的特殊需要和边远山区、交通不便的单家独户外，也不要包产到户”，[1] 这实际等于中央同意了在特殊情况下（即“某些副业生产的特殊需要和边远山区、交通不便的单家独户”）可以实行包产到户。1980 年 5 月 31 日，邓小平在讲话中指出：

> 农村政策放宽以后，一些适宜搞包产到户的地方搞了包产到户，效果很好，变化很快。安徽肥西县绝大多数生产队搞了包产到户，增产幅度很大。“凤阳花鼓”中唱的那个凤阳县，绝大多数生产队搞了大包干，也是一年翻身，改变面貌。有的同志担心，这样搞会不会影响集体经济。我看这种担心是不必要的。我们总的方向是发展集体经济。实行包产到户的地方，经济的主体现在也还是生产队。这些地方将来会怎么样呢？可以肯定，只要生产发展了，农村的社会分工和商品经济发展了，低水平的集体化就会发展到高水平的集体化，集体经济不巩固的也会巩固起来。[2]

邓对包产到户的肯定，对当时有志于推动农村经济体制改革的人来说是一个极好的消息，它进一步推动了“包产到户”实践在全国范围内的开展。据时任贵州省委书记并力主实行“包产到户”的池必卿后来回忆，邓讲话之后，国家农业委员会副主任杜润生马上就把邓的讲话内容寄给了他，从而使其感到贵州搞的“包产到户”有了政策依据。[3] 1980 年 9 月 14 日至 22 日，中共中央与各省、市、自治区党

---

〔1〕《中共中央关于加快农业发展若干问题的决定》，人民出版社 1979 年版，第 8 页。

〔2〕《邓小平文选》（第 2 卷），人民出版社 1994 年版，第 315 页。

〔3〕李海文、刘荣刚：“贵州实行联产承包制的前前后后——访池必卿”，载中共中央党史研究室、中央档案馆编：《中共党史资料》（第六十八辑），中共党史出版社 1998 年版，第 90 页。

委第一书记座谈会在北京召开，会议最后形成了《关于进一步加强和完善农业生产责任制的几个问题》的决议，进一步对“包产到户”作出明确规定：“在那些边远山区和贫困落后的地区，长期‘吃粮靠返销，生产靠贷款，生活靠救济’的生产队，群众对集体丧失信心，因而要求包产到户的，应当支持群众的要求，可以包产到户，也可以包干到户，并在一个较长的时间内保持稳定。就这种地区的具体情况来看，实行包产到户，是联系群众，发展生产，解决温饱问题的一种必要的措施。就全国而论，在社会主义工业、社会主义商业和集体农业占绝对优势的情况下，在生产队领导下实行的包产到户是依存于社会主义经济，而不会脱离社会主义轨道的，没有什么复辟资本主义的危险，因而并不可怕。”〔1〕这样“包产到户”就获得了进一步的合法性，对此文件后来有人评论说，它“打破了多年来形成的包产到户等于分田单干、等于资本主义的僵化观念。这是党在农村政策上的一次重大理论突破。”〔2〕会后“包产到户”在全国范围内迅速发展起来，1981年“包产到户”由边远落后地区向中心发达地区扩展，到1982年时全国已有20%的农民从“包产到户”中获得了好处。〔3〕而在农村改革中走在前列的安徽省，1982年上半年时其农村“包产到户”的生产队占总数的比例已达98.8%。〔4〕同年中央1号文件（即《全国农村工作会议纪要》）正式承认了“包产到户”是社会主义集体经济的生产责任制。尔后1983年、1984年、1985年和1986年中央每年均下发一个“1号文件”，对“包产到户”给予肯定和指导。到1984年底时，全国已有569多万生产队实行了联产承包责任制，其中实行“大包干”的队达到563.6万多个，占全国生产队总数的99%，全国只剩下2000多个生产队未实行联产承包责任制。〔5〕“包产到户”

〔1〕“关于进一步加强和完善农业生产责任制的几个问题”，载中共中央文献研究室、国务院发展研究中心编：《新时期农业和农村工作重要文献选编》，中央文献出版社1992年版，第60～61页。

〔2〕中共中央党史研究室第三研究部：《中国改革开放史》，辽宁人民出版社2002年版，第109～110页。

〔3〕“法新社报道杜润生关于农业的讲话”，载《参考消息》1981年4月16日，第2版。

〔4〕周曰礼：“回顾安徽的农村改革”，载中共中央党史研究室、中央档案馆编：《中共党史资料》（第六十八辑），中共党史出版社1998年版，第69页。

〔5〕《中国统计年鉴1985》，中国统计出版社1985年版，第237页。

极大地调动了农民生产的积极性，农村改革取得了理想的效果，使中国农民家庭平均每人纯收入保持了连年持续地增长（见表3－2）。

表3－2　改革以来全国历年农民家庭平均每人纯收入统计表

年份	1978	1980	1985	1986	1987	1988	1989	1990
人均纯收入（元）	133.57	191.33	397.6	423.76	462.55	544.94	601.51	629.79

资料来源：《中国统计年鉴1991》，第295页。

但随着各种生产责任制在农村的推行，特别是联系产量责任制（包括“包产到组”和“包产到户”），直接动摇了人民公社三级所有、队为基础的管理体制，并使政权机构和生产机构合二而一的人民公社制走向“政经分离”，动摇了人民公社的根基。故事实上家庭联产承包责任制从一开始就不仅仅是乡村经济领域的重要变革，它对乡村政治和社会生活各个领域均构成了巨大冲击，所以有学者说，表面上看，农村实行联产承包责任制，似乎只是给农民以生产经营自主权，使农民可以更有效地与土地等生产资料相结合，从而提高农业劳动生产率，实质上则是人民公社放松了对农民的组织控制。首先，联产承包责任制使农民从经济上获得了一定的独立地位，不像过去那样一切物质资源受控于人民公社，因此就不得不服从公社的管理、命令；其次，由于经济上的相对独立，农民对自己劳动时间的安排也就不受人民公社的左右和指挥，因而在生存空间上得以开拓。[1] 故为了顺应社会形势的发展，在农村经济体制改革的同时，政治体制改革也随即在全国展开，党政分开、政社分立成为改革者们下一步的目标。

1982年12月，五届全国人大五次会议制定的《宪法》明确作出关于设立乡政权以改变农村人民公社政社合一的体制的制度安排。对此，彭真解释说：“人民公社将只是农村集体经济的一种组织形式。这种改变将有利于加强农村基层政权建设，也有利于集体经济的发展。”[2] 同

〔1〕贺雪峰：“当前农村治理模式的形成与面临的挑战”，载《福建论坛（经济社会版）》1998年第9期。

〔2〕《彭真文选》，人民出版社1991年版，第454页。

时在中国长期行之有效的居民委员会、村民委员会等群众性自治组织的地位和作用也列入了宪法，1982 年《宪法》第 111 条第 2 款规定："居民委员会、村民委员会设人民调解、治安保卫、公共卫生等委员会办理本居住地区的公共事务和公益事业，调解民间纠纷，协助维护社会治安，并且向人民政府反映群众的意见、要求和提出建议。"[1] 为了贯彻执行《宪法》的规定，1983 年 10 月 12 日中共中央和国务院联合发布了《关于实行政社分开建立乡政府的通知》，要求"政社分开、建立乡政府的工作要与选举乡人民代表大会代表的工作结合进行，大体上在 1984 年底以前完成"，[2] 但实际上到 1985 年 6 月农村人民公社政社分开、建立乡政府的工作才全部结束，为此存在长达 27 年之久的农村人民公社走到了历史的终点。建乡前全国共有 5.6 万多个人民公社（镇），政社分开后，全国共建了 9.2 万多个乡（包括民族乡）、镇人民政府。各地在建乡的同时，原来的生产大队、生产队也被取消，全国建立了新的村民委员会 82 万多个。[3] 人民公社的解体和乡镇的建立，为在体制上消除农村党不管党、政不管政和政企不分的状况创造了条件，从此基层党组织的主要任务转变为宣传和执行党的路线、方针、政策，组织党员学习，对党员进行教育和管理等；乡政权的职能，是领导本乡的经济、文化和各项社会建设，认真做好本地区的公安、民政、司法、文教卫生、计划生育等工作。农村党、政的职责首次在制度上得以划清，中国共产党党组织对农村社会生活的控制减弱了。故人民公社体制的废除，意味着乡村权威和秩序的再重建。[4] 中华人民共和国成立以来在农村形成的总体性社会终于濒临解体，而这对中国农村社会的治理提出了新的挑战。[5]

---

[1] 国务院办公厅法制局编：《中华人民共和国法规汇编 1982.1 ~ 1982.12》，法律出版社 1986 年版，第 37 页。

[2] 《中国农业年鉴》编辑部编：《中国农村法规 1983》，农业出版社 1985 年版，第 41 页。

[3] 《中华人民共和国年鉴 1986》，第 166 页。

[4] 徐勇：《乡村治理与中国政治》，中国社会科学出版社 2003 年版，第 230 页。

[5] 对此，杜赞奇曾不无担忧地指出："在一定程度上，近年来中国的'开放搞活'又使一些历史弊病重新出现，一些学者开始将乡村干部视为国家政权与村民之间的'承包者'或经纪人。管理机构与集体结构的分离、土地的逐渐私有化以及基层政权的削弱肯定会造成国家对地方社会的失控。"参见［美］杜赞奇：《文化、权力与国家（1900 ~ 1942 年的华北农村）》，王福明译，江苏人民出版社 2004 年版，第 184 页。

二、单位制日趋瓦解

改革开放前中国的非农业人口全部生活在各种大大小小的行政、事业或企业单位中，城市居民除工资收入来自其就业的单位外，住房、医疗费用、副食补贴、退休金等福利也来自其所在单位。单位是国家和个人的一个连接点，个人依附于单位，单位依附于国家。单位既是全能国家的“权力容器”（吉登斯语），也是国家组织控制和整合社会的工具，国家借助单位来贯彻自己的意志和对社会进行治理。故计划经济体制下形成的中国单位制既是一种社会结构，也是一种制度和统治方式。〔1〕但随着中国改革开放的推进，特别是城市经济体制改革的大力发展，使中国单位制最终濒临瓦解。

在农村改革迅速发展的同时，城市里的改革也艰难上路。改革的主要对象首先是大大小小的国营企业，而改革最初的基本思路就是“放权让利”，实行责任制。因为在当时僵化的经济体制下，存在诸种弊端，“政企职责不分，条块分割，国家对企业统得过多过死，忽视商品生产、价值规律和市场的作用，分配中平均主义严重。这就造成了企业缺乏应有的自主性，企业吃国家‘大锅饭’、职工吃企业‘大锅饭’的局面，严重压抑了企业和广大职工群众的积极性、主动性、创造性，使本来应该生机盎然的社会主义经济在很大程度上失去了活力”。〔2〕改革首先在邓小平的家乡四川省展开，1978 年 10 月四川省委、省政府确定先在宁江机床厂、重庆钢铁公司、成都无缝钢管厂、四川化工厂、新都县氮肥厂和南充丝绸厂 6 个具有行业代表性的工业企业中进行扩大自主权的探索性改革试点。同年末召开的十一届三中全会发布的公报指出：“现在我国经济管理体制的一个严重缺点是权力过于集中，应该有领导地大胆下放，让地方和工农业企业在国家统一计划的指导下有更多的经营管理自主权。”〔3〕这对正在着手探索国企改革的四川来说是一个极大的鼓舞。1979 年 2 月，四川省委、省政府在总结 6 个试点企业经验的基础上，经过反复酝酿和讨论，制定了《四川省关于扩大企业自主权，加快生产建设步伐的试点意见》（以下简称“十四条”）。“十四条”的核心

---

〔1〕 参见李汉林：《中国单位社会——议论、思考与研究》，世纪出版集团、上海人民出版 2004 年版。

〔2〕《中共中央关于经济体制改革的决定》，人民出版社 1984 年版，第 8 页。

〔3〕“中国共产党第十一届中央委员会第三次全体会议公报”，载《人民日报》1978 年 12 月 24 日，第 1 版。

内容就是“放权让利”，它赋予了试点企业计划外生产权、部分自主销售权、多提留固定资产的折旧权，以及部分自由用工的权利，企业可以雇佣合同制工人。依据“十四条”1979年四川省进一步把试点单位增加到100个，1980年又增加200个扩大自主权试点企业，[1] 同时四川省还进行了扩大流通体制的改革，并积极着手从扩大企业自主权到利改税、“自负盈亏”等的探索。[2] 而1979年5月，国家经委、财政部等六个单位，在北京、天津、上海选择了8个企业，进行扩大企业自主权的试点。许多地方和部门积极性很高，纷纷仿效。1979年7月，国务院连续颁布了《关于扩大国营工业企业经营管理自主权的若干规定》《关于国营企业实行利润留成的规定》《关于开征国营工业企业固定资产税的暂行规定》《关于提高国营工业企业固定资产折旧率和改进折旧费使用办法的暂行规定》《关于国营工业企业实行流动资金全额信贷的暂行规定》等5个法律文件，允许各省、市、自治区和中央有关部门可在工业、交通系统选择少数企业组织试点。[3] 到1979年底，全国试点企业扩大到4200个，1980年6月又发展到6600个，约占全国预算内工业企业数的16%左右，但产值和利润分别占60%和70%左右。[4]

改革取得了一定成效，但由于计划经济体制的大框框还没有被打破，国企改革并没有获得像农村改革那样“一包就灵”的效果，国家财政增收并不明显。1982年1月2日，中共中央、国务院发布了《关于国营工业企业进行全面整顿的决定》，要求在坚持责任制的基础上开始对国营工业企业进行整顿。同年召开的中共十二大对计划与市场的关系作了新的界定，提出发展有计划的商品经济，“我国在公有制基础上实行计划经济。有计划的生产和流通，是我国国民经济的主体。同时，允许对于部分产品的生产和流通不作计划，由市场来调节，也就是说，根据不同时期的具体情况，由国家统一计划划出一定的范围，由价值规

---

〔1〕“四川今年增加两百个扩大自主权试点企业，去年一百个老试点企业实行利润全额分成”，载《工人日报》1980年1月3日，第1版。

〔2〕郭生春：“四川国营企业扩大自主权改革的历史考察”，载中共中央党史研究室第三研究部编：《邓小平与改革开放的起步》，中共党史出版社2005年版，第530～559页。

〔3〕“国务院关于按照五个改革管理体制文件组织试点的通知”，载国务院办公厅法制局编：《中华人民共和国法规汇编1979年1月～12月》，法律出版社1986年版。

〔4〕“全国扩大自主权试点企业达六千多个，产值和利润分别占全国全民企业总数的60%和70%，上半年一般都实现增产增收”，载《人民日报》1980年7月22日，第1版。

律自发地起调节作用”。在计划经济为主市场调节为辅精神指引下，1984 年 5 月 10 日，国务院制定了《关于进一步扩大国营工业企业自主权的暂行规定》，在生产经营计划、产品销售、产品价格、物资选购、资金使用、资产处置、机构设置、人事劳动管理、工资奖金，以及联合经营等 10 个方面赋予了国营工业企业更广泛的自主权，[1] 使扩大国营工业企业自主权的改革达到高潮。同年 9 月 18 日，国务院批转了财政部《关于在国营企业推行利改税第二步改革的报告》和《国营企业第二步利改税试行办法》，并于同年 10 月 1 日起实行，试图以此把国家与企业的分配关系用税的形式固定下来，较好地解决企业吃国家“大锅饭”的问题，为落实企业自主权提供必要条件，使企业逐步做到“独立经营，自负盈亏”，调动了企业和职工的积极性。

在国企改革的同时，各种集体和个体等非国有经济也迅速地发展起来。1983 年 3 月 5 日，中共中央和国务院在联合发布的一个文件中指出，党的十一届三中全会以来，各地逐步进行了生产和生活服务的经济结构调整，城乡商业、服务业，特别是集体和个体的商业、服务业有了较大的恢复和发展。据初步统计，近三年来新增加集体零售商业、服务业网点 37 万多个，个体商业 175 万多户，安置了 450 多万待业青年，有二十几个中小城市，待业问题已基本上得到了解决。在此基础上，文件指出国家会进一步放宽政策，积极扶持其发展，进一步明确发展零售商业、服务业的指导方针，解决其面临的问题，调整和改革国营零售商业、服务业的管理体制，加速人才培养、提高服务质量，加强对商业、服务业的领导和管理。[2] 而在农村，乡镇企业的发展也取得了意想不到的业绩，1987 年 6 月 12 日，邓小平在会见南斯拉夫共产主义者联盟中央主席团委员科罗舍茨时说：“农村改革中，我们完全没有预料到的最大的收获，就是乡镇企业发展起来了，突然冒出搞多种行业，搞商品经济，搞各种小型企业，异军突起。……乡镇企业每年都是百分之二十几的增长率，持续了几年，直到现在还是这样。乡镇企业的发展，主要是工业，还包括其它行业，解决了占农村剩余劳动力百分之五十的人的

---

〔1〕“国务院关于进一步扩大国营工业企业自主权的暂行规定”，载中共中央文献研究室编：《新时期经济体制改革重要文献选编》，中央文献出版社 1998 年版，第 230 ~ 233 页。

〔2〕“中共中央、国务院关于发展城乡零售商业、服务业的指示”，载中共中央文献研究室编：《新时期经济体制改革重要文献选编》，中央文献出版社 1998 年版，第 186 ~ 195 页。

出路问题。"[1]

而在对内改革取得较大业绩的同时，对外开放也在同步发展。1979年1月17日，邓小平邀请胡原文、胡子昂、荣毅仁、古耕虞、周叔鼓等5位工商界著名人士共商对外开放大计。在邓小平的直接支持下，由荣毅仁主持的中国国际信托投资公司于同年10月成立。同年7月，五届全国人大二次会议制定了《中华人民共和国中外合资经营企业法》，随后国务院颁布了其他有关法规，对外商来华投资、转让技术，在劳务费用、场地使用、税收、利润、生产经营的外部条件和自主权等方面给予一定的优惠待遇。1980年4月，北京航空食品、北京建国饭店、长城饭店成为首批获准成立的外商直接投资企业。中华人民共和国成立30年以后，外商重返中国，"三资企业"（中外合资企业、中外合作企业、外商独资企业）为中国注入了市场经济的新因素。1980年5月，中共中央国务院正式确定在广东省的深圳市、珠海市、汕头市和福建省的厦门市，各划出一定的区域，试办"经济特区"，在对外经济活动和经济管理体制试验方面给予其比内地更多的自主权。1984年5月4日，中共中央、国务院批转了《沿海部分省市座谈会纪要》，决定开放14个沿海港口城市，当年年底即有外界人士宣称中国已进入了真正的商品经济时代。[2]

1984年10月，中国共产党第十二届中央委员会第三次全体会议在北京如期召开，会议在分析中国经济和政治形势和总结社会主义建设正反两方面经验的基础上，于20日通过了《中共中央关于经济体制改革的决定》（以下简称《决定》），《决定》阐明了加快以城市为重点的整个经济体制改革的必要性、紧迫性，规定了改革的方向、性质、任务和各项基本方针政策，成为指导经济体制改革的纲领性文件。其中明确提出"商品经济的大力发展，是社会经济发展的不可逾越的阶段，是实现我国经济现代化的必要条件。只有充分发展商品经济，才能把经济真正搞活，促使各个企业提高效率，灵活经营，灵敏地适应复杂多变的社会需求，而这是单纯依靠行政手段和指令性计划所不能做到的"。[3] 这表

---

〔1〕《邓小平文选》（第3卷），人民出版社1993年版，第238页。

〔2〕"日本国际贸促会北京事务所所长武吉次朗说：中国进入真正的商品经济时代"，载《参考消息》1984年12月18日，第2版。

〔3〕《中共中央关于经济体制改革的决定》，人民出版社1984年版，第17页。

明中国共产党对商品经济有了更加深入的认识，从此发展“有计划的商品经济”成为中国经济改革的新方向。

当然国营企业改革的路还很漫长，在完成扩大企业自主权改革的基础上，从1985年到1993年实行企业所有权与经营权两权分离成为新的改革主题，其意在实现政企职责分开，使企业逐步成为自主经营、自负盈亏、具有自我改造和自我发展能力的经济实体。为此，1988年4月13日七届全国人大第一次会议通过了《中华人民共和国全民所有制工业企业法》，将改革的成果用法律的形式固定下来。而自1994年以后，为了适应社会主义市场经济体制建设的要求，建立现代企业制度成为国企改革的新目标，明确提出要建立产权明晰、权责分明、政企分开、管理科学的现代企业制度。不过，就本书的研究旨趣而言，在此笔者也没必要带领读者去一一回顾这场改革的所有细节了，下面我们需要做的是归纳一下以国企改革为中心的城市经济体制改革的发展对中国传统单位制产生的影响。

城市经济体制改革对中国社会结构产生了深刻的影响，它每向前推进一步，都使中国在计划经济体制下形成的单位制的地盘和影响缩小一点，随着企业办社会〔1〕的日渐淡化而渐趋瓦解。

（一）单位体制外组织日渐壮大，国有单位阵营日渐缩小

随着经济体制改革的推进，社会上出现了越来越多的“无组织无单位”人员（个体劳动者）、“有组织无单位”人员（非公有制部门如私营企业和外资企业等就业者）和“有单位不在岗”的人员（下岗和离退休人员），他们的吃、穿、住、用、行不再依赖于原来的国有单位。据相关统计表明，城镇新就业的人员自20世纪80年代以来在各种非公有制单位工作和从事个体劳动的人数在逐年增加，而且这种趋势已变得不可逆转。〔2〕伴随着公有制一统天下的局面被打破、多种所有制并存的局面形成，股份合作单位、联营单位、有限责任公司、股份有限公司、私营企业、港澳台商投资企业、外商投资企业等为人们提供了广阔

---

〔1〕“企业办社会”指的是企业对上把企业的经济、社会、政治、治安、民政、保障等系统包下来；对下把企业内职工及其家属衣食住行、生老病死、就业、教育等全包下来。参见王拓、叶金星：“‘企业办社会’必须改革”，载《企业经济》1990年第8期。

〔2〕参见《中国统计年鉴1987》，中国统计出版社1987年版，第128页；《中国统计年鉴1991》，中国统计出版社1991年版，第116页；《中国统计年鉴1995》，中国统计出版社1995年版，第106页。

的择业机会，即使这些都不行，一个人还可以选择干个体，在此期间到公有制单位去工作已不再是人们唯一可能的选择，不但国有单位的比重在缩小，而且单位人的比重也在缩小，使在单位制外生活的人群越来越大，这极大地改变了传统单位制一统非农业人口的局面。这样就使国家通过单位体制对社会组织、通过单位组织对社会成员的控制能力和范围大大缩小，原有的社会组织结构和管理体系发生根本性的动摇。

（二）原国有单位的“非单位化”

在改革过程中国有单位组织本身也发生了深刻变化，随着企业办社会的日渐淡化、单位直接提供给单位人的福利的减少，单位人对单位的依赖也在逐步减弱。

第一，以“一职定终生”为特点的固定工制度逐步被废除，职工与企业由原来的身份依赖关系变成了一种理性的契约关系。在国企改革的初期，打破平均主义的“大锅饭”“铁饭碗”就是改革者们锁定的改革目标之一。对此，1983年1月4日《经济日报》在其社论中明确提出：“改革的最终目的是要打破‘大锅饭’、‘铁饭碗’那一套平均主义的束缚，真正实行多劳多得，少劳少得，不劳不得。”[1] 在扩大企业自主用人权的同时，劳动制度改革试点工作在20世纪80年代初也取得了较大的进步。1980年上海市为了逐步改变工厂企业在用人上只进不出的“铁饭碗”做法，首先在纺织、手工业、仪表等系统的21个企业，试行在常年性的岗位上招用合同工。此后，这方面的试点工作在一些地方陆续展开。到1982年底，广西、安徽、江苏、甘肃等地分别招收了一定数量的合同工，并积累了一些经验。而北京市也决定，除少数单位经批准可以招收固定工外，其他单位的劳动计划指标都要用来招收合同工。到1983年之初，中国大陆从城镇待业人员中已经招收了12万多名合同工，[2] 废除职工的“终身雇用制”成为国企改革的一项重要内容。[3] 为此，1986年7月12日国务院发布了《国营企业实行劳动合同制暂行规定》，规定“企业在国家劳动工资计划指标内招用常年性工作岗位上的工人，除国家另有特别规定者外，统一实行劳动合同制”[4]。

---

〔1〕“积极稳妥地加快经济体制改革”，载《经济日报》1983年1月4日，第1版。

〔2〕李年贵：“劳动制度改革试点迈出可喜的一步我国城镇已招收十二万名合同工”，载《经济日报》1983年1月4日，第1版。

〔3〕“中国将改革终身雇用制”，载《参考消息》1986年7月28日，第1版。

〔4〕胡学冬、李恩滋主编：《企业必备法规汇编》，化学工业出版社1987年版，第425页。

同一天国务院还发布了《国营企业辞退违纪职工暂行规定》，规定可对有严重违犯劳动纪律，影响生产、工作秩序等七种行为之一，经过教育或行政处分仍然无效的职工，可以辞退。[1]

第二，失业、养老和医疗等社会保障制度的建立和完善，大大减轻了单位办社会的负担，同时也削弱了单位人对单位的依赖。其一，与劳动用工制度改革相配套，失业保险制度也逐渐建立和完善起来。1986年12月26日，国务院颁布了《国营企业职工待业保险暂行条例》，给破产企业职工、濒临破产企业精简职工、终止劳动合同职工，以及违纪辞退职工提供待业保险[2]。伴随国企改革的日益深化，失业人口的增加，1993年国务院在《国营企业职工待业保险暂行条例》基础上，又颁布了《国有企业职工待业保险规定》，把失业保险的范围扩大到所有国有企业的合同制职工、破产企业及濒临破产企业的职工、撤销和解散企业的职工、停产整顿企业精简的职工、企业辞退和除名的职工以及国家地方法律法规规定的其他职工。1993年劳动部发布了《关于实施〈国有企业职工待业保险规定〉的意见的通知》，要求各地在扩大国有企业失业保险范围的同时，把建立非国有企业职工的失业保险制度提上议事日程。据此精神，部分省市逐步将失业保险的覆盖范围扩大到城镇集体企业、私营企业职工、三资企业的中方职工和国家机关、事业单位、社会团体的部分职工。而1999年1月22日国务院又正式将“待业”改为“失业”，制定颁布了《失业保险条例》，将失业保险覆盖范围从国有企业扩大到城镇各类企业事业单位及其职工，极大地拓宽了失业保险的保障范围，使更多的失业人员享受失业保险待遇，标志着中国失业保险制度的基本成熟。到2003年年底，全国参加失业保险职工人数达10 372.9万人。[3]失业保险制度的建立，改变了过去国有单位员工就业全由单位承担的局面，减轻了国有单位的负担，也减弱了单位人对单位的依赖思想。其二，积极推进养老保险制度改革，废除由单位承包职工养老保险的传统做法。在计划经济体制下，职工的养老保障全由其原所在单位提供，为配合经济体制改革，从1984年起，部分地方开

---

〔1〕中国经济年鉴编辑委员会编：《中国经济年鉴1987（十）》，经济管理出版社1987年版，第63页。

〔2〕实际就是失业保险，当时思想观念还未完全转换过来，认为“失业”是资本主义国家才存在的现象，社会主义国家不是“失业”而是“待业”。

〔3〕《中国统计年鉴2004》，中国统计出版社2004年版，第896页。

始在国有企业和一些集体企业探索实行企业职工退休费用社会统筹制度。1991 年 6 月 26 日，国务院发布了《关于企业职工养老保险制度改革的决定》，逐步建立起基本养老保险与企业补充养老保险和职工个人储蓄性养老保险相结合的制度。改变养老保险完全由国家、企业包下来的办法，实行国家、企业、个人三方共同负担，职工个人也要缴纳一定的费用。1997 年 7 月 16 日，国务院又发布了《关于建立统一的企业职工基本养老保险制度的决定》，要求建立统一的企业职工基本养老保险制度，促进经济与社会健康发展。经过不断努力，到 2003 年年底全国参加基本养老保险的在职职工达 11 646. 5 万人，而离休、退休、退职人员数达 3860. 2 万人。[1] 其三，积极推进医疗保险制度改革，废除公费医疗制度。早在 1988 年中国就由卫生部牵头成立了国家医疗保险制度改革研讨小组，开始探讨医疗保险制度改革，国家先后在丹东、四平、黄石、柳州、镇江、九江等市进行医疗改革试点。1994 年经国务院批准，国家体改委、财政部、劳动部、卫生部印发了《关于职工医疗制度改革的试点意见》，明确提出职工医疗保障制度改革的目标是建立社会统筹医疗基金与个人账户相结合的社会保险制度，并使之逐步覆盖城镇所有劳动者。1998 年 12 月 14 日，国务院制定颁布了《关于建立城镇职工基本医疗保险制度的决定》，规定城镇所有用人单位，包括企业（国有企业、集体企业、外商投资企业、私营企业等）、机关、事业单位、社会团体、民办非企业单位及其职工，都要参加基本医疗保险。基本医疗保险费由用人单位和职工共同缴纳，建立基本医疗保险统筹基金和个人账户。到 2003 年年末，参加基本医疗保险的在职职工达 7974. 9 万，而离休、退休、退职人员达 2926. 8 万。[2]

第三，住房改革的全面推进，进一步削弱"单位办社会"的色彩，加速了国有单位的"非单位化"。在住房改革前中国实行的是福利型住房制度，占用了国家大量资金，既增加了财政负担，而且也不利于广大城市居民住房条件的改善。1987 年，中国率先在山东烟台、安徽蚌埠、河北唐山等中小城市进行房改试点，当时以提租发补贴为主要形式，取得了一定成效，但是对使房屋逐渐商品化促进不大。1989 年时任中国建设部部长的林汉雄首次明确提出，中国将继续推行住房改革，其最终

〔1〕《中国统计年鉴 2004》，中国统计出版社 2004 年版，第 896 页。
〔2〕《中国统计年鉴 2004》，中国统计出版社 2004 年版，第 896 页。

目标是实现住房商品化。[1] 从1991年开始，住房制度改革从中小城镇的试点向大城市、向更大的范围推进，开始从单项改革走向全面配套综合改革迈进。1991年11月23日，国务院办公厅转发了《国务院住房制度改革领导小组关于全面推进城镇住房制度改革的意见》，规定各直辖市、省会城市、沿海城市和有条件的城镇，在1992年底以前要率先进行全面配套的住房改革，其余的城市也将力争在1992年底以前起步。改革的目标就是要逐步改变住房由国家和企业包起来的做法，将住房由实物、福利型体制转向商品货币型体制，扩大资金来源、增加住房供给，最终引导住房者进入消费市场，标志着全国的房改由此全面起步。[2] 1994年7月，国务院又发布实施《国务院关于深化城镇住房制度改革的决定》，明确房改的根本目的、基本内容和近期房改工作的主要政策措施，提出以建立住房公积金制度为基础的新的住房政策的基本框架。[3] 1998年7月，国务院又发布《关于进一步深化城镇住房制度改革加快住房建设的通知》，住房分配体制的改革取得进一步进展，基本实现住房实物分配向货币分配的转换，现有公房改革加快，住房所有制结构发生重大变化，开始探索建立廉租住房供应保障体系，到2000年底全国可出售公房的80%以上已出售给职工，形成以居民私有产权为主、多种产权形式并存的新的住房产权格局。其中，35个大中城市中有7个城市的公房出售率达90%，广东省已经在全省范围内完成公房以房改成本价出售的工作。[4] 那种坐等国有单位免费分房的现象在中国日渐消失。

总之，随着中国城市经济体制改革的不断深入，国有单位日渐变成功能单一的独立利益主体，由原来的“行政人”变成“经济人”，对工作者而言也日渐变成单一的就业场所。国有企业原来所承担的职工生活职能、社会政治职能也逐步交由社会来执行。尤其是住房商品化和劳动社会保障体系的完善，使“单位办社会”的现象基本消失。对此，2001年中国一位社会学家在其文章中如此写道：

在原来社会生活支持网络以单位为基础的情况下，人们有什么

---

〔1〕《中华人民共和国年鉴1990》，中华人民共和国年鉴社1990年版，第550页。

〔2〕《中华人民共和国年鉴1993》，中华人民共和国年鉴社1993年版，第357页。

〔3〕《中华人民共和国年鉴1998》，中华人民共和国年鉴社1998年版，第420~421页。

〔4〕《中华人民共和国年鉴2001》，中华人民共和国年鉴社2001年版，第550页。

> 事情首先是找单位，出差住旅馆要单位开介绍信，子女上学有困难要找单位，家属就业有困难要找单位，结婚、离婚也要单位开介绍信，生孩子要单位给指标，生活困难要单位给予困难补贴，住的公房下水道坏了或暖气不热需要求单位来修理，甚至病了住院也要单位出人值班护理等等，但是，随着改革的深入和单位功能的专门化，这种情况已经越来越难以维持下去。[1]

到21世纪初年，中国绝大多数的国有单位已经“非单位化”了，单位社会的彻底瓦解只剩下一个时间问题。但这个时间还要持续多久，笔者尚不能作出准确判断，因为单位的功能虽然日趋单一，但中国共产党的组织网络仍遍布后全能时代的各个角落，单位仍是中国社会动员和控制的重要通道，2003年当SARS肆虐中国之时，事实表明传统的“国家—单位—国民”的社会动员模式仍是中国共产党战胜SARS危机所凭借的工具，中国“单位社会”的最后终结具有复杂性和长期性。[2] 但无论如何，单位制已日趋解体，国有单位全能主义的色彩已大大淡化。在中国城市，总体性社会已处于瓦解的边缘，原来单位制一统天下的局面已不复存在。

中国自1978年以来的改革开放，经历了由计划经济向商品经济再到社会主义市场经济的深刻转变，改革中党政分开、政社分离、政企分离的落实最终改变了中国社会的结构，在农村全能的人民公社解体，在城市单位制日趋瓦解，从而使中华人民共和国成立以来形成的总体性社会濒临解体，但其间政治和行政因素仍然是一种辐射力和穿透力极强的资源，即使是完全在市场中流动的其他资源，也仍会受到政治和行政力量的巨大影响，中国正处于总体性社会全面解体的前夜——“后总体性社会”时代，原来高度整合的社会破碎了。对此，20世纪90年代末中国一个研究小组在其报告中写道：“中国社会正在由过去那种高度统一和集中、社会联带性极强的社会，转变为更多带有局部性、碎片化特征的社会。”[3] 而这一系列变化对中国社会原有的控制方式提出了严重挑战。

---

〔1〕 李培林：“社会生活支持网络：从单位到社区的转变”，载《江苏社会科学》2001年第1期。

〔2〕 参见田毅鹏、漆思：《“单位社会”的终结——东北老工业基地“典型单位制”背景下的社区建设》，社会科学文献出版社2005年版，第166～169页。

〔3〕 中国战略与管理研究会社会结构转型课题组：“中国社会结构转型的中近期趋势与隐患”，载《战略与管理》1998年第5期。

非正式社会控制手段的衰落

任何一个社会要保持有序都需要借助纪律、法律、政权等正式社会控制手段和习俗、道德、信仰等非正式的社会控制手段，没有社会控制也就没有社会秩序。[1] 但就各个具体社会而言，在不同时期，其秩序维持过程中正式控制手段与非正式控制手段的权重则需加以具体分析。在1978年前的总体性社会里，国家主要是通过单位和人民公社这样的组织来监控个人，行政监管是社会控制的最主要方法。同时，共产主义道德和信仰也发挥着重要的社会控制作用。遍布社会各个角落的中国共产党组织和无所不在的意识形态灌输，基本能够保证绝大多数社会成员顺利地完成中国共产党所希望的社会化，使绝大多数社会成员变成监控自身的警察，[2] 成为合格的共产主义战士或接班人。然而，改革开放以来随着中国总体性社会的日趋瓦解，在经济利益刺激下，社会生活出现了去政治化和去道德化的趋势，加之中国共产党基层组织的软弱涣散，使道德、信仰、舆论等非正式社会控制手段面临重大挑战。限于篇幅，本书在此仅对道德、信仰和舆论三个1978年前中国社会功效最强的非正式社会控制手段在社会转型背景下的变化作一考察。[3]

---

〔1〕 社会控制作为一个概念，由美国社会学家爱德华·A. 罗斯首次提出，1901年他出版了世界上系统研究社会控制的第一部专著《社会控制》。罗斯认为，社会控制的工具包括法律、道德、舆论、风俗习惯、宗教、信仰、教育、个人理想、礼仪、艺术、人格、启蒙、社会价值观、伦理法则等20余种，这些都是达到社会和谐与稳定的必要措施。他认为社会控制就是由这许多控制工具而形成的控制体系，从而维持着社会秩序。参见［美］爱德华·A. 罗斯：《社会控制》，秦志勇、毛永政译，华夏出版社1986年版。

〔2〕 人类学家认为："社会化把人们自己变成了警察"。参见［美］普洛格、贝茨：《文化演进与人类行为》，吴爱明、邓勇译，辽宁人民出版社1988年版，第540页。

〔3〕 在1978年前的总体性社会里，国家主要是通过公社和单位来控制和管理每个社会成员，中共的组织网络和意识形态渗透和管领着一切，期间盛行的道德、舆论、风俗习惯、宗教、信仰、教育等非正式社会控制手段无不打上了中共意识形态的烙印，而道德、信仰、舆论相对而言是承载和表达中共意识形态最佳的方式，因此也就显得尤为重要。而中国传统基层社会的主要控制手段——宗法组织、民间信仰和习俗等都被革命掉了（对此可参见吴毅：《村治变迁中的权威与秩序——20世纪川东双村的表达》，中国社会科学出版社2002年版，第五章），所以传统社会中显得十分重要的民间信仰和习俗等也就变得不再重要，这是此间中国的特殊之处。

一、“道德滑坡”

道德是评判人思想、行为之是非、善恶，正义与非正义，正当与不正当等的标准。一个人违反道德就会受到社会舆论和良心的谴责，其内心不得安宁，故道德对人的行为具有控制作用，是社会控制的基本手段。道德控制通过多种传播形式把社会的道德目标、规范和准则内化成为个体的道德认识、情感、信念和意志，从而经由个体的道德实践，达到对社会整体利益的维护。〔1〕中国古代主张德治的儒家就提出“道之以政，齐之以刑，民免而无耻；道之以德，齐之以礼，有耻且格”（《论语·为政》）。共产党是为人类的解放和自由事业而奋斗的政党，天生具有道德上的优越性，重视道德建设是共产党的一贯主张，在人间建立一个道德的天堂更是中华人民共和国成立后历次政治运动的基本目标。中华人民共和国成立之初，共产党人就大力开展社会道德的重建工作，例如1950年制定颁布的《婚姻法》第1条和第2条规定：“废除包办强迫、男尊女卑、漠视子女利益的封建主义婚姻制度。实行男女婚姻自由、一夫一妻、男女权利平等，保护妇女和子女合法利益的新民主主义婚姻制度。”“禁止重婚、纳妾。禁止童养媳。禁止干涉寡妇婚姻自由。禁止任何人藉婚姻关系问题索取财物。”〔2〕1950年《婚姻法》宣告废除落后的封建婚姻制度。与此同时，人民政府还采取措施坚决彻底取缔旧社会遗留的卖淫嫖娼、贩毒吸毒、赌博等各种社会丑恶现象，全面扭转社会风气，深得人民拥戴。但“文革”开始后，奉行“以阶级斗争为纲”，使道德过分政治化，政治过于道德化，结果是“道德至上”与“政治挂帅”一体，居于至尊地位，〔3〕个人的道德过错常常被当作犯罪行为来加以处理，没人敢轻易挑战道德的权威。但这种严密的道德控制受到了改革开放以来商品经济的巨大冲击，与社会生活世俗化同步发展的是社会生活的日益去道德化，道德对人们的约束力下降。

自20世纪80年代初以来，商品意识渗透和弥漫于社会生活的各个领域，在中国的社会生活中就出现了所谓的“道德滑坡”现象：

第一，各种拜金主义思想盛行。各种拜金主义的现象不胜枚举，例

〔1〕潘自勉：“论道德控制”，载《江汉论坛》1990年第8期。

〔2〕人民出版社辑：《中华人民共和国婚姻法》，人民出版社1952年版，第2页。

〔3〕李德顺：“‘滑坡’与‘爬坡’——道德转型期的观念与现实”，载《中国社会科学》1994年第3期。

如1987年8月成都14岁中学生张歆黔不慎溺水，围观者无动于衷，个别人提出要先付钱后救人，最终张歆黔在众目睽睽下溺死。[1] 在此期间，“一切向钱看”等拜金主义现象成为人们关注和批判的社会丑恶现象之一，而对于改革开放以来中国出现的拜金主义现象外界也早有关注，1987年9月2日，日本记者加藤在《朝日新闻》发表了《在中国的“拜金现象”的背后》一文，称拜金主义将成为中国改革的一大障碍。[2] 20世纪90年代一些国际观察家也认为拜金主义侵入了中国的社会生活。[3] 在中国大陆许多人为了挣钱不择手段，假冒伪劣产品盛行，坑蒙拐骗、欺行霸市和车匪路霸猖獗，中华人民共和国成立后被消除的卖淫嫖娼、贩毒吸毒、赌博等丑恶现象又在中国全面恢复。

第二，自私自利的个人主义思潮泛滥。其间虽然中国共产党一再强调精神文明建设，但收效甚微，一部分人已将一些传统美德轻易地加以抛弃，类似不赡养父母等败德行为增多。1988年4月1日，郑天翔在向全国人大作报告时指出：“1987年，全国法院受理赡养案件38 780件，赡养案件不断上升。当前的主要问题是，一些有赡养义务的人自己富裕了，却不愿赡养老人，有的甚至虐待或遗弃老人，而争遗产的纠纷却愈来众多。1987年，全国法院受理继承案件24 319件，也是逐年上升的。”[4] 马克思、恩格斯曾在《共产党宣言》中说：“资产阶级在它已经取得了统治的地方把一切封建的、宗法的和田园诗般的关系破坏了。它无情地斩断了人们束缚于天然首长的形形色色的封建羁绊，它使人和人之间除了赤裸裸的利害关系，除了冷酷无情的‘现金交易’，就再也没有任何别的联系了。”[5] 这话虽然充满了意识形态的色彩，但它确实也是关于资本和商品意识对人类社会生活侵蚀的一个客观描述，在中国市场经济的发育过程中，原来互助合作的许多社会活动都变成了“现金交易”，例如原来在农村广泛存在着基于互惠的换工，但自从市场经济

---

〔1〕“‘一切向钱看’害死人　成都一女学生在众目睽睽下溺死”，载《人民日报》1987年8月12日，第4版。

〔2〕“日本《朝日新闻》说：拜金主义将成为中国改革一大障碍”，载《参考消息》1987年9月7日，第2版。

〔3〕“拜金主义侵入中国的社会生活——拉美社说对改革成果的不当利用助长了拜金风气”，载《参考消息》1995年5月3日，第8版。

〔4〕郑天翔：《行程纪略》，北京出版社1994年版，第563页。

〔5〕《马克思恩格斯选集》（第1卷），人民出版社1995年版，第274～275页。

大力发展以来，人们如要获得别人的帮助在大多数时候已需向他人支付货币。对此，一位人类学家在他基于田野调查的著作中如此写道："集体化终结、国家从社会生活多个方面撤出之后，社会主义的道德观也随之崩溃。既没有传统又没有社会主义道德观，非集体化之后的［中国］农村出现了道德与意识形态的真空。与此同时，农民又被卷入了商品经济与市场中，他们便在这种情况下迅速地接受了以全球消费主义为特征的晚期资本主义道德观。这种道德观强调个人享受的权利，将个人欲望合理化。"〔1〕中国社会人际关系越来越具有利益工具性的特点，自私自利成了相当一部分在中国社会主义市场经济中成长起来的"新人"的基本特征。

第三，享乐主义盛行。20 世纪 80 年代晚期以来，社会上各种请客送礼、大吃大喝、奢靡行为就开始盛行，而国家公职人员尤甚，屡禁不止。例如，1987 年贵州省金沙县时任政法委书记傅春成，竟然在县公安局大院大摆宴席为自己祝寿，大肆收受寿礼，据了解，傅生日这天，鞭炮声从中午一直响到晚上，共摆酒席 90 多桌，送礼坐席的达 700 多人，有 8 个县级领导干部参加坐席。有一些街道群众和农民因上不了桌，送了礼就回去了。有人看见，傅收的寿礼除了寿匾、字屏外，更多的是钱、酒、烟和其他物品，仅董酒、鸭溪窖酒、金沙窖酒就摆满了大半间屋。〔2〕而在 21 世纪初年，据记者披露，党政干部队伍中大量存在诸如铺张浪费、赌博、包养情妇、狎妓嫖娼等享乐主义现象。〔3〕

一言以蔽之，改革开放以来中国社会道德的滑坡成了人们的共识。对此中国共产党高层也有清醒认识，1996 年 10 月 10 日，为了加强包括道德建设在内的精神文明建设，中共十四届六中全会通过了《中共中央关于加强社会主义精神文明建设若干重要问题的决议》，对精神文明建设的重大意义、指导思想、奋斗目标、核心内容、主要手段等问题作了详细的规定，〔4〕力图加强精神文明建设。当然情况并没有发生根本好

〔1〕 阎云翔：《私人生活的变革：一个中国村庄里的爱情、家庭与亲密关系 1949—1999》，龚晓夏译，上海书店出版社 2006 年版，第 260 页。

〔2〕 潘帝都、王思贵："倚仗权势　大摆宴席　收受礼物　金沙县政法委书记为己祝寿影响恶劣　有关部门正在继续查处"，载《人民日报》1987 年 9 月 9 日，第 4 版。

〔3〕 "享乐主义现象大观"，载《瞭望》2001 年第 52 期。

〔4〕 中共中央文献研究室编：《十一届三中全会以来党的历次全国代表大会中央全会重要文件选编》（下册），中央文献出版社 1997 年版，第 371～396 页。

转，2001年10月中共中央在印发的《公民道德建设实施纲要》中坦言："我国公民道德建设方面仍然存在着不少问题。社会的一些领域和一些地方道德失范，是非、善恶、美丑界限混淆，拜金主义、享乐主义、极端个人主义有所滋长，见利忘义、损公肥私行为时有发生，不讲信用、欺骗欺诈成为社会公害，以权谋私、腐化堕落现象严重存在。"[1]

二、"信仰危机"

信仰是人的精神支柱之一，是人对自我的超越，表征着人的终极关怀，其对人的言行具有重大影响。国家正统信仰是国家意识形态的重要组成部分，历代统治者总是力图以正统信仰填充、控制官员与民众的精神空间，从而达到控制社会的目的，故信仰也是一种重要的非正式社会控制工具。[2] 而对于中国共产党来说，高扬共产主义理想和信仰，是其革命和建设事业取得成功的基本条件，邓小平曾指出："对马克思主义的信仰，是中国革命胜利的一种精神动力。"[3] 共产党人正是凭借高昂的革命斗志和坚定的革命理想和信念才赢得了民族的解放与独立，才改变了国家"一穷二白"的面貌。中华人民共和国成立后中国共产党对政治思想工作和意识形态建设十分重视，也取得了良好成效，长期以来绝大多数人对马克思列宁主义、毛泽东思想以及社会主义的信仰是坚定的。但自"大跃进"以来，"假、大、空"的东西太多，特别是经过"文革"，一些人对中国共产党和社会主义的信仰动摇了。例如在1979年至1981年期间，入党的青年人数明显减少。[4]

但由于改革开放初期经济建设取得了明显成效，加之从1983年开始的整党运动取得一定效果，党的威信又得到了提升，信仰危机问题有所改善。但到20世纪80年代末期，"官倒"横行、腐败猖獗，社会风气变坏、道德滑坡，各种非马克思主义的思潮盛行，[5] 信仰危机问题又凸显出来，直至笔者动手写作本书时仍未有大的改观。信仰问题由于关系到中国共产党和社会主义的前途与命运，所以其危机受到了中国共

[1] "公民道德建设实施纲要"，载《人民日报》2001年10月25日，第1版。

[2] 荆学民："试论信仰控制"，载《山西师大学报》1991年第3期。

[3] 《邓小平文选》（第3卷），人民出版社1993年版，第63页。

[4] "今日中国共产党"，载《参考消息》1988年6月9日，第2版。

[5] 布施："中国为政治改革作布局，在意识形态领域也实行对外开放"，载《参考消息》1986年9月2日，第1版。

产党高层的关注，邓小平一再告诫同志们："老祖宗不能丢啊!"[1] 他说的"老祖宗"就是马列主义、毛泽东思想的基本原理，就是对共产主义、社会主义的基本信念。

中国自20世纪90年代以来发生的信仰危机，具有深刻的社会根源。有学者曾指出在党员干部中存在不同程度的"信仰危机"是"三潮"（资本主义"西潮"、社会主义"低潮"和市场经济"商潮"）冲击的结果。[2] 实际除此之外，也与思想政治工作疲软、中国共产党的制度建设滞后和整个社会生活日趋世俗化、意识形态日益去魅化密切相关。在全民"向钱看"的社会背景下，做党政干部的思想政治工作比以前困难得多。[3] 而且人口大面积的频繁流动使中国共产党自身在管理上也面临着一系列现实难题，例如为了应对党员流动的现实问题，天津市北辰区早在1986年就建立了外出党员管理制度，并对小淀、上河头等乡镇连续外出6个月、不参加组织生活、不缴纳党费，不完成党分配的工作的7名党员，按党章规定予以除名。[4] 而随着单位制的日趋解体，许多中国共产党党员失去了单位，基本上无法过组织生活，特别是一些进城的农民工党员和失业工人党员，实际已游离于组织之外，对于这些问题一时还没有较好的应对之策。

对于中国社会政治气候的变迁，国外有汉学家曾注意到"毛泽东逝世后，中国社会出现了社会经济生活非政治化、政治生活非激进化的形势"，即国家政策越来越灵活、实用，越来越偏离传统社会主义的教条，但"当社会主义本身实际上等同于现代经济发展时，理想主义被明显淡化也就在所难免"，[5] 人们对社会主义信仰的淡化具有某种必然性。经济基础决定上层建筑，这是马克思主义的一个基本原理。社会经济生活发生变化，必然导致人们思想观念的变化，从而引发整个上层建筑的嬗

[1] 《邓小平文选》（第3卷），人民出版社1993年版，第369页。

[2] 陈静："解析'三潮'冲击下的'信仰危机'"，载《学习与探索》2001年第1期。

[3] 据黄树民在厦门林村的观察，基于现实利益考虑，在农村人们入党的积极性已下降，"现在村里没人要入党了"。参见黄树民：《林村的故事：1949年后的中国农村变革》，素兰、纳日碧力戈译，生活·读书·新知三联书店2002年版，第222页。

[4] 天津市北辰区地方志编修委员会编著：《北辰区志》，天津古籍出版社2000年版，第715页。

[5] [美] 莫里斯·迈斯纳：《马克思主义、毛泽东主义与乌托邦主义》，张宁、陈铭康等译，中国人民大学出版社2005年版，第191、207页。

变。中国改革的实践虽为政治与经济间可能保持的距离（或二者关系具有的弹性）提供了新的例证，但终究不能完全推翻老祖宗关于“经济基础决定上层建筑”的铁律。在改革中，一方面，传统的意识形态面临再认识，其神圣性受到了挑战。另一方面随着社会分化，生长出新的意识形态，冲击着原有意识形态的合法性。[1] 在此情况下，如果中国共产党意识形态的创新能力赶不上形势的发展，不能适时提出新的意识形态话语以凝聚和整合人心，那么信仰危机就在所难免。

信仰危机使中国大陆社会付出了沉重的代价。首先，信仰的动摇使一部分党政干部丧失党性，为人民服务的意识淡薄，生活作风败坏，腐败盛行，致使许多地方基层政权和基层党组织软弱涣散，战斗力明显减弱，农村一些地方的干部除了“催粮派款、刮宫流产，别的事情一概不管”，党政干部的威信普遍下降，直接危及中国共产党和社会主义在群众中的认同感。其次，多元意识形态并存，鱼龙混杂，导致人心涣散，整个社会的凝聚力下降。正如学者所言，“‘信仰危机’，并不是也不可能是人们完全没有了信仰或者不再需要信仰，而多半是对原有的一种信仰，由于某种原因而动摇了、削弱了，发生了困惑或迷失”。[2] 因此，一旦人们对马克思主义的信仰迷失，那么其他非马克思主义的东西就会来填充其所产生的相关空白。在中国的意识形态领域，除了马克思主义外，还有自由主义、威权主义、新保守主义、新左派、中国传统道德文化和宗教文化、基督教文化等政治思潮和政治文化，以及诸如专制主义、利己主义、拜金主义、官僚主义、色情、暴力、迷信、赌博，等等，呈现出价值和意识形态高度多元并存的局面。这为一些学者的微观研究所证实，例如人类学家阎云翔 20 世纪 70 年代在下岬村生活的时候观察到：村里基本上只有一种占主导地位的意见，而且通常就是官方的说法。而 20 世纪 90 年代他再回到下岬村做调查时，发现无论是在正式还是非正式的场合，人们几乎在每个问题上都有意见分歧。[3] 而这种意识形态上的歧见，不但为各种纷争种下了祸根，而且也为各种封建迷信和邪教活动提供了宽松的环境和肥沃的土壤，使封建迷信风行，类似

---

〔1〕 徐勇：“内核—边层：可控的放权式改革—对中国改革的政治学解读”，载《开放时代》2003 年第 1 期。

〔2〕 李德顺：“‘信仰危机’与信仰的升华”，载《河北学刊》2002 年第 5 期。

〔3〕 阎云翔：《私人生活的变革：一个中国村庄里的爱情、家庭与亲密关系 1949 – 1999》，龚晓夏译，上海书店出版社 2006 年版，第 244 页。

“法轮功”的邪教组织频频问世。[1] 最后，与“文革”中突出政治相反，人们的政治参与意识下降，社会上普遍出现政治冷漠的现象。早在20世纪80年代末一位作者就在其文章中指出企业出现了“政治冷漠”倾向，具体表现有：①对政治学习不感兴趣，有“过时论”“无用论”“吃亏论”，感到不如学技术理论实在；②对国家大事很少过问，对国家政治生活的发展变化表现出冷漠和无所谓的态度；③对政治上的进步没有多大热情和追求，认为入党入团不如入股（指做生意），给个精神奖励不如给点物质奖励实惠；④对改革中的利益调整缺乏承受能力。往往以个人得失论改革，影响对改革的热情和信心。[2] 而在农村也出现了“无政治村庄”，村民的日常生活已经远离昔日那种高度革命化和政治化的生活结构与文化场域，而回归到了更为恒久与常态的村落生活轨迹，在这种生活轨迹之中，如果要说有政治，那么，如何使自己的生活日渐改善，如何能挣到更多的钱这些“俗事”，才是村民心目中最大的政治。[3] 这一方面标志人们的注意力从政治转向经济，扭转了过去数十年甚至百多年来中国社会高度政治化的局面，是一大进步；[4] 但另一方面也表明了人心的涣散，要实现社会整合已经十分困难。

三、“舆论沉默”

舆论是指人们对事件和问题的看法和评估，其能够造成符合社会规范的社会心理气氛，能遣责背离社会规范和群体意志的越轨行为，使已经越轨的人终止越轨，使有可能越轨的人打消越轨心理。[5] 因此，西方有人将新闻媒体制造的舆论称为相对于立法、行政和司法之外的“第四种权力”。在现实生活中，舆论所形成的社会压力常常对人们的言行具有决定性的影响，对此，中国历来有“千夫所指，无病而死”和“人言可畏”的说法，故舆论也是重要的非正式社会控制手段之一。

在原来计划经济体制下的封闭社会里，人们生活在彼此熟悉的单位和公社中，在意识形态的高压下，舆论的力量是强大的。而改革开放以

---

〔1〕 韩向前：“信仰：危机与重铸——对‘法轮功’现象的理性思考”，载《南京政治学院学报》2001年第3期；高长江：“‘法轮功’的出现与共产党员信仰问题研究”，载《社会科学战线》2002年第3期。

〔2〕 徐凌志：“企业思想政治工作新思考”，载《江西社会科学》1989年第2期。

〔3〕 吴毅：“无政治村庄”，载《浙江学刊》2002年第1期。

〔4〕 燕继荣：“政治冷漠是不是坏事?”，载《读书》1995年第10期。

〔5〕 宋宝安：“论社会转型时期舆论的社会作用”，载《社会科学战线》1997年第6期。

来，在道德滑坡的同时道德舆论的力量也减弱了，舆论导向本身也出现了一些问题，在“一切向钱看”的社会背景里，“笑贫不笑娼”成为民间的舆论导向。对此，早在 1988 年郑天翔在向全国人大作工作报告讲到婚姻案件数量增加时，就呼吁社会各界和公众舆论要对那些“暴发户以金钱诱惑等手段玩弄妇女，把妇女当作商品，甚至‘纳妾’”给予谴责，[1] 但其呼吁显然没起多大作用。面对一些社会丑恶现象，公众或以沉默相待，或表现出极大的容忍度，道德舆论的社会控制功能明显下降。对于道德舆论的沉默，人类学家阎云翔的研究给我们提供了这方面很好的例证：公众舆论在老人赡养问题上的日益沉默直接导致了下岬村老人赡养与孝道的衰落。[2] 当然，这种公众舆论沉默的现象远不止发生在老人赡养这一问题上，像卖淫嫖娼、“包二奶”、吸毒贩毒、铺张浪费、穷奢极欲等丑恶现象的泛滥成灾，实际都与公众舆论的沉默直接相关，或者说是其直接后果之一。[3] 而随着道德舆论的沉默，社会上出现了许多看客现象，人们普遍抱持着一种“事不关己，高高挂起”的心态，患上了“冷漠症”。[4]

道德舆论沉默的原因是多方面的，与中国社会的整体变迁密切相关，具有一定的必然性。首先，道德的滑坡和信仰的迷失是道德舆论沉默的重要原因。其次，改革开放后公社和单位制的瓦解，“自由流动资源”与“自由活动空间”的出现，[5] 人口流动的激增，极大地改变了人们的生活方式，那些传统的社会纽带（血缘、地缘和业缘）松弛了，

---

[1] 郑天翔：《行程纪略》，北京出版社 1994 年版，第 562 页。

[2] 阎云翔：《私人生活的变革：一个中国村庄里的爱情、家庭与亲密关系 1949－1999》，龚晓夏译，上海书店出版社 2006 年版，第 203～205 页。

[3] 当然随着思想的解放和中共对意识形态控制的放松，中国大陆言论愈发自由，媒体所制造的公共舆论对政府和国家权力的监督力度加大了，舆论对社会公共事务的调控作用得到了强化，甚至出现了媒体比法院还管用的怪事，正是在这一背景下传媒与司法的关系自 20 世纪 90 年代末期以来成为一大学术热点问题，但是同时舆论在对私人生活的调控方面却比以前弱多了，本书此处所说的“舆论沉默”主要是指舆论在调控私人事务上的沉默。

[4] 参见郑晓江：“警惕‘道德冷漠综合症’”，载《社科信息文荟》1994 年第 10 期；严羽：“冷漠症可怕的‘官场病’”，载《河北农业》2004 年第 7 期；康晓光：“走近冷漠——‘李思怡事件’一周年的思考”，载《中国社会导刊》2004 年第 5 期；张秀章：“尽快消除村干部的‘冷漠症’”，载《先锋队》2005 年第 8 期；朱国良、郑锦燕：“绝不能使‘冷漠症’蔓延”，载《中国监察》2005 年第 13 期。

[5] 孙立平：“‘自由流动资源’与‘自由活动空间’——论改革过程中中国社会结构的变迁”，载《探索》1993 年第 1 期。

中国正在由一个熟人社会向一个陌生人社会转变，无论是城市还是农村，人与人之间的陌生感、疏离感日渐明显，在陌生人之间形成社会舆论十分困难，而且即使存在社会舆论，其制约作用也较弱。再次，价值和道德观念的多元，人们难以达成共识，故也就难以形成舆论。最后，作为市场中的理性人，各自都以追求自身利益的最大化为目标，缺乏对他人利益的关注也是道德舆论沉默的重要原因。

对于中国社会转型中非正式社会控制手段面临的挑战和灾变，20世纪90年代中期一位作者在其文章中曾如此写道："社会转型大大地削弱了传统的非正式社会控制力量。在中国过去农村人口占绝大多数、乡土特征浓厚的传统型社会里，家庭、家族、邻里都曾是实现社会控制的重要单位；传统伦理道德和社会舆论以及密切的血缘关系、地缘关系构成了社会控制的重要力量；社会具有高度的同质性和缺乏流动性，为实现这种社会控制奠定了基础。随着工业化、城市化的发展和社会组织化程度的提高，必然要导致初级社会群体的衰落，初级社会关系的松懈，特别是中国家庭长期具有的社会控制职能将受到极大的冲击；随着社会流动的加快，外来文化因素的影响，传统的伦理道德和社会舆论已不再构成对社会成员强有力的约束力量；社会分化加速使社会异质性大为增加，使追求同一性和超稳定性的传统社会控制机制失去了基础。总之，随着社会现代化的不断发展，传统因素在社会控制中的作用将不断下降，这是一个必然的趋势。"〔1〕这无疑是一中肯的论断。

司法在维持社会秩序中地位的凸显

中国改革开放以来社会情势的变化，使得以往社会控制中的非正式控制机制，即原有的文化、道德、习俗、信仰、舆论等"软控制"的作用的发挥已丧失其部分社会基础，各种非正式社会控制手段的功能日益弱化，特别是道德滑坡和信仰危机使人与人之间变得冷漠和缺少信

〔1〕阎志刚："社会转型、社会控制与行为失范型社会问题"，载《社会科学辑刊》1996年第3期。

任，从而使中国社会的社会资本[1]储量急剧下降，人们之间交易成本增大，人与人之间进行合作变得困难，许多原来靠道德、舆论和信仰就能调控好的一些事情最终只能依靠法律等正式社会控制手段来解决。在新的形势下，中国共产党及政府除了强调把“法律交给人民”外，[2]已别无他法。但当非正式社会控制手段走向衰败，社会秩序的维持对正式社会控制手段的需求增大时，作为正式社会控制手段的人民调解、基层政权在中国却呈现出衰落的迹象，原来计划经济体制下构筑起来的化解纠纷的第一、二道防线作用已日微。[3]现实中大量的纠纷涌向人民法院，从而使司法在维持社会秩序中的作用得到了前所未有的凸显。

一、第一、二道防线功能的弱化

人民调解是中国共产党自中华人民共和国成立之初即在基层社会建立起来的解决民间纠纷的第一道正式防线。在本书第一章中笔者已做过交待，“文革”结束后为了重建正常的社会秩序，国家恢复和重建了包括人民调解在内的社会治理网络。1980 年初《人民日报》曾发表社论说：“群众之间有了矛盾，由群众组织出面，依照人民政府的政策法令进行调解，不经诉讼，不上公堂，不伤感情，就把问题解决了。这是我们从国内革命战争年代起到建国以来行之有效的办法。”[4] 1985 年彭

---

〔1〕 在社会学家科尔曼看来，社会资本与物质资本、人力资本同为资本的三种形态。社会资本是无形的，它表现为人与人之间的关系。参见［美］科尔曼：《社会理论的基础》，邓方译，社会科学文献出版社 1999 年版。而政治学家普特南认为，“社会资本指的是社会组织的特征，例如信任、规范和网络，它们能够通过推动协调的行动来提高社会的效率”。参见［美］罗伯特·普特南：《使民主运转起来》，王列等译，江西人民出版社 2001 年版，第 195 页。而福山将社会资本定义为“在社会或其下的特定群体之中，成员之间的信任普及程度”，并且他认为社会信任是社会资本的基础。参见［美］福山：《信任：社会道德与繁荣的创造》，李宛容译，远方出版社 1998 年版，第 35 页。虽然对社会资本的定义众人存在分歧，但有一点是相同的，即大家都赞同社会资本有利于增强人们的合作，降低交易成本。

〔2〕 “把法律交给人民”是官方宣传普法时提出的一口号，邓力群曾明确提出“把法律交给 10 亿人民”的口号（参见《中国法律年鉴 1987》，法律出版社 1987 年版，第 668 页）。在此背景下“把法律交给人民”也成了媒体上的流行语。参见“把法律交给人民”，载《人民日报》1985 年 6 月 16 日，第 2 版；苏宁：“把法律交给人民”，载《人民日报》1995 年 12 月 12 日，第 11 版。

〔3〕 在刘少奇关于社会纠纷解决三道防线的划分里，第二道防线包括人民法庭，而本书在此处借用这一说法时对其作了相应的修改，第二道防线仅限于基层行政机关，而不再包括人民法庭。

〔4〕 “健全基层群众自治组织，加强政权建设”，载《人民日报》1980 年 1 月 16 日，第 1 版。

真在对省、自治区、直辖市政法领导干部轮训学员讲话时也说："调解委员会解决大量的问题，便利群众，有利生产，有利团结，不花钱，不费事。如果什么纠纷都到法院，会妨碍生产，妨碍工作和学习。"〔1〕所以就主观认识而言，中国共产党对人民调解制度的建设是高度重视的，而且也确实做了大量工作。首先，注重加强其相关制度建设。就人民调解工作司法部先后发布了《司法部关于人民调解委员会调解纠纷不应向当事人收费问题的复函》《司法部关于加强人民调解工作积极推进社会治安综合治理的意见》《司法部关于人民调解组织接待来祖国大陆探亲的台湾同胞涉及家庭、婚姻、财产纠纷的处理意见的通知》《司法部关于人民调解委员会调解民间纠纷不收费等问题的批复》《司法部关于企业、事业单位建立、健全人民调解组织的几点意见》《人民调解委员会及调解员奖励办法》等规范性文件，而且更为重要的是1989年6月国务院在《人民调解委员会暂行组织通则》基础上制定了《人民调解委员会组织条例》，使人民调解制度日益完善。其次，重视加强组织建设，增设专职司法助理员，〔2〕不断健全和完善人民调解委员会，充实调解员的队伍。如表3－6所示，自20世纪80年代初以来国家就在不断地增加专职司法助理员、人民调解委员会和调解员的数量。而1989年国务院颁布实施《人民调解委员会组织条例》后，人民调解工作在中国进入了一个新的发展时期。截至1991年10月，全国城乡98%以上的农村和居民区都设立了人民调解委员会。〔3〕最后，人民调解确实也解决了大量的纠纷，在20世纪80年代绝大多数纠纷都是通过人民调解得以解决的，许多地区人民调解组织解决的纠纷数量高达人民法院解决的纠纷数量的10倍以上。例如湖南省浏阳县1981年至1987年间全县各级人民调解组织共调解民间纠纷7.97万件，相当于同期人民法院受理的民事诉讼案件的22倍之多。〔4〕而上海市嘉定县在1982年至1987年间

〔1〕彭真：《论新时期的社会主义民主与法制建设》，中央文献出版社1989年版，第74页。

〔2〕依据司法部1981年11月制定的《司法助理员工作暂行规定》，"管理人民调解委员会工作"是司法助理员重要的职责之一。

〔3〕《中华人民共和国年鉴1992》，中华人民共和国年鉴社1992年版，第74页。

〔4〕浏阳市地方志编纂委员会编：《浏阳县志》，中国城市出版社1994版，第270页。

全县共发生各类纠纷2.1万余件，调解2万余件，占97%，[1] 只有3%的纠纷是通过法院解决的。人民调解对涌向法院的社会纠纷做了必要的过滤，大大减轻了法院的负担。

但是人民调解的发展不是没有遇到问题，甚至早在1985年，彭真就在讲话中说："现在，有些调解委员会、治保委员会搞得很好或比较好，但也有一部分或多或少的有点瘫痪了，特别是农村。"[2] 1987年初，成都读者程序文向《人民日报》来信说："去年以来，四川省成都市民间纠纷转化为刑事案件较为突出，曾发生几十起父子、夫妻、兄弟姐妹、邻里之间互相残杀的刑事案件，给人民生命财产造成严重损失，危害社会治安。"程在其信中分析说民转刑原因是多方面的，除了纠纷当事人文化素质低，法制观念淡薄，缺乏社会公德，社会各有关部门配合不力，思想政治工作薄弱等原因外，一些地方和单位调解组织不健全，人员业务素质不高、责任心不强，或调解人员报酬不落实，调解经费缺乏，无力对调解人员进行培训等现实困难影响了调解工作的开展，人民调解不能发挥正常作用也是其重要原因。[3] 看来即使是在20世纪80年代人民调解在局部地区运行得也并不理想，而像调解人员业务素质不高、责任心不强，或调解人员报酬不落实，调解经费缺乏，无力对调解人员进行培训等诸如此类的问题显然在全国具有普遍性，且也不容易在短期内得到全部解决。而更为糟糕的是，伴随着20世纪90年代以来中国社会道德滑坡和信仰危机的日益突出，党政干部中腐败盛行，基层政权组织软弱涣散，[4] 农村中精英向城市大量流动，[5] 致使人民调解在组织、人事、经费等方面问题均日益突出，如图3-1所示，从1996年开始全国人民调解委员会和调解员的数量逐年下降，而自20世

---

[1] 上海市嘉定县县志编纂委员会编：《嘉定县志》，上海人民出版社1992年版，第731页。

[2] 彭真：《论新中国的政法工作》，中央文献出版社1992年版，第371页。

[3] "加强调解工作　排除案件隐患"，载《人民日报》1987年2月3日，第4版。

[4] 1997年10月至1998年1月，河南社会科学院和河南省信访局组成联合调查组对河南农村10个县，33个乡镇，48个行政村、组进行了入村入户调查，其结果表明在所调查的农村党支部中"真正坚强有力并发挥作用的约占20%左右，60%左右的党支部软弱涣散仅仅能完成催粮派款任务，还有20%左右的党支部瘫痪半瘫痪"，参见河南省社会科学院、河南省信访局联合调查组："关于当前农村社会稳定问题的调查"，载《调研世界》1999年第1期。

[5] 关于乡村精英迁居城市及对原居住村庄的影响，可参见姚俊："苏南乡村精英迁居城市的原因及其对原居村庄的影响"，载《苏州大学学报》2004年第3期。

纪90年代以来人民调解委员会调解民间纠纷的数量更是呈明显下降的趋势，在整个20世纪90年代其绝对数量远不及20世纪80年代初的水平，调解员年人均调解案件数量也低于20世纪80年代的水平。然而在此期间中国的人口（不包括香港、澳门特别行政区及台湾省）却增长了3亿多，[1] 社会生活日益复杂，矛盾与纠纷成倍增长，故说自20世纪90年代以来人民调解整体上已呈现出衰落的迹象并不为过。

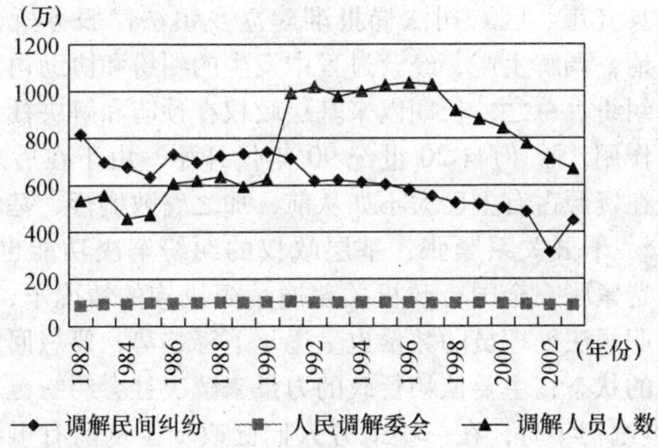

图3-1　1982~2003年全国人民调解的基本情况

资料来源：1986、1987、1992、1994、1996、1997、2000和2004年《中国统计年鉴》。

而就在作为纠纷解决第一道防线的人民调解，因失去一些社会支撑条件以致显现出衰落迹象的同时，基层政权的纠纷解决功能也出现了退化的局面。在此期间，中国共产党曾不断试图加强基层行政机关在解决纠纷中的作用，即充实纠纷解决的第二道防线。首先，1986年通过的《中华人民共和国治安管理处罚条例》第5条规定："对于因民间纠纷引起的打架斗殴或者损毁他人财物等违反治安管理行为，情节轻微的，公安机关可以调解处理。"此条赋予了公安机关解决民间纠纷的权力和

[1] 1978年年底中国（不包括香港、澳门特别行政区及台湾省）只有9.6259亿人，而到2003年年底已达12.9227亿人，增长了3.2968亿人（参见《中国统计年鉴2004》，中国统计出版社2004年版，第95页）。

职责，长期以来公安派出所据此调解了大量的民间纠纷。[1] 其次，1989年通过的《人民调解委员会组织条例》第9条第2款规定："经过调解，当事人未达成协议或者达成协议后又反悔的，任何一方可以请求基层人民政府处理……"这一规定赋予了基层人民政府解决民间纠纷的权力和职责，当然具体工作一般由司法助理员负责处理。一些实行驻村干部制度的地方，驻村干部也解决一部分纠纷。[2] 而为了增加纠纷解决的途径，1987年5月司法部制定了《司法部关于乡镇法律服务所的暂行规定》，规定由乡、镇人民政府根据本地区经济和社会发展的需要决定，并经县（市、区）司法局批准建立乡镇法律服务所，其可根据当事人的申请，调解生产、经营过程中发生的纠纷和协助司法助理员调解疑难民间纠纷。总之，长期以来基层政权在预防和解决社会纠纷上发挥着重要的作用。[3] 但自20世纪90年代开始，由于在后总体性社会下基层政权在资源占有上已大不如从前，加之腐败盛行，基层政权普遍软弱涣散，[4] 干群关系紧张，基层政权的纠纷解决功能也日趋下降。如在财政经费紧张、全国行政机关普遍精简机构的情况下，自1997年开始全国专职司法助理员的数量也呈逐年下降趋势，要想回复到原来总体性社会时的状态，主要依赖行政的力量来解决社会纠纷也变得不再现实。到21世纪初年时，在一些地方人们已改变了从前有事找政府、找村干部的习惯，转而开始找法庭。[5]

二、案件压力与司法改革

在非正式社会控制手段衰落、人民调解和基层政权的纠纷解决功能

---

[1] 关于公安派出所解决民间纠纷的情况，可参见左卫民、马静华："论派出所解决纠纷的机制——以一个城市派出所为例的研究"，载《法学》2004年第9期；杨光照："民间纠纷调解机制再探——枫桥派出所处置民间纠纷经验谈"，载《江西公安专科学校学报》2004年第6期。

[2] 参见喻中："乡村司法的图景——一个驻村干部的办案方式述论"，载黄宗智主编：《中国乡村研究》（第四辑），社会科学文献出版社2006年版，第53~78页。

[3] 关于基层政府解决纠纷的情况，可参见赵玮玮的硕士论文《转型时期农村社会的纠纷解决与基层政府》，北京大学图书馆藏，论文号B02016。

[4] 关于中国大陆农村基层政权的衰落，可参见张传文的硕士论文《上层与乡下的政治——中国农村基层政权衰落之研究》，北京大学图书馆藏索书号024/M2005（005），学位年度2005年。

[5] 吴兢、宣宇才："山村好法庭——记福建省大田县人民法院建设法庭"，载《人民日报》2002年8月30日，第1版。这其中的一个重要原因就是，基层政府和村干部常常正是纠纷的一方当事人。

均有所弱化的同时，起诉到人民法院的诉讼案件呈现出了成倍增加的趋势。就刑事一审案件而言，1979 年后逐年增加，1983 年迎来了刑事案件的第一个洪峰，达到 542 648 件。1983 年实行严打后刑事案件有所回落，但旋即开始回升，到 1996 年时达到 618 826 件，成为刑事案件的第二个洪峰，而在稍有回落后即再次攀升，到 2003 年时达到 632 605 件，成为刑事案件的第三个洪峰。而民事案件更是一路攀升，只有 1983 年和 2000 年略低于上一年，但旋即再创历史新高。而就各类案件的总量（包括刑事、经济、民事、行政和海事海商案件）来说，从 1978 年到 1999 年各级人民法院审理的一审案件数量始终处于逐年攀升的状态，从 1995 年起人民法院每年审理的一审案件数量即为 1978 年的 10 倍以上。这些成倍增长的案件既包括原有社会控制手段失效而分流出来的传统型案件，也包括社会转型过程中涌现出来的新型纠纷案件。以民事审判为例，中国民事审判调整范围从计划经济时期婚姻家庭及生产、生活领域的一般财产关系，扩展到了房地产业、金融业、保险业、信息产业及劳动、交通、知识产权、海事海商等各个方面。面对人民法院案件急增的迅猛势头，在 21 世纪初年国内一些报刊上已出现了“诉讼爆炸”之类的提法，[1] 个别学者已开始用“诉讼爆炸”来描述中国的司法现状，并试着提出“诉讼爆炸”的解决之道，[2] 而关于中国是否存在“诉讼爆炸”也被学者当作一个严肃的学术问题认真对待。[3]

面对汹涌而来的诉讼案件，在 20 世纪 80 年代末部分人民法院已感到工作压力的沉重，因为在案件大幅度增长的同时司法人员的增长却相对有限，即就全国而言司法人员和司法设施数量的增长与诉讼案件数量

---

〔1〕 程婕：“北京朝阳法院遭诉讼爆炸　专家呼吁多元解决纠纷”，载《北京青年报》2005 年 4 月 24 日，第 A3 版；李飞、戴玲：“朝阳法院‘诉讼爆炸’现象调查”，载《人民法院报》2005 年 7 月 12 日，第 C4 版。

〔2〕 杨荣新、乔欣、金玄默：“民事审判方式改革”，载《中国法律年鉴 2002》，法律出版社 2002 年版，第 1139 ~ 1140 页；江伟、徐继军、孙邦清：“民事纠纷解决机制”，载《中国法律年鉴 2003》，法律出版社 2003 年版，第 1178 ~ 1179 页。

〔3〕 冉井富认为，单纯从案件数量的历时增长，并和改革开放初期的诉讼率水平进行对比，判断中国出现了诉讼爆炸是成立的。但是，考虑到我国处于失范现象严重的现代化发展前期阶段，在与不同国家的对比中，我国的诉讼率水平是比较低的，从这个意义上说，我国并没有出现诉讼爆炸。参见冉井富：《当代中国民事诉讼率变迁研究——一个比较法社会学的视角》，中国人民大学出版社 2005 年版，第 313 ~ 324 页。

的增长并不同步。对此，最高人民法院时任院长任建新（1988～1998）曾在七届全国人大三次会议上说："我们在工作中也存在一些困难。人民法院所面临的任务同人民法院现有的审判力量之间的矛盾，案件的大量增加同业务经费不足和必要的装备紧缺的矛盾，十分突出，长期影响着审判工作的开展。"[1] 案件负担与司法力量间的矛盾直接导致人民法院积案的增加，许多人民法院出现了"积案年年有，年年清积案"的恶性循环局面。[2]

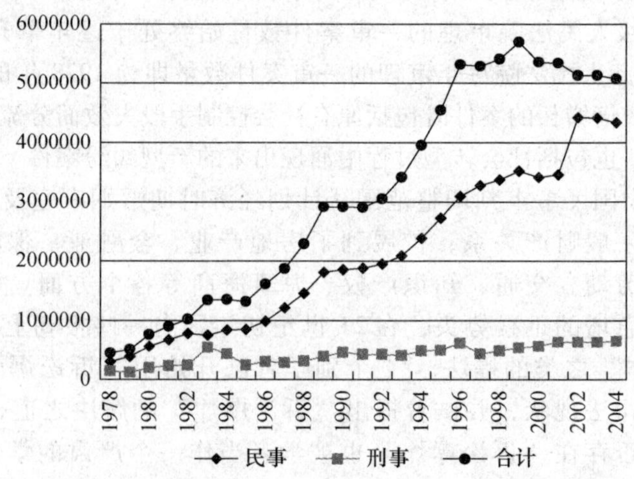

图 3－2　1978～2004 年人民法院审理一审案件数量统计表

注：表中的合计案件数除刑事、民事案件外，还包括经济、行政和海事海商等案件。2000年8月9日，经中央批准的《最高人民法院机关机构改革方案》正式开始实施。根据这个方案，最高人民法院将原经济（知识产权）、交通运输纳入民事审判大格局，设立四个民事审判庭。此后各地人民法院纷纷仿效，到2001年时大民事审判格局在全国各地先后建立起来，故从2002年起不再单独统计经济和海商海事案件，而将它们全都归入民事案件之中。资料来源：《中国统计年鉴2005》，中国统计出版社2005年版，第788页。

---

〔1〕 任建新："最高人民法院工作报告"，载《中华人民共和国最高人民法院公报》1990年第2期。

〔2〕 徐寿苹："积案——沉重的包袱"，载《人民司法》1991年第6期。

而解决人民法院案件压力的办法,[1] 在此期间人民法院自身主要有五种途经：一是提高诉讼费的征收标准，使人们对诉讼望而却步；二是提高案件受理的条件，减少案件的受理；三是大幅度地增加司法人事编制和办案经费；四是挖掘现有司法资源的潜力，做到人尽其才，才尽其用，使每个人都尽最大努力地工作；五是进行审判方式改革，改变司法工作的方式、方法，提高诉讼效率。虽然第一和第二种办法都能从根本上减轻人民法院的工作负担，但却严重损害当事人的合法权利，使其投诉无门，结果只会加剧社会矛盾的激化，显然并不足取。不过，人民法院仍在诉讼费用的收取上作了一些文章，1989 年 6 月最高人民法院在原《民事诉讼收费办法（试行)》基础上制定了《人民法院诉讼收费办法》，规定当事人进行民事、经济、海事和行政诉讼，应当向人民法院交纳案件受理费。当事人依法复制本案庭审材料和法律文书的，应当向人民法院交纳所需的费用。同时最高人民法院对诉讼费用的收费标准、诉讼费用的负担、诉讼费用的交纳和管理等作了明确的规定。当然诉讼费的收费标准不能高得使当事人不能承受，除了凭借征收诉讼费用来减少滥诉外，并不能用这种办法来大面积减轻人民法院的工作负担。而显然也不能完全依赖第三种改进办法，因为由于财政经费紧张，大幅度增加司法人事编制和办案经费并不现实，虽然法院每年都在增加人员和经费，但也只是杯水车薪。以北京市为例，1993 年北京市人民法院一年审判案件 7 万件，到 2004 年已经突破 30 万件，增长了约 4.29 倍。而这 11 年来，全市法官只增加了 99 名,[2] 法官数量的增长与案件数量的增长不成比例。不过为了保证法院的办案经费，中国共产党在政策上还是采取了一些灵活的措施。1989 年 9 月最高人民法院和财政部联合发布了《关于加强诉讼费用管理的暂行规定》，其明确指出“考虑到

---

〔1〕 美国 1850 年前后，急剧增长的商事纠纷给法院的审判工作带来了极大压力，针对这一问题当时曾有七种选择方案：①扩大法院；②法院商业事务的处理日常化、群众化；③院外案件处理日常化、群众化；④鼓励和解与妥协；⑤发展院外的有效解决争端的机制；⑥通过法院规则，阻止当事人运用法院解决纠纷；⑦使诉讼费更昂贵，以减少诉讼需求。参见［美］弗里德曼：“法律规则和社会变迁的过程”，载《斯坦福法律评论》第 19（4）卷，第 798～810 页，转引自朱景文：《现代西方法社会学》，法律出版社 1994 年版，第 198～199 页。

〔2〕 程婕：“北京朝阳法院遭诉讼爆炸　专家呼吁多元解决纠纷”，载《北京青年报》2005 年 4 月 24 日，第 A3 版。

目前财政困难，拨给法院的业务经费还不能完全满足审判工作的需要，法院依法收取的诉讼费用暂不上交财政，以弥补法院业务经费的不足”。[1] 这对人民法院来说确实是十分有利的规定，当然其也为人民法院违规征收和使用诉讼费用创造了条件。此外第四种办法的作用也十分有限，虽然进行政治动员、做思想工作历来是中国共产党的优势所在，但在新的形势下其效果也不再是“一抓就灵”，而且司法工作本身也不适宜用搞运动的方式来开展，此外要求广大司法人员长年加班加点、疲于奔命也不现实，[2] 所以不能把解决问题的希望重点放在第四种办法上。当然中国共产党还是在这方面做了不少的努力，通过各种办法来激励广大司法人员多办案、办好案。连年评选“办案能手”就是这样的措施之一，例如浙江省武义县人民法院 1992 年授予 9 人“办案能手”称号，1993 年授予 12 人“办案能手”称号，1994 年授予 16 人“办案能手”称号，1997 年又授予 5 人“办案能手”称号。[3] 天津市高级人民法院 1994 年也特意发布《关于开展评选‘民事十佳办案能手’活动的安排意见》，并于次年授予王家新等 10 名法官“民事十佳办案能手”称号，对其进行表彰。[4] 而各地的办案能手都有一个共同特点就是业务能力强、办案效率高，每年办案数量均名列前茅。

既然前四种办法都不足以完全解决问题，那么只能将希望重点寄托在第五种办法上，即积极推进审判方式改革，以便减轻人民法院工作负担，提高诉讼效率。幸运的是，时逢 1987 年 10 月 25 日至 11 月 1 日召开的中共十三大决定进行政治体制改革，而司法体制作为政治体制的重要组成部分，自然也属于改革的内容之列，故中共十三大召开以后，法院如何深化改革，如何提高审判工作水平，如何为经济体制改革服务和适应政治体制改革需要就摆上了议事日程。[5] 不过，虽然改革已成必

---

〔1〕 参见马原主编：《民事审判司法解释及相关案例》（第三辑），人民法院出版社 1999 年版，第 619 页。

〔2〕 由于案件负担过重，法官过劳死的现象在 21 世纪初年时有发生，参见姚晨奕、胡少安：“‘法官猝倒工作岗位’现象不可忽视”，载《人民法院报》2001 年 3 月 22 日，第 5 版。

〔3〕 浙江省武义县人民法院编：《武义法院志》，浙江人民出版社 2000 年版，第 475 ~ 476 页。

〔4〕 张柏峰主编：《民事办案艺术与审判纪要》，人民法院出版社 1995 年版，第 110 ~ 124 页。

〔5〕 本刊记者：“如何改革和改进法院工作”，载《人民司法》1988 年第 1 期。

然，但是进行一定的舆论动员还是必要的，在此期间人们在诉讼观念上发生了重大变化，即在把公正作为诉讼价值目标的同时，也日渐把效率视为诉讼的重要价值目标。早在20世纪80年代末期《人民日报》等权威官方报纸针对诉讼案件的急增现象，就呼吁各级人民法院要提高办案效率。[1] 诉讼经济（效益）问题也日益受到人们的重视，并且成为一个学术热点问题，人们纷纷撰文加以讨论，[2] 而20世纪90年代初中国最负盛名之一的民事诉讼法学家柴发邦在其主编的《中国民事诉讼法学》中也将“效益原则”作为民事诉讼的基本原则，并开设专章加以讲解，[3] 由此可见提高诉讼效率（效益）已成为当时人们的共识。“国民的心理早已发生变化，事物的新秩序自然随着思想的新秩序应运而生”，[4] 观念一旦转变，随即而来的就是行动方式本身的嬗变。早在20世纪80年代末人民法院的审判方式改革就在一些地方悄然兴起。对此，有人后来回顾说：

20世纪80年代中期，“全民经商”的浪潮几乎席卷全国。作为这种经济现象的必然结果和延伸，大量的纠纷也纷纷涌进了法院。由此使得人少案多的矛盾亦日渐突出。就司法资源而言，其在一个时期内是相对稳定，不可能陡然增加，对此惟一的出路与选择就只能是挖掘审判制度本身的潜力。提高审判制度自身的效率，又

---

〔1〕“最高人民法院副院长马原认为我国民事案件大幅度上升是正常现象，法院应及时合法办案，各方要协同综合治理”，载《人民日报》1986年10月26日，第4版；“我国民事经济纠纷案件直线上升　各级法院要提高办案效率增强公民法制观念”，载《人民日报》1987年6月13日，第4版。

〔2〕有代表性的文章如顾培东的《诉讼经济简论》（载《现代法学》1987年第3期）、武汉市中级人民法院民二庭集体创作的《略论诉讼经济原则——商品经济新秩序的民事、经济审判观念思考》（载《河北法学》1989年第5期）、孔祥俊的《审理经济纠纷案件应当注重诉讼经济》（载《人民司法》1989年第2期）、周立平的《略论刑事诉讼经济原则》（载《法学》1993年第2期）、章剑生的《诉讼效益：一个市场经济法律的价值观》（载《杭州大学学报》1994年第3期）、王申义的《民事诉讼的经济原则》（载《江西社会科学》1994年第3期）、辜汉福和刘少君的《经济审判中的诉讼经济原则》（载《法律适用》1995年等3期）等。

〔3〕参见柴发邦主编：《中国民事诉讼法学》，中国人民公安大学出版社1992年版，第102～106页。

〔4〕潘恩：《人权论》，吴运楠、武友任译，载《潘恩选集》，商务印书馆1981年版，第168页。

必须以变革传统的审判方式为契机和突破口。[1]

而改革的首要举措就是让当事人承担举证责任。20 世纪 90 年代以前的中国司法强调法官深入案件发生的现场进行实地调查，要求法官必须对案件事实本身负责，调查取证（特别是在民事案件中）是法官办案的重心所在，也是其最费时费力的任务。假如说在一名法官一年只需办理几十件甚至几件案件的情况下，[2] 这样做显然是不存在多大问题的。但当一名法官一年需要处理上百件案件时，单靠发扬法官们共产党员的先锋模范作用就不能解决问题了，把调查取证等包袱甩出去无疑才是最明智的做法。故在 1988 年召开的第十四次全国人民法院工作会议上任建新指出："过去法院在审理民事案件和经济纠纷案件中，往往忽略了当事人的举证责任，承担了大量调查、收集证据的工作。这既增加了法院的工作量，影响办案效率，也没有依法充分调动当事人及其诉讼代理人举证的积极性。今后要依法强调当事人的举证责任，本着'谁主张，谁举证'的原则，由当事人及其诉讼代理人提供证据，法院则应把主要精力用在核实、认定证据上。"[3]

当然中国司法改革的具体展开，遵循了"试点→总结成功经验→全面推广"这一中国共产党办事的一贯思路。为了避免改革措施不当造成大范围的震荡，审判方式改革一开始只是选择了几家法院在小范围内进行试点，武汉市江汉区人民法院是较早被选为试点的法院之一。

> 过去武汉市区县法院在受理民事和经济案件后，却要花大量人力、经费去调查取证。从一张起诉状到一本案卷，一切调查取证工作都由法院承担，出现"法院调查，律师阅卷，当事人动嘴，法院干部跑腿"的不正常现象。据统计，武汉市区、县法院受理的民事案件，过去平均要用三个月左右时间才能结案。由于审判人员只重

---

[1] 黄松有：《中国现代民事审判权论：为民服务型民事审判权的构筑与实践》，法律出版社 2003 年版，第 3 页。

[2] 1985 年时山东滨州地区全区法院干警年人均结案数 8.6 件（参见徐兴邦、李广茂："艰巨的使命　严峻的考验——滨州地区法院队伍政治思想状况的调查"，载《山东审判》1996 年第 4 期），而 1988 年时重庆市各基层人民法院民庭的审判员人均月结案 6 件左右，中级人民法院民庭的审判员人均月结案 4 件左右（参见王浩："对'着重调解'的再认识"，载《人民司法》1988 年第 3 期）。

[3] 任建新："充分发挥国家审判机关的职能作用更好地为'一个中心、两个基本点'服务——1988 年 7 月 18 日在第十四次全国法院工作会议上的报告（摘要）"，载《中华人民共和国最高人民法院公报》1988 年第 3 期。

视开庭前调查，所以，只有审判人员认为调查清楚了，证据取全了，才开庭审理。这时候，开庭往往变成摆样子，走过场。

为了改变这种状况，武汉市江汉区法院……把公开审理、法庭调查作为收集、核实证据的主要场所。……通过严肃认真的法庭调查，大部分能够证明案件的证据都可以收集到。剩下来需要法院调查收集的，就只是那些当事人举证的矛盾。这样不仅大大减轻了工作量，而且可以比较准确地查明案件事实，提高办案质量。目前江汉区民事案件平均结案时间，已由原来的97.3天缩短为39.7天；经济纠纷案件由过去的53.7天缩短为31.4天。〔1〕

在文章结尾作者倡导说，如果全国各级人民法院都能像江汉区人民法院等试点单位那样，认真改革审判方式，实行公开审判，不仅长期积压民事案件和经济案件的状况可以改变，而且也有助于“清正廉明”风气的形成。审判方式改革的目标是明确的，就是要提高诉讼效率，同时避免暗箱操作和庭审走过场，实现诉讼在程序上的正当化。由于舆论动员工作做得较为到位，审判方式改革在20世纪80年代末期迅速开展起来，在民事庭审方式改革进行的同时，刑事庭审方式的改革也随后跟上。〔2〕勿用说，改革一旦启动就很难停下来，并且迅速“超出了‘审判方式’改革的范畴，进入了‘审判制度’改革的领域。审判制度改革的进一步发展，又必然超越其自身的篱笆，而进入‘诉讼制度’改革阶段，最终完成‘司法制度’的改革”。整个改革工作是沿着“强调当事人举证责任——庭审方式改革——审判方式改革——审判制度改革——诉讼制度改革——司法制度改革”的路线层层向前推进的，〔3〕到笔者行文之时也还远看不到尽头。

希尔斯曾说：“个人和机构不得不改变过去的行为和信仰方式，创

---

〔1〕王礼明：“公开审判是重心——武汉市改革民事、经济案件审判方式述评”，载《人民日报》1989年5月15日，第5版。

〔2〕参见“顺德检察院支持法院改革庭审方式　变法官纠问为公诉人举证”，载《人民法院报》1993年7月30日，第1版。

〔3〕参见景汉朝、卢子娟：“经济审判方式改革若干问题研究”，载《法学研究》1997年第5期；黄松有：《中国现代民事审判权论：为民服务型民事审判权的构筑与实践》，法律出版社2003年版，第20~21页。

造新范型的并非总是自由的想象，它常常是适应环境的‘需要’。”[1]当人民公社解体，中国的单位社会处于瓦解的过程之中，传统的道德、信仰和舆论等非正式社会控制手段逐渐衰微，作为正式社会控制手段的第一、二道防线也因失去部分支撑条件而走向没落的情况下，人民法院在社会控制方面的作用得到了凸现。这印证了庞德、富勒和布莱克等人关于社会控制机制向法律的转换是现代化过程的一个重要特征的论断。[2]在现代社会，随着政治系统结构的分化，社会控制的职能已主要由司法机构来承担。[3]这也曾被日本的经验所印证，日本学者染野义信在研究日本民事裁判制度的变迁时指出：“在近代社会中，之所以民事诉讼与刑事诉讼被规定为国家裁判权的行使对象，其原因不能单纯地归结为（近代社会中）诉讼数量的无限增多，从某种意义上说，这无非是基于‘随着共同体内部纠纷解决手段的丧失，进而不得不委诸于国家权力来解决纠纷’这种必然性而形成的结果。”[4]同理，中国总体性社会的破碎，基层社会自身解决纠纷能力的下降，使大多数纠纷不得不交由人民法院来解决。而人民法院负担的加重，使其不得不改变原有的工作方式和方法，走上一条改革的不归路。

改革中人民司法传统的部分断裂及影响

当人民法院被汹涌而来的诉讼案件包围，不堪重负时，司法改革便被顺理成章地提上议事日程。然而当各种思想资源均实用主义地被运用来论证改革和提高诉讼效率的合法性和必要性，加之受法治和人权普世话语的支配，结果就使人们在法律和司法领域基本淡忘了“姓社”与

---

〔1〕［美］E. 希尔斯：《论传统》，傅铿、吕乐译，上海人民出版社 1991 年版，第 62 页。

〔2〕布莱克认为社会控制基本上可以被视为是一个常量，“每种社会控制都随着其它社会控制以及它自身的规范位置、方向而变化”。他曾引证庞德、富勒等人的著述来支持他关于“法律的变化持续了几个世纪，它的增长伴随着其它社会控制的消亡——不仅是家庭内的社会控制，而且还有村庄、教会、车间和聚集区内的社会控制”的观点。参见［美］布莱克：《法律的运作行为》，唐越、苏力译，中国政法大学出版社 1994 年版，第六章。

〔3〕程竹汝：《司法改革与政治发展》，中国社会科学出版社 2001 年版，第 231 页。

〔4〕［日］染野义信：《转变时期的民事裁判制度》，林剑锋译，中国政法大学出版社 2004 年版，第 111 页。

"姓资"的区别。社会主义法律与资本主义法律这种过去饱含意识形态意味的刻意区分基本上失去了市场,[1]改革表面上只牵连到一些技术问题，但实质上却进一步加速了原有意识形态的断裂,[2]对人民司法传统构成了空前的挑战，致使人民司法的部分理念和技术呈现出断裂的局面，同时也部分损害了中国共产党执政的合法性。

一、日渐萎缩的"群众路线"

人民司法是自始至终奉行群众路线的司法，而这主要表现在其坚持贯彻执行深入群众、调查研究，巡回审理、就地办案，陪审，诉讼调解等方面（参见本书第二章第三节），但随着社会情景的变化、诉讼案件的增加、司法改革的深入发展，在司法领域中对深入群众、调查研究，巡回审理、就地办案，陪审，诉讼调解等的贯彻执行要么变形走样，要么将其视为一种与法治精神不相符的过时东西并将其抛弃。在越来越正式、理性和程式化的司法面前，"群众路线"已变得没有多少生存的空间。

（一）深入群众、调查研究由常规变成例外

1982年颁布的《中华人民共和国民事诉讼法（试行）》第56条第1款曾明确规定："当事人对自己提出的主张，有责任提供证据。"但长期以来这一规定实际并未得到认真执行。然而随着案件数量的与日俱增，司法人员不堪重负，传统的深入群众、调查走访，由法官直接调查取证的办案方式已难以维持下去，因此人民法院首先要推行的改革就是强调当事人对案件负有举证责任。对此，《三台县法院志》上记载说：

---

〔1〕关于中国法学研究对西方所采取的这种拿来主义，邓正来曾批评说："中国法学自1978年始至今所存在的根本问题，即中国法学所提供的并不是我所强调的中国自己的'法律理想图景'，而是一幅'移植'进来的、未经审查或批判的以西方现代性和现代化理论为依凭的'西方法律理想图景'。"参见邓正来：《中国法学向何处去——建构"中国法律理想图景"时代的论纲》，商务印书馆2006年版，第48页。

〔2〕早在20世纪80年代末就有学者提出，中国正处于由于改革而造成的深刻的意识形态断裂期，即"旧有的意识形态体系已不可挽救地动摇和解体了，而替代的理论体系尚未真正确立起来。换言之，一方面，怀旧的人们感到，新的文化价值、新的意识形态与他们格格不入，旧有的文化价值和意识形态却失去了昔日的灵验，另一方面，面向现代面向未来的人们则感到，新的文化价值、新的意识形态虽然展示出生命力和前途，却尚不能得心应手，而旧有的文化价值与意识形态依旧是很难挣脱羁绊。因此，人们普遍经历着困惑、不安、心灵的痛苦和精神的震荡"。参见衣俊卿："论改革时期的'意识形态断裂'"，载《社会科学家》1989年第4期。

“1980年以后，民事案件数量增加，种类扩大，民事法律关系错综复杂。过去‘四步到庭’（即立案后先谈话、取证、调解，再开庭）的审判模式，及法院对证据调查、收集、审核大包大揽的做法已不适应新的审判形势。1988年县法院根据《民事诉讼法》的立法精神，开始试行当事人举证责任制。以图改变‘当事人动动嘴，法官跑断腿’，‘法官查案，律师阅卷’的状况。要求原告在起诉阶段提供主要证据或证据线索，被告提供应诉证据。诉讼中根据案情需要随时要求当事人补充提供新的证据。”〔1〕这样就使人民法院原来长期奉行的深入群众、调查研究的方法被日渐淡忘，人民法院也较少再积极主动地去调查收集案件证据。以福建省南平地区两级人民法院为例，其1993年至1995年5月间所审理的民事案件，当事人及其诉讼代理人主动向人民法院提供证据72 496份，带证人出庭作证的有1337人，而人民法院依职权调查收集的证据只有1050份，〔2〕明显少于当事人提交的证据。

与此同时，1991年制定颁布的《中华人民共和国民事诉讼法》将审判方式改革的成果固定下来，其第64条对原《中华人民共和国民事诉讼法（试行）》第56条也作了进一步修订，在增加“当事人及其诉讼代理人因客观原因不能自行收集的证据，或者人民法院认为审理案件需要的证据，人民法院应当调查收集”规定的同时，将“人民法院应当按照法定程序，全面地、客观地收集和调查证据”改为“人民法院应当按照法定程序，全面地、客观地审查核实证据”。虽仍保留了特定情况下人民法院调查收集证据的规定，但是人民法院的职责已由重点“收集和调查证据”转变为“审查核实证据”。为了使《民事诉讼法》得到较好的贯彻实施，1992年7月，最高人民法院发布了《最高人民法院关于适用〈中华人民共和国民事诉讼法〉若干问题的意见》，其第73条对《民事诉讼法》第64条第2款的规定作了进一步的细化，明确规定以下情况人民法院应负责调查收集证据：对于当事人及其诉讼代理人因客观原因不能自行收集的；人民法院认为需要鉴定、勘验的；当事人提供的证据互相有矛盾、无法认定的；人民法院认为应当由自己收集

〔1〕三台县法院志编纂领导小组编：《三台县法院志》，1999年版，国家图书馆国情资料室藏，第142页。

〔2〕福建省地方志编纂委员会编：《福建省志·审判志》，中国社会科学出版社1999年版，第120页。

的其他证据。1998 年 7 月 11 日起施行的《最高人民法院关于民事经济审判方式改革问题的若干规定》又对其表述作了重新修订，规定下列证据由人民法院调查收集：当事人及其诉讼代理人因客观原因不能自行收集并已提出调取证据的申请和该证据线索的；应当由人民法院勘验或者委托鉴定的；当事人双方提出的影响查明案件主要事实的证据材料相互矛盾，经过庭审质证无法认定其效力的；人民法院认为需要自行调查收集的其他证据。2001 年 12 月，最高人民法院制定并于次年 4 月生效的《最高人民法院关于民事诉讼证据的若干规定》，对人民法院调查收集证据问题作出了更加明确的规定，其第 15 条规定了《民事诉讼法》第 64 条规定的“人民法院认为审理案件需要的证据”仅包括两种情况：一是涉及可能有损国家利益、社会公共利益或者他人合法权益的事实；二是涉及依职权追加当事人、中止诉讼、终结诉讼、回避等与实体争议无关的程序事项。除此之外人民法院只有在当事人的申请下才会进行调查收集证据。而且对当事人提出申请的条件也作了具体的规定，即只有申请调查收集的证据属于国家有关部门保存并需人民法院依职权调取的档案材料，涉及国家秘密、商业秘密、个人隐私的材料，当事人及其诉讼代理人确因客观原因不能自行收集的其他材料。如此一来，需要人民法院亲自出马去调查取证的情况已十分稀少，深入群众、调查研究由原来人民法院司法的常规形态变成了一种偶尔为之的例外行为。

当然，由于中国的司法仍然强调法院要尽可能查清案件事实，因此为了保障上述法律及司法解释规定的法官调查收集证据的义务得到落实，最高人民法院建立了相关制度来加以保障。1998 年 8 月，最高人民法院制定的《人民法院审判人员违法审判责任追究办法（试行）》规定对于“当事人及其诉讼代理人因客观原因不能自行收集影响案件主要事实认定的证据，请求人民法院调查收集，有关审判人员故意不予收集，导致裁判错误的”属于追究的范围。同年 9 月最高人民法院颁布的《人民法院审判纪律处分办法（试行）》进一步明确了对这种情况的处理办法，规定“当事人及其诉讼代理人因客观原因不能自行收集影响案件主要事实认定的证据，请求人民法院调查收集，有关人员故意不予收集，导致裁判错误的，给予警告至撤职处分”。这些规定为特定情况下司法工作人员去调查收集证据注入了动力。

（二）“巡回审理、就地办案”边缘化，坐堂问案成主流

就地审判曾被认为是“最能使全部审判过程自始至终贯彻群众路线

的”制度设置，值得大力提倡和推广。[1] 然而，人民法院的工作压力不但对深入群众、调查研究的工作方法构成了冲击，而且对“巡回审理、就地办案”也构成了冲击。在强调当事人承担举证责任的同时，坐堂问案也日渐成为人民法院审判案件的主要形式。不过，人民法院要心安理得地进行坐堂问案，就得推翻1982年制定的《民事诉讼法（试行）》所确立的“巡回审理，就地办案”原则，从理论上确立坐堂问案的正当性。为此，20世纪80年代末法院系统一位论者抛出了一篇名为《论“巡回审理，就地办案”——兼评马锡五审判方式》的战斗檄文，文章首先论证了“巡回审理，就地办案”不是民事诉讼法的基本原则（因为它不是民事诉讼法立法的依据，对守法、执法也不具有普遍约束性，更不具有填补“法律空白”的补充性），在此基础上重新评价了马锡五审判方式，接着列举了在新的形势下人民法庭“巡回审理，就地办案”的诸多弊端（一闭门“巡回”，“便”少“难”多；二高速度跑路，低效率结案；三公开性差，监督力弱；四控制收案，使人们告状难）。因此呼吁在新的形势下有必要肯定坐堂问案的合理性，文章最后总结说：

> 毫无疑问，历史上否定“坐堂问案”的社会条件已不复存在，而今肯定并实行“坐堂问案”的社会条件已经成熟。倘若还将“巡回审理，就地办案”作为“基本原则”，还在盲目地用马锡五审判方式否定“坐堂问案”，则我国的民事审判工作的正规化建设必将寸步难行！[2]

1989年8月，中国高级法官培训中心和全国法院干部业余法律大学在北京联合举办“新中国法院系统首届学术讨论会”，与会者向大会提交了97篇论文，其中17篇论文获优秀奖，而该文正是17篇获奖论文之一，这表明其所持观点实际上表达了当时整个法院系统在此问题上的立场和看法，其观点已获得了中国共产党高层司法人士的首肯。最后该文还被《人民法院年鉴1989》和《中国高级法官培训中心、全国法院

---

〔1〕 罗时润、杨鹏：“就地审判是贯彻群众路线的新发展”，载《法学》1958年第7期。

〔2〕 葛行军：“论‘巡回审理，就地办案’——兼评马锡五审判方式”，载《中国高级法官培训中心、全国法院干部业余法律大学首届学术讨论会论文选》，人民法院出版社1990年版，第260页。

干部业余法律大学首届学术讨论会论文选》收录，使其得到广为传播。[1]

在实践和理论发展的基础上，立法随即发生了变化，1991年第七届全国人民代表大会第四次会议通过的《中华人民共和国民事诉讼法》，将“巡回审理，就地办案”由原则降格成了一般制度，从原来的“总则”编挪到了“第一审程序”编，措辞也作了修改，由原来的“人民法院审理民事案件，应当根据需要和可能，派出法庭巡回审理，就地办案”改为“人民法院审理民事案件，根据需要进行巡回审理，就地办案”。在此法律只要求，一审法院应根据需要和可能采用“巡回审理、就地办案”制，而是否实施由人民法院根据案件具体情况自行决定；对于二审法院法律则不再作规定，二审既可在法院内审理，也可以就地审理。

与此相应，开庭审理成为法学界研究的新热点，如何强化庭审功能日渐成为学术界和实务界共同关心的话题，1993年11月16日，最高人民法院发布了《最高人民法院第一审经济纠纷案件适用普通程序开庭审理的若干规定》和《最高人民法院经济纠纷案件适用简易程序开庭审理的若干规定》，对经济纠纷案件的开庭审理程序作出了明确的规定。对于改革后的审判方式记者曾有如下描述：

> 审判方式改革后，很多法院实行了“一步到庭”（或叫直接开庭）的审理模式，即不是先查清案件事实、分清是非。把审判活动的重心从大量的庭外查证活动转移到庭审中来，把过去在庭前进行的询问、调查、调解等都搬到庭上来进行。在法官主持下，让双方当事人“对簿公堂”，有话说在法庭，有理讲在法庭，有证摆在法庭，质证、认证在法庭。[2]

审判方式改革越来越强调庭审规范化，促使诉讼双方有话庭上说，有证庭上举，有理庭上辩，是非庭上分。[3] 以强化庭审功能为中心的审判方式改革取得了积极的成效，“凡是发挥庭审功能作用好的法院都出现了几个好现象：第一、减轻了法官的劳动强度，第二、减少了经费

---

〔1〕 当然关于“坐堂问案”是进步还是倒退的争论并没有结束，参见文盛堂：“‘坐堂问案’是审判方式上的倒退”，载《中国检察报》1994年3月29日，第3版；张绳祖：“是改革还是倒退——关于我国审判方式改革的探讨”，载《法律适用》1994年第11期。

〔2〕 苏宁：“一场无声的革命——人民法院审判方式综述”，载《人民日报》1996年9月27日，第3版。

〔3〕 三台县法院志编纂领导小组编：《三台县法院志》（1999），国家图书馆国情资料室藏，第143页。

开支，第三、缩短了办案的周期，第四、提高了办案人员的办案定额，第五、减少了法官同当事人的对立，增强了当事人对法官的信任程度。看起来，用这种庭审方式来搞清事实、核实证据、分清是非、打通思想、明确责任，比用庭前那个法官‘跑腿’、‘磨嘴皮’、‘搞得差不多再开庭’的方法要先进”。〔1〕1996 年《刑事诉讼法》修订时也吸收了当事人主义的因素，对抗制的审判方式进一步扩大到刑事诉讼之中。〔2〕自审判方式改革以来，坐堂问案成为人民法院办案的常态，“巡回审理、就地办案”只在一些特殊案件和边远地区的基层司法中偶有实践，〔3〕那种人民法庭“田坝、民院设‘公堂’，披星戴月办案归”的审判方式日渐消失，〔4〕而与此同时，个别论者已开始对人民法院审判方式改革中，不顾案件情况一律搞坐堂问案的做法提出批评。〔5〕

（三）人民陪审员制度“名存实亡”

与“深入群众、调查研究”和“巡回审理、就地办案”相比较，人民陪审员制度由于实施成本高昂、对社会现实条件的依赖性较强，所以改革开放伊始就受到强烈冲击，遭遇到一系列现实困难，例如人们做陪审员的积极性不高，司法经费保障不足，陪审员“陪而不审”等，〔6〕使各级人民法院实施陪审制的兴致低落。鉴于人民陪审员制度在实施中面临着一系列现实困难，1982 年 3 月制定的《民事诉讼法（试行）》第 35 条第 1 款规定：“人民法院审判第一审民事案件，由审判员、陪审员共同组成合议庭或者由审判员组成合议庭。……”法律已不再硬性规定一审案件的合议庭必须由陪审员和审判员共同组成，而作了相应的变

---

〔1〕 王怀安：“谈民事审判方式的改革”，载《法学》1996 年第 5 期。

〔2〕 参见樊崇义主编：《中国刑事诉讼法》，中国政法大学出版社 1996 年版，特别是第十九章“公诉案件的第一审程序”。

〔3〕 不过官方的媒体仍将“巡回审理、就地办案”作为正面事物加以报道，参见高领：“巡回法庭到村来”，载《人民法院报》1993 年 8 月 13 日，第 3 版。又如 1994 年《人民日报》的一位作者向读者讲述了河南南召县法院优秀女法官张伟深入基层、就地办案的感人事迹：1993 年其在办理留山镇两当事人的宅基纠纷时，先后六次步行到远离县城的山上进行调查调解，当年冬季里的一天，她再次去进行调解时，不幸跌倒在河里，几乎全身湿透，使双方当事人感动不已，主动承认各自的错误，从而使纠纷得到解决。参见郭超：《山区女法官的风采》，载《人民日报》1994 年 7 月 5 日，第 10 版。

〔4〕 三台县法院志编纂领导小组编：《三台县法院志》（1999），国家图书馆国情资料室藏，第 141 页。

〔5〕 王茂云、唐文生：“赡养纠纷案件不宜坐堂问案”，载《政法论丛》1994 年第 3 期。

〔6〕 邢清江：“人民陪审员陪而不审的现象应当改变”，载《人民司法》1981 年第 3 期。

通，人民法院审判第一审案件，由审判员组成合议庭或者由审判员和人民陪审员组成合议庭进行。这样做既未要求必须实行陪审制，也未完全废除陪审制，审理一审民事案件时是否邀请陪审员参加由人民法院自行决定。对于《民事诉讼法（试行）》为何作此规定，张友渔曾解释说：

> 本来陪审制度是走群众路线的民主制度，但从我国目前的实际情况看来，完全实行是有困难的。据法院反映，首先是陪审员不易找到。由于农村实行包产到户，企业实行自负盈亏，没有人愿意当陪审员。其次，虽然可以勉强找到陪审员，但往往没有法律知识。在合议庭，陪审员是多数，审判员是少数，在合议庭是要少数服从多数的，而多数不懂法律知识，容易造成审判上的混乱。还有一个问题，陪审员的费用如果公社、企业不负担，由法院负担，法院是难以承担的。据说一个陪审员所需要的费用，超过增加几个审判员的工资。事实上，陪审制度难以完全做到，因此不宜在民事诉讼法中作硬性规定，但也没有取消，由法院去灵活掌握。〔1〕

在此，立法者已不得不承认完全推行人民陪审员制度是不现实的，革命的理想主义已经退隐，而被世俗理性的算计所取代。同样基于这些考虑，1982 年《宪法》也不再把陪审制作为一项基本原则加以规定，而 1983 年 9 月，全国人大修订后的《人民法院组织法》第 10 条第 1 款和第 2 款也规定："人民法院审判案件，实行合议制。人民法院审判第一审案件，由审判员组成合议庭或者由审判员和人民陪审员组成合议庭进行；简单的民事案件、轻微的刑事案件和法律另有规定的案件，可以由审判员一人独任审判。"立法对现实的迁就，使陪审制在人民法院的司法中迅速减少。特别是《民事诉讼法（试行）》的颁布和 1983 年《人民法院组织法》修订后，人民法院实际上对一般的民事、经济纠纷案件已很少实行陪审制，〔2〕仅有的实施主要集中在刑事诉讼案件中

---

〔1〕 张友渔：《张友渔文选》（下卷），法律出版社 1997 年版，第 167 页。

〔2〕 不过由于一些知识、技术含量较高的新型案件的出现，专家陪审员受到了推崇，早在 1985 年最高人民法院就提出法院在审理专利案件时可以邀请科研单位、生产部门的专家、学者担任陪审员，直接参与专利审判工作。1989 年 2 月 10 日，最高人民法院在《对"关于武汉市桥口区人民法院设立环保法庭的情况报告"的答复》中又再次指出"人民法院在审理专业性较强的案件时视案情需要，可请有关专家作为陪审员参加合议庭"。当然不用说由专家型陪审员参加的案件数量必然极其有限，同时其已远离走群众路线的旨趣，而是旨在解决法院审判中遇到的技术难题。

(因为1979年制定的《刑事诉讼法》在20世纪80年代末及时进行修改，其第105条第1款有“基层人民法院、中级人民法院审判第一审案件，除自诉案件和其它轻微的刑事案件可以由审判员一人独任审判以外，应当由审判员一人、人民陪审员二人组成合议庭进行”之规定)。例如四川省理塘县1979年恢复和建立人民陪审员制度，选出陪审员26人，其中有干部、农民、乡村干部，但他们很少参加陪审。1983年后此项工作已名存实亡，1990年换届选举时，人民法院才再次推荐了人民陪审员名单。[1] 陕西省子长县人民法院由于经费紧张，从1983年起一般已不再邀请人民陪审员参加陪审。[2] 而一些人民法院虽然没有废除陪审制，但对其也做了一定灵活处置，例如湖北省丹江口县，1979年恢复陪审制时县人民法院聘请了一部分有文化懂法律的人大代表为人民陪审员，轮流到人民法院参与审理各类案件。而1984年，经市人大常委会同意，县人民法院聘请两名退休人员长期在法院担任陪审工作，只在基层人民法庭需要组织合议庭时，才邀请所在地人民代表履行陪审员职务。[3] 相关文献表明，这种邀请离退休人员充当陪审员的做法较为普遍。[4] 当然，如表3－3所显示，由于各地政治、经济和文化发展不平衡，对人民陪审员制度的执行也存在一些差别，像北京市平谷县那样政治、经济和文化相对发达的地区，人民陪审员制度就执行得相对好一些，至少在20世纪80年代人民法院仍拥有较多的人民陪审员；而像山东省东平县那样政治、经济和文化相对落后的地区，人民陪审员制度在20世纪80年代已执行得较差，人民陪审员的人数已寥寥无几。司法改革以来，中国在司法上由一个整齐划一的国家，变成了一个差异纷呈的国家。表3－3中山东省东平县人民法院历年所拥有陪审员人数的变化，是中华人民共和国推行陪审制整体历程的一个缩影，在中华人民共和国成立之初和“文革”刚结束不久，人们被革命胜利的激情所鼓动

---

〔1〕 四川省理塘县志编纂委员会编：《理塘县志》，四川人民出版社1996年版，第336页。

〔2〕 子长县志编纂委员会编：《子长县志》，陕西人民1993年版，第567页。

〔3〕 湖北省丹江口市地方志编纂委员会编纂：《丹江口市志》，新华出版社1993年版，第467页。

〔4〕 真正从事陪审工作的已不是或基本不是选举产生的人民陪审员，而大量的是由人民法院特别聘任的一批退休工人、干部及居委会的老人，有学者据此认为人民陪审员已不再具有人民性。参见陈家新：“人民陪审员制度的改革当议”，载《政法论坛》1990年第6期。

着，准备大干一场，但这种革命理想主义的冲天干劲很快就被改革复苏的世俗理性所冲淡，陪审员数量迅速减少且人员日益固定化，其所具有的代表性和反映社情民意的功能已大大降低，陪审制主要成了弥补法官人数不足的一个工具和民主的象征与点缀。

表3-3 部分人民法院20世纪部分年份拥有人民陪审员人数统计表

年份	1954	1955	1956	1958	1960	1963	1965	1980	1981	1984	1985	1987
平谷县	16	–	164	144	83	–	–	–	100	100	–	99
东平县	–	210	159	–	–	98	80	94	3	5	5	–

资料来源：平谷县志编纂委员会编：《平谷县志》北京出版社2001年版，第439~440页；山东省东平县志编纂委员会编：《东平县志》，山东人民出版社1989年版，第408页。

而随着时间的推移，陪审形式化、陪审员不愿参加陪审、人民法院不愿实行陪审、陪审案件日渐减少等现象并未消除，陪审制的实施情况并未发生好转。与此同时，实务界和学术界都有人明确提出要取消陪审制，〔1〕就陪审制是否应该废除人们展开了一系列的争鸣，当然最后废除派并没占上风，保留和改革的意见成了主流。〔2〕1989年颁布的《行政诉讼法》、1991年颁布的《民事诉讼法》及1996年颁布的《刑事诉讼法》在制度设计上做出了与1982年《民事诉讼法（试行）》和1983年《人民法院组织法》相一致的灵活规定，即一审案件既可采取陪审，也可不采取陪审，由人民法院视情况自主决定。虽然全面推行和落实陪审制已不可能，但立法部门仍不愿对其加以完全抛弃，而就其实践来说

〔1〕北京市高级人民法院工作人员任振平在《人民司法》主持的一次研讨会上的发言中明确提出应取消陪审制，参见“如何改革和改进法院工作”，载《人民司法》1988年第1期。而撰文主张废除陪审制的，可参见余汉平：“我国应当废除陪审制度”，载《法学评论》1989年第1期；陈家新：“人民陪审员制度的改革刍议”，载《政法论坛》1990年第6期。

〔2〕参见夏克勤：“完善我国陪审制度刍议”，载《人民司法》1994年第11期；蒋安：“论我国的陪审制度与司法改革”，载《法学评论》1999年第6期；叶青：“依法治国与司法公正”，载《法学》2000年第2期；张丽霞：“略论我国民事陪审制度改革”，载《南开学报》2000年第1期；杨正万、陈东：“陪审制度新论”，载《贵州民族学院学报》2000年第3期；宋立红、李鹏：“论我国人民的陪审制度”，载《内蒙古民族大学学报（社会科学版）》2002年第2期；张忠斌、黎宏谊：“陪审制度存废问题研究”，载《湖北警官学院学报》2002年第4期；等等。

正如一些学者所说的那样其已“名存实亡”。[1]

（四）调解在司法中的重要性下降

长期以来调解既是人民法院做思想工作、教育人民群众的基本方法，也是人民司法贯彻群众路线的基本形式，因此被视为人民司法的优良传统之一，倍受珍视。1982年的《民事诉讼法（试行）》虽然没有沿袭过去“调解为主”的提法，但仍确立了“着重调解”的原则。“许多人民法院在审理经济纠纷案件的过程中，按照《民事诉讼法（试行）》规定的着重调解的原则，在查明事实、分清是非、明确责任的基础上，对能够调解的，尽量进行调解，实在调解无效的，才予以判决。”[2] 当然由于受各方面现实条件的限制，这一立法规定在司法实践中仍然演变成了“调解为主，判决为辅”的格局，人民法院的民事、经济纠纷案件绝大多数都以调解方式结案。但是调解本身却是一件费时费力的事情，它要求调解人员热心、敬业、公正和清廉，否则不但容易影响诉讼效率，而且也易滋生司法腐败，导致司法不公。暗箱操作、久调不决、“和稀泥”、强迫、欺骗等几乎是“着重调解”原则与生俱来的弊病。而且在法院诉讼案件逐年攀升的情况下，继续费时费力地保持高调解率，维持“调解为主”的局面已不可能。于是自20世纪80年代中期以来，就有人对“着重调解”原则的正当性展开反思。

> 多年来由于民事法律不健全，民事审判工作长期处于依靠政策、经验、习惯办案，过分强调耐心说服教育工作。不恰当地提出结案的高调解率或者惧怕当事人以死相拼，担心判决难以执行等原因，常常造成民事案件久调不决的状况。既不适应群众的诉讼要求和对民事权益的法律保护，也不能适应社会主义商品经济发展的要求。
>
> 当前社会主义商品经济的发展，经济体制改革中形成的企业自主权的扩大和横向经济联系的增多，必然出现越来越多的权益纠纷诉讼到法院。如果继续采取久调不决的审判格局，就会使民事法律关系处于停滞不确定状态，势必会阻碍正常的民事流转，不利于对财物的保管、维修和使用，也不利于保护当事人的合法权益，甚至

[1] 参见矫春晓的《论人民陪审制度》、李学宽的《陪审制若干问题研究》和韩象干、孙颖颖的《改革完善我国陪审制管见》，均系1999年诉讼法学会年会论文。

[2] 《江华司法文集》，人民法院出版社1989年版，第301页。

会导致矛盾激化。[1]

在新的形势下，人民法院保持高调解率也被认为是一种不合时宜的做法，虽然无人否认以调解的方式解决纠纷能取得较好的社会效益。这印证了棚濑孝雄关于"解决纠纷的过程无论在积极的、正面的功能方面如何有效，如果维持它需要的代价实在太高，也只能或者废止它，或者转而使用代价较低的解决过程，再不就是严格地限制对这种有效过程的使用"的论断。[2] 人民法院调解作为费时费力、运行成本高昂的一种纠纷解决方式，阻碍了司法官们对诉讼效率的追求，已不得人心。

对调解的批判开始弥漫在法学的各个分支学科之中，例如研究法文化的学者梁治平就认为调解阻碍了中国社会契约关系的建立，他说："我们一向引为骄傲的'调解制度'，在这里与其说是建立契约关系的手段，倒不如说是传统和解模式的延续。这类传统的社会关系与改革中解放了的财产形式已经出现了矛盾。"[3] 而对人民法院调解展开的批评还在继续升级，个别论者甚至撰文批评说："重调解、轻判决，是带有浓厚封建色彩的贱讼观念的一种特殊表现，它与现代法治的要求是格格不入的。"[4] 对调解的批评已由其阻碍诉讼效率的提高上升到指责其根本就有违法治精神。同时"着重调解"原则的正当性也日益受到学者们的质疑，一些学者开始呼吁修改"着重调解"原则，而个别论者甚至提出应废除"着重调解"原则，改"着重调解"为"着重判决"。[5] 在此情况下，甚至连《人民日报》也加入了讨伐调解的行列，1990年2月《人民日报》载文批评说："近年来一些地区有的基层审判人员在办案中不顾案件具体情况，一味进行调解，依法判决的却不多，往往调解率高达90%多，判决率却几乎为零。审判员实际上成了'调解员'，导致不少群众误以为人民法院的民事审判庭就是'调解庭'"。[6] 虽然对

---

〔1〕 南京市中级人民法院研究室："从实施民法通则谈民事审判观念的更新"，载《人民司法》1987年第12期。

〔2〕［日］棚濑孝雄：《纠纷的解决与审判制度》，王亚新译，中国政法大学出版社1994年版，第33页。

〔3〕 梁治平："'从身份到契约'：社会关系的革命——读梅因《古代法》随想"，载《读书》1986年第6期。

〔4〕 曾昭度、赵钢："对着重调解原则的若干思考"，载《法学评论》1988年第5期。

〔5〕 参见陈洋南："对法院体制改革的探讨"，载《人民司法》1987年第8期；黄尚恒："民事诉讼内'着重调解'宜改为着重裁判"，载《政治与法律》1988年第5期。

〔6〕 吴彤章："审判员不等于调解员"，载《人民日报》1990年2月2日，第5版。

于调解的存废人们之间存在分歧，但在20世纪90年代之初再也没有人公开支持“着重调解”原则了。与此同时，在司法实践中原来全国民事、经济纠纷案件调解结案率高达80%以上的局面已一去不复返，1989年全国民事、经济纠纷案件，采用调解方法解决的，已只占这两类案件总数的70%左右。[1]

而在此舆论环境下，1991年全国人大制定的《民事诉讼法》第9条将原《民事诉讼法（试行）》第6条“人民法院审理民事案件，应当着重进行调解”修订为“人民法院审理民事案件，应当根据自愿和合法的原则进行调解”，即将“着重调解”原则变更成了“自愿和合法调解”原则，废除了“着重”的提法，调解在中国民商事司法中的显赫地位开始动摇。[2] 自此全国民事、经济纠纷案件调解结案率也开始下降，而且即使人民法院进行调解，其时机和方法也较以前发生重大变化，原来第一次调解一般安排在开庭前进行，但自庭审方式改革以来第一次调解已往往改在法庭辩论结束后才进行，[3] 以便减轻法院的工作负担。由于双方当事人在庭审中常常争得“脸红脖子粗”，庭审中要达成调解已极为困难。而到20世纪90年代晚期，民事诉讼法学界对法院调解的批判还在不断升级，有的学者认为，调解作为《民事诉讼法》的基本原则应予否定，其只能是一项诉讼制度；[4] 有的认为，“调审合一”具有无法克服的弊端，因而应将其改良为“调审分立”。[5] 在此基础上有学者干脆直接提出要废除人民法院的调解制度，而代之以和解制度，[6] 一时间使人以为中国即将废除法院调解制度。

---

〔1〕 任建新：“最高人民法院工作报告”，载《中华人民共和国最高人民法院公报》1990年第2期。

〔2〕 当然官方仍对调解报有善意，例如最高法院副院长唐德华曾说：“民事诉讼法不提‘着重调解’，只是因为这个提法作为法律规定不严谨、不科学，也没有反映搞好法院调解应当抓住的关键，而不是对法院调解的淡化和否定。”参见唐德华：“谈谈贯彻执行民事诉讼法的几个认识问题”，载《人民司法》1991年第9期。

〔3〕 王礼明：“公开审判是重心——武汉市改革民事、经济案件审判方式述评”，载《人民日报》1989年5月15日，第5版。

〔4〕 参见何文燕：“调解和支持起诉两项民诉法基本原则应否定”，载《法学》1997年第4期。

〔5〕 参见李浩：“民事审判中的调审分离”，载《法学研究》1996年第4期。

〔6〕 参见张晋红：“法院调解的立法价值探究——兼评法院调解的两种改良观点”，载《法学研究》1998年第5期。

二、"实事求是、有错必纠"不再具有正当性

以强化当事人举证责任，强化庭审功能，加强合议庭职权为主要内容的审判方式改革，[1] 不但使群众路线面临挑战，而且也使"实事求是、有错必纠"这一司法原则遭遇重大挑战。首先，采用对抗制后，"以事实为根据"将被"以证据为根据"所取代，"实事求是"原则实际上将被废弃。在当事人主义诉讼模式（对抗制）下，法官办案将以当事人提交的证据为基础，按照法律的程序进行，由于双方当事人举证能力及诉讼能力并不对等，故判决最终就不一定能建立在客观事实基础之上，"实事求是"原则必将大打折扣，甚至被废弃。其次，"有错必纠"原则事实上也无从落实。改革前定案证据是由人民法院司法工作人员收集的，如果最终因为案件事实认定错误而酿成错案，那么从道义上讲法院就有纠正的义务。而搞对抗制后，证据是由当事人自行收集的，当事人对案件事实负担证明责任，如果其对案件事实不能证明，则要承担败诉的后果。如此一来，实际上就废除了"有错必纠"原则，因为对于当事人举证不力或诉讼能力低下而造成的错案人民法院根本就不会去纠正，法院最多仅会对由其自身失误造成的错案承担纠正的责任。总之，"一旦采纳了对抗制，确实就对我国司法'以事实为根据，以法律为准绳'的原则提出了一些问题"，而且"有错必纠"的司法原则将遭受挑战，变得难于执行。[2]

当然以对抗制（或当事人主义诉讼模式）为方向的审判方式改革只是蕴涵了上述逻辑，由于实践具有较大的弹性，故在短时间内它还未直接对"实事求是、有错必纠"原则构成现实的挑战，全国各级人民法院每年都基于"实事求是、有错必纠"原则办理了大量的再审案件（参见表3－4），而且最高人民法院在向全国人大作工作报告时也年年

---

〔1〕 参见王怀安："再论审判方式改革"，载《人民司法》1995年第9期。另外黄松有认为我国民审判制度改革的实践大致经历了两个阶段。第一个阶段是从1988年第十四次全国法院工作会议的举行到1997年中共"十五"大召开，第二个阶段则是从1997年10月党的"十五"大召开，持续至21世纪初年。第一个阶段改革的中心议题是不断地探索和完善民事审判方式，其具体内容大致可以概括为"三个强化"：一是强化当事人的举证责任；二是强化庭审功能；三是强化公开审判。第二阶段的改革直接以司法制度或司法体制为对象，以司法公正和司法效率为价值目标，力求对法院体制以及民事审判制度进行创新。参见黄松有：《中国现代民事审判权论：为民服务型民事审判权的构筑与实践》，法律出版社2003年版，第23～24页。

〔2〕 参见苏力："关于对抗制的几点法理学和法律社会学思考"，载《法学研究》1995年第4期。

都向世人展示其贯彻"实事求是、有错必纠"原则所取得的重要业绩，在20世纪90年代中期以前"实事求是、有错必纠"也始终是最高人民法院工作报告的关键词之一。

表3-4　全国各级人民法院1990~2001年再审案件收案情况统计表

年份	1990	1991	1992	1993	1994	1995	1996	1997	1998	1999	2000	2001
再审收案（件）	81 984	83 573	81 926	69 531	64 377	70 885	76 094	86 425	89 687	98 765	95 290	93 576

资料来源：各年《中国法律年鉴》。

但思想禁区一旦被突破，当一些原来被认为神圣不可动摇的东西也可对其加以怀疑和讨论时，离"实事求是、有错必纠"原则被颠覆也就为时不远。具体而言，首先受到挑战的是"实事求是"原则，而质疑主要来自于案件证明标准问题，传统以"实事求是"原则为基础确立的"客观真实"证明标准自20世纪90年代初期以来受到了实务界和学界的猛烈批判，一些论者试图用"法律真实"[1]"形式真实"[2]"外表真实"[3]"确信真实"[4]等取代"客观真实"。而对"有错必纠"原则构成强有力挑战的是20世纪90年代中期以来中国民事诉讼法学研究中兴起的既判力理论，既判力被认为是指法院确定的终局判决所具有的拘束力。按照既判力原理，在民事诉讼中，法院的判决确定之后，无论该判决有无误判，当事人均受判决的拘束，不得就该判决的内容再进行争执。20世纪90年代中期有数位学者在当时的法学权威刊物

---

〔1〕李浩：《民事举证责任研究》，中国政法大学出版社1993年版，第232~240页；田冰川："我的结论是'法律真实'——刑事诉讼法学专家樊崇义教授访谈录"，载《中国律师》1996年第7期；蔡虹："略论行政诉讼中的证明标准"，载《法学评论》1999年第1期；蔡从燕："民事审判方式改革的法理学思考"，载《厦门大学学报》2000年第1期；樊崇义："客观真实管见——兼论刑事诉讼证明标准"，载《中国法学》2000年第1期；等等。

〔2〕吕利秋："行政诉讼目的——形式真实"，载《行政法学研究》1994年第1期。

〔3〕张永泉："以事实为根据之辨析——法院裁判的事实基础之价值取向"，载《法学》1999年第3期。

〔4〕李祖军："确信真实，一种新理论的结构性优势——论民事诉讼事实审理的目的"，载《法学评论》2000年第3期。

《法学研究》上发表了他们的论著,[1] 表明一种挑战“有错必纠”原则的理论已占领了当时的主流学术阵地。既判力这种观念在中国古代是缺失的,[2] 民国年间曾从国外引入过此概念，但是经过 1952 年至 1953 年的司法改革，它（即“一事不再诉”“官无悔判”）已被当作一种反动观点被批判和抛弃，而趁着审判方式改革的有利舆论环境，它又重新复活，一时间成了众人关注的学术热点问题，并不断有学者发表相关论著，研究刑事诉讼法学和行政诉讼法学的学者也开始讨论刑事诉讼判决和行政诉讼判决的既判力问题。[3] 既判力理论的兴起极大地瓦解了“有错必纠”原则。到 1999 年时，已经有学者站出来以既判力理论为基础公开批判“有错必纠”原则。

> 有错必纠是我国多年来一直奉为社会主义法律优越性重要体现的一项基本原则。其原意是指凡是因认定事实、适用法律或者其他原因判决错误的案件，都应予以纠正。有错必纠原则当然是非常理想的司法原则，但对于民事审判来说，既不合适又不可能，并且危害性很大。首先，有错必纠原则体现了强烈的职权主义色彩，不符合民事诉讼解决私人纠纷的目的，违背了民事诉讼的基本原则——处分原则。其次，有错必纠也是难以实现的。有错必纠原则建立在诉讼理想是追求客观真实的错误认识之上。从辩证唯物主义的认识论出发，人的认识能力是无限的，主观世界可以正确地反映客观世界。然而，这只是就人的认识世界的可能性而言，其前提条件是认识时间、认识手段不受限制。这种前提条件在诉讼中是不能成就的，诉讼总要受到时间和空间的限制。况且，我们所要求的案件的客观事实又都是过去的而非正在发生着的现象，证据所证明的事实无法与客观事实完全吻合。因此，有错必纠在司法实务中无实现的

---

〔1〕 参见叶自强：“论既判力的本质”，载《法学研究》1995 年第 5 期；江伟、肖建国：“论既判力的客观范围”，载《法学研究》1996 年第 4 期；叶自强：“论判决的既判力”，载《法学研究》1997 年第 2 期。

〔2〕 日本著名的中国法制史专家滋贺秀三研究认为，中国的法律文化传统中从来就没有产生过既判力的观念，在历史上具体诉讼制度里也找不到与此相应的程序规定。参见王亚新：《对抗与判定：日本民事诉讼的基本结构》，清华大学出版社 2002 年版，第 343 ~ 344 页；王亚新：《社会变革中的民事诉讼》，中国法制出版社 2001 年版，第 369 页。

〔3〕 参见龙宗智：《刑事庭审制度研究》，中国政法大学出版社 2001 年版，第 438 ~ 443 页；王耀忠：“刑事既判力在我国刑法中的重构”，载《法律科学》2002 年第 6 期。

可能。最后，有错必纠原则导致既判力的软化，严重地损害了程序的安定性。[1]

"有错必纠"就这样被当作"既不合适又不可能"的东西被人抛弃了。以拯救黎民百姓于水火为担当的革命理想主义已褪色，德性在世俗理性的算计面前再次败下阵来。既然法官不再是人民救星的化身，也没有"为民作主"的可能和必要，那么其包揽一切的做法就不再具有合法性，理当将主体资格奉还给当事人，让人们自行作主。而且这样也使司法当局获得了一种便利，减轻了自身的负担，方便了权力的行使。"有错必纠"原则已处于被审判的地位，但再也没人愿为其辩护。

由于中国的再审制度是建立在"实事求是，有错必纠"理念基础之上的，[2]"实事求是，有错必纠"原则合法性动摇，那么随即建立在此基础上的再审制度就受到了学者们的猛烈攻击。过分地强调"实事求是、有错必纠"被认为是导致中国司法产生"无限申诉、无限再审"弊端的重要原因。一时间众多学者都撰文要求修改原有再审制度，要求兼顾纠正错误裁判与保持生效裁判的稳定，取消人民法院依职权发动再审的权力，完善检察机关的抗诉监督，建立规范的再审之诉，重构再审的法定事由。有学者甚至直接提出要改变再审观念，以依法纠错原则取代有错必纠原则。[3] 总之，在21世纪初年中国法学界也基本上达成共识：传统观念强调"实事求是，有错必纠"，单纯追求实体公正，存在着历史局限性，必须加以改革和更新。[4]

学界对"实事求是，有错必纠"的批判显然引起了长期以来受累于"无限申诉"的实务界人士的共鸣，[5] 并最终影响到了中国最高司

---

〔1〕 陈桂明、李仕春："程序安定论——以民事诉讼为对象的分析"，载《政法论坛》1999年第5期。

〔2〕 参见柴发邦主编：《民事诉讼法学（修订本）》，法律出版社1987年版，第379页；张子培主编：《刑事诉讼法教程》，群众出版社1982年版，第316页。

〔3〕 李和仁、晏向华："诉讼效率与司法改革——中国法学会诉讼法学研究会2001年年会述要"，载《人民检察》2002年第2期。

〔4〕 陈光中、郑未媚："论我国刑事审判监督程序之改革"，载《中国法学》2005年第2期。

〔5〕 一些实务界人士在其习作中也开始批判"有错必纠"原则，参见邹云翔："再审不应片面强调有错必纠——兼谈刑诉法第204条之不足"，载《检察实践》2000年第3期；张坤世、宋雨前："有错必纠：可能的价值与明显的缺陷——对我国审判监督程序的理性反思"，载《行政与法》2001年第3期。

法当局关于司法政策的制定。2001 年《人民司法》发表了最高人民法院副院长沈德咏关于审判监督工作改革的文章，文中指出：

> 我们要修正长期被奉为审判工作指导思想的实事求是、有错必纠原则。实事求是、有错必纠是一项体现唯物辩证法的好原则，但它与司法工作的特殊性和规律性并不完全相融。现代司法奉行证据裁判主义，没有证据一切都无从谈起，而证据本身又有法定要求，证明力要受到证据能力的约束。从程序上讲，司法裁判还要受到举证时效、审理期限及两审终审的制约。所以，任何裁判结果从实体上讲都只能做到相对正确，而不可能追求绝对正确。因此，在一般情况下，不能简单套用"有错必纠"原则而轻易启动作为特殊救济程序的再审程序。再审程序适用不当，不仅无助于司法公正的实现，而且必将严重损害司法终审权和司法权威。[1]

同年 9 月 21 日至 24 日，最高人民法院在重庆市召开全国审判监督工作座谈会。这是最高人民法院审监庭建庭以来召开的第一次全国规模的会议。全国五个高级人民法院、解放军军事法院、新疆高院生产建设兵团分院、17 个中院和 5 个基层法院主管审监业务的院长、审监庭庭长，最高人民法院立案庭、民四庭、行政庭、办公厅、研究室、法研所等近 110 名代表参加了会议。最高人民检察院民行检察厅、刑检厅、公诉厅的负责人士应邀出席会议。《人民日报》、《法制日报》、《人民法院报》、人民法院出版社和《法律适用》等单位的记者也参加了会议。沈德咏出席会议并作了题为《加强审监工作，推进审监改革，建立和完善有中国特色的审判监督新机制》的重要讲话，再次重申了上述他关于"实事求是、有错必纠"的看法，强调要处理好纠正错误裁判与维护生效裁判稳定性、权威性的关系。会后最高人民法院向各省、自治区、直辖市高级人民法院，解放军军事法院，新疆维吾尔自治区高级人民法院生产建设兵团分院印发了《全国审判监督工作座谈会关于当前审判监督工作若干问题的纪要》，纪要明确提出"再审案件的改判必须慎重，既要维护法院判决的既判力和严肃性，又要准确纠正符合法定改判条件且

[1] 沈德咏："审判监督工作改革若干问题"，载《人民司法》2001 年第 8 期。

必须纠正的生效判决”的指导思想,[1] 这标志着传统的“有错必纠”原则最终被中国司法界修正和扬弃。这次会议及其纪要对中国的司法实务产生了实质性的影响，2002 年全国各级人民法院再审收案数比 2001 年减少了 39 417 件，下降 42. 12%；而 2003 年全国各级人民法院再审收案数又比 2002 年减少了 2542 件，下降 4. 69%。[2] 2005 年 10 月，最高人民法院制定的《人民法院第二个五年改革纲要（2004 - 2008)》，又明确将“改革民事、行政案件审判监督制度，保护当事人合法权利，维护司法既判力。探索建立再审之诉制度，明确申请再审的条件和期限、案件管辖、再审程序等事项，从制度上保证当事人能够平等行使诉讼权利”作为改革和完善诉讼程序制度的要点之一，“既判力”在中国官方的司法文件中取代了原来“有错必纠”的位置。

三、合法性资源的流失

希尔斯曾说：“传统发生变迁是因为它们所属的环境起了变化。传统为了生存下来，就必须适应它们在其中运作、并依据其进行导向的那些环境。如果某种职业的技术发生了变化，那么决定如何使用技术的诸种传统也要发生变化。”[3] 伴随社会情境的变化，无论人们是否乐意，人民司法传统发生变迁都是必然的。虽然出于习惯抑或基于政治正确考虑，人们在话语上偶尔仍会讲“调查研究、方便群众、巡回审理、就地办案等许多审判工作中的优良传统，已被我国数十年的审判实践证明是行之有效的，因此，我们要坚持和发扬。我们所摒弃的只是那些不利于法律贯彻，不利于保护当事人合法权益和提高审判效率的传统观念和习惯做法”[4] 之类的套话，也一再有人提醒不要抛弃传统，要处理好司

---

[1] 参见“全国审判监督工作座谈会关于当前审判监督工作若干问题的纪要”，载《最高人民法院关于刑事再审案件开庭审理程序的具体规定》，中国法制出版社 2003 年版，第 50 页。

[2] 中国各级法院再审收案数，2001 年为 93 576 件（《中国法律年鉴 2002》，中国法律年鉴社 2002 年版，第 1240 页)，2002 年为 54 159 件（《中国法律年鉴 2003》，中国法律年鉴社 2003 年版，第 1322 页)，2003 年为 51 617 件（《中国法律年鉴 2004》，中国法律年鉴社 2004 年版，第 1056 页)。

[3] [美] E. 希尔斯：《论传统》，傅铿、吕乐译，上海人民出版社 1991 年版，第 345 页。

[4] 朱承罡、张天骥：“谈审判方式改革的思维参照系”，载《当代法学》1995 年第 4 期。

法改革与保存人民司法传统的关系,〔1〕一些学者对司法改革的一些过激做法也颇有微词,〔2〕但无论怎么说,事实上中国改革开放引发的社会变迁,只用了十余年的光阴就极大地改变了长期以来中国共产党引以为傲的人民司法传统的命运。群众路线虽然仍然在不断地得到强调,〔3〕但事实上当司法越来越"正规"和"现代化",越来越注重自身程序的合法性,法官由"慈母"转化成"官僚","坐堂问案,提笔下判"越来越普遍时,上述群众路线的表达形式和实现途径就部分失效和被阻塞,其在司法中也就变得无足轻重。对此,早在20世纪90年代彭真就曾痛心地说:"我总感到,这些年群众路线削弱了,自上而下的多了,自下而上的少了,该和群众商议的,有些也不好好同群众商议。"〔4〕这是国家机器现代化——理性化、官僚化——的必然产物。而"实事求是、有错必纠"的处境则似乎更惨,其不但遭到学界的批判,而且从20世纪90年代末期后甚至连官方也不再提它。〔5〕同样,由于越来越重视司法独立和权威,"服从党的领导"在学界和民间已处于失语状态,为中心工作服务由于常成为地方保护主义的借口,故其提法即使是官方在使用时也较以前更为谨慎,而司法人员的"革命化、年轻化、专业化和知识化"在20世纪90年代已很少被提及。限于篇幅,本书就不再对其一一展开。

一言以蔽之,发端于20世纪80年代末期的审判方式改革,延续至21世纪之初时已深刻地改变了中国司法的面貌,其间人民司法传统不断遭遇挑战,并呈现出部分断裂的局面,当然,这里的断裂并非指改革

〔1〕参见孙谷源、宋锡安:"经济审判方式改革初议",载《人民司法》1989年第8期;唐德华:"谈谈贯彻执行民事诉讼法的几个认识问题",载《人民司法》1991年第9期;本刊评论员:"切实加强民事审判规范化工作",载《人民司法》1992年第12期;本刊评论员:"明确指导思想 进一步搞好审判方式改革",载《人民司法》1995年第11期。

〔2〕有学者在对民事审判方式改革进行反思后评论说:"盲目的引入了'对抗制',并以此作为民事审判方式改革的切入点,改革实践中出现的'一步到庭'、'完全由当事人举证'等所谓的审判方式改革举措,都是以'对抗制'作为其预设的理论前提的。然而,这些在'审判方式改革'名义下进行的所谓'庭审改革',在很大程度上不仅没有解决司法制度所要求的实体正义问题,而且无端地增加了当事人的讼累,提高了诉讼成本,浪费了宝贵的司法资源。"参见黄松有:"渐进与过渡:民事审判方式改革的冷思考",载《现代法学》2000年第4期。

〔3〕参见《中共中央关于加强党同人民群众联系的决定》,人民出版社1990年版。

〔4〕彭真:《论新中国的政法工作》,中央文献出版社1992年版,第448页。

〔5〕"有错必纠"这一术语在1998年至2005年的《最高人民法院工作报告》中再也没有出现过。

前后的中国司法不再具有任何的同质性，而是指二者出现了裂痕，理念与技术均发生了嬗变。而这一切也引起了有识之士的关注，天津高院首席大法官张柏峰在其主编的教材中写道：

> 当前，在审判方式改革中存在着一种忽视中国人民司法优良传统的倾向。如在强调严格诉讼程序时，忽视实事求是地解决纠纷；在强调当事人举证责任时，忽视法院依职权调查取证；在强调庭审功能时，忽视坚持“两便原则”、“巡回审判”等；在强调直接开庭、当庭宣判时，忽视和否定在自愿、合法基础上的调解等审判方式改革等。[1]

而这种断裂本身即是一重大政治事件，因为司法历来是中国共产党合法性再生产的场域，人民司法传统历来是中国共产党重要的合法性资源，人民司法传统的部分断裂即意味着中国共产党执政合法性资源的流失，长期以来倚重的合法性再生产机制已衰败。[2] 诚如美国政治学家罗伯特·达尔所言：“领导人其实不能专断地造出和操纵一套统治的意识形态。因为，政治意识形态一旦在政治体系中被广泛接受，领导人本身也就成了它的囚徒。如果他们违反其准则，就会冒毁坏自己的合法性的风险。”[3] 由于中国共产党长年以来始终如一的宣传、灌输和身体力行，“群众路线”与“实事求是、有错必纠”等无疑早已深入人心，成为共产党司法/人民司法的标志，而当新的理念和技术将其取代时，那些“跟不上时代”、仍保持着旧思想的民众就将迷失方向，他们只会相信“共产党不见了”。[4] 故在实现司法现代化的过程中，如何培植司法领域中中国共产党执政的合法性资源，如何在司法领域建构中国共产党合法性的再生产机制就成了摆在力图坚持长期执政的中国共产党面前的一个崭新课题。

---

〔1〕 张柏峰主编：《中国的司法制度》，法律出版社2004年版，第377页。

〔2〕 在21世纪初年，中国共产党执政的合法性资源问题成为政治学界讨论的一个热点问题，参见李俊：“中国共产党执政合法性问题研究综述”，载《宁波党校学报》2004年第3期；王喆：“中国共产党执政合法性研究综述”，载《党政干部学刊》2005年第5期。

〔3〕［美］罗伯特·达尔：《现代政治分析》，王沪宁等译，上海译文出版社1987年版，第79～80页。

〔4〕 这是邓小平的一个说法，邓曾说：“这几年来，我们一些同志滥用了人民对党的信任，滥用了党的威信，群众是不满意的。但是，当我们犯这样的错误的时候，群众还是这样想：共产党不见了。当我们改正错误的时候，人民群众就说：共产党回来了。”参见《邓小平文选》（第3卷），人民出版社1993年版，第225页。

第四章

挑战、危机及人民司法传统的部分复兴

中国社会结构的转变、社会控制和治理方式的转型，提升了人民法院在中国政治系统中的地位，使司法实现了由边缘到中心的转移。面对无法承受的工作重负，人民法院不得不进行改革以提高诉讼效率，而在此过程中人民司法传统呈现出局部断裂，使中国共产党的合法性也受到了损害。但这还并不是人民法院建设故事的全部内容，而更为重要的是在社会新旧结构和治理方式交替的间隙，人民法院自身还面临着严重的合法化超载问题，司法不但难以完成为整个政治系统提供合法性支持的使命，而且自身还遭遇到空前的合法性危机。这双重的难局，最终带来了灾难性的后果。为了克服危机、重新赢得民众对司法的认同、奠定司法坚实的合法性基础，从而也增强自身执政的合法性，中国共产党采取了一系列措施，在坚持“以法治国”的同时及时提出了“以德治国”的主张，并大力践行“公正与效率”世纪主题和“司法为民”，从而在新的社会情境下人民司法传统出现复兴的迹象，中国共产党执政的合法性根基也得以巩固。

法院建设的挑战

假如说20世纪80年代之初人民法院建设的复兴，主要是受“文革”期间无法无天教训的刺激，人们呼唤民主与法制，为了平反“冤假错案”、贯彻落实1979年制定的新法律而为之的产物，那么自20世纪80年代中期，特别是中共十二大确定搞社会主义市场经济以后，法院诉讼案件的迅速增加，推动法院进行现代化建设的动力已是新的经济和社会因素。但是社会结构的转型并不可能在瞬间全部完成，社会各个领域新旧因素的同时并存，旧的体制仍顽固地存续着，对国家的政治运作和社会生活产生着巨大的影响，故在中国司法现代化的旅途中充满着矛盾和艰险。而司法地方保护主义、执行难和司法腐败正是其外在表现，只有战胜它们，从而最终打破旧的社会结构和体制，中国司法才能真正步入现代化的坦途。

一、地方保护主义

在统收统支的计划经济体制下，地方政府的利益观念是十分淡薄的。但自1980年首次实行财政“分灶吃饭”以来，各地政府开始对财政收入和地方经济利益表现出前所未有的关注，而以发展商品经济为导向的改革，也使地方政府成为现实的经济主体，故自20世纪80年代初期以来中国经济生活领域中的地方保护主义浪潮此起彼伏。〔1〕而各种保护主义也很快从经济领域弥漫到司法和行政执法等领域。

早在1986年召开的全国人大会上，郑天翔就表达了他对日渐抬头的地方保护主义对独立司法威胁的忧虑，他说：“在经济活动领域内，一些干部不是将法律作为保护人民合法权益和国家利益的武器，而是实用主义地对待法律，把法律当成保护本地区局部利益的工具。法院的判决，如果对本地有利，就高兴，就说法院的好话；如果法院判决本地应偿还外地的债务，就不高兴，就指责法院‘胳膊肘往外拐’；甚至阻挠法院对一些案件的受理、判决和执行。”〔2〕郑号召人民法院要忠实于法律和制度，忠实于人民利益，忠实于事实真相，要敢于排除干扰，敢于坚持原则，敢于实事求是，铁面无私，执法如山，各级人民法院要自觉抵制对司法的各种不当干预。

但在20世纪80年代，除了采取道德说教——号召局部利益要服从整体利益，要顾全大局、遵纪守法等之外，还不可能大范围地着手进行克服地方保护主义的制度建设。例如1989年郑天翔在接受《人民司法》记者采访时，针对记者关于“近年来，由于地方保护主义作祟，有的法

---

〔1〕 参见黄文夫：“当心出现第四次地方保护主义浪潮”，载《黄文夫经济评论选》，经济日报出版社1993年版，第97页。早在20世纪80年代初期就有学者撰文批评当时区域经济中的“保护”政策，参见陈佳贵、张厚义：“略论地方‘保护’政策”，载《中国社会科学院研究生院学报》1981年第1期；王莘耕：“‘保护地方工业’的提法妥当吗?”，载《企业经济》1982年第4期。

〔2〕 郑天翔：《行程纪略》，北京出版社1994年版，第472页。

院执法受到干扰，对符合立案条件的外地案件不能及时受理；或受理后拖而不办、办而不公；或审而不执、执而不力”的提问，他能告诉记者的解决办法只能是：一使人们认识到地方保护主义的危害，“从根本上说，地方保护主义是把地方和部门的狭隘利益置于国家整体利益之上的小生产意识的反映，同发展社会主义商品经济是格格不入的，从长远来看，对本地也是不利的。地方保护主义干扰了秉公执法，破坏了国家法制的统一，败坏了人民法院的声誉，必须坚决反对”。二奉劝“各地法院要认真执行在适用法律上一律平等的原则，从全局出发，坚持依法办案，维护法制的统一”。三表扬像江苏省射阳县人民法院那样杜绝地方保护主义，秉公办理涉及外地当事人经济纠纷案件的先进法院。[1] 由于对地方保护主义没有采取什么强有力的措施，故一时间司法地方保护主义非但没收敛，反而变本加厉。

据文献披露，司法地方保护主义主要表现为地方司法机关通过立案上卡、管辖上争、审理上拖、调解上压、裁判上偏、强制措施上滥、执行上难等手段来偏袒本地当事人，以求保护当地利益。[2] 对此，在20世纪90年代中期一位中级人民法院院长在其文章中对地方保护主义作了如下描述：

> 从法院自身来看，主要表现为审判工作中存在着“争、拖、偏、卡”现象。所谓“争”，就是争案件管辖权……所谓“拖”，就是在案件的审理上，对当地利益不利的案件，以种种口实拖着不办，让当事人“干着急”。所谓“偏”，就是一些法院或办案人员对于案件的裁判，不是依据事实和法律，而是从本地利益出发，违背“法律面前人人平等”的基本原则，在裁判上排斥外地当事人一方，“偏袒”当地当事人一方……所谓“卡”，就是在执行工作上相互设卡，互不协助。一些法院对于外地法院的委托执行或协助执行要求，非但不予协助、配合，反而互设“关卡”，彼此“拆台”，

---

〔1〕“坚持公开审判制度杜绝地方保护主义——任建新院长答本刊记者问”，载《人民司法》1989年第7期。

〔2〕本刊评论员：“‘篱笆墙’A，B，C——审判工作中的地方保护主义述评”，载《人民司法》1990年第10期；王金大：“破除地方保护　维护法律尊严”，载《瞭望》1996年第27期；冯兆惠：“当前执法中地方保护主义的表现形式、产生原因及其对策”，载《河北法学》1997年第2期；刘莲：“司法地方保护主义的表现、成因与对策”，毕玉谦主编：载《司法审判动态与研究》，法律出版社2001年版，第168页。

> 甚至采取“三不”政策，即对于外地法院要求执行或协助执行的案件，不协助、不送达、不执行，使法院内部出现“内讧”……更有甚者，一些法院为保护本地当事人利益，采取假裁定、假判决、假破产等手段，弄虚作假，使当事人规避法律，逃避制裁。[1]

在地方保护主义的支配下，地方人民法院变成了“地方的法院”，成为各地实行经济保护主义的工具，中国出现了“法制割据”的局面。而司法中地方保护主义的泛滥及危害已成为了社会各界广泛关注的热点问题之一，编撰于20世纪90年代初期的一些法律辞书，已将“地方保护主义”作为一个正式的词条加以收录，例如方昕主编的《简明法律辞典》即如此。[2] 而如何克服地方保护主义同样也成为研究法院和司法的著述绕不开的话题。[3]“地方保护主义”更是最高人民法院工作报告的惯用词汇，在1988年至1996年间，它每年都出现在最高人民法院的工作报告中。

所以与地方保护主义作斗争是人民法院在此期间始终面临的基本任务之一。

第一，最高人民法院一再发文强调和号召各地人民法院要积极与地方保护主义作斗争。1988年1月，最高人民法院在发布的《关于在审理经济纠纷案件中认真办好外地法院委托事项的通知》中明确规定：“凡因地方保护主义严重，甚至徇私枉法而拒不依法认真办理外地法院委托事项的，要给予纪律处分；情节严重的，应追究相应的法律责任。”[4] 1993年最高人民法院主持召开了全国经济审判工作座谈会，会后最高人民法院发布了《最高人民法院关于印发〈全国经济审判工作座谈会纪要〉的通知》，指出十四大确定建立社会主义市场经济体制，是中国经济体制的重大变革，经济审判工作要适应这一转变，树立为社会主义市场经济服务的新观念。为此应树立社会主义统一市场的观念。人民法院作为审判机关必须严肃执法、公正办案，无论当事人是本

---

〔1〕 邹梅清：“解决地方保护主义问题应从法院有身做起”，载《法制与社会发展》1997年第4期。作者系当时山东烟台市中级人民法院院长。

〔2〕 方昕主编：《简明法律辞典》，中国检察出版社1992年版，第102页。

〔3〕 参见夏锦文：《社会变迁与法律发展》，南京师范大学出版社1997年版，第十八章“社会转型中的地方保护主义与法律的发展”；程竹汝：《司法改革与政治发展》，中国社会科学文献出版社2001年版，第284~290页；等等。

〔4〕 魏进发等编：《人民法院执行对策》，吉林人民出版社1992年版，第309页。

地的还是外地的、中国的还是外国的，都应该一视同仁。上级人民法院要支持下级人民法院严肃执法、公正办案，坚决抵制地方保护主义的干扰。对坚持秉公执法有突出贡献的法院和审判人员要表扬；对受地方保护主义的影响，办案有失公正的，除了按照审判监督程序对案件进行纠正外，要追究有关人员的责任，情节严重，构成犯罪的，还要依法追究刑事责任。

第二，强调法院系统整体协同作战，上级法院要监督和支持下级抵制地方保护主义的干预。任建新曾在第十四次全国法院工作会议上强调指出："要敢于突破地方关系网，敢于排除各种干扰，必要时向上级法院报告，以取得支持。上级法院要加强监督，如发现有偏袒，要立即纠正，并视情节对有关责任人员给予必要的处分。上级法院对下级法院抵制地方保护主义的正确行为，要给予坚决支持。"〔1〕长期以来各级人民法院的审判监督庭针对审判工作中存在的地方和部门保护主义、利益驱动、裁判不公以及执行中的错误行为等问题，加强了审判监督，最高人民法院加强了对全国法院的审判监督，上级人民法院加强了对下级人民法院的审判监督，以保证各级人民法院正确履行法律赋予的职责，维护国家法制的权威和统一。

第三，为了积极与地方保护主义的人和事作斗争，人民法院加强了相关制度建设和落实。1991年任建新在向全国人大作工作报告时承诺："要继续把克服地方保护主义作为纠正不正之风的一项重要内容，经常进行检查、整顿，抓住典型案件，采取有力措施，坚决予以纠正，藉以推动全局。"〔2〕而1991年《民事诉讼法》修订后，各级人民法院认真执行民事诉讼法新增加的由被告住所地管辖和合同双方当事人可以协议管辖的规定；试行立案与审理分开的制度，强化内部制约机制；坚持公开审判，接受群众监督；对处理不公的案件，坚决加以纠正。上述措施收到了一定成效。〔3〕

当然，除了凭借人民法院自身的力量之外，各级人民法院也积极向

---

〔1〕任建新："充分发挥国家审判机关的职能作用更好地为'一个中心、两个基本点'服务"，载《中华人民共和国最高人民法院公报》1988年第3期。

〔2〕任建新："最高人民法院工作报告"，载《中华人民共和国最高人民法院公报》1991年第2期。

〔3〕任建新："最高人民法院工作报告"，载《中华人民共和国最高人民法院公报》1992年第2期。

党委请示汇报，凭借党组织的力量和威信来治理地方保护主义。最高人民法院一再呼吁社会各界“对人民法院严肃执法给予大力支持”,[1] 而各级人民法院也及时向党委请示汇报，反映地方保护主义的现状及危害，中国共产党高层对此十分重视，中共中央总书记江泽民（1989～2002）曾在中共十四届六中全会上严厉批评说：“有的地方和部门的保护主义已发展到相当严重的程度，为了他那一点局部利益或者个人利益，甚至连犯罪的问题都加以保护。”[2] 1996 年底任建新在全国政法工作会议上指出地方保护主义“确实到了非下决心解决不可的时候了”。[3] 为此中共中央政法委员会提出了八项清除司法执法中的地方保护主义的对策：①从政治思想教育入手，切实提高各级党政领导和执法司法人员的思想认识；②从党委、政府和党政主要领导做起，带头维护法律的权威；③把执法司法中的地方保护主义作为执法司法机关反腐倡廉的突出问题，重点加以解决；④严肃执法司法纪律，加大惩处力度；⑤认真解决跨地区争议案件，及时纠正地方保护主义问题；⑥切实解决拒不执行法院判决裁定和抓人讨债问题；⑦金融和行政执法部门要认真履行法定义务；⑧1997 年集中一段时间在全国开展一次专项治理活动。[4]

经过法院系统上下和社会各界的共同努力，全国各地涌现出了一大批积极抵制地方保护主义的先进事例，但由于司法体制没有发生根本改变，地方法院人、财、物仍由地方党政供给，司法管理体制地方化的局面仍未改变，地方保护主义的根源并没有消除，而人民法院在凭借地方党、政的力量来对付地方保护主义的过程中，同时也为个别地方党政领导人以言代法、以权压法、越权干预司法工作创造了条件，使地方保护主义得以再生产。故在 20 世纪 90 年代晚期中国的地方保护主义仍然十分严重，被人认为是中国面临的紧要问题之一,[5] 而 1999 年最高人民

---

〔1〕 任建新：“最高人民法院工作报告”，载《中华人民共和国最高人民法院公报》1991 年第 2 期。

〔2〕 江泽民：“关于讲政治”，载《求是》1996 年第 13 期。

〔3〕 张宿堂、苏宁：“中央政法委要求政法各部门　清除执法中地方和部门保护主义”，载《人民日报》1996 年 12 月 20 日，第 4 版。

〔4〕 参见郑研：“清除地方和部门保护主义的八项对策”，载《半月谈》1997 年第 2 期。

〔5〕 张建华主编：《中国面临的紧要问题》，经济日报出版社 1998 年版，第 445～447 页。

法院制定的《人民法院五年改革纲要》也将“司法活动中的地方保护主义产生、蔓延，严重危害我国社会主义法制的统一和权威”作为人民法院的管理体制和审判工作机制面临着的严峻挑战之一。[1]

二、执行难

虽然生效判决执行工作主要是一项行政性事务，但民商事案件以及刑事案件中关于财产部分的执行事项依照中华人民共和国的立法惯例，历来由人民法院执行。例如1954年制定的《人民法院组织法》第38条规定：“地方各级人民法院设执行员，办理民事案件判决和裁定的执行事项，办理刑事案件判决和裁定中关于财产部分的执行事项。”对此，1979年制定的《人民法院组织法》第41条又沿袭了这一规定。1982年全国人大制定的《民事诉讼法（试行）》特设“执行程序”编，对人民法院的执行工作作出了详细的规定，其第161条规定：“发生法律效力的民事判决、裁定和调解协议，以及刑事判决、裁定中的财产部分，由原第一审人民法院执行。法律规定由人民法院执行的其它法律文书，由有管辖权的人民法院执行。”其第163条第1款规定：“执行工作由执行员、书记员进行；重大执行措施，应当有司法警察参加。”

不过，长期以来由于案件较为简单且数量有限，人民法院并没有设立专门的执行机构，人民法院的执行工作一般由审判员代为处理，称为“审执合一”，直到20世纪80年代初各地人民法院才陆续设立专门的执行人员和执行机构。例如四川省三台县人民法院，中华人民共和国成立后34年间均实行“审执合一”，直到1984年7月才增设执行庭，将执行工作交由执行庭负责处理，实现“审执分开”。[2] 而1983年，河北邯郸地区各级人民法院为加强民事执行工作，全地区的16个县、市法院配备了执行员30名，其中磁县、永年等11个县法院还建立了执行组。[3] 但即使到20世纪80年代中期，“审执合一”的做法在全国仍然十分普遍，对此一位作者曾在其文章中写道：

据统计全国地方各级人民法院三千三百多个，到一九八五年底

---

〔1〕马原主编：《经济审判司法解释及相关案例（第三辑）》，人民法院出版社2000年版，第3页。

〔2〕三台县法院志编纂领导小组编：《三台县法院志》（1999年），国家图书馆国情资料室藏，第226页。

〔3〕燕振科：“邯郸地区各级人民法院加强民事执行工作”，载《河北法学》1983年第2期。

设专职执行员仅有九百六十七人。这说明，全国还有相当多的地方人民法院连执行员也没有设，仍然沿用承办案件的审判员和书记员“一包到底”的执行办法，致使近几年来全国地方各级人民法院受理的经济纠纷案件，审结后完全不能执行的占百分之二十；民事案件审结后难以执行的也占百分之十几。[1]

人民法院执行人员配制与机构设置不到位，直接影响到法院的执行工作，法院判决得不到落实在20世纪80年代中期已引起中国共产党高层的关注。1988年4月1日，郑天翔在向全国人大作工作报告时坦陈："当前，经济审判工作中最突出的问题是判决难以执行。据不完全统计，经济纠纷案件判决后未能执行的，1985、1986年平均为20%左右，1987年上升到30%左右，有的省高达40%以上。"[2] 人民法院判决得不到执行，实际上等于法律失去效力，而“一旦法律丧失了力量，一切就都告绝望了；只要法律不再有力量，一切合法的东西也都不会再有力量”。[3]“法律白条”[4] 的出现不但使当事人的权利得不到保障，而且也严重损害了法律和司法的权威与信誉，有些人开始采取私力救济的方式来实现其权利，据统计1990年全国检察机关立案侦查非法拘禁案件3509起，其中60%属于扣人索债，1991年非法拘禁案件突破4000起，75%属于扣人索债。[5] 所以人民法院执行难的问题必须得到解决。

自20世纪80年代中期以来，各地人民法院判决执行难[6]就成为各种报刊时常讨论的热门话题，故“执行难”实际已成了人们描述法院执行状况的一个固定术语和现代汉语的一个新词汇。而如何克服法院判决执行难这一问题，自1988年开始就成为每年最高人民法院工作报告固定保留的项目，人民法院在执行问题上取得的成绩和面临的问题始终是全国人民关注的焦点，解决执行难的问题也始终是人民法院每年的

---

〔1〕 陈学晏："试论建立执行庭"，载《甘肃政法学院学报》1986年第4期。

〔2〕 郑天翔："最高人民法院工作报告"，载《中华人民共和国最高人民法院公报》1988年第2期。

〔3〕［法］卢梭：《社会契约论》，何兆武译，商务印书馆2003年版，第164页。

〔4〕 人们也将不能执行的法院判决称为“法律白条”，参见杨相奇、李新法："内乡县法院没有‘法律白条’"，载《人民司法》1993年第8期；李奎海："‘法律白条’质疑"，载《人民司法》1997年第1期；等等。

〔5〕 希灵："经济纠纷中的黑旋风扣人索债"，载《警察天地》1995年第4期。

〔6〕 学者认为执行难应当是指按照法律规定应当执行、可以执行的案件难以执行，参见景汉朝，卢子娟："‘执行难’及其对策"，载《法学研究》2000年第5期。

中心工作任务之一。〔1〕

执行难之所以久攻不克，据相关文献的解释，除了人民法院自身原因——例如：①存在重审判、轻执行的错误认识；②执行机构设置不健全，人员配置较少，执行力量薄弱，执行工作缺乏组织保障；③审判与执行的关系没有处理好，审判人员在判案时没有顾及案件的执行；④部分执行人员素质不高，执法水平低下，缺乏敬业精神，不善于运用合理的执行策略，执行措施不得力；⑤少数案件判决不公正，无法执行——之外，还存在诸多外部客观原因，例如：①法院诉讼案件增多，需要执行的案件逐年增加；②地方/部门保护主义；③当事人破产或资不抵债，甚或隐匿、转移被执行财物；④有些企事业单位负责人更替，"新官不理旧事"，不愿积极还债；〔2〕⑤银行等有关方面不积极配合人民法院的执行工作；⑥装备落后，缺乏必要的交通工具和设施；〔3〕等等。而这些外部障碍显然不是法院通过自身努力所能加以克服的，特别是地方保护主义，以及缺乏信用的社会环境等涉及面宽广，不改变整个社会的结构和治理方式，在短期内克服执行难实无把握。

而为了执行法院的生效判决，部分法院甚至采取了一些不当的过激行为，例如为促使被执行人履行义务，一些执行人员采取了给被执行人戴手铐等强制措施的"吓唬战术"。〔4〕而个别法院甚至采取了扣押人质的方式进行追债，例如山东省莒南县人民法院在解决一件经济纠纷中非法对被执行人进行拘传，并将其扣留在一个小平房中 1 个月，直到还钱后才放人。〔5〕针对受经济利益驱动，越权插手经济纠纷、滥用强制手段、非法扣押人质的现象在人民法院审理经济纠纷案件以及执行工作中时有发生的现状，1994 年 9 月 12 日，中央政法委员会特发出《严禁以扣押人质方式解决纠纷的通知》，为了使其得到贯彻执行，最高人民法

---

〔1〕参见《中华人民共和国最高人民法院公报》《全国人民代表大会常务委员会公报》1989 年至 2005 年间刊载的历年《最高人民法院工作报告》有关执行工作的部分。

〔2〕任建新："最高人民法院工作报告"，载《中华人民共和国最高人民法院公报》1991 年第 2 期。

〔3〕任建新："最高人民法院工作报告"，载《中华人民共和国最高人民法院公报》1993 年第 2 期。

〔4〕梦天："'吓唬战术'使不得!"，载《人民司法》1987 年第 5 期。

〔5〕参见李杰："走出误区——对扣压人质索债做法的分析与思考"，载《山东审判》1995 年第 4 期。

院也发布了《关于坚决纠正和制止以扣押人质方式解决经济纠纷的通知》，要求各级人民法院认真组织干警学习、贯彻中央政法委员会通知精神，制订切实可行、有效的措施，坚决纠正和制止非法扣押人质事件的发生。此外，为了避免执行的麻烦，一些人民法院甚至拒绝受理被告无偿还能力的案件。[1] 当然这些措施非但不能从根本上解决执行难的问题，反而导致了新问题的产生。

为了克服执行难，自20世纪80年代以来人民法院进行了许多富有积极意义的努力。首先，完善了机构，配制和充实了执行人员和装备。执行工作受到了一些地方人大的重视，部分地方人大制定了关于执行工作的地方性法规，提出要设立执行机构、配置执行人员。[2] 而1991年七届全国人大四次会议通过的《民事诉讼法》第209条第3款也规定："基层人民法院、中级人民法院根据需要，可以设立执行机构。"此条为基层和中级人民法院设立执行机构提供了法律依据，到20世纪90年代中期各级人民法院都普遍设立了执行机构，[3] 配备了专职执行人员。而且随着执行收案数的增加，各地人民法院也不断扩大执行庭的编制，以浙江省武义县人民法院为例，1989年法院执行庭建立时，仅有执行人员3名，但到1997年时执行庭实有人员已增至8名，而且法院配设的5名法警除履行日常工作外，主要任务也是协助执行人员对强制执行案件的执行。[4] 其次，针对地方保护主义和本位主义的干扰，最高人民法院强调各级人民法院要从自身做起，"坚决站在国家的立场上，排除干扰，维护法律的统一实施；上级人民法院要加强对下级人民法院执行工作的指导、协调、帮助和监督；要认真负责地做好法院之间的委托执行工作，对依法受委托执行而拒不执行的法院，要追究有关人员的纪

[1] 李文平："解决'执行难'不能不收案"，载《人民日报》1992年12月27日，第5版。

[2] 例如1988年12月24日，黑龙江省第七届人民代表大会常务委员会第六次会议通过《黑龙江省人大常委会关于加强人民法院执行工作的决定》，要求"中级、基层人民法院应当逐步设置执行庭，案件少、人员紧的法院可以设执行员"。1990年12月22日，江西省第七届人民代表大会常务委员会第十八次会议通过《江西省人民代表大会常务委员会关于加强全省各级人民法院执行工作的决定》，其中规定："各级法院应当成立执行庭，案件少、人员紧的可以设执行组或执行员，并配备执行工作所必要的装备。"

[3] 任建新："最高人民法院工作报告"，载《全国人民代表大会常务委员会公报》1998年第2期。

[4] 浙江省武义县人民法院编：《武义法院志》，浙江人民出版社2000年版，第401页。

律责任；对妨碍执行的，要依法严肃处理”[1]。再次，对当事人有能力履行而拒不履行、拖延履行的，坚决依法强制执行；对抗拒执行构成犯罪的，坚决依法制裁。最后，各级人民法院还及时制止和纠正了一些地方采取强制措施不当的问题，严肃查处了少数干警在执行工作中的违法行为。[2]

而为了克服执行难，人民法院除了采取强制执行等法制手段外，还运用了一些人民司法特有的技术手段：

第一，做被执行人的思想工作。“说服教育与强制相结合”历来被视为是人民法院执行工作的一项原则。[3]执行人员对被执行人“晓之以理，动之以情”，从法理和情理两个方面教育被执行人，使其认识到拒不执行人民法院的生效判决是错误的，并最终使其自觉自愿地执行。例如，从1987年以来，陕西省礼泉县人民法院有未执行的“老大难”案件210件，1989年4月，县人民法院成立了执行庭，执行人员通过做当事人的思想工作，使85%的案件未采取强制措施就得到执行。[4]而在1992年至1995年间，福建省各级人民法院通过对被执行人做细致的法制教育和思想疏导工作，使19 094件执行案件的当事人自动履行，占到执行案件总数的52.22%。[5]

第二，开展舆论宣传攻势，对不自觉执行人民法院生效判决的人施加压力。针对执行难的问题官方媒体发表了许多关于执行的文章和报导，引导人们自觉执行法院的生效判决。1996年8月和11月，成都市中院执行庭还在全国率先试行媒体“曝光制”，用社会监督、舆论监督

---

〔1〕任建新：“最高人民法院工作报告”，载《中华人民共和国最高人民法院公报》1990年第2期。

〔2〕任建新：“最高人民法院工作报告”，载《中华人民共和国最高人民法院公报》1994年第2期。

〔3〕可参见柴发邦主编：《民事诉讼法学新编》，法律出版社1992年版，第430页；梁书文主编：《执行的理论与实践》，人民法院出版社1993年版，第210页；常怡主编：《强制执行的理论与实务》，重庆出版社1992年版，第55页。

〔4〕马姣龙：“法官耐心陈利害　村民如数交赔款”，载《人民日报》1992年2月11日，第5版。

〔5〕福建省地方志编纂委员会编：《福建省志·审判志》，中国社会科学出版社1999年版，第155页。

的力量促进案件的执行得到落实。〔1〕稍后南京中院、沈阳中院等地方的法院也在媒体上对一批拒不履行生效法律裁决的被执行人进行曝光，〔2〕敦促其履行义务。

第三，开展“执行大会战”“执行年”等集中突击式执行活动。隔几年就搞一次“集中清理执行积案行动”是此间法院的一种类乎常规性的工作，早在20世纪90年代初浙江、湖南、江西等地的高级人民法院，在党委和人大的重视和支持下，在各有关方面的积极配合下，就集中领导、集中力量、集中时间，在全省范围内展开了轰轰烈烈的执行大会战。〔3〕1992年任建新在全国人大会上说，为了克服执行难“许多法院采取集中力量、集中时间的办法，开展集中执行活动”。〔4〕1995年6月，山东省泰安市中级人民法院也集中1个月，利用打“歼灭战”的方法，成立市中级人民法院巡回执行大队，负责到基层人民法院执行受地方保护主义的影响和行政干预几年来都未解决的案件。同时，号召基层人民法院也相应地集中领导、集中时间和集中人力物力，在辖区内开展小会战，大打攻坚战，彻底扭转和缓解“执行难”的被动局面。〔5〕而广东佛山中院也以开展“突击执行月”，召开“执行兑现大会”等活动来破解“执行难”。〔6〕在中共中央的支持下，1999年被最高人民法院确定为“执行年”，〔7〕各地人民法院为此开展了轰轰烈烈的执行活

〔1〕李毅：“广开思路　勇于探索　成都中院创造性解决‘执行难’”，载《人民日报》2000年3月23日，第3版。

〔2〕龚永泉：“南京法院借助媒体曝光解决‘执行难’顽症”，载《人民日报》1998年9月6日，第4版；冯奎：“加强宣传教育　采取有效措施　辽宁法院下大力气解决执行难”，载《人民日报》1999年5月31日，第3版。

〔3〕宗河：“新的一年新的奋斗——记1992年全国高级法院院长会议”，载《人民司法》1992年第3期；徐迅、刘会生：“浙江法院‘执行大会战’富有成效”，载《瞭望》1991年第38期。

〔4〕任建新：“最高人民法院工作报告”，载《中华人民共和国最高人法院公报》1992年第2期。

〔5〕泰安市中级人民法院：“辟新径　勇登攀　力克‘执行难’”，载《山东审判》1995年第9期。

〔6〕毛磊、孙勇：“为了维护法律的尊严——佛山中院破解‘执行难’工作侧记”，载《人民日报》2000年1月24日，第3版。

〔7〕乔燕：“司法公正是人民法院审判的生命和灵魂——最高人民法院院长肖扬在全国高级法院院长会上部署今年的法院工作”，载《法律适用》1999年第1期。

动，取得了一定成效。[1]不过，对于执行会战，也有部分学者表达了他们的担忧，认为其有违法治精神。[2]

上述技术和措施虽然在一定程度上弥补了法律的缺陷与不足，但是仍不能从根本上解决执行难的问题，特别是对地方/部门保护主义，上述传统治理技术的作用十分有限，所以为了克服执行难，在20世纪90年代末人们已开始思索如何着手进行执行体制改革。真正给法院执行工作带来重要转机的是中发［1999］11号文件的发布。面对执行难的严峻形势，1999年5月中共最高人民法院党组向中共中央上交了《关于解决人民法院“执行难”问题的报告》，痛述了人民法院执行工作面临着“被执行人难找，执行财产难寻，协助执行人难求，应执行财产难动”等现实问题，以致造成未执行案件大量积压，截至1998年底，全国法院共积存未执行案件达53万余件，标的金额总计人民币1000多亿元。“执行难”问题已成为困扰人民法院工作的突出问题，在社会上引起了强烈反响，到了非解决不可的地步。[3]中共中央对此报告十分重视，同年7月7日中共中央向各省、自治区、直辖市党委，中央各部委、国家机关各部委党组（党委），军委总政治部，各人民团体党组下发了《中共中央关于转发〈中共最高人民法院党组关于解决人民法院“执行难”问题的报告〉的通知》（即中发［1999］11号文件），明确要求任何地方、任何组织、任何个人都不得抗拒、阻碍、干预人民法院的执行工作。

> 各级党委、人民政府要切实加强对人民法院执行工作的领导和支持。要站在推进社会主义民主和法制建设进程的战略高度，充分认识解决人民法院“执行难”问题的重要意义，积极支持人民法院依法独立地行使审判权、执行权，排除人民法院在执行工作中遇到的阻力，积极协调处理人民法院在执行工作中遇到的复杂疑难问题，保证执行工作顺利进行。各级纪检监察机关要把反对地方和部门保护主义，维护国家法制的统一和尊严作为一项政治纪律，列为纪检监察工作的重要内容。要对利用职权干扰和阻碍人民法院依法

［1］邢卫国：“‘执行年’执行大回放”，载《北京观察》2000年第3期。

［2］赵钢：“当前的‘执行会战’与现代法治原则的冲突”，载《法学》1999年第12期。

［3］中华人民共和国监察部办公厅编：《行政监察工作文件选编（1999）》，中国方正出版社2000年版，第614～615页。

行使职权的行为进行严肃查处、视情节轻重给予党纪、政纪处分；对触犯刑律的，要移送司法机关追究刑事责任。[1]

中共中央的权威及时地弥补了法律和司法权威的不足，有关部门在接到中发［1999］11号文件后都进行了相应的整改，表示积极配合法院的执行工作。例如同年9月司法部发布了《司法部关于积极支持和配合人民法院解决“执行难”问题的通知》，要求整个司法行政系统要积极支持和配合人民法院解决“执行难”问题。而为配合人民法院解决“执行难”问题，中国人民银行向各商业银行和非银行金融机构下发了《关于加强金融机构依法履行生效法律文书的通知》（银发［1999］352号），规定“各金融机构应主动履行法律义务。对生效法律文书中规定由分支机构承担责任的，应首先由金融机构的分支机构履行责任，该分支机构自身无力履行的，由上级机构履行，逐级履行直至总行（总公司）”。[2] 同时，2000年3月国务院颁布了《个人存款账户实名制规定》，规定从同年4月1日起在中华人民共和国境内的金融机构开立个人存款账户的个人必须实行实名制，这为清查被执行人的财产提供了便利。同年9月4日，最高人民法院和中国人民银行又联合发布了《关于依法规范人民法院执行和金融机构协助执行的通知》，为金融机构协助人民法院执行工作提供了制度保障。故在相关部门（特别是银行）的支持和配合下，通过采取财产申报、当事人调查、有奖举报、审计等多种方法，在21世纪初年被执行人难找、被执行财产难寻、协助执行人难求和应执行财产难动等问题基本上得到缓减。[3]

而且中发［1999］11号文件也为人民法院的执行机构和执行工作体制的改革提供了契机，当年最高人民法院制定的《人民法院五年改革的纲要》，其第26条就明确提出1999年年底前，各省、自治区、直辖市范围内的执行工作要实行统一管理和协调的体制，上级人民法院执行机构对下级人民法院办理的执行案件进行监督、检查、考核，对出现执行困难和争议的案件予以协调解决，而且对下级人民法院执行机构的人

〔1〕 中华人民共和国监察部办公厅编：《行政监察工作文件选编（1999）》，中国方正出版社2000年版，第613页。

〔2〕 参见《中国人民银行对有关金融机构分支机构承担民事责任问题的复函（银条法［1999］82号）》。

〔3〕 “高法执行办官员回答执行难，难在哪儿”，载《人民日报》2001年12月26日，第11版。

员组成、履行职务的情况负有监管的职责。[1] 在此政策基础上，21 世纪初年人民法院扎实有序地开展了集中执行活动，建立了执行工作新机制，即各高级人民法院对本辖区执行工作实行统一管理、统一协调，逐步形成了跨辖区案件以委托执行为主的工作格局，形成了全国联动的执行网络，[2] 为解决执行难提供了更多的方法，但由于人民法院司法体制没有发生根本转变，社会信用制度仍未健全，要克服执行难仍尚待时日。

三、司法腐败

在此期间，就人民法院建设遭遇到的挑战而言，与地方保护主义和执行难结伴而行，或者说交织在一起的还有日益严重的司法腐败（地方保护主义和执行难常常也是司法腐败的表现和后果）问题。早在 1986 年 4 月，郑天翔在全国人大会上就坦陈："不断发现极少数法院干部违法乱纪，甚至犯罪的事件。"[3] 次年又批评说："现在群众最不满意的问题就是党风问题。有令不行，有禁不止，贪污受贿，违法乱纪相当多。"[4] 据文献披露，在 20 世纪 80 年代晚期，存在于人民法院系统内部的腐败形态多种多样，"有吃请受礼，索贿受贿，贪赃枉法的；有贪污挪用公款、私分诉讼费的；有投机倒把，倒卖汽车、钢材、假酒、彩电的；有抢劫、诈骗、敲诈勒索的；有赌博、观看淫秽录像、嫖娼、奸淫当事人的等等"。[5] 一言以蔽之，当时社会上形形色色的腐败丑恶现象，在法院队伍中几乎都有体现。

而在法院林林总总的腐败行为中，[6] 三种现象尤为遭人诟病：

第一，办人情案、关系案、金钱案、权力案。在关系学、说情风、"走后门"等不正之风盛行的情况下，法院工作人员在办案时讲人情、讲关系，收受贿赂，而不严格依法办事的现象较为严重，同时也存在一

[1] 祝铭山："关于《人民法院五年改革纲要》的说明"，载最高人民法院研究室编：《人民法院五年改革纲要》，人民法院出版社 2000 年版。

[2] 肖扬："最高人民法院工作报告"，载《中华人民共和国最高人民法院公报》2000 年第 2 期。

[3] 郑天翔：《行程纪略》，北京出版社 1994 年版，第 474～475 页。

[4] 郑天翔：《行程纪略》，北京出版社 1994 年版，第 554 页。

[5] 毛磊："任建新呼吁各界揭发法院腐败现象　法院队伍更应从严整肃　去年三百多法官法警因贪赃枉法受惩处"，载《人民日报》1989 年 5 月 7 日，第 2 版。

[6] 在中国媒体不精确的用语中，只要是司法工作人员的腐败行为都归结为司法腐败，并不问其行为本身是否属于司法行为。

些党政领导人利用手中的权力干预法院正常司法的现象。对此，1987年10月郑天翔在重庆市与部分司法干部谈话时曾批评说，现实“有的办案搞关系学，讲人情，送东西，本人不在送到家里，老头子不在给老伴送，老伴不在给娃娃们送。好多地方都发生过这种事情”。〔1〕而20世纪90年代的情况与20世纪80年代相比可谓是有过之而无不及，直到21世纪初年，最高人民法院的一份文件还宣称“少数法官办‘关系案’、‘人情案’、‘金钱案’的现象还屡禁不止”。〔2〕

第二，向当事人“吃拿卡要”，搞“三同”，即法院审判人员办案时，与当事人“同吃、同住、同行”（简称“三同”），一切费用均由当事人出。由于法院经费紧张，许多法院让当事人承担办案人员的差旅费。这样不但加重了当事人的负担，而且也使法官中立性失去了保障，易生司法腐败。对此有媒体批评说：“‘三同’苗头的出现，淡化了审判人员的公仆意识，降低了法院的威信，影响了老百姓对法律的信任。”〔3〕故为了加强廉政建设，自20世纪90年代初期开始，就有一些法院与“三同”作斗争，〔4〕把接受当事人吃喝当作违纪行为加以处罚。〔5〕

第三，乱立案、乱收费〔6〕、乱拉赞助，人民法院及司法人员下海经商。人民法院及司法人员本应“吃皇粮”，但是由于各地财政紧张，长期以来司法经费除由国家财政划拨外，部分依赖法院自行“创收”解决，许多基层法人民院院长1/3的精力都在想着怎么四处筹钱，〔7〕

---

〔1〕郑天翔：《行程纪略》，北京出版社1994年版，第553页。

〔2〕参见《最高人民法院关于增强司法能力、提高司法水平的若干意见》，载万鄂湘、张军主编：《最新行政法律文件解读（总第6辑）》，人民法院出版社2005年版，第24页。

〔3〕黄建设：“博兴县法院砍掉‘三同’见成效”，载《经济日报》1994年6月20日，第5版。

〔4〕如江苏省盐城市中级人民法院即是这样的法院之一，参见茆新林：“短讯”，载《人民司法》1992年第6期。

〔5〕高领：“达旗严禁吃喝当事人　吃到三次即辞职”，载《人民法院报》1995年12月12日，第1版。

〔6〕有的地方法院曾收取律师阅卷费和缓刑保释保证金，云南大理白族自治州所在的一些法院即如此，其直到1993年政法系统反腐败斗争中“清理三乱（乱收费、乱罚款、乱摊派）”时才予以取消，参见大理白族自治州地方志编纂委员会编：《大理州年鉴1994》，云南民族出版社1994年版，第193页。而个别基层法院甚至收过法制建设费、刑事自诉案件受理费，参见刁予仲：“南皮县法院停止‘三收费’”，载《人民法院报》1993年12月3日，第2版。

〔7〕“法院：沉重的翅膀”，载《瞭望》1994年第5期。

于是法院乱收诉讼费，乱拉“赞助”、乱罚款风行，更有甚者，一些人民法院及司法人员下海经商，办经济实体，凭借其权力开展不正当竞争，不但扰乱了市场秩序，而且败坏了司法形象。例如1988年黑龙江省呼兰县人民法院就曾上演过一幕闹剧，该院1980年开办了一家建筑企业，在县工商管理局登记注册后对外营业。1985年，这家企业改名为呼兰县风华建筑工程公司，隶属关系不变，仍然在法院内办公，这家公司只有十几名职工，除了经营建筑材料外，主要承揽建筑任务，承揽到建筑任务后，再转手包给农民建筑队，公司坐收按工程造价10.24%的管理费和40%的税后利润。1987年7月呼兰县遭受罕见的龙卷风，农民建筑队损失惨重，其中一支以张林为首的农民建筑队损失达9万多元，无力上交28.9万多元的管理费，请求法院按政府有关照顾灾户的规定，减免管理费，但法院却不同意。院长王守仁在未立案的情况下两次指示行政庭发传票，两次共强要到9万多元。为了要回剩余的钱，同年7月17日，呼兰县人民法院正式起诉并自行受理，呼兰县人民法院既当原告又当裁判者的做法在当地造成了极为恶劣的影响。[1]

可以说从20世纪80年代中期开始预防和治理司法腐败的问题就沉重地摆在了人民法院建设者的面前，到20世纪90年代司法腐败已引起中国社会各界的广泛关注与焦虑，“司法腐败”已变成现代汉语的一个固定词汇。而诚如一些外国观察者所言，由于革命道德观的消逝和“向钱看”的盛行，自20世纪90年代以来中国大陆法院中的腐败及滥用职权现象越来越严重，[2] 在世纪之交的中国，高级法官违法乱纪也不是个别现象（参见表4-1），法院系统和法官的丑闻更是不断传来，沈阳市中院、武汉市中院和阜阳市中院都先后发生过震惊全国的腐败窝案，[3] 极大地败坏了中国法官的整体形象。当然对于司法腐败，

〔1〕“官是商，商是官，闹出一件荒唐事——审判者竟是告状人”，载《人民日报》1988年9月15日，第4版。

〔2〕［美］范思深：“中国法院系统概观”，载梁治平编：《法治在中国：制度、话语与实践》，中国政法大学出版社2002年版，第154页。

〔3〕郭惠芳、玄洪云、狄陆石：“除腐恶正天下——原沈阳市中级人民法院腐败窝案查处纪实”，载《党员之友》2002年第14、16期；张萍：“在庄严神圣的地方，他们卷起黑色漩涡——湖北省武汉市中级人民法院原副院长柯昌信等人严重违法犯罪纪实”，载《中国监察》2004年第15期；张显义：“三任中院院长‘前腐后继’内幕”，载《法律与生活》2006年第20期。

中国共产党从未放弃与其作殊死的斗争，对此本书将在本章第三节中作详细交待。

表 4－1　历年部分违法乱纪的中国高级法官

姓名	职　务	所受处罚	出处
平义杰	河北省高院院长	1995 年 1 月，因违纪被撤销党内外职务。	①
潘宜乐	广西高院副院长	1998 年 7 月，因受贿罪被判处有期徒刑 15 年。	②
孙小虹	云南省高级法院院长	1999 年 12 月，因严重违纪最高法院报请全国人大常委会撤销其职务。	③
许亚非	湖北高院副院长	2001 年 1 月，因涉嫌受贿被省检察院立案侦查。	④
田凤岐	辽宁高院院长	2003 年 5 月，因犯受贿罪被判处无期徒刑，剥夺政治权利终身，并处没收个人全部财产。	⑤
麦崇楷	广东高院院长	2003 年 12 月，因犯受贿罪被判处有期徒刑 15 年，没收个人财产人民币 15 万元，并追缴在案财产。	⑥
吴振汉	湖南省高院院长	2004 年 6 月 7 日，因违纪并涉嫌犯罪被省纪委“双规”。	⑦
娄小平	海南高院原副院长	2004 年 11 月，因受贿、巨额财产来源不明罪被判处有期徒刑 11 年，剥夺政治权利 2 年。	⑧
杨多铭	广西高院副院长	2005 年 8 月，因犯受贿罪被判处有期徒刑 10 年，并处没收财产 2 万元，在案财产依法上缴国库。	⑨

资料来源：①圣枫：“坐豪华车丢‘官’记”，载《中国监察》1995 年第 5 期；②汪金福、苏宁：“让法律的天空更纯净——广西壮族自治区高级法院原副院长潘宜乐落网记”，载《人民日报》1998 年 7 月 16 日，第 3 版；③肖扬：“最高人民法院工作报告”，载《全国人民代表大会常务委员会公报》2000 年第 2 期；④朱纪平：“从高级法官到风流贪官——湖北省高级人民法院原副院长许亚非违纪违法案纪实”，载《中国监察》2002 年第 2 期；⑤廖诚文：“尚未披露的前大法官受贿内幕”，载《法律与生活》2004 年第 17 期；⑥简一、李为民：“首席法官的罪行”，载《法律与生活》2004 年第 15 期；⑦子予：“拍卖，‘拍’倒了高院院长”，载《检察风云》2004 年第 16 期；⑧“强化法律监督维护公平正义——海南省人民检察院工作报告解读”，载《海南人大》2005 年第 3 期；⑨秦兴旺：“高院副院长供词里的‘隐字’——广西壮族自治区高院副院长杨多铭受贿案始末”，载《检察风云》2005 年第 21 期。

合法性危机的征象

托克维尔曾敏锐地观察到："在美国，行政当局好像喜欢躲在幕后进行仔细观察，让行政命令带上司法判决的面纱。这样，行政当局由于拥有被人们视为合法的这种几乎不可抗拒的权力，而使权限更大了。"〔1〕托氏在此说的即是司法所具有的赋予政治系统合法性的功能，司法能美化权力，赋予权力行使以合法性和正当性，在现代社会司法凭借其正当程序而成为政治合法性再生产的机器。20 世纪 90 年代晚期以来，中国共产党明确提出依法治国的方针，积极着手进行人民法院建设无疑也包含了通过合法律化来论证和谋求自身执政合法性的意图，即试图将自身执政的合法性部分建立在法理型合法性基础之上。〔2〕

然而具体就人民法院建设而言，其审判方式改革过程实际上也是司法正当化转型的过程，即诉讼在失去基于协商同意（调解）的合法性后，改革者们希望通过落实公开审判制度，避免暗箱操作和庭审"走过场"等来实现诉讼在程序上的正当化，以强化判决的合法性，也就是说试图以程序的正当性来弥补司法在实现实质正义上可能存在的缺陷。〔3〕然而不幸的是，在此过程中改革者的理想预期在一定程度上落空了，人民司法遭遇到双重的困难：一方面由于走群众路线和"实事求是、有错必纠"等传统的断裂，供给司法正当性的传统性资源被削弱，司法在实现实质正义方面有所下降；另一方面新的正当性方式（正当程序）又尚未得到落实，人民司法掉进了地方保护主义、执行难和司法腐败的泥潭，大多数时候法院公开审判不过徒具形式，法律程序的价值被凿空，正当程序不过徒具虚名。一个既不能满足民众在实质正义方面的诉求，

〔1〕［法］托克维尔：《论美国的民主》（上卷），商务印书馆 1988 年版，第 85 页。

〔2〕参见张健："合法性与中国政治"，载《战略与管理》2000 年第 5 期。正是在此意义上，我们才能够理解中共为何一再强调"各级党政领导干部要认真学习法律知识、自觉增强法律意识，严格依法办事，不断提高运用法律手段解决改革开放过程中出现的日益复杂的各种社会问题的能力"的用意和苦衷。参见中华人民共和国监察部办公厅编：《行政监察工作文件选编 1999 年》，中国方正出版社 2000 年版，第 613 页。

〔3〕参见王亚新："论民事、经济审判方式的改革"，载《中国社会科学》1994 年第 1 期。

又不能通过程序正义来完成自身形式上合法化论证的司法无疑是极其危险的，注定难以获得民众的认同，故一时间人民法院不但不能够为整个政治系统提供充分的合法性支持，而且自身还面临着深刻的合法性危机，[1] 部分民众对司法失去了信任和认同，不愿遵守和服从法院的判决。

一、暴力抗法

司法最大的特点就是其解决纠纷的公正性与和平性，司法通过把纠纷放在法的空间里以和平的方式加以解决，从而避免了权利救济时武力的运用，对此，托克维尔曾评论说："司法工作的最大目的，是用权利观念代替暴力观念，在国家管理与物质力量使用之间设立中间屏障。"[2] 所以司法过程总是以和平方式呈现出来的，现代司法天然排斥暴力。但诉讼案件的审判和执行却少不了要以武力作为其后盾，必要时需要采取强制手段去对付那些不愿服从者。特别是在中国，判决是由人民法院去执行的，所以法院的司法人员也常身处暴力的边缘，一方面使用包括武力（即采取强制措施）在内的手段去力图实现判决；另一方面也可能遭遇到不愿服从判决的被执行人的暴力抵制。

法院判决在多大程度上能够得到当事人的自愿执行，本身即表明了相关当事人承认司法具有合法性的程度。少量的暴力抗法是不可避免的，但如暴力抗法现象大量存在，那么即表明司法本身也显露出合法性危机的端倪。而不幸的是，暴力抗拒执行的现象在此期间时有发生，并且常常导致法院干警的伤亡，1988 年 4 月郑天翔在七届全国人大一次会议上说："从'严打'以来（1983 年 8 月开始——引者注）到 1987 年底，法院干警为执行任务而光荣牺牲的有 87 人，还有不少人在执行任务中被打伤。"[3] 20 世纪 80 年代末一位作者也在其文章中写道："人民法官在'巡回'中，被杀害的、被打伤的、被打掉大沿帽的、被撕破制服的、被谩骂威胁的、被诬告陷害的……这些当年在陕甘宁边区

---

〔1〕 司法合法性是指公民因为司法本身是公正、廉价、高效的，它能最大限度地保障公民的权益而产生的对司法的忠诚和自愿服从。参见何永军："司法合法性问题探析"，载《湖南公安高等专科学校学报》2004 年第 4 期。

〔2〕［法］托克维尔：《论美国的民主》（上卷），商务印书馆 1988 年版，第 156 页。

〔3〕 郑天翔："最高人民法院工作报告"，载《中华人民共和国最高人民法院公报》1988 年第 2 期。

难以想象得到的事情，竟时有发生。"[1]

而在诸多暴力抗拒人民法院执法的情形中，最常见的有两种：一是哄闹、冲击法庭，殴打司法工作人员，扰乱法庭秩序；二是暴力抗拒执行。1989 年一位作者在《人民日报》上撰文说仅湖南省岳阳市，在 1987 年至 1988 年 2 年间，就共发生围攻、辱骂、殴打执法的法院干警事件 38 起，138 名法院干警遭到辱骂、围攻、殴打，3 辆汽车、4 辆自行车及部分办公桌椅遭到损坏。怀化地区 1988 年发生围攻、辱骂、殴打法院干警的事件 19 起，参与围攻的达 362 人，法院干警遭到辱骂的有 83 人，遭到殴打的有 2 人。湖南省湘阴县人民法院公开审理一起故意伤害案，当法院宣布对被告判处 5 年有期徒刑后，参加旁听的 200 余名被告的亲属及同乡哄闹法庭，对在场的十多名法院干警和 5 名检察干警围攻 1 个多小时。[2] 而湖南省常德市中级人民法院执行庭 20 世纪 90 年代初撰文说，1992 年至1993 年该院干警受到不同程度的非法侵害的 790 多起，执行干警因不法侵害受到伤害的 310 多人次，被非法拘禁的 210 多人次，被扯烂衣帽的 80 多人次，另外，被抢走手铐 6 副，警棍 2 支，手枪 1 支，子弹 6 发，损坏执行车 6 台。[3] 1993 年 1 月，最高人民法院针对"哄闹法庭、扰乱法庭秩序的事件时有发生"之事态，特意下发了《关于进一步加强开庭审判活动安全保卫工作的通知》。[4] 自 20 世纪 90 年代中期以来，各种暴力抗法的现象越来越引人注目，暴力抗法成了中国社会的一个热点问题。

对于暴力抗法的成因，一般论者认为主要是由于当事人法制观念淡薄，个别执法人员素质低，一些党政官员滥用权力，地方保护主义作

---

〔1〕 葛行军："论'巡回审理，就地办案'——兼评马锡五审判方式"，载《中国高级法官培训中心、全国法院干部业余法律大学首届学术讨论会论文选》，人民法院出版社 1990 年版，第 260 页。

〔2〕 吴兴华："请支持法院干警执法"，载《人民日报》1989 年 4 月 3 日，第 5 版。

〔3〕 湖南常德市中级人民法院执行庭："暴力障碍执行的情况及其对策"，载《人民法院报》1994 年 9 月 12 日，第 3 版。

〔4〕 最高人民法院研究室编：《中华人民共和国最高人民法院司法解释全集　第二卷 1993. 7 ~ 1996. 6》，人民法院出版社 1997 年版，第 9 页。

祟，对暴力抗法事件查处不力等，[1] 但这些理由显然无法解释为什么同样是中国民众在1980年以前就较少实施暴力抗法的行为，而改革开放以后（特别是20世纪90年代以来）暴力抗法的事件却多了起来。实际上，国家意识形态控制的全面放松，基层党组织和政权的软弱涣散，对民众的整合功能日渐下降，原来国家的一些代理人变成了地方宗族和其他利益集团的代言人才是其最根本的原因。只有明白此理，我们才能理解为何会发生诸如村主任殴打法官、“村官挟持法官作‘人质’”之类的事件。[2] 而事实也表明，大规模的群体性暴力抗法事件背后总存在地方党政官员的支持和默许，例如1995年11月，山西省垣曲县古城镇东寨村发生震惊全国的“黄河血案”：以该村吴从礼、吴从义兄弟二人为首的一伙人对河南省新安县人民法院依法执行公务的干警施用暴力，酿成2名法官坠落黄河后失踪，4名法官受伤，1支手枪被抢，1支手枪下落不明，6部警车被扣的惨案，而二吴之所以如此胆大妄为就是仗着有一位亲戚是当地的副镇长。为了亲情和私利，该副镇长已置党纪和国法于不顾。[3]

当然中国共产党并没有完全坐视情况的恶化，特别是针对哄闹、冲击法庭等扰乱法庭秩序的问题，在立法上迅速作出了回应。首先，1989年制定的《行政诉讼法》第49条规定，以暴力、威胁或其他方法阻碍人民法院工作人员执行职务或者扰乱人民法院工作秩序的，对人民法院工作人员进行殴打的，可以根据情节轻重，对行为人予以训诫，责令具结悔过，或者处1000元以下罚款、15日以下拘留；构成犯罪的，依法追究刑事责任。其次，1991年制定的《民事诉讼法》第101条规定，“人民法院对哄闹、冲击法院，侮辱、诽谤、威胁、殴打审判人员，严重扰乱法庭秩序的人，依法追究刑事责任；情节较轻的，予以罚款、拘

---

〔1〕 参见吴兴华：《请支持法院干警执法》，载《人民日报》1989年4月3日，第5版；夏廷堂：“暴力抗法是何因”，载《人民法院报》1994年4月14日，第2版；李培合，乔祥冲：“‘拳’怎能大于法——暴力抗法现象剖析”，载《山东审判》1996年第9期；王宝鸣：“执行中暴力抗法行为的分析与预防”，载《人民司法》1999年第3期；等等。

〔2〕 参见熊正军：“一起村主任殴打法官案件始末”，载《乡镇论坛》1996年第7期；最高人民法院中国应用法学研究所编：《人民法院案例选》（总第43辑），人民法院出版社2003年版，第23页。

〔3〕 卞君瑜：“黄河作证——记一起震惊全国的抗法事件”，载《法律与生活》1996年第10期。

留”。再次，1994 年 9 月 26 日，应吉林省高级人民法院的请示，最高人民法院发布了《最高人民法院关于办理严重扰乱法庭秩序案件具体适用法律问题的批复》，明确批示，“人民法院对哄闹、冲击法庭，侮辱、诽谤、威胁、殴打审判人员，严重扰乱法庭秩序，构成犯罪的，应依照刑法第 157 条的规定，以妨害公务罪定罪量刑。对于这种案件，可以由该法庭合议庭直接审理、判决。如果原审判组织是独任审判的，则应当组成合议庭进行审判。人民法院审理严重扰乱法庭秩序案件，应当依法保障被告人的诉讼权利。扰乱法庭秩序的行为，情节严重，构成其他犯罪的，应移送公安机关依法追究刑事责任”。又次，1996 年修订的《刑事诉讼法》第 161 条也明文规定：“在法庭审判过程中，如果诉讼参与人或者旁听人员违反法庭秩序，审判长应警告制止。对不听制止的，可以强行带出法庭；情节严重的，处以 1000 元以下的罚款或者 15 日以下的拘留。罚款、拘留必须经院长批准。被处罚人对罚款、拘留的决定不服的，可以向上一级人民法院申请复议。复议期间不停止执行。对聚众哄闹、冲击法庭或者侮辱、诽谤、威胁、殴打司法工作人员或者诉讼参与人，严重扰乱法庭秩序，构成犯罪的，依法追究刑事责任。”最后，1997 年修订的《刑法》第 309 条明确规定，“聚众哄闹、冲击法庭，或者殴打司法工作人员，严重扰乱法庭秩序的，处 3 年以下有期徒刑、拘役、管制或者罚金”，从而正式设立了扰乱法庭秩序罪，为三大诉讼法关于扰乱法庭秩序行为的有关处罚规定的适用提供了切实的法律依据。伴随着立法的完善和公民普法教育的推进，哄闹、冲击法庭等扰乱法庭秩序的行为在 20 世纪 90 年代晚期有所减少，当然并未绝迹。2005 年 8 月 25 日，最高人民法院和最高人民检察院联合发布的《关于切实保障司法人员依法履行职务的紧急通知》还特别强调：“严重扰乱法庭秩序，构成犯罪的，应当依法追究刑事责任，并将处理情况公诸于众，以儆效尤。”[1]

与此同时，针对执行中的暴力抗法行为，立法也做出了相应回应。1979 年《刑法》将妨害公务罪与拒不执行判决、裁定罪合并规定在一条，其第 157 条规定：“以暴力、威胁方法阻碍国家工作人员依法执行职务的，或者拒不执行人民法院已经发生法律效力的判决、裁定的，处 3 年以下有期徒刑、拘役、罚金或者剥夺政治权利。”而 1997 年《刑

---

〔1〕 国务院法制办公室编：《中华人民共和国新法规汇编》（总第 104 辑），中国法制出版社 2005 年版，第 214 页。

法》修订时将二者分开规定，其第313条规定："对人民法院的判决、裁定有能力执行而拒不执行，情节严重的，处3年以下有期徒刑、拘役或者罚金。"并且对拒不执行判决、裁定罪已不再适用剥夺政治权利的刑罚，以便使处罚对于市场经济下理性的经济人具有现实约束力。而且1998年4月最高人民法院还发布了《关于审理拒不执行判决、裁定案件具体应用法律若干问题的解释》，对其适用做了明确的规定。针对一个罪名的适用特意制定一个司法解释，足见最高人民法院对其之重视，当然从反面也说明了暴力抗拒执行问题形势之严峻。据最高人民法院统计，从1999年7月到2000年11月，全国人民法院执法过程中发生暴力抗法事件249次，384名法官被打伤。〔1〕对此，最高人民法院要求各地人民法院着手建立暴力抗法事件通报制度，各高院要对本辖区的暴力抗法事件在得知后24小时内报最高人民法院，同时抄报同级人大、地方党委、公安机关和检察院。〔2〕而2001年5月最高人民法院针对"最近一个时期，一些地方因暴力抗拒执行而致执行干警被打伤的事件时有发生，特别是在乡镇、农村地区更为突出"的情况，特向各省、自治区、直辖市高级人民法院发布了《最高人民法院关于谨防发生暴力抗拒执行事件的紧急通知》，要求法院干警在做执行工作时要增强社情意识、提高程序公正意识、注重执行形象、加强社会协作和强化自我保护意识，以缓减暴力抗法形势的进一步恶化。〔3〕在21世纪初年，"暴力抗法"已成为最高人民法院工作报告的关键词之一。

二、报复法官

当"打官司成了打关系"，人民司法工作者的高大形象被司法腐败蚕食鲸吞之际，干群关系早已紧张，特别是像"三盲"（文盲、法盲加流氓）当院长、〔4〕舞女当法官、〔5〕腐败窝案之类司法丑闻的连连曝

---

〔1〕赵俊海："暴力抗法事件不断"，载《人民法院报》2001年1月12日，第B1版。

〔2〕吴兢："全国法院执行工作座谈会强调严肃处理暴力抗法事件"，载《人民法院报》2000年11月3日，第1版。

〔3〕参见《最高人民法院关于谨防发生暴力抗拒执行事件的紧急通知》，载李国光：《民事执行法律分解适用集成》，人民法院出版社2005年版，第600~602页。

〔4〕尹天玺、燕家卓："震惊全国的'三盲院长'查处纪实"，载《记者观察》1999年第11期。

〔5〕陈海："'舞女'法官和她的同事们"，载《南方周末》2001年11月22日，第5版。

光，人们对司法和法官的信任日渐下降，当事人对法院判决不满意，动辄就怀疑法官有腐败行为，以致法官常常成了当事人发泄不满、进行报复的对象，司法的职业风险空前增大。自20世纪90年代晚期开始几乎每年都有法官伤于或死于当事人的报复行为。

表4-2　历年部分当事人报复法官的恶性事件

时间	事件	出处
1999年8月25日	河南省清丰县人民法院六塔法庭离婚当事人王卫生，持枪找法官杨杰英"要老婆"。	①
2000年6月30日	聊城市东昌府区人民法院新区法庭副庭长李月臣被原离婚案当事人张国华报复致死。	②
2001年10月11日	广东始兴县法院被执行人何庆欢，在执行庭用匕首将该庭副庭长许戈林刺成重伤。	③
2002年4月21日	吉林柳河县法院兰伟琴法官，被败诉方当事人法定代理人刘本海持刀杀死在家中。	④
2003年3月13日	辽宁开原市法院原离婚案当事人赵清，报复杀害案件承办法官康某。	⑤
2004年4月30日	北京丰台区法院原离婚案当事人程海南，图报复驾车撞伤原承办法官周某。	⑥
2004年5月12日	贵阳市白云区人民法院审判员蒋庆，在家中被刑满释放人员赵湘阳报复杀害。	⑦
2005年2月25日	湖南永兴法院当事人之父黄运财炸死法官曹华，炸伤院长李开清和办公室主任曹兴虎。	⑧
2005年5月19日	江苏省无锡市惠山区法院离婚案当事人邓文林，在法院对承办法官徐娜乱砍，致其轻伤。	⑨

资料来源：①张惠君："持枪找法官'要老婆'河南首例持枪报复法官者一审判死缓"，载《法制日报》2001年7月4日，第1版；②贺彦杰："主审法官遭报复致死内幕"，载《中国经济周刊》2000年第8期；③刘洁辉、刘学兵："不服判决　行刺法官　法盲何某被逮捕"，载《南方日报》2001年12月12日。④郭春雨、孙祥："天平之祭：追记人民的好法官兰伟琴"，载《人民法院报》2003年4月7日，第4版；⑤毛立师："多谋善断的刑警大队长"，载《铁岭日报》2005年4月7日，第4版；⑥侯毅君："事主图报复　驾车撞法官"，载《北京青年报》2004年6月5日，第A6版；⑦周之江："人民法官的楷模——蒋庆"，载《党建》2004年第11期；⑧邓飞："黄运财和他炸死的法官"，载《法律与生活》2006年第16期；⑨庄亦正、赵正辉："无锡女法官遭当事人无辜砍杀事件调查"，载《人民法院报》2005年7月26日，第C4版。

在上述遭到报复的法官之中，现确知在所承办案件中存在不端行为的只有湖南永兴人民法院的曹华，[1] 而其他法官实际并没有什么过错。相反，还不乏先进人物，例如贵阳市白云区人民法院的蒋庆，死后被贵州省人民政府追认为革命烈士，[2] 最高人民法院授予其“全国法院模范”称号，而中共中央政法委员会还号召全国各级政法机关和广大政法干警开展向其学习的活动。[3] 尤为令人扼腕叹息的是吉林省柳河县人民法院女法官兰伟琴之死，败诉方当事人的法定代理人刘本海仅凭怀疑其可能存在腐败行为就将其杀害在家中，而事后经有关部门组织调查，兰非但没有腐败行为，相反还是一位“廉洁执法、秉公办案”的好法官，因此被吉林省人民政府追认为革命烈士。[4] 兰法官的悲剧，清晰地再现了此间人们关于“司法（法官）—腐败”的联想和想象，表明中国法官整体形象已被败坏，法官群体已被人“妖魔化”。兰法官虽然是直接死于刘本海之手，但她实际上是死于人们关于“司法（法官）—腐败”的联想与想象，那些司法腐败分子对司法令名的败坏才是杀害她的真正元凶。

针对人民法院开庭审判活动中侮辱、谩骂、围攻、殴打审判人员、检察人员等妨碍司法人员依法履行职务的现象，中央政法委于2005 年1 月 19 日下发了《关于认真解决妨碍、报复政法干警依法履行职务问题的意见》，而为了贯彻中央政法委的这一文件，同年 8 月 25 日最高人民法院和最高人民检察院联合发布了《关于切实保障司法人员依法履行职务的紧急通知》，号召保护司法人员的人身安全，保障司法工作的顺利进行，维护法律尊严和司法权威。[5] 而基于法官受伤害事件不断增多的现象，2005 年 8 月 13 日至 14 日，载《人民司法》编辑部与无锡市中级人民法院在无锡市联合举办了法官权益保障研讨交流会议，与会50 多名专家学者就法官合法权益保障问题做了相关探讨。法官已被人

---

〔1〕 邓飞：“黄运财和他炸死的法官”，载《法律与生活》2006 年第 16 期。

〔2〕 贵州省人民政府：“省人民政府关于追认蒋庆为革命烈士的批复”，载《贵州省人民政府公报》2005 年第 8 期。

〔3〕 “她在平凡中铸就辉煌——追忆公正司法的楷模、全国模范法官蒋庆”，载《中国监察》2005 年第 1 期。

〔4〕 丁文：“怀疑腐败就敢杀人?”，载《人民法院报》2003 年 4 月 4 日，第 1 版。

〔5〕 国务院法制办公室编：《中华人民共和国新法规汇编》（总第 104 辑），第 212 ~ 213 页。

视为是“高危群体”,[1] 法官安全业已成为各方面关注的司法难题，而构建法官安全保障机制已被媒体认为是人民法院建设的当务之急。[2]

三、信访大潮

当人民司法因地方保护主义、执行难和腐败而声誉受损，司法的公信力下降之际，信访这个传统上党和政府联系人民群众的窗口、桥梁、纽带因此异常“发达”起来，不仅成了党和政府了解社情民意的管道，而且也成了社会纠纷解决的常规化途径之一。自20世纪90年代初以来，全国县以上党政信访部门受理群众信访总量逐年上升，而在1998年至2002年5年间，仅全国法院系统就共接待处理群众来信来访4224万件（人）次。[3] 为了充分地实现信访的制度化，1995年国务院制定了《信访条例》，对信访人的权利和义务、信访的受理和办理等作了具体规定，这使公民的信访活动有了进一步可遵行的法规准则，但是它并没有制止住实践中信“上”不信“下”，信“闹”不信“理”等问题，重信重访、越级上访和缠访的现象依然严重。而且由于其提升了信访的法律地位，事实上相当于在司法之外架设了一条纠纷解决的管道，从而对司法构成了现实冲击。

持续的信访大潮暴露了人们对司法的认同危机：首先，信“访”不信“法”的现象突出，即使是符合人民法院立案条件的纠纷，许多当事人也宁愿选择信访而不上法院打官司。据《瞭望》记者的追踪调查，原因大致有三种：一是诉讼成本高，诉讼风险和诉讼收益之间差距太大；二是即使法院有判决，但也难以得到执行；三是“打关系”“打金钱”破坏了百姓对法院和法律的信任。一言以蔽之，信“访”不信“法”的行为，是某些执法机构和执法官员“逼”出来的。[4] 针对信

---

〔1〕 庄亦正、赵正辉：“法官缘何成了‘高危群体’?”，载《无锡日报》2005年8月16日，第B03版。

〔2〕 参见袁晓岚：“法官安全，又一个司法难题”，载《江南时报》2005年8月14日，第3版；丁国锋：“针对法官频遭侵害事件　权威人士称　拟启动立法程序保护法官”，载《法制日报》2005年8月17日，第5版；杜福海、姚辉：“法官安全　国际难题进入中国”，载《法制早报》2005年8月22日，第3版；张瑾、朱超然：“法官安全问题凸显”，载《法制日报》2007年3月25日，第8版。

〔3〕 肖扬：“最高人民法院工作报告”，载《全国人民代表大会常务委员会公报》2003年第2期。

〔4〕 包永辉、吕国庆：“他们为何信‘访’不信‘法’苏冀等省部分群众越级信访事件调查”，载《瞭望》2004年第44期。

“访”不信“法”带来的混乱，一些论者呼吁改变干部以权代法，群众不懂法和司法不公的状况，以便使人们走出信“访”不信“法”的误区。[1] 其次，案件终审后申诉信访居高不下，不用说到人大、政府各部门的信访申诉数量惊人，仅到法院进行申诉的全国历年都保持在数十万件到数百万件之多，许多当事人不服从法院的生效判决和调解，终审后继续到处去信访，以图推翻法院的生效判决和调解，严重危及法的安定性，使许多案件终审难终。而其中进京上访、越级上访、群体上访尤其令各级法院大伤脑筋。[2] 所以在此情况下，如果一个法院长年持续无当事人进京上访，便会受到媒体的称道。[3]

四、弃权票与反对票

1979 年 7 月 1 日，第五届全国人民代表大会第二次会议通过《中华人民共和国地方各级人民代表大会和地方各级人民政府组织法》，其明确规定县级以上的地方各级人民代表大会有权听取和审查本级人民法院的工作报告，这部法律虽历经 1982 年、1986 年、1995 年和 2004 年四次修改，但这一规定从未作任何变更，故中国的四级法院每年都要向同级人大作工作报告，并且接受其审查，所得票数过半其工作报告才能获得通过。不过，在整个 20 世纪 80 年代，这从未给各级人民法院带来什么麻烦，因为在司法的声誉相对较好，而人大的表决形式主要是鼓掌和举手的情况下，各级人民法院的工作报告几乎都是“全票通过”或“一致通过”，1988 年情况开始发生变化，对此当年一位作者在其文章中如此写道：

> 以往人大开会，通过什么决议、决定，几乎都是“一致通过”、“一致赞成”。今年则爆了个大“冷门”，自始至终，没有一个决议或决定是一致通过的，当选的领导人也没有一个是得全票的，甚至在表决通过关于政府工作报告的决议时，都有人投反对票或弃权票。这在新中国历史上还是第一次。[4]

---

〔1〕 成效东、李汪源：“改变干部以权代法，群众不懂法和司法不公状况，引导农民——走出只信‘访’不信‘法’误区”，载《人民日报》2003 年 7 月 10 日，第 14 版。

〔2〕 郑春基、张锦森、焦国强：“上海法院开展‘三访’专项治理”，载《人民法院报》2001 年 8 月 27 日，第 4 版。

〔3〕 参见徐启贤：“问题涉及哪里　工作跟到哪里　周村 20 年无人缠诉上访”，载《人民法院报》2001 年 6 月 18 日，第 2 版。

〔4〕 邓树林：“民主化的进程”，载《今日中国（中文版）》1988 年第 6 期。

在20世纪90年代全国人大表决最高人民法院工作报告时出现反对票和弃权票已十分平常，人大会上弃权票与反对票的出现也被作为民主进步的标志为人们所接受，中国人大日渐改变了给人仅仅是“橡皮图章”的印象。

不过，自20世纪90年代晚期开始最高人民法院的工作报告获得弃权票与反对票的比例逐年增加，事情的性质正在发生变化，例如在1998年召开的九届全国人大一次会议上，最高人民法院的工作报告仅以微弱多数通过；[1] 而2001年最高人民法院的工作报告也获得了530张反对票和306张弃权票，只得到了70%的赞成票；[2] 2002年情况虽然有所好转，但仍然有28%的人大代表对最高人民法院的工作报告投了反对票或弃权票。这一情况，令司法界人士极为不安。而此现象也引起了国外媒体的关注，2001年3月，在九届全国人大四次会议举行的记者招待会上CNN记者就此向国务院总理朱镕基提问：对于最高人民法院的报告，有不少代表投了反对票和弃权票，其反应是否表明对于政府打击腐败的能力缺乏信心？朱坦率地讲，其对于表决结果内心既感到沉重，也感到高兴，因为比去年的情况还是好一些，以2/3的多数通过了报告。他相信人民是信任政府和法院的，但也提出一定要更加警醒，进一步改善政法工作和反腐败工作。[3]

而在地方，随着各级人大表决方式逐渐以无记名投票和电子表决取代鼓掌通过和举手表决，在21世纪初年，个别地方人民法院由于表现不佳遭遇到了空前的信任危机。例如2000年4月，青海省共和县人民法院的工作报告在人大未获通过，开创了中国基层人民法院工作报告未获人大通过的先例。[4] 2001年2月14日，沈阳市第十二届人大代表第四次会议在对关于市中级人民法院工作报告决议表决时，赞成票没有过半数，从而使市中级人民法院工作报告未获通过，开创了中级人民法院

---

〔1〕 苏宁、胡健：“打铁先要自身硬——关于司法公正的思考之二”，载《人民日报》1999年8月6日，第3版。

〔2〕 “九届人大四次会议闭幕”，载《参考消息》，2001年3月16日，第1版。

〔3〕 “九届人大四次会议举行记者招待会　朱镕基总理答中外记者问”，载《人民日报》2001年3月16日，第1版。

〔4〕 程刚：“沈阳中院事件引发深层法律问题”，载《中国青年报》2001年8月11日，第1版。

工作报告未获人大通过的先例。[1] 而同年12月5日，陕西省澄城县人大组织人大代表评议县人民法院工作及其整改报告时，人大代表也对县法院作出了"不满意"的评议，这在当地引起了强烈反响。

腐败、效率低下，使民众对司法现状极为不满，因此在21世纪初年各级人民法院工作报告要过人大表决这一关显得极为困难。对此，山西省高院的一位副院长曾感叹说："每年一次的人大会议对我们来说都是一个坎，稍不留神，就会弄得非常被动。"[2] 故在此情况下，"两会"（全国人民代表大会和中国人民政治协商会议）召开期间常常被政法界人士戏称为"敏感期"，甚至为了维护法院工作报告平安通过这一"大局"，"两会"期间一些报刊对关于揭露司法腐败的文章一般不予采用。[3]

合法化的努力

面对新中国成立以来前所未有的挑战与危机，中国共产党唯一可能的选择就是加强法院建设，继续深化改革。不过，假如说20世纪80年代末期中国的司法改革，主要是基于回应诉讼案件增长的压力，希望通过改变审判方式、提高诉讼效率来适应社会对司法产品日益增长的现实需求，法院建设的任务重在扩大司法的规模和增强司法的解决纠纷能力，那么，20世纪90年代晚期以来的司法改革其任务和使命已发生了深刻变化，巩固人民司法的合法性地位成为新一轮改革的首要任务和目标，司法不公成为改革者和建设者们首先要解决的问题。而要巩固司法的合法性地位，就得努力促使其合法化。

韦伯曾将权威划分为传统型、超凡魅力型（Chrisma）和法理型三种理想类型：传统型权威的合法性基础建立在通过源头渺不可及的古人的承认和人们的习于遵从，而被神圣化了的习俗的权威；超凡魅力型权威的合法性基础来自极端的个人献身精神，个人对救赎、对英雄业绩的

---

〔1〕"沈阳市人大不通过案：吹皱一池春水"，载《中国青年报》2001年2月16日，第7版。

〔2〕牛晓波："人大监督的新指向：法院要不要报告工作?"，载《21世纪经济报道》2004年9月22日，第7版。

〔3〕参见李曙明："维护怎样的大局"，载《领导文萃》2001年第11期。

信念，或其他一些个人领袖的素质；而法理型权威的合法性基础则是依靠“法制”，依靠对法律条款之有效性和客观性“功能”的信任而实行的支配。同时，韦伯也指出在经验事实中实际上很难找到这些权威的纯粹类型，而是存在繁杂的变种、转型和组合形式。[1] 当代美国政治学家戴维·伊斯顿，在继承韦伯学说的基础上，进一步提出政治系统的合法性来源包括意识形态、结构和个人三个方面，[2] 故要巩固司法的合法性地位，也就必须得从意识形态、结构和个人三方面着手进行努力。在世纪之交，为巩固人民司法的合法性地位，中国共产党在意识形态创新、改进司法环境和运行机制、提升司法者的品质、树立司法者的良好形象，以及开展司法救助等方面做了大量工作。

一、意识形态创新

意识形态作为观念的政治文化，为政治系统的合法性提供了道义上的诠释，有助于培养系统成员对于政治权威和政治体制的合法性感情，因此历来各国政治当局都十分重视意识形态建设。对此中国共产党更是过犹不及，诚如美国学者舒曼所正确指出，意识形态乃是中国国家制度的根基之一。[3]但自1978年以来的改革开放，对中国共产党传统的意识形态构成了空前的冲击，虽然马列主义、毛泽东思想仍然居于主流地位，但其一统天下的局面事实上已被打破，各种非社会主义的意识形态充斥在中国社会的各个角落。为了巩固社会主义意识形态的正统地位，现实要求中国共产党必须不断地进行意识形态创新，为中国社会的发展指明方向，也便于重新凝聚和整合民众，维护其合法性地位。

为了解决什么是社会主义以及如何建设社会主义的问题，中国共产党第二代领导集体曾发展出邓小平理论，这是中华人民共和国成立以来实现的第一次意识形态重大创新，其不但论证了改革开放和发展市场经济的必要性和合理性，而且也为中国未来的发展指明了方向，即中国将通过“三步走”最终达到中等发达的现代化国家水平，并实现共同富

---

〔1〕 参见［德］马克斯·韦伯：《学术与政治：韦伯的两篇演说》，冯克利译，生活·读书·新知三联书店1998年版，第56~57页；［德］马克斯·韦伯：《经济与社会》（上卷），林荣远译，商务印书馆1997年版，第三章。

〔2〕［美］戴维·伊斯顿：《政治生活的系统分析》，王浦劬等译，华夏出版社1999年版，第346~347页。

〔3〕 Franz Schurmann, *Ideology and Organization in Communist China*, Berkeley, CA.: University of California Press, 1968, p. 11.

裕。但20世纪90年代以来中国社会发生了深刻的变化,[1] 贫富差距逐渐加大，社会治理和发展面临着一系列新的难题，其中特别是党的建设问题尤为突出，在此情景下以江泽民为核心的中国共产党第三代领导集体又及时提出了“三个代表”的重要思想,[2] 即中国共产党必须始终代表中国先进生产力的发展要求，代表中国先进文化的前进方向，代表中国最广大人民的根本利益。其坚持和发展了马克思主义，科学地回答了建设一个什么样的党和怎样建设党的基本问题，实现了中国共产党自创立邓小平理论以来的第二次意识形态重大创新，为此中共十六大修改党章时正式将其作为指导思想写进了新的党章，2004 年修宪时又将其写进了《宪法》。[3] 在“三个代表”重要思想指引下，中国共产党又提出了“以人为本”“科学发展观”“构建和谐社会”等一系列口号，对21世纪初年中国社会政策的制定产生了重大影响。而作为新时期中国共产党建设的指导思想，“三个代表”重要思想自然也成为人民法院建设的指导思想,[4] 各级人民法院对“三个代表”重要思想举行了声势浩大的学习活动。[5] 与此同时，在“三个代表”重要思想指引下，中国共产党在关于法制与司法建设等方面继续进行了一系列影响深远的意识形态创新。

（一）公正与效率：人民法院世纪主题

2001年1月3日，全国高级法院院长会议在北京召开，最高人民法院院长肖扬（1998～2008）出席会议并发表重要讲话，在其讲话中，肖扬明确提出：“一个时代需要一个主题，人民法院在21世纪的主题就

---

〔1〕 孙立平认为自20世纪90年代中期以来，中国社会结构出现了断裂，社会权利出现了失衡，参见孙立平的《转型与断裂：改革以来中国社会结构的变迁》（清华大学出版社2004年版）和《失衡：断裂社会的运作逻辑》（社会科学文献出版社2004年版）。

〔2〕 2000年2月25日，江泽民在广东省考察工作时首次提出“三个代表”的思想。参见江泽民：《论“三个代表”》，中共中央文献中央文献出版社2001年版，第2页。

〔3〕 “‘三个代表’重要思想入宪意义重大”，载《人民日报（海外版）》2004年3月11日，第1版。

〔4〕 参见朱冬菊、胡健：“罗干在全国法院加强基层建设工作会议上强调按照‘三个代表’要求加强法院基层建设”，载《人民日报》2000年6月23日，第3版。

〔5〕 参见王娟：“国家法官学院学员畅谈江总书记重要讲话　用‘三个代表’精神指导审判工作”，载《人民法院报》2000年5月22日，第1版；宗边：“各地法院认真学习江总书记‘三个代表’的重要讲话　为经济发展提供有力司法保障”，载《人民法院报》2000年5月23日，第1版；程鹏：“紧密联系审判工作实际　认真贯彻‘三个代表’思想　最高法院举行学习‘三个代表’报告会”，载《人民法院报》2000年5月26日，第1版；等等。

是公正与效率。"〔1〕而要实现公正与效率的主题，就要做好加强审判工作、狠抓队伍建设、推进法院改革三件大事。审判是中心，队伍是关键，出路在改革。同年3月，肖扬在九届全国人大四次会议上作工作报告时又说："公正与效率是新世纪人民法院的工作主题。在新世纪的第一年，人民法院将紧扣这一主题，全面加强审判工作，深入推进法院改革，切实提高队伍素质，努力确保司法公正、提高审判效率"。〔2〕稍后围绕"公正与效率"，法院系统的人士展开了广泛的讨论，〔3〕而为进一步揭示"公正与效率"世纪主题的重大意义、内在要求和实现途径，2001年12月11日至13日，最高人民法院在北京还举办了"公正与效率"世纪主题论坛。在京的40多名国内著名学者，来自加拿大、澳大利亚、法国、德国和美国等国的多名外国专家，以及来自全国各地的130多名资深法官和高级法官，聚集一堂，展开热烈讨论。〔4〕这一切使"公正与效率"作为人民法院的世纪主题正式进入了官方话语体系，为中国的司法改革和法院建设指明了方向。

（二）依法治国与以德治国紧密结合

早在1978年召开的十一届三中全会上，中国共产党就提出了"发展社会主义民主，加强社会主义法制"的方针，要法治而不要人治逐渐成了人们的共识。〔5〕1992年邓小平发表"南巡讲话"后，中国进入了社会主义市场经济建设的新时期，"市场经济就是法制经济"作为新的教条被世人广泛接受，"以法治国"在学界和民间具有了广泛的舆论基础。在此背景下，1997年9月中共十五大召开，会上江泽民首次在党

---

〔1〕肖扬："公正与效率：新世纪人民法院的主题"，载《人民司法》2001年第1期。

〔2〕肖扬："最高人民法院工作报告"，载《中华人民共和国最高人民法院公报》2001年第2期。

〔3〕参见刘家琛："公正与效率：审判工作的永恒主题"，载《人民法院报》2001年3月6日，第3版；苏泽林："全面实施司法公正与效率的系统工程"，载《人民法院报》2001年3月9日，第3版；赵仕杰："公正与效率必须以解放思想为先导"，载《人民法院报》2001年3月12日，第3版；钱应学："围绕公正与效率的主题，大力加强法官职业道德教育"，载《人民法院报》2001年3月12日，第3版。

〔4〕陈海光："中外法学专家共聚北京热烈研讨'公正与效率'世纪主题"，载《法律适用》2002年第1期。

〔5〕参见《法治与人治问题讨论集》编辑组：《法治与人治问题讨论集》，群众出版社1980年版。

的文件中明确提出了依法治国、建设社会主义法治国家的目标。〔1〕1999年3月15日，第九届全国人民代表大会第二次会议通过新的宪法修正案，首次将“中华人民共和国实行依法治国，建设社会主义法治国家”写入《宪法》，〔2〕这标志着中国共产党治国方略开始发生重大转变。

但法律从来不是万能的，法治也存在缺陷，庞德曾正确指出：“法律必须在存在着比较间接的但是重要的手段——家庭、家庭教养、宗教和学校教育——的情况下执行其职能。”〔3〕除了法律外，一个健全社会秩序的维系离不开道德、信仰和风俗等非正式控制手段。在考察与总结人类社会治理方式历史经验的基础上，2001年1月10日，江泽民在全国宣传部长会议上首次提出在国家的治理上应把依法治国与以德治国紧密结合起来。

> 我们在建设有中国特色社会主义，发展社会主义市场经济的过程中，要坚持不懈地加强社会主义法制建设，依法治国，同时也要坚持不懈地加强社会主义道德建设，以德治国。对一个国家的治理来说，法治和德治，从来都是相辅相成、相互促进的。二者缺一不可，也不可偏废。法治属于政治建设、属于政治文明，德治属于思想建设，属于精神文明。二者范畴不同，但其地位和功能都是非常重要的。我们要把法制建设与道德建设紧密结合起来，把依法治国与以德治国紧密结合起来。〔4〕

共产党自诞生时起就宣称是为人类谋永福的政党，〔5〕共产党人历来就以大公无私、死而后已的崇高奉献精神闻名于世。在人类历史上，没有任何政党在对道德的重视和强调上能与共产党比肩。长期以来共产

---

〔1〕江泽民：“高举邓小平理论伟大旗帜，把建设有中国特色社会主义事业全面推向二十一世纪——在中国共产党第十五次全国代表大会上的报告”，载《求是》1997年第18期。

〔2〕参见“中华人民共和国宪法修正案”，载《人民日报》1999年3月17日，第1版。

〔3〕［美］庞德：《通过法律的社会控制、法律的任务》，沈宗灵、董世忠译，商务印书馆1984年版，第13页。

〔4〕江泽民：“在全社会大力宣传和弘扬为实现社会主义现代化而不懈奋斗的精神”，载《党的文献》2001年第3期。

〔5〕马克思、恩格斯在《共产党宣言》中曾明确指出：“无产阶级运动是绝大多数人的、为绝大多数人谋利益的独立的运动”，领导这一运动的共产党“没有同整个无产阶级的利益不同的利益”。参见《马克思恩格斯选集》（第1卷），人民出版社1995年版，第283、285页。

党所具有的无比道德优越感，正是其政治上最大的资本和优势所在。而事实上以德治国历来就被共产党所践行，故如果否定“以德治国”的合法性，实际上就等于是否定共产主义理想及共产党本身。江的讲话使“以德治国”在“依法治国”话语居主导地位的情况下重新进入公众视野，为中国共产党开展道德和精神文明建设提供了理论依据，标志着中国共产党最终结束了1978年以来对法治意识形态神话的过分迷恋，同时也为今后中国共产党强调意识形态提供了思想资源和理论武器，制造了必要的舆论，为恢复和发扬中国共产党的革命传统创造了条件，意义深远。故《人民日报》的社论评论说其“是对我们党‘两手抓，两手都要硬’战略思想的运用和发展，是对建设有中国特色社会主义规律性认识的升华，是对我们党领导人民治理国家基本方略的完善和创新，是对马克思主义国家学说的丰富和贡献”。〔1〕

2001年7月1日，在庆祝中国共产党成立八十周年大会上，江泽民又在讲话中进一步对其“以德治国”的思想作了阐述，他说：“加强社会主义思想道德建设，是发展先进文化的重要内容和中心环节。必须认识到，如果只讲物质利益，只讲金钱，不讲理想，不讲道德，人们就会失去共同的奋斗目标，失去行为的正确规范。要把依法治国同以德治国结合起来，为社会保持良好的秩序和风尚营造高尚的思想道德基础。要在全社会倡导爱国主义、集体主义、社会主义思想，反对和抵制拜金主义、享乐主义、极端个人主义等腐朽思想，增强全国人民的民族自尊心、自信心、自豪感，激励他们为振兴中华而不懈奋斗。”〔2〕而2002年11月8日，在中共十六大上，江泽民又将“坚持物质文明和精神文明两手抓，实行依法治国和以德治国相结合”上升为党领导人民建设中国特色社会主义必须坚持的基本经验之一，〔3〕使依法治国与以德治国紧密结合起来的思想获得了崇高的地位，为中国共产党治理国家和社会指明了方向，从而结束了中国共产党在治国方略选择上半个多世纪来的摸索与徘徊。

---

〔1〕“把依法治国与以德治国结合起来”，载《人民日报》2001年2月1日，第1版。

〔2〕江泽民：“在庆祝中国共产党成立八十周年大会上的讲话”，载《求是》2001年第13期。

〔3〕江泽民：“全面建设小康社会，开创中国特色社会主义事业新局面——在中国共产党第十六次全国代表大会上的报告”，载《求是》2002年第22期。

（三）司法为民

为人民服务是中国共产党一贯的宗旨。毛泽东曾说："共产党是为民族、为人民谋利益的政党，它本身决无私利可图。"〔1〕在现实生活和工作中，中国共产党要求它的每一位党员的一切言行都必须服从和维护人民的利益，自觉为人民服务。要求做到权为民所用，情为民所系，利为民所谋。对此，毛泽东提出"共产党就是要奋斗，就是要全心全意为人民服务，不要半心半意或者三分之二的心三分之二的意为人民服务"。〔2〕在中华人民共和国成立之初，针对一些人"打天下的不坐，坐天下的不打"的抱怨，董必武批评说这是一种脱离群众、坐在群众头上的反人民的思想。这是从个人的利益出发，居功自大，不满人民当家作主的表现。"我们从事革命的人绝不是为着个人的利益，而是为着人民，主要是为着劳动人民的利益。我们是为了人民要'坐天下'（要解放，要做国家的主人），才和人民一道去'打天下'（革命）的。"〔3〕作为受中国共产党直接领导的人民司法工作，当然也概莫能外，必须奉行为人民服务的宗旨。对此，1979 年彭真在接见省、自治区、直辖市政法领导干部轮训学员时曾说："如果我们政法机关要找一句现成话，能够把大家的意见统一起来，使大家为之奋斗，那就是：全心全意为人民服务。不要看轻这一句老生常谈，它过去对，现在对，将来也还对。"〔4〕

而把为人民服务的宗旨贯彻落实到司法领域，就体现在一切司法活动均要以人民的利益为出发点和最终归属。对此，董必武曾说："人民司法的基本精神，是要把马、恩、列、斯的观点和毛泽东思想贯彻到司法工作中去；……人民司法基本观点之一是群众观点，与群众联系，为人民服务，保障社会秩序，维护人民的正当权益。"〔5〕对于那些缺乏为人民服务观点的人士，中国共产党历来就不认为其是合格的人民司法工作者和法律人，如谢觉哉曾说，那些"站在人民之外，或站在人民头上

---

〔1〕《毛泽东选集》（第 3 卷），人民出版社 1991 年版，第 809 页。

〔2〕《毛泽东选集》（第 5 卷），人民出版社 1977 年版，第 420 页。

〔3〕《董必武法学文集》，法律出版社 2001 年版，第 107 页。

〔4〕彭真：《论新时期的社会主义民主与法制建设》，中央文献出版社 1989 年版，第 74 页。

〔5〕《董必武法学文集》，法律出版社 2001 年版，第 45 页。

的法律专门家，不是专门家，而是外行。我们用不着他”。[1] 故共产党的司法历来总是千方百计地试图减轻人民的负担、关心群众的切身利益，反对司法的形式主义和官僚主义、注重司法的实质正义和社会效果。

“三个代表”重要思想作为马克思主义在中国发展的最新成果，其与马克思列宁主义、毛泽东思想和邓小平理论是一脉相承的，也遵循着为人民服务的宗旨，要求“立党为公、执政为民”。[2] 故把“三个代表”重要思想贯彻于法院工作实际，就必然要求做到为人民掌好司法权力，司法为民。人民法院必须通过司法手段履行好便民、利民、护民的职责，凭借公正、高效和文明的司法活动切实维护好、实现好、发展好人民群众的根本利益。在深入学习和体会“三个代表”重要思想过程中，2003 年 3 月 11 日，肖扬在十届全国人大一次会议上谈及司法队伍建设时，首次使用了“树立文明办案、司法为民的思想”的提法，[3] 同年 6 月 2 日，最高人民法院在其制定的《关于开展“公正与效率”司法大检查的意见》中又使用了“司法为民的宗旨”的提法。[4] 而同年 8 月 24 日，全国高级法院院长座谈会在北京召开，肖扬在开幕式上作了重要讲话，强调要以“三个代表”重要思想统领法院各项工作，而其核心问题就是要牢固树立司法为民的思想，并对司法为民思想的内涵和实践意义作了阐述，认为司法为民是在全社会实现公平和正义的本质要求，是公正与效率工作主题的基本价值取向，是检验司法法律效果和社会效果的新尺度，是人民法院密切联系群众的新要求，是人民司法优良传统的新发展，是对人民司法工作职责和任务的新概括，是解决人民群众反映强烈的焦点、热点问题的新实践。[5] 从此“司法为民”作为人民法院工作的宗旨被正式确立下来，而在此基础上 2005 年 7 月肖

---

〔1〕 王萍、王定国、吉世霖编：《谢觉哉论民主与法制》，法律出版社 1996 年版，第 156 页。

〔2〕 胡锦涛：“在‘三个代表’重要思想理论研讨会上的讲话”，载《求是》2003 年第 13 期。

〔3〕 肖扬：“最高人民法院工作报告”，载《最高人民法院公报》2003 年第 2 期。

〔4〕 参见“最高人民法院关于开展‘公正与效率’司法大检查的意见”，载《最高人民法院公报》2003 年第 4 期。

〔5〕 刘嵘：“树立司法为民思想　践行公正与效率主题——记全国高级法院院长座谈会”，载《人民司法》2003 年第 9 期。

扬在全国高级法院院长座谈会上又进一步将其表述为“公正司法，一心为民”。[1]

“公正与效率”世纪主题、“依法治国与以德治国紧密结合”以及“司法为民”的提出不但清晰地界定了人民法院工作的要求、任务和宗旨，而且为中国司法政策的制定指明了方向，为中国司法改革、法院建设目标与措施的制定提供了评价标准，同时也是21世纪初年中国社会主义意识形态复兴的标志性事件，影响深远。

二、优化司法环境及运行机制

长期以来由于中国大陆法院的人、财、物受制于地方党政部门，法院独立司法的环境并不理想，特别是在意识形态和纪律控制减弱的情况下，司法愈发难于抵制地缘、情缘和权力的干扰，所以优化司法环境及运行机制，在制度上确保司法中立的地位始终是中国共产党追求的目标。对此，江泽民曾在中共十四大报告中指出，“要严格执行宪法和法律，加强执法监督，坚决纠正以言代法、以罚代刑等现象，保障人民法院和检察院依法独立进行审判和检察”。[2] 在中共十五大上他又讲，要“推进司法改革，从制度上保证司法机关依法独立公正地行使审判权和检察权”，[3] 而在中共十六大上他重申，要“从制度上保证审判机关和检察机关依法独立公正地行使审判权和检察权”。[4] 当然要在短期内真正做到司法独立是不可能的，但在此期间中国共产党确实进行了诸多制度建设。

（一）建立干警易地任职制度

官员任职回避制度，中国古即有之，但中华人民共和国成立后在人事管理上并没有特别重视此项制度（在一个干部缺少私心杂念的社会里确实也没多大必要），直到20世纪80年代，商品经济发展起来后，官

---

[1] 赵刚、张红岩：“贯彻‘公正司法，一心为民’指导方针　按照中央部署推进人民法院司法改革”，载《人民法院报》2005年7月19日，第1版。

[2] 江泽民：“加快改革开放和现代化建设步伐夺取有中国特色社会主义事业的更大胜利——在中国共产党第十四次全国代表大会上的报告”，载《求实》1992年11期。

[3] 江泽民：“高举邓小平理论伟大旗帜，把建设有中国特色社会主义事业全面推向二十一世纪——在中国共产党第十五次全国代表大会上的报告（1997年9月12日）”，载《求是》1997年第18期。

[4] 江泽民：“全面建设小康社会，开创中国特色社会主义事业新局面——在中国共产党第十六次全国代表大会上的报告”，载《求是》2002年第22期。

员原籍任职存在诸多弊病——不利于干部开阔眼界，解放思想，创造性地开展工作；不利于正确处理上下左右之间的关系；不利于正确处理公与私的关系；不利于干部接受群众监督；不利于人才的发现、培养、使用和尽快实现干部队伍的革命化、年轻化、知识化、专业化——才有有识之士站出来呼吁实行领导干部易地交流。[1] 在20世纪90年代中期，针对法院干警原籍任职的弊端，个别地方开始试行司法干警易地任职制。例如山东省即墨市人民法院在1995年时对在本地任职的庭长和部分审判人员进行了调整，实行易地任职。[2] 同一时期，河南省17个市(地)和158个县（市、区）也对其辖区内的绝大多数法院院长，按照在原籍任职或虽非原籍但任职超过5年和在一地工作时间超过10年的实行易地任职制，对于年龄较大或有特殊困难难以易地任职的在当地也要调动其工作。[3] 在总结各地法院干警易地任职实践经验的基础上，1999年10月最高人民法院制定的《人民法院五年改革纲要》明确提出要将进一步加强和完善法官交流和轮岗制度作为深化法院人事管理制度改革的重要内容。[4] 而2000年8月发布的《最高人民法院关于加强人民法院基层建设的若干意见》中更是明确规定要继续实行基层人民法院院长易地任职和其他法官交流、轮岗制度，并要求各高、中级人民法院本着“保持基本稳定、促进合理流动”的原则，在地方党委的领导下开展好此项工作，结合实际情况提出具体的时间和条件要求。法官交流原则上在法院系统内部易地进行或者在上下级法院之间进行。轮岗要以不影响审判工作为前提。各高、中级人民法院应当定期检查这项制度的执行情况，防止走过场。[5] 各地人民法院据此规定作出了相应的人事调动，司法领导干部易地任职成为一项全国性的实践，据不完全统计，到2001年底，各地政法机关对26 880名科级以上领导干部进行了交流

---

〔1〕 孙峻：“领导干部实行易地交流很有必要”，载《河北学刊》1984年第1期。

〔2〕 黄克春：“即墨市法院积极推行易地任职制度确保严肃执法”，载《山东审判》1995年第6期。

〔3〕 李杰：“加强队伍建设　改善执法环境　河南地县级公、检、法干部易地任职”，载《人民日报》1995年12月15日，第4版。

〔4〕 马原主编：《经济审判司法解释及相关案例（第三辑）》，人民法院出版社2000年版，第11页。

〔5〕 马原主编：《经济审判司法解释及相关案例（第三辑）》，人民法院出版社2000年版，第48～49页。

轮岗,[1] 这为克服地缘和情缘对独立司法的干扰提供了一定保障。

(二) 建立“收支两条线”的诉讼费用管理制度

1993 年 8 月，针对人民法院系统存在执法不严，裁判不公，乱收费、利用职权搞创收等不正之风盛行的现实，最高人民法院制定了《关于纠正执法不严和乱收费等不正之风的通知》，要求必须严肃执法、禁止一切乱收费、禁止利用职权搞创收、坚决查处违法违纪行为。[2] 同年年底任建新在全国政法工作会议上提出各级党委、政府一定要按中央要求，实行“收支两条线”，保证政法部门“吃皇粮”，保证国家专政机关各项工作的正常开展。[3] 但由于各地人民法院司法经费紧张，诉讼费用“收支两条线”的规定在现实中贯彻执行得并不理想。

1998 年 6 月，为贯彻落实“收支两条线”的规定，从财务制度上防止发生司法腐败，保证公正司法，最高人民法院发布了《关于认真贯彻落实“收支两条线”规定的通知》。1999 年 9 月，针对有的法院仍存在超标准、超范围等违规收费现象，有的法院不按规定使用诉讼收费的统一票据，有的法院未经财政部门许可超出规定的范围和标准使用诉讼费用，有的法院至今仍未将诉讼收费统一起来，而是以庭为单位自行收取诉讼费用，发生坐收坐支违纪情况等现实，最高人民法院发布了《关于严格诉讼费用管理的通知》，重申必须严格依法收取诉讼费用，对诉讼费用要严格实行“收支两条线”(即“单位开票、银行代收、财政统管”)的管理方式。2000 年 3 月，肖扬在九届全国人大三次会议上对全国人民法院落实诉讼费用“收支两条线”的情况作了介绍，他说：

> 为了落实中央的决定，最高人民法院和有关部门制定了《人民法院诉讼费用管理办法》，要求各级人民法院严格按照国家统一规定收取诉讼费，不得另行制定收费办法，自行增加收费项目，扩大收费范围，同时严格实行全国统一的专用票据，实行‘收缴分离’制度。法院不再直接收取诉讼费，当事人凭人民法院的书面通知，直接到指定的银行交费，银行收到诉讼费后，直接汇交各级财政专

---

[1] 王比学：“中办、中组部、中央政法委联合督查表明　政法队伍整体素质明显提高”，载《人民日报》2001 年 12 月 5 日，第 6 版。

[2] 卞昌久主编：《新编经济审判司法解释规范意见实用大全》，河海大学出版社 1996 版，第 43 ~ 45 页。

[3] 倪寿明：“全国政法工作会议强调加强和改善党对政法工作的领导　保证政法部门‘吃皇粮’”，载《人民法院报》1993 年 12 月 24 日，第 1 版。

户集中管理。这就有效地防止了乱收费、搞提成、挪用诉讼费等问题的发生。[1]

2001年5月，最高人民法院发布了《关于加大治本力度预防和治理司法人员腐败现象的意见》，重申“实行‘收支两条线’，是党中央从源头上预防和治理腐败现象的重要措施之一。各级人民法院要坚决贯彻执行‘收支两条线’的规定。要严格财经纪律，严禁滥收费、接赞助、设立账外账，坚决取消‘小金库’。经费困难的法院，要积极争取地方党委、政府及其财政部门的大力支持，保证法院工作的正常开展”。[2] 不过诉讼费实行“收支两条线”后，法院经费保障方面出现了一些新情况和新问题。一些法院特别是老、少、边、穷地区法院办案经费严重不足，执法条件困难，影响了审判工作的正常开展。[3] 但诉讼费用“收支两条线”的贯彻和落实确实净化了法院的司法行为，法院减少了诸如着手开发案源等有违司法中立的行为。

(三) 禁止政法机关从事经商活动

长期以来由于财政经费紧张，中国政法机关除了“吃皇粮”外，还要通过从事经商活动创收以弥补自身经费的不足，即吃一些所谓的“杂粮”。但政法机关经商不仅不符合社会分工的原则，而且偏离法院的根本职能，严重影响法院自身的建设，干扰其正确履行职责，从实际情形看，从事经商活动的少数单位和人员在利益驱动下，发生了不少这样或那样的问题，有的甚至发展到违法经营、执法犯法、保护犯罪的地步，严重损害了国家政权机关的形象。[4] 为从源头上杜绝腐败，1998年7月20日，中共中央作出重大决定：军队、武警部队和政法机关一律不再从事经商活动，所办的经营性企业一律与军队、武警部队和政法机关彻底脱钩。中央政法机关各部门及其所属单位停止经商活动，从1999年起一律“吃皇粮”。7月25日，中共中央办公厅和国务院办公厅联合发布了《关于军队武警部队政法机关不再从事经商活动的通知》，

---

〔1〕 肖扬：“最高人民法院工作报告”，载《中华人民共和国最高人民法院公报》2000年第2期。

〔2〕 纪敏主编：《人民法院审判监督实务》，知识产权出版社2003年版，第446页。

〔3〕 肖扬：“最高人民法院工作报告”，载《全国人民代表大会常务委员会公报》2000年第2期。

〔4〕 张德宽：“成果很大 意义深远——何勇部长谈关于军队武警部队政法机关不再从事经商活动工作”，载《中国监察》2000年第6期。

对外宣布了中共中央的决定。[1] 7月28日，中共中央纪律检查委员会、中央政法委员会在北京召开贯彻中央关于军队武警部队政法机关不再从事经商活动决定电视电话会议，宣布了中共中央的决定，并对具体工作作了相应的安排。为了落实这一战略构想，当时中共中央成立了以中共中央政治局常委、国家副主席、中央军委副主席胡锦涛为组长，中共中央政治局常委、中央纪委书记尉健行为副组长，罗干、温家宝、于永波等为成员的领导小组，下设办公室（简称“中清办”），中央纪委副书记、监察部部长何勇担任办公室主任，工作人员则是来自中央纪委、中央政法委、监察部、财政部、国家经贸委、国家工商总局的精兵强将。经过多方努力，最高人民法院于1998年11月提前将其所属的经营企业全部处理完毕。地方各级人民法院也都对所属单位经商办企业的问题进行了清理，共撤销经营性公司394个，移交61个，解除挂靠关系88个。[2] 到2000年3月，军队、武警部队和政法机关共撤销企业19 459户，移交企业6492户，解除挂靠关系企业5616户，基本实现了既定目标。[3]

（四）按职能分化的原则理顺法院与行政机关的关系

按照职能分殊的原则厘定法院与政府各部门的关系，是现代政治学（分权学说）奉行的一个基本准则。但在中国，长期以来法院与行政执法机关在工作任务和职责上常存在一定交叉与混同，审判人员常需帮助地方政府征收税费、维持治安，甚至还要承担招商引资等任务，这虽存在诸如有利于实现社会治安综合治理等好处，但是却不利于法院树立中立的形象，而且也加重了法院的负担，影响其搞好审判工作，故理顺法院与行政机关的关系、规范法院自身的行为是大势所趋。

对于法院与行政机关职责不清的问题，在20世纪90年代末期已引起了相关方面的重视，并开始对其进行清理。例如1999年3月肖扬在九届全国人大二次会议上说：“地方各级人民法院进一步清理了设在行政机关的执行室、法庭，纠正了审判人员参与行政事务、行政人员参与

〔1〕 中央纪委驻最高人民检察院纪检组、最高人民检察院监察局编：《检察纪律条规汇编》，中国检察出版社2002年版，第234～235页。

〔2〕 肖扬：“最高人民法院工作报告”，载《中华人民共和国最高人民法院公报》1999年第2期。

〔3〕 本刊编辑部：“注重源头治理　力铲滋腐土壤——党的十五大以来反腐败抓源头工作综述”，载《中国纪检监察》2002年第18期。

审判活动的错误做法。"[1] 而针对长期以来地方党政给法院下达招商引资任务和创收指标的做法，在2004年召开的部分人民法院院长座谈会上，肖扬提出了严厉批评，指出让基层人民法院参加招商引资、搞各种经济创收，势必会破坏独立审判原则，因此地方绝对不能给人民法院下创收指标，不能规定人民法院上交款项的数目。[2] 响应此号召，同年江苏南通市委等地方党政部门为配合人民法院的建设，明确宣布要保障司法经费投入，不再给人民法院下达招商引资任务和创收指标，使人民法院不再负担地方经济建设的任务。[3] 而2005年9月23日，最高人民法院制定的《关于全面加强人民法庭工作的决定》其第8条也明确规定："人民法庭应当严格依法履行职责，不得超越审判职权参与行政执法活动、地方经济事务和其它与审判无关的事务。"[4] 这为理顺人民法院与行政机关的关系提供了依据。当然要全面实现此一目标，还有漫长的路要走。

（五）在审判人员与律师、当事人之间建立"隔离带"

在中国，长期以来法官单方面接触当事人和律师是司空见惯的事情，像违反审判纪律，泄露审判机密，为律师介绍案件，为当事人推荐律师，从中牟利等也不是个别现象。[5] 审判人员与当事人、律师的"亲密"接触破坏了司法公正的形象，极易产生司法腐败，故1998年开展的教育整顿对此进行了重点清理。1999年3月，肖扬在九届全国人大二次会议上说："最高人民法院明令禁止法院与行政机关、企业事业单位建立'法律服务关系'并设立机构，撤销了挂靠在本院原有关公司的法律服务中心；再次重申了审判人员除法律规定的情形外，禁止为当事人推荐、介绍、指定律师，禁止私下会见当事人及其律师，努力在

---

〔1〕 肖扬："最高人民法院工作报告"，载《中华人民共和国最高人民法院公报》1999年第2期。

〔2〕 张涛："肖扬在部分法院院长座谈会上强调　不能给基层法院下达创收指标　敞开庭审大门，防止暗箱操作　加强诉讼调解，减少涉诉上访"，载《人民日报》2004年8月5日，第10版。

〔3〕 陈向东："南通市委关心支持法院建设"，载《人民日报》2004年9月9日，第10版。

〔4〕 参见《最高人民法院关于全面加强人民法庭工作的决定》，国务院法制办公室编：《中华人民共和国新法规汇编》（2005年第10辑），法制出版社2005年版，第216页。

〔5〕 肖扬："最高人民法院工作报告"，载《中华人民共和国最高人民法院公报》1999年第2期。

审判人员与律师、当事人之间建立起一条维护司法公正的‘隔离带’”。[1] 2001年5月，最高人民法院在制定的《关于加大治本力度预防和治理司法人员腐败现象的意见》中又明确提出要积极探索和推行审判工作与审判辅助工作分开机制。要在2002年年底前，建立审判工作与审判辅助工作分开的新机制，逐步做到庭前由审判辅助工作人员接触当事人、代理人、辩护人，进行庭前准备，在当事人与法官之间建立“隔离带”，防止人情和关系对法官的侵扰。[2] 2004年3月，最高人民法院和司法部联合颁布了《关于规范法官和律师相互关系维护司法公正的若干规定》，进一步规范了法官与律师间的行为。[3] 当然在中国这个关系社会里，要在当事人、律师与法官之间真正建成一条“隔离带”，还有许多困难需要克服，前景仍不容乐观。

（六）健全立审分立、审执分立、审监分立的制度

中华人民共和国成立以来人民法院的司法工作实行的是所谓“一条龙”服务，法院内部机构功能分化不充分，立案与审判不分、审判与判决的执行不分、审判与审监不分，即所谓“立审合一”“审执合一”“审监合一”。这样做在法院案件少，法官党性普遍较强、作风普遍较好的岁月里，常常既方便了当事人也方便了法院。但自20世纪80年代中期开始此种做法就日渐显露出弊端，加剧了民众的“告状难”“执行难”“申诉难”。立案、审判和执行不分也成了滋生司法腐败的沃土。为了充实执行力量，确保判决得到顺利执行，1982年9月第三次全国民事审判工作会议提出实行审执分立制度，各地人民法院陆续配制了执行人员、设立了执行机构，初步实现了审判与执行的分离。[4] 而为了解决“告状难”，便于公民告诉和申请，在20世纪80年代各级人民法院设立了告诉申诉庭，开始试行“立审分立”，立案工作由告诉申诉庭负责，告诉申诉庭在审查后认为符合立案条件的，将案件转交相关审判庭审理，例如四川省人民法院系统在20世纪90年代初期即采取如此做

[1] 肖扬：“最高人民法院工作报告”，载《中华人民共和国最高人民法院公报》1999年第2期。

[2] 参见《最高人民法院关于加大治本力度预防和治理司法人员腐败现象的意见》，载纪敏主编：《人民法院审判监督实务》，知识产权出版社2003年版，第444页。

[3] 最高人民法院办公厅编：《中华人民共和国最高人民法院公报2004年卷》，人民法院出版社2005年版，第78~80页。

[4] 肖文鼎：“北京认真贯彻‘审执分立’制度”，载《人民司法》1983年第7期。

法，并取得了较好的效果。[1] 1993 年 3 月，任建新在八届全国人大一次会议上说："有些法院试行立案和审理分开的制度，强化法院内部的制约机制，以有利于解决'告状难'的问题。"[2] 而在告诉申诉庭/审判监督庭设立之后，一些人民法院也开始推行审监分立制度，将再审案件交予审判监督庭去处理。到 20 世纪 90 年代中期时，个别先进的省份已普遍建立了立审分立、审监分立、审执分立的审判工作体制，例如山东省即如此。[3]

在总结各地实践经验的基础上，最高人民法院加速了司法解释的制定工作。1997 年最高人民法院制定了《关于人民法院立案工作的暂行规定》，其第 5 条明确规定"人民法院实行立案与审判分开的原则"，[4] "立审分立"作为一项制度被确定下来。而其第 6 条又规定"人民法院的立案工作由专门机构负责，可以设在告诉申诉审判庭内；不设告诉申诉审判庭的，可以单独设立"。要求为落实立审分离提供组织保障。1998 年 7 月，在全国高级法院院长座谈会上，肖扬又明确提出年内全部实行"三个分立"，坚决纠正三个不分的做法。随后各级人民法院普遍设立了立案机构（最高人民法院要求凡单独设置立案机构的，名称统一为××人民法院立案庭，设在告申庭内的，名称统一为××人民法院立案室，并对外公开挂牌），立审分立的格局基本形成，据 1999 年 6 月对全国 31 个省、自治区、直辖市 3424 个人民法院的统计，已有 3315 个人民法院成立了立案机构，实现了全部或部分的立审分立的占 96.82%。[5] 1999 年 10 月最高人民法院在《人民法院五年改革纲要》中又再次明确提出，1999 年年底前全国各级人民法院要根据明确职责、分工合理、动转高效的原则，全面实现立审分立、审执分立、审监分立的改革目标，[6] 而 2001 年 5 月最高人民法院在当月制定的《关于加大

---

〔1〕 田代奎："'立审分立'的理论与实践"，载《现代法学》1993 年第 1 期。

〔2〕 任建新："最高人民法院工作报告"，载《中华人民共和国最高人民法院公报》1993 年第 2 期。

〔3〕 任建斌："迈向宏伟的二十一世纪——记第十七次全省法院工作会议"，载《山东审判》1996 年第 5 期。

〔4〕 纪敏主编：《人民法院审判监督实务》，知识产权出版社 2003 年版，第 36 页。

〔5〕 唐德华主编：《刑事诉讼法及司法解释适用指南》，中国方正出版社 2002 年版，第 636 页。

〔6〕 马原主编：《经济审判司法解释及相关案例（第三辑）》，人民法院出版社 2000 年版，第 5 页。

治本力度预防和治理司法人员腐败现象的意见》中对三个分立落实贯彻作了进一步具体的规定，要求在2002年年底前各级人民法院都要制定立案、审判、审监、执行相互衔接、相互制约的工作运行规范，建立起高效、公正的审判运行机制。[1] 三个分立的落实，使人民法院的运行机制更为合理，更加有利于保障公正和防止腐败。

当然除了上述制度建设和改革之外，在净化司法环境、改善司法运行机制方面影响深远的改革项目还有：

1. 审判长选任制。为增强庭审功能，推动法官独立办案，在20世纪90年代上海市杨浦区人民法院、山东省冠县人民法院、新疆维吾尔自治区阜康市人民法院、北京市东城区人民法院、青岛中级人民法院等曾先后尝试实行过“主审法官制”，[2] 明确办案法官的权力与责任，增强了办案法官的独立性，部分改变了过去审而不判，判而不审的状况。在总结这些经验的基础上，2000年7月，为了提高法官队伍的素质，充分发挥合议庭的职能作用，确保司法公正，提高审判效率，最高人民法院根据《人民法院组织法》《法官法》和有关法律规定的精神，结合审判实践，制定了《人民法院审判长选任办法（试行）》，要求除合议庭依法提请院长提交审判委员会讨论决定的重大、疑难案件外，其他案件一律由合议庭审理并作出裁判，院、庭长不得个人改变合议庭的决定，[3] 从而实质性地增强了法官的独立性，部分地方法院的实践也证明其具有一定的积极意义。[4] 2001年3月，肖扬在九届全国人大四次会议上说：“目前，全国高、中级人民法院和50%的基层人民法院基本完成了这项改革。通过实行审判长选任制度，一批具有较高素质的优秀法官担任了审判长，主持合议庭庭审活动，由合议庭依照法定职责对案

〔1〕 纪敏主编：《人民法院审判监督实务》，知识产权出版社2003年版，第444页。

〔2〕 立里：“胆识之举——杨浦区法院主审法官责任制采访录”，载《人民司法》1994年第2期；孟凡利：“冠县法院实行主审法官合格证制度”，载《山东审判》1996年第11期；唐庆丰：“阜康市法院对主审法官实行竞争上岗”，载《新疆人大（汉文）》1999年第10期；李东：“给你权力确保公正主审法官制试行”，载《法律与生活》1999年第5期；孙梽文：“黄海之滨的涛声——青岛市中级人民法院纪事”，载《人民日报》2003年8月16日，第7版。

〔3〕 参见《人民法院五年改革纲要》，载马原主编：《经济审判司法解释及相关案例（第三辑）》，人民法院出版社2000年版，第8页。

〔4〕 刘鸣、陈丹：“四川审判长选任制带来三大变化　法官责任感增强　办案质量提高　学习气氛浓厚”，载《人民法院报》2000年5月23日，第2版。

件进行裁判，提高了办案质量和效率。”〔1〕

2. 书记员聘任制。2003 年 10 月，为了建立一支专业化的人民法院书记员队伍，实现对书记员的科学管理，根据《人民法院组织法》和《法官法》等有关法律，制定了《人民法院书记员管理办法（试行）》，规定对书记员实行单独序列管理，人民法院新招收的书记员，实行聘任制和合同管理，〔2〕从而打破了长期以来沿袭的“书记员→助理审判员→审判员”的职业规划流程，理顺了书记员与法官之间的关系。诸如此类的改革，极大地改善了人民法院的司法环境和运行机制，当然要将这一系列改革加以深化并落到实处，让其积极作用充分发挥出来，还需要各方面继续进行艰苦卓绝的努力。

三、树立司法人员良好形象

法官具有良好品质和崇高人格魅力，是司法赢得公众信赖、好感的前提条件之一，也是司法合法性的重要来源。对此，中国共产党具有清醒认识，2005 年 12 月中旬，肖扬到湖南法院检查“规范司法行为，促进司法公正”专项整改活动时特意告诫他的下级同仁说：“人民群众对法院、法律、法制的评价，主要看身边的法官。身边的法官形象好，群众对整个法院工作的评价就高，对法律和法制的信心就强。”〔3〕而事实上中国共产党历来也重视司法队伍建设，重视树立司法人员的良好形象，重视对法院干警进行思想品德和职业道德教育，各个时期都针对当时的形势提出了法官队伍建设的具体目标（见表 4 -3），当然其具体内

表 4 -3　最高人民法院历年提出的法官队伍建设目标

提出者	年份	法官队伍建设目标
江　华	1983	革命化、年轻化、知识化、专业化
郑天翔	1985	实事求是、依法办案、刚正不阿、铁面无私
任建新	1992	政治坚定、业务精通、秉公执法、作风过硬、纪律严明、有坚强战斗力
	1995	政治坚定、业务精通、作风过硬、廉洁奉公、严肃执法
	1996	政治坚定、业务精通、经验丰富、作风优良

〔1〕 肖扬：“最高人民法院工作报告”，载《中华人民共和国最高人民法院公报》2001 年第 2 期。

〔2〕 参见“人民法院书记员管理办法（试行）”，载《人民法院报》2003 年 10 月 28 日。

〔3〕 参见吴兢：“声音”，载《人民日报》2005 年 12 月 19 日，第 10 版。

续表

提出者	年份	法官队伍建设目标
任建新	1997	政治强、业务精、纪律严、作风正
	1998	政治坚强、公正清廉、纪律严明、业务精通、作风优良
肖扬	1999	政治坚定、公正清廉、纪律严明、业务精通、作风优良
	2001	政治坚定、业务精通、作风过硬、清正廉洁、道德高尚
	2003	政治坚定、业务精通、作风优良、司法公正
	2004	政治坚定、业务精通、作风优良、司法公正

资料来源：表中相应年份《最高人民法院工作报告》。

容万变不离其宗，无非包括思想政治、专业水平和职业道德等三个方面。而针对20世纪90年代以来司法腐败猖獗、司法人员形象被破坏的严峻形势，中国共产党比以往任何时候都注重加强司法队伍建设，注重树立司法人员的良好形象，为此特采取了一系列举措。

1. 评选和奖励先进。要把人们引导到正确的道路上去，就首先得告诉人们什么是正确的道路。对于重视政治教育，善于做思想工作的中国共产党而言，深知通过评选和奖励先进对于人们进行正面激励和引导的重要性。早在20世纪80年代初一些地方人民法院就开展了评选与表彰先进集体、先进工作者的活动，例如青海省1983年召开了建院以来第一次全省人民法院系统先进集体、先进工作者表彰大会，表彰了38个先进集体与115名先进工作者。[1] 而1985年2月28日至3月4日，最高人民法院在北京召开了第一次全国法院先进集体、先进工作者表彰大会，郑天翔在讲话中指出，“出席大会的先进集体和先进工作者，代表了新时期人民法官的优良素质，其中最主要的，就是实事求是，依法办案，刚正不阿、铁面无私”。[2] “实事求是，依法办案，刚正不阿、铁面无私”在20世纪80年代中期被视为是人民法官优良素质的集中体现，人民法院队伍建设的方向。[3] 为了使对广大法官进行正面激励有

〔1〕 青海省地方志编纂委员会：《青海省志·审判志》，黄山书社1999年版，第57页。

〔2〕 郑天翔：“在全国法院先进集体、先进工作者表彰大会上的讲话”，载《人民司法》1985年第4期。

〔3〕 任建新：“在全国法院先进集体先进工作者表彰大会结束时的讲话”，载《人民司法》1985年第4期。

章可循，1986 年 10 月，最高人民法院与劳动人事部联合发布了《人民法院奖惩暂行办法》，对个人和集体进行奖励的条件、级别、审批权限及撤回等作了明确的规定，实现了对先进个人和先进集体进行奖励的制度化。此后法院系统几乎每年都要评选先进集体和先进司法工作者（见表 4-4），并对其加以表彰和奖励，而且奖励的种类也越来越多，除传统的先进集体、先进工作者（个人）外，还增加了诸如全国模范法院、全国模范法官、全国法院青年法官标兵、全国优秀法院、全国优秀法官、全国优秀法庭、全国优秀审判庭、全国法院优秀司法行政人员、中国杰出青年卫士、中国优秀青年卫士、人民满意的好法院、人民满意的好法官、中国法官十杰、十佳法庭等新项目。

表 4-4 全国法院各时段受表彰的集体和立功、受奖的个人情况

时间	受表彰的集体和立功、受奖的个人
1985 年	83 个先进集体，267 名先进工作者。
1987 年	全国各级法院干警 4858 人立功、受奖。
1988～1992 年	在全国范围内表彰先进集体 135 个，先进个人 105 人，其中全国劳模 32 人；在省级范围内表彰先进集体 936 个，先进个人 5029 人。
1993～1997 年	93 名法官被授予全国法院模范称号，275 名法院干部荣记一等功，122 个法院荣记集体一等功。
1998～2002 年	全国法院共有 286 个集体和 350 名个人受国家和最高人民法院表彰奖励。
2003 年	评选出 40 个模范法院和 71 名模范法官，评选出中国十杰法官。
2004 年	2164 个集体、5025 名法官和其他人员立功受奖，其中 254 个集体、208 名法官和其他人员受到最高法院和中央有关部门的表彰和奖励。
2005 年	共有 379 个集体、376 名个人受到中央有关部门及最高人民法院表彰。

资料来源：毕肖："全国法院先进集体、先进工作者表彰大会在京举行"，载《人民司法》1985 年第 4 期，以及 1988、1993、1998、2003、2004、2005 和 2006 年《最高人民法院工作报告》。

而且评优和奖励的范围越来越大，动静也空前。1999 年 2 月，最高人民法院授予尚秀云、高炳环、秦玲妹、岳璐、刘丽萍、戴飞、朱筱玫、汤肇华、赵小莉、阳映红等女法官“全国十大杰出女法官”称号。[1] 同年3月，根据中央政法委的统一安排，最高人民法院发出《关于开展“争创人民满意的好法院争当人民满意的好法官”活动的通知》，决定按照“领导班子团结坚强”“队伍素质高作风好”“廉洁自律实效明显”“审判工作成绩突出”“法院管理严格”的标准在全国开展评选“人民满意的好法院”的活动和按照“政治坚定”“公正清廉”“纪律严明”“业务精通”“作风优良”的标准在全国开展评选“人民满意的好法官”的活动。[2] 为了做好向最高人民法院的推报工作，各高级人民法院成立了考核验收小组。除了在本系统进行民主测评外，还广泛征求当地人大代表、政协委员以及案件当事人的意见，并报省、自治区、直辖市人大常委会和政法委签署审核意见。而1999年年底，最高人民法院与人民日报、新华社、中央电视台、中央人民广播电台、法制日报等五家中央新闻单位共同举办了首届“全国十大人民满意的好法官”评选活动。20名候选法官是最高人民法院从各地法院申报的“全国法院模范”候选人中选出的。《人民法院报》《人民日报》《法制日报》公布了首届“全国十大人民满意的好法官”20名候选人的照片、事迹简介、选票和评选办法。1999年12月1日出版的《人民法院报》，12月6日出版的《中国电视报》，12月7日出版的《中国广播报》刊载了选票，2000年1月揭晓。为了激励民众参与评选，特规定从有效票中抽取参与奖175名，最高奖金可达2000元。[3] 评选活动共计收到有效选票31万余张，最后黑龙江省五常市人民法院五常镇人民法庭庭长孟宪福、贵州省册亨县人民法院院长王永松、新疆维吾尔自治区高级人民法院生产建设兵团分院新湖人民法庭庭长赵萍、解放军吉林军事法院院长罗立波、海南省三亚市中级人民法院副院长刘诚、天津市河东区人民法院民事审判第二庭审判员王家新、河南省开封县人民法院经济审判庭副庭长齐爱香、北京市第一中级人民法院知识产权审判庭副庭长罗东川、山西省太原市中级人民法院刑事审判庭副庭长齐素、山东省淄博

---

〔1〕“最高人民法院关于表彰全国十大杰出女法官的决定（摘要）”，载《中华人民共和国最高人民法院公报》1999年第2期。

〔2〕最高人民法院研究室：《中华人民共和国最高人民法院司法解释全集1996.7～2001.12》，人民法院出版社2002年版，第1931～1932页。

〔3〕“最高人民法院与五家中央新闻单位联合举办首届‘全国十大人民满意的好法官’评选活动”，载《人民法院报》1999年12月1日，第1版。

市张店区人民法院执行庭庭长孙即华，获首届“全国十大人民满意的好法官”光荣称号。[1] 而2003年最高人民法院和中央电视台联合举行了评选“中国法官十杰（2003）”的活动，由社会群众投票评选，共收到来自全国各地和世界80多个国家和地区各类选票600多万张，比上次的评选活动具有更为广泛的群众性和公认性。

而“全国十大人民满意的好法官”的评选也推动了“争创人民满意的好法院、争当人民满意的好法官”活动的深入开展。2000年11月30日，最高人民法院将初审名单在《人民法院报》上进行了公示，并公布了举报电话和联系方式，广泛征求社会各界意见。2001年1月5日，最高人民法院在北京隆重召开了全国法院系统“双满意”表彰大会，北京市海淀区人民法院、天津市武清区人民法院、四川省南充市高坪区人民法院、辽宁省瓦房店市人民法院等100个人民法院被评为全国法院系统“人民满意的好法院”。罗东川、张玉珍、宋鱼水等100名法官被评为全国法院系统“人民满意的好法官”。[2]

2. 树立榜样。榜样的力量是无穷的，在对先进进行表彰和奖励的同时，中国共产党十分重视动员舆论的力量宣传其先进事迹，树立榜样，号召人们向其学习。例如，1991年10月为弘扬正气、赢得人心，最高人民法院和《人民日报》政治部联合举办了《法官风貌》的征文活动，要求来稿必须展现全国各级人民法院和人民法官在保障社会稳定、促进经济发展、加强社会主义民主和法制建设进程中所表现出的积极精神风貌，展示法官不徇私情、依法办案、秉公执法、全心全意为人民服务的精神。各地读者踊跃参与，从1991年11月5日至1992年1月21日《人民日报》择优登载了一部分来稿，向人们讲述了马灿芳、陆学志、王国政、周承忠、张淑芳、吴远瑞、何同甫、莫贤章、陈家琪、王海战、孙盘柱、王洪修、崔振亚等十余位优秀法官的感人事迹。对于人民法官，20世纪80年代民间曾有一种流行说法，即“政治上是红人，工作上是忙人，经济上是穷人，做起事情来得罪人，安排子女找不到人”。[3] 随着社会经济的发展，虽然法官各方面的状况均有所改

---

〔1〕“全国十大人民满意的好法官在京受表彰　孟宪福王永松赵萍罗立波刘诚王家新齐爱香罗东川齐素孙即华等10人获殊荣”，载《人民日报》2000年2月22日，第4版。

〔2〕参见最高人民法院政治部编：《让人民满意》，人民法院出版社2002年版。

〔3〕“彭县法院党员干部联系实际找差距　边学习党章　边改进工作”，载《人民日报》1983年4月9日，第4版。

善，但是其社会地位并没有获得显著的提升。由于人民法官在司法中不具有独立性，收入不高，又常常在家乡任职，而中国人十分重视情面和关系，故中国法官在司法中常常要遭遇权力以及亲情、友情的困扰，经受物欲和情欲的诱惑。一个人只有超然物外，“六亲不认”才能做好人民的法官。〔1〕前述法官正是以其坚强的党性抗拒了压力、关系、情面等对司法的干扰，以自己全心全意为人民服务的实际行动书写了对人民事业的忠诚，〔2〕取得了骄人的业绩，赢得了人民的拥戴。故在征文选登结束时《人民日报》的编辑在编者按中写道：“这些作品反映了人民法官在保护人民、惩治犯罪、维护社会稳定、促进改革开放中承担的重任和发挥的作用。法官队伍中两袖清风、一身正气、铁面无私、严肃执法、秉公办案的人越来越多。这是一支忠于党和人民，忠于事实、忠于法律的执法大军。”〔3〕

除了主流报纸开辟诸如“法官风貌”“法官风采”“闪光的天平”等栏目宣传模范法官的先进事迹外，报告会也是一种常见的宣传形式，全国各地经常举办模范法官先进事迹报告会，例如2001年8月，最高人民法院举行了“廖威张晓东先进事迹报告会”，并授予廖威和张晓东“全国法院模范”称号。〔4〕2002年各地掀起了学习模范法官顾双彦的高潮，其先进事迹报告会也在各地举行。〔5〕2004年全国一些省份还举行了全国模范法官事迹报告会，同年10月28日，中共中央宣传部、中央政法委员会、最高人民法院、全国妇联、贵州省委在人民大会堂隆重

---

〔1〕 1987年郑天翔在同重庆市法院干部谈话时曾教导说：“我们不能搞‘关系学’，搞法院工作就得六亲不认，共产党员就得六亲不认。现在办案，不管三亲六戚，打电话也好，批条子也好，找你老伴也好，找你娃娃也好，不管怎么样，该怎么办就怎么办，就这么个原则。”参见郑天翔：《行程纪略》，北京出版社1994年版，第555页。

〔2〕 虽然中国法官在司法中个体是不独立的，但其在抵抗非法干预上却具有比西方法官更为丰富的资源：除了法律制度外，还有法官的党性、党的纪律，以及上级党组织的支持，等等。但要让每一名法官都事实上成为坚强的布尔什维克主义者，无疑纯属空想，故现实中对司法的非法干预总是屡屡得逞。

〔3〕《人民日报》1992年1月21日，第3版。

〔4〕 何靖：“最高法院举行事迹报告会　廖威张晓东精神催人奋进”，载《人民法院报》2001年8月16日，第1版。

〔5〕 刘海生：“在‘新时期的好法官’顾双彦同志事迹报告会上的讲话”，载《大庆社会科学》2002年第1期。

举行了蒋庆先进事迹报告会。[1] 2005 年 11 月 9 日，黑龙江省宁安市人民法院东京城人民法庭审判员金桂兰先进事迹报告会在人民大会堂举行，中共中央政治局常委、中央政法委书记罗干会见金桂兰和报告团全体成员并讲话。全国人大常委会副委员长顾秀莲参加会见并出席报告会。最高人民法院院长肖扬为金桂兰颁发“全国模范法官”奖章和证书。[2] 而同年全国各地法院还举行了宋鱼水先进事迹报告会。[3] 此外，影视作品也是宣传先进和榜样的重要形式，各级人民法院与有关单位合作以模范法官为原型拍摄了不少影视作品（见表 4－5），在引导舆论和树立法官形象上收到了较好的效果。

表 4－5　部分以法官为题材的影视作品

影视作品	年份	制作单位	人物原型
法官潘火中	1993	中国电视剧制作中心、最高人民法院办公厅	河北省北戴河区人民法院“全国法院模范”潘火中
马背法庭	1994	青海省电影拍摄公司	青海巴颜喀山人民审判员
法官谭彦	1996	大连电视台、中央电视台影视部、大连开发区管委会	辽宁大连开发区法院“全国法院模范”谭彦
法官妈妈	2001	北京紫禁城影业有限公司	北京海淀区全国十杰女法官尚秀云
生死界线	2004	深圳市中级人民法院、中国法制出版社、深圳电影制片厂	深圳市中级人民法院“全国法院模范”陈麟基
白鹿塬法官	2004	电视电影、电影频道节目中心	陕西省蓝田县法院鹿塬法庭全国模范法官李增亮

[1] “她在平凡中铸就辉煌——追忆公正司法的楷模、全国模范法官蒋庆”，载《中国监察》2005 年第 1 期。

[2] 参见石智健：“黑龙江省大事记”，载《黑龙江史志》2005 年第 12 期；崔士鑫、石国胜：“金桂兰同志先进事迹报告会在京举行　罗干会见报告团全体成员并讲话”，载《人民日报》2005 年 11 月 10 日，第 1 版。

[3] 张慧鹏、赵华：“宋鱼水事迹报告会在粤举行　广东省委号召掀起学习宋鱼水高潮”，载《人民法院报》2005 年 3 月 18 日，第 1 版；沈路涛：“宋鱼水先进事迹报告会在京举行”，载《人民法院报》2005 年 3 月 25 日，第 1 版；陈永辉：“最高法院举行宋鱼水先进事迹报告会”，载《人民法院报》2005 年 12 月 1 日，第 1 版。

3. 司法考试。自20世纪80年代中期以来招考就成为法院选拔人才的重要手段。为了充实司法队伍，在20世纪90年代全国进行了几次公开招考法院工作人员的考试，1994年6月1日人事部考试录用司和最高人民法院政治部联合发布了《1994年全国法院系统增编补员实行统一考试的实施意见》，要求所有人员必须参加考试，招考坚持公开、平等、竞争、择优的原则，坚持考试和考核相结合的办法，严格执行省、自治区、直辖市高级人民法院审核，地市以上政府人事部门审批的制度。要求应考人员须具备大专以上学历，按照笔试、面试、考核、体检的程序，采取层层淘汰的办法进行。[1] 1995年12月10日，又在全国各地举行了人民法院首次初任审判员、助理审判员全国统一考试，考试内容分基础知识和法律知识两部分、共12个科目，全国共设1380个考场，考生共3万余人。[2] 为了使招考工作进一步走向正规化，1996年最高人民法院制定了《法官考评委员会暂行组织办法》和《初任审判员、助理审判员考试暂行办法》，并于同年6月26日颁布施行，进一步明确和细化了招考的组织、条件和程序等事项，载《初任审判员、助理审判员考试暂行办法》第2条规定："初任审判员、助理审判员必须经过全国统一考试。"[3] 从此，通过考试成为在中国做法官的先决条件，当然这种考试的难度是相对偏低的，过关率很高，而且参考的人员大多都是法院系统内部职工及家属，故被人戏称为法院"内部考试"。1997年最高人民法院又组织了第二次初任审判员、助理审判员的全国统一考试。[4]

但法院、检察院以及司法部各自独立门户，分别执掌法官、检察官和律师的资格考试以及职前培训的做法受到了学者们的严厉批评，认为其不仅浪费资源，而且有碍法律职业共同体的构建，不利于法治国家的

〔1〕 周德伟、宋建潮："法官制度改革的重大措施　全国法院面向社会公开招干"，载《人民日报》1994年8月25日，第3版。

〔2〕 "初任、助理审判员首次统一考试"，载《人民日报》1995年12月11日，第3版。

〔3〕 全国人民代表大会常务委员会法制工作委员会编：《中华人民共和国法律　行政法规　规章　司法解释分卷汇编（宪法国家法卷）》，北京大学出版社1998年版，第367页。

〔4〕 任建新："最高人民法院工作报告"，载《全国人民代表大会常务委员会公报》1998年第1期。

建设，建立统一的司法从业人员考试制度日渐成为人们的共识。[1] 2001 年 6 月，《法官法》修订，其第 12 条明确规定："初任法官采用严格考核的办法，按照德才兼备的标准，从通过国家统一司法考试取得资格，并且具备法官条件的人员中择优提出人选。"次月最高人民法院发布《关于贯彻落实〈中华人民共和国法官法〉的通知》，宣称"鉴于新法官法已经规定设立国家司法考试制度，最高人民法院法官考评委员会今年不再组织初任审判员、助理审判员全国统一考试"。同年 10 月最高人民法院、最高人民检察院、司法部联合制定《关于国家司法考试实施办法（试行）》，并于 2002 年 1 月 1 日起生效，其第 2 条明确规定初任法官必须通过国家司法考试。2002 年 3 月 30 日至 31 日，首次国家司法考试在全国统一举行，从此中国选任法官进入了司法考试的时代。司法考试制度的确立为提升中国法官的专业水平提供了制度性的保障，也为树立法官队伍职业化的良好形象创造了条件。

四、治理司法腐败

对于司法腐败的危害，中国共产党历来具有清醒认识，始终将其放到关系党和国家生死存亡的高度来对待。早在 1993 年任建新就郑重提醒其下级同仁说，社会上的不正之风"吹到执法队伍中来，以罚代刑、贪赃枉法、收受贿赂、利用职权搞'创收'，等等。这种东西蔓延下去，我们值得骄傲的社会主义的优越性还能有多少？对这些乌七八糟的腐败现象无动于衷，束手无策，就会毁掉这支队伍，毁掉我们的政权，毁掉我们的党。这不是危言耸听！对此，要有危机感，非下决心解决不可"。[2] 1997 年 9 月，江泽民在中共十五大上也告诫全党说："反对腐败是关系党和国家生死存亡的严重政治斗争……如果腐败得不到有效惩治，党就会丧失人民群众的信任和支持。在整个改革开放过程中都要反对腐败，警钟长鸣。"并对中国共产党多年来治理腐败的基本思路进行了总结，将其明确表述为"坚持标本兼治，教育是基础，法制是保证，

---

〔1〕 廖中洪："司法从业资格一体化探讨"，载《现代法学》1998 年第 2 期；贺卫方："日本司法研修所访问记——兼论我国司法考试及司法研修制度的改造"，载《中国律师》2000 年第 10 期。

〔2〕 任建新："在全国高级法院院长座谈会上的讲话"，载《中华人民共和国最高人民法院公报》1993 年第 3 期。

监督是关键"。[1] 故除了从正面对司法人员进行教育、激励和引导外，中国共产党也强调对司法人员的腐败行为进行预防与惩治，以纯洁队伍。

1. 政治思想教育。中国共产党早年缺乏用法律制度管理其干部的经验，主要靠用信仰、意识形态和纪律来约束、管理其成员，而这一切又主要是通过做思想政治工作来得以实现。强调从思想上建党，正是毛泽东对马克思主义建党学说的一个创造性发展，[2] 在中国共产党看来只要解决了人的思想问题，其他问题就能迎刃而解。高度重视思想政治工作，历来也被认为是中国共产党的优良传统和政治优势。[3] 对此，胡耀邦曾在 1983 年强调说："思想政治工作应该是一切工作的保证。做好了思想政治工作，解决好了思想问题，事情就解决了一大半。任何部门、单位，进行任何工作，千万不能忘记思想政治工作。"而他所谓思想政治工作"就是用革命思想和革命精神，也就是用共产主义思想，用马克思主义的基本理论，用马克思主义的普遍原理同中国革命和建设的具体实践相结合的毛泽东思想，教育党员和干部，教育广大群众，教育整个工人阶级以至全体人民，启发和提高人们的革命自觉性，使人们确立正确的立场、观点，掌握正确的思想方法和工作方法，并通过反复的实践提高人们认识和改造世界的能力"。[4] 而为了在新的历史条件下加强思想政治工作，1999 年 9 月 29 日，中共中央还特意发布了《关于加强和改进思想政治工作的若干意见》，掀起了做思想政治工作的新高潮。

在此政治文化氛围下，思想政治工作历来也被视为是"人民法院工作的生命线"，[5] 倍受重视。中国共产党相信只要使广大法院干警具有坚强的党性和原则性，就能够抗拒一切腐蚀因素，做到清正廉明。

有干扰、有压力、有关系网、有情面，这也是客观存在的。办

---

〔1〕 江泽民："高举邓小平理论伟大旗帜，把建设有中国特色社会主义事业全面推向二十一世纪——在中国共产党第十五次全国代表大会上的报告"，载《求是》1997 年第 18 期。

〔2〕 中共中央文献研究室编：《毛泽东　邓小平　江泽民　论世界观人生观价值观》，人民出版社 1997 年版，第 435 页。

〔3〕 参见"中共中央关于加强和改进思想政治工作的若干意见"，载中华人民共和国监察部办公厅编：《行政监察工作文件选编 1999 年》，中国方正出版社 2000 年版，第 670 页。

〔4〕 胡耀邦："关于思想政治工作问题"，载《人民日报》1983 年 1 月 2 日，第 1 版。

〔5〕 谷振春："思想政治工作是人民法院工作的生命线"，载《人民司法》1990 年第 4 期；李佩佑："进一步加强人民法院思想政治工作"，载《人民司法》1991 年第 9 期。

> 案没有干扰、没有压力、没有关系网、没有同志之间的情面，那是不可能的。问题是怎么对待。干扰要排除，压力要顶住，关系网要割断，情面要拉开，做到铁面无私，执法如山。我们的同志，年轻的，岁数大的，都要抱这么一个信念：第一，不想升官，第二，不怕丢官，就是要全心全意地为人民服务，忠心耿耿地为党工作。孟子讲，“富贵不能淫，贫贱不能移，威武不能屈，此之谓大丈夫”。共产党员的法官就是要当“大丈夫”，难道能当“小丈夫”吗？这就叫做原则性、党性。〔1〕

为了加强法院的思想政治工作，各级人民法院先后设立了政治部、政治处和政工科等专门负责做思想政治工作的职能部门，为开展思想政治工作提供了可靠的组织保证。〔2〕当然在新的历史时期，法院思想政治工作除了用马克思列宁主义、毛泽东思想来武装法院干警的头脑外，还增加了中国共产党新近所创造的崭新意识形态——邓小平理论、“三讲”（讲学习、讲政治、讲正气）〔3〕和“三个代表”重要思想等内容，1998年任建新在总结1993年至1997年间司法队伍建设的成绩时说，“五年来，全国法院根据中央加强思想政治工作的要求，用邓小平理论武装干警的头脑，按照江泽民同志‘努力建设高素质的干部队伍’的指示精神，开展了以‘讲学习、讲政治、讲正气’为主要内容的党性党风教育，加强了以全心全意为人民服务为宗旨的职业道德教育，使法院队伍的政治业务素质有了提高”。〔4〕1999年在中共中央领导下，全党以整风精神深入开展以“讲学习、讲政治、讲正气”为主要内容的

---

〔1〕 郑天翔：《行程纪略》，北京出版社1994年版，第458页。

〔2〕 例如河北省1991年高院成立了政治部，12个中级法院设立了政治处，70%的基层法院设立了政工科，各级法院还配备了专职政工干部（参见李爱民：“教育先行 典型领路 规章制约 双向激烈 河北法院政治工作扎实有效”，载《人民法院报》1994年7月21日，第2版）。而最高人民法院1993年初也撤销了人事厅设立政治部，职责是在院党组领导下协助地方党委搞好法院系统党的建设和思想政治工作，开展具有审判机关特点的思想教育，以及有关的组织人事工作（参见“最高法院政治部已经组建开始办公”，载《人民法院报》1993年2月12日，第1版）。

〔3〕 早在1995年11月8日，江泽民在北京市考察工作时就提出：“根据当前干部队伍的状况和存在的问题，在对干部进行教育当中，要强调讲学习，讲政治，讲正气”（参见江泽民：“讲学习，讲政治，讲正气”，载《党的文献》1997年第5期）。

〔4〕 任建新：“最高人民法院工作报告”，载《中华人民共和国最高人民法院公报》1998年第2期。

教育活动，着力解决党性党风方面存在的突出问题，使广大党员领导干部普遍受到了一次多年来少有的马克思主义教育，在思想上、政治上、作风上、纪律上取得了明显的进步，进一步提高了中国共产党的领导水平和执政水平，增强了拒腐防变和抵御风险的能力。[1]

一般来说，中国共产党是通过各级人民法院中的党组主持的日常政治学习和各级党校的例行培训来向法院干警灌输上述思想，使其实现所希望的政治化。同时，为了使思想政治工作形式多样，内容生动活泼，也会采取一些类似宣传、展览等灵活的形式。例如北京市门头沟区人民法院在北京市人民法院系统首先创办了“思想政治教育展览室”，内容生动、丰富，收到了较好的效果。[2] 而为了推动法院的思想政治工作，中国共产党控制的媒体也常会报导那些在政治思想教育和培训工作方面取得优异成绩的法院的先进事迹，号召其他法院向其学习。

2. 制度建设。在此期间，制度主义的神话无论在官方还是民间均十分盛行，人们普遍相信之所以出现包括腐败在内的各种社会失范现象，就是因为出现了制度真空，制度供给跟不上所致。对于治理腐败，邓小平曾提醒他的同志说：“还是要靠法制，搞法制靠得住些。”[3] 为此，中国共产党在党纪、政纪和国法三个层面同时加强了制度建设，具体而言，其内容包括以下几方面：

(1) 加强了对法院工作人员的纪律约束：①1986年4月8日，郑天翔在六届全国人大四次会议上提出人民法院和法院干警必须做到八个不准：“一不准主观臆断，二不准徇情枉法，三不准贪赃卖法，四不准吃请受礼，五不准索贿受贿，六不准经商牟利，七不准欺压群众，八不准泄露机密”。[4] 这“八不准”成为了加强法院干部纪律、预防司法腐败的重要准则。②1993年10月，中央政法委发布了《关于政法部门严肃纪律严格执法的通知》，对政法干警提出了“十不准”：不准执法犯法、贪赃枉法；不准乱收费、乱罚款、乱摊派；不准利用职权搞创收；不准违反规定经商办“三产”；不准搞第二职业；不准有案互相推

[1] 尉健行：“坚定信心　加大力度　深入推进党风廉政建设和反腐败斗争——在中央纪委第四次全体会议上的工作报告”，载《中国监察》2000年第2期。

[2] 苏宁：“清廉法官——记北京市门头沟区人民法院院长晁秉荣”，载《人民日报》1989年11月20日，第5版。

[3] 《邓小平文选》（第3卷），人民出版社1993年版，第379页。

[4] 郑天翔：《行程纪略》，北京出版社1994年版，第474~475页。

诿不办；不准以罚代刑；不准搞地方保护主义；不准越权办案；不准擅自设立和撤销机构。[1] 随后中央政法委员会又提出了“四条禁令”，即绝对禁止政法干警接受当事人请吃喝、送钱物；绝对禁止对告状求助群众采取冷漠、生硬、蛮横推诿等官老爷态度；绝对禁止政法干警打人骂人，刑讯逼供等违法违纪行为；绝对禁止政法干警参与经营娱乐场所或为非法经营活动提供保护。[2] ③1995 年 4 月，最高人民法院制定了《关于不准接受可能影响公正执行公务的宴请、不准参加用公款支付的营业性娱乐场所活动的暂行规定》，规定对于接受可能影响公正执行公务的宴请、参加用公款支付的营业性娱乐场所活动的视情节轻重，给予批评教育、责令退赔、通报批评、调离原工作岗位直至进行纪律处分。④2000 年 11 月，为了贯彻中纪委第四次全会提出的“省（部）、地（厅）级领导干部的配偶、子女，不准在该领导干部管辖的业务范围个人从事可能与公共利益发生冲突的经商办企业活动”的规定，中共最高人民法院党组发布了《关于最高人民法院庭（局）级以上领导干部的配偶、子女从事有偿法律服务活动和商务活动的若干规定》，明确规定：领导干部的配偶、子女不准在其所辖地区开办律师事务所。最高人民法院院长、副院长以及立案庭、刑事审判庭、民事审判庭、行政审判庭（赔偿办）、审判监督庭、执行办等业务部门领导干部的配偶、子女，不准在律师事务所从事诉讼代理活动；其他领导干部的配偶、子女不准在本院审理的案件中从事诉讼代理等有偿法律服务活动。领导干部的配偶、子女不准在本院审理的案件中从事拍卖、变卖、评估等中介活动。领导干部的配偶、子女不准在本院以及下级法院机关从事商品买卖、大宗物品采购招标等商务活动。领导干部的配偶、子女不准在本院以及下级法院机关从事法官制服制作、基建工程承包、办公设施改造以及以营利为目的的会议接待、人员培训、娱乐、汽车修理等活动。领导干部的配偶、子女不准与本院以及下级法院机关发生经济担保关系。违者，必须如实向党组织报告并限期纠正。领导干部的配偶、子女应当停止可能与公共利益发生冲突的有偿法律服务活动和商务活动，或者领导干部本

---

〔1〕 中央纪委驻最高人民检察院纪检组、最高人民检察院监察局编：《检察纪律条规汇编》，中国检察出版社 2002 年版，第 176 ~ 178 页。

〔2〕 中央纪委驻最高人民检察院纪检组、最高人民检察院监察局编：《检察纪律条规汇编》，中国检察出版社 2002 年版，第 179 页。

人辞去现任职务。拒不纠正的，依照有关规定，对领导干部本人追究其党纪、政纪责任。[1]

（2）建立健全对法院工作人员的惩戒制度。①1986年10月，最高人民法院与劳动人事部联合发出《人民法院奖惩暂行办法》，其中对干部惩戒的条件、方法、审批权限、受处分者的申诉等均作了具体规定。[2] 这个办法对于法院系统执行纪律，严明赏罚，扶植正气，打击歪风，发挥了重要作用。[3] ②1995年2月，全国人大制定了《法官法》，其第30条明确规定法官不得有13种违法违纪的行为，即散布有损国家声誉的言论，参加非法组织，参加旨在反对国家的集会、游行、示威等活动，参加罢工；贪污受贿；徇私枉法；刑讯逼供；隐瞒证据或者伪造证据；泄露国家秘密或者审判工作秘密；滥用职权，侵犯公民、法人或者其他组织的合法权益；玩忽职守，造成错案或者给当事人造成严重损失；故意拖延办案，贻误工作；利用职权为自己或者他人谋取私利；从事营利性的经营活动；私自会见当事人及其代理人，接受当事人及其代理人的请客送礼；其他违法乱纪的行为。否则将给以警告、记过、记大过、降级、撤职、开除等处分，构成犯罪的还将依法追究刑事责任。[4] 这为惩戒法官行为提供了法律依据。③2003年2月，最高人民法院发布了《最高人民法院关于严格执行〈中华人民共和国法官法〉惩戒规定的通知》，同年6月又制定了《最高人民法院关于严格执行〈中华人民共和国法官法〉有关惩戒制度的若干规定》，力求使法官法关于法官惩戒的规定落到实处。[5]

（3）建立健全执法违法责任追究制度。针对日益严重的司法腐败，最高人民法院在1992年2月召开的全国法院纪检监察工作座谈会上提出要实行错案追究制，一些法院响应此号召开始进行试点，但一开始大

---

〔1〕 纪敏主编：《人民法院审判监督实务》，知识产权出版社2003年版，第458～459页。

〔2〕《常用司法公正法律法规》编选组编：《常用司法公正法律法规》，人民法院出版社1999年版，第24～30页。

〔3〕 何兰阶、鲁明健主编：《当代中国的审判工作》（上），当代中国出版社1993年版，第197页。

〔4〕《中华人民共和国检察官法　法官法　人民警察法》，中国检察出版社1995年版，第26～27页。

〔5〕 载《中华人民共和国最高人民法院公报》2003年第2期；载《中华人民共和国最高人民法院公报》2003年第4期。

家对于什么是应当追究的错案并没有统一的认识，[1] 各地法院的做法也不统一，各自制定了一些内部规定，例如，1993 年四川省三台县人民法院制定了《追究错案责任暂行规定》，对办错案给以批评教育、扣发当月奖金和取消当年评先进资格，直到纪律处分。[2] 错案追究制的推行较为迅速，到 1993 年 10 月底时全国已有河南、河北、海南、甘肃、宁夏、天津、山东、湖南、江苏、江西等省、市、自治区的三级人民法院全部实行；其余省、市、自治区，有的正在部分试行，有的已经在部分法院或大部分法院正式实行。[3] 实行错案追究制被媒体誉为是人民法院加强自律的重要表现之一，[4] 1993 年 12 月召开的全国高级法院院长会议上与会代表对错案追究制给予了充分肯定，[5] 会议最后提出各级人民法院要进一步研讨和试行建立错案追究制，对违法办案的责任人员要追究其行政和法律责任。[6] 此后各地法院基本上都建立了不同形式的错案追究制，而且部分法院还对其进行了认真实施。例如陕西省安康市中院自 1994 年 10 月推行错案追究制，到 1995 年时评定出错案 24 件，对 24 名审判员给予了大会检查、通报批评、降级免职等处分。[7]

为将错案追究制作为一项正式制度确立下来，使其在全国各级人民法院全面推行，1998 年 8 月，最高人民法院制定了《人民法院审判人员违法审判责任追究办法（试行）》，对追究范围、违法责任、违法审判责任的确认和追究等作出明确规定。同年 9 月又颁布《人民法院审判纪律处分办法（试行）》，对纪律处分的原则、种类、变更和解除、适用等做出详尽规定。而且为贯彻执行好这两个“办法”，

---

〔1〕 肖文昌：“建立错案责任追究制的几点思考”，载《人民司法》1993 年第 8 期。

〔2〕 三台县法院志编纂领导小组编：《三台县法院志》（1999），国家图书馆国情资料室藏，第 270～271 页。

〔3〕 张绳祖：“执行错案责任追究制度 提高人民法院办案质量”，载《人民日报》1994 年 2 月 22 日，第 5 版。

〔4〕 陈有西：“九十年代：中国法官加强自律：关于错案追究制的报告”，载《人民法院报》1993 年 11 月 5 日，第 3 版。

〔5〕 特别是江苏高院院长李佩佑将建立制约机制，试行错案追究制度作为其所主张的改进审判方式的重要内容之一，参见于新年：“面对改革的新形势——全国高级法院院长会议访谈录”，载《人民司法》1994 年第 2 期。

〔6〕 毛磊：“任建新在全国高法院长会议上指出 严肃执法依法独立行使审判权”，载《人民日报》1993 年 12 月 31 日，第 4 版。

〔7〕 吴家仲、徐晓恒、和平：“谁办错案处罚谁 安康法院追究错案责任动真格”，载《人民法院报》1995 年 6 月 20 日，第 2 版。

1998年9月23日，最高人民法院还发布了《关于认真贯彻执行两个“办法”的通知》，要求对两个“办法”认真进行学习、宣传和贯彻执行。[1] 当然，由于错案追究制的实行本身存在一定的弊端，不断受到学者们的批评。[2]

（4）建立司法廉政监督员制度。为了加强外部对法院干警的监督，一些地方从人民群众（主要是人大代表和政协委员）中聘请了执法监督员（廉政监督员）。早在20世纪90年代初期，上海市杨浦区人民法院在区人大常委会的支持下，就聘请一部分人大代表担任执法监督员，向他们颁发联系卡建立固定联系，凡区人民法院审理影响较大的案件或复杂疑难的新类型案件，法院及时向案件当事人所在单位、地区的人民代表通报情况，争取其支持和监督。黄浦区、上海县等区、县人民法院也先后建立了类似的制度。[3] 当然各地对“执法监督员”的称谓并不统一，有的地方将其称为“廉政监督员”，有的甚至将其称为“法官形象信息员”，例如云南省玉溪市人民法院即如此。该院早在20世纪90年代之初就从所辖各乡、镇及部分厂矿、单位中聘请了十余名法官形象信息员，以便监督和规范法官的行为。[4] 山西省清徐县人民法院也一度面向社会聘请社会知名人士担任廉政监督员，及时反馈社会各方面对法院及每个审判人员在廉政方面的表现与反映。[5] 1997年3月，任建新在八届全国人大五次会议上指出，“许多法院还采取聘请廉政监督员、执法监督员等形式，积极建立外部监督机制，广泛听取社会各界的批评和建议”。[6] 而肖扬在1998年也倡议：“各级人民法院凡有条件的，都

---

〔1〕 纪敏主编：《人民法院审判监督实务》，专利文献出版社2003年版，第473～486页。

〔2〕 参见王晨光：“法律运行中的不确定性与‘错案追究制’的误区”，载《法学》1997年第3期；周永坤：“错案追究制与法治国家建设——一个法社会学的思考”，载《法学》1997年第9期；李建明：“错案追究中的形而上学错误”，载《法学研究》2000年第3期；贺日开、贺岩：“错案追究制实际运行状况探析”，载《政法论坛》2004年第1期。

〔3〕 吕国强：“上海各级法院是如何接受同级人大及其常委会监督的?”，载《政治与法律》1991年第2期。

〔4〕 玉溪市人民政府办公室、玉溪市地方志办公室编：《玉溪市年鉴1991》（第5卷），第99～100页。

〔5〕 山西省清徐县人民法院编：《清徐法院志》（1998），国家图书馆国情资料室藏，第47页。

〔6〕 任建新：“最高人民法院工作报告”，载《中华人民共和国最高人民法院公报》1997年第2期。

可以从人大代表、政协委员和各界群众中聘请法院廉政监督员，主动争取社会各方面对法院廉政建设实行监督。"[1] 对此，最高人民法院在1998年12月发布的《最高人民法院关于人民法院接受人民代表大会及其常务委员会监督的若干意见》中明确要求各级人民法院要建立人大代表担任执法监督员，特邀咨询员的制度。[2] 此项规定受到了许多地方法院的响应，例如，到1999年时河北省各人民法院都在人大代表中聘请了执法监督员，并采取座谈、走访等形式经常征求人大代表的意见。[3] 各地人大加强了对法院的监督，许多地方人大甚至对法院司法采取了"个案监督"的形式，[4] 对防止腐败、维护司法公正起到了一定的积极作用，当然由于对个案监督的形式和程序缺乏规范，也导致了一些负面影响，受到了学者们的批评，为此人大加强了对自身监督行为的规范。[5]

（5）建立举报制度。长期以来中国共产党为了贯彻群众路线，在执法和司法的过程中坚持专门机关与群众相结合的原则，公民举报即是其最重要的形式之一，凭此可获取违法和犯罪的线索，及时有力地做出处理。在反腐败斗争中，许多地方法院都建立了一定形式的举报制度，公开了举报电话，设立了举报箱，有的为了鼓励公民举报还对举报进行相应的奖励。例如1995年10月，南京市中院为反腐败、整肃司法队伍，向社会公布了举报电话。[6] 在1998年教育整顿和执法大检查中，黑龙江省高级人民法院也分别在《黑龙江日报》《黑龙江法制报》上公

---

〔1〕 李茂管、杨绍华："反对司法腐败　维护司法公正——访最高人民法院院长肖扬"，载《求是》1998年第17期。

〔2〕 纪敏主编：《人民法院审判监督实务》，知识产权出版社2003年版，第473页。

〔3〕 韩元恒、丁力辛："河北法院主动接受人大监督"，载《人民日报》1999年5月12日，第9版。

〔4〕 实务界人士所谓的"个案监督"，即监督纠正本级行政及司法机关处理并已生效但属违法的案件，参见胡慧娥："个案监督是人大监督工作的一项重要内容"，载《人大研究》1997年第7期。

〔5〕 针对地方人大个案监督的混乱局面，1999年李鹏在山东考察工作时曾指出，个案监督工作应该遵循三原则：一是必须集体行使监督职权；二是必须突出重点，要选择那些社会反映强烈、人民群众意见较大的个案开展监督，不可能过问过多的案件；三是必须尊重司法机关独立办案的职权，人大不具体办案，参见李鹏："李鹏委员长强调个案监督工作应遵循三项原则"，载《领导决策信息》1999年第22期。

〔6〕 孟天："问题出现以后……——访江苏省南京市中级人民法院院长徐正荣"，载《人民司法》1996年第10期。

布举报电话，在院机关门前设立了举报箱。[1] 而广州市海珠区人民法院在1998年4月制定实施《廉政自律金制度》，规定全院干警每年要与法院签订廉政责任状，并向院交纳自律金3000元作为对举报人的奖励基金。对违反廉政制度的不但要给予党纪政纪处分，而且还要给予经济处罚。举报人可以获得1000至50 000万元的奖励。[2] 这些做法得到了最高人民法院的支持和赞许，对此，1998年下半年肖扬在接受记者采访时明确提出，“最高人民法院和地方各级法院要设立法官违法违纪举报中心，设立专门举报电话、举报信箱和举报接待室。任何党政机关、社会团体和公民都可以对法官的违法违纪行为进行电话、信函和当面举报。举报中心应在当地纪委、人大的监督下，定期将举报情况予以公布，分别调查处理。人民法院要采取切实可行的有效措施，保护举报人的人身安全和民主权利”。[3]同年5月，最高人民法院也制定了《最高人民法院法官违法违纪举报中心工作办法》，规定设立最高人民法院法官违法违纪举报中心受理对最高人民法院法官和机关其他工作人员，高级人民法院正、副院长以及中级人民法院院长贪污受贿；徇私枉法；滥用职权，侵犯公民、法人或者其他组织的合法权益；隐瞒或者伪造证据；泄露国家秘密或者审判秘密；违法采取强制措施；故意拖延办案，贻误工作；利用职权为自已或者他人谋取私利；玩忽职守，造成错案或者给当事人造成严重损失；私自会见当事人及其代理人，接受当事人及其委托的人的请客送礼；乱收费、乱拉赞助等违反诉讼费管理规定的行为；为案件指定律师或者为律师介绍案件；可能影响司法公正的其他违法违纪行为等13种违法违纪行为的举报。[4] 中国共产党希望通过动员群众，对司法腐败发动一场“人民战争”。

（6）廉政建设责任书制度。中共中央和国务院于1998年11月制定了《关于实行党风廉政建设责任制的规定》，对党风廉政建设责任的内

---

〔1〕 孟天：“从队伍建设抓起——全国法院教育整顿工作座谈会见闻”，载《人民司法》1998年第5期。

〔2〕 李典玮、张厚依：“法重如山清正守廉铸就人民满意的好法官”，载《瞭望》2003年第11期。

〔3〕 李茂管、杨绍华：“反对司法腐败　维护司法公正——访最高人民法院院长肖扬”，载《求是》1998年第17期。

〔4〕《法官法及其配套规定》，中国法制出版社2001年版，第74～75页。

容、考核和追究作了明确规定。[1] 当时有学者称其发布实施，是党风廉政建设和反腐败斗争走向法制轨道的重要标志，是“党委统一领导，党政齐抓共管，纪委组织协调，部门各负其责，依靠群众的支持和参与”的反腐败领导体制的具体体现。[2] 2000 年 3 月，肖扬在其所作的全国人大工作报告中对党风廉政建设责任制的实施情况作了汇报，他说要“进一步落实党风廉政建设责任制，真正做到一级抓一级，层层抓落实。最高人民法院院长、副院长、庭长已分别签订了《党风廉政建设责任书》，各级领导不仅要保证自己清正廉洁，而且要保证自己分管部门审判人员的清正廉洁。分管部门年内发生法官贪赃枉法案件的庭长、分管院长将依照有关规定承担相应责任”。[3] 同年 8 月，最高人民法院在其发布的“关于加强人民法院基层建设的若干意见”中对实行党风廉政建设责任制也作了相应安排，要求基层人民法院在 2000 年底前落实廉政建设责任书制度。[4] 依据这些规定和要求，地方各级人民法院先后建立和完善了廉政建设责任书制度。对此，2001 年 3 月肖扬在九届全国人大四次会议上说：“从最高人民法院做起，全国法院普遍签订了《党风廉政建设责任书》。按照党风廉政建设责任制的规定，全国法院共对 34 人追究了领导责任。”[5]

（7）领导检讨责任制。在中国，法官不是完全独立的，其相互之间的政治地位也不平等，法院领导在人事、业务管理上具有较大的职权，实际上能影响和决定普通法官的去留与升迁，所以法院能否搞好司法工作，能否清正廉洁，在很大程度上取决于法院领导是否爱岗敬业、是否坚持原则、是否能用好人与管好人，故抓领导班子建设从来就是人民法院建设的重要内容，也是预防腐败的不二法门。在中国的制度设计者看来，法院领导人既然在人事与审判业务上享有决定性的权力，那么

---

〔1〕 中央纪委法规室编：《党风廉政建设责任制及相关文件》，中国方正出版社 1999 年版，第 2～6 页。

〔2〕 郑宏范：“反腐败：治本抓源头”，载《人民日报》1999 年 1 月 12 日，第 11 版。

〔3〕 肖扬：“最高人民法院工作报告”，载《中华人民共和国最高人民法院公报》2000 年第 2 期。

〔4〕 马原主编：《经济审判司法解释及相关案例（第三辑）》，人民法院出版社 2000 年版，第 52 页。

〔5〕 肖扬：“最高人民法院工作报告”，载《中华人民共和国最高人民法院公报》2001 年第 2 期。

他们就应对其所管的人与事的差错承担连带责任。1999年3月10日，为了表明治理司法腐败的决心，肖扬在全国人大会上向与会代表承诺：

> 从今年起，凡地县人民法院年内发生一起法官贪赃枉法造成重大影响的案件，除对当事者依法严肃查处外，法院院长要到省高级人民法院检讨责任。凡省、自治区、直辖市年内发生两起的，省高级人民法院院长要到最高人民法院汇报查处情况，检讨责任。发生情节特别严重、造成恶劣影响、被追究刑事责任案件的，因严重官僚主义，用人失察、疏于管理而负有直接领导责任的法院院长要向选举或任命机关引咎辞职。[1]

这就是领导检讨责任制，事后全国各级人民法院认真践行了肖扬所做的承诺，1999年浙江台州温州发生多次法官违法案件，台州温州中院院长到浙江高院检讨了责任，[2] 而2000年山东省、湖南省高院院长也分别就山东省莘县人民法院李士春制造假案、湖南省道县人民法院熊剑“虚设案件，编造假办案数字，骗取荣誉”问题向最高人民法院检讨了责任。[3]

（8）院长、副院长引咎辞职制度。遵行与领导检讨责任制相同的逻辑，在20世纪90年代个别地方法院开始试行法院领导干部引咎辞职制度，例如山东省昌邑市人民法院早在1996年就开始实行院长、庭长引咎辞职制度。[4] 2001年11月最高人民法院发布了《地方各级人民法院及专门人民法院院长、副院长引咎辞职规定（试行）》，规定院长、副院长在其直接管辖范围内，具有下列情形之一的，应当主动提出辞职：①本院发生严重枉法裁判案件，致使国家利益、公共利益和人民群众生命财产遭受重大损失或造成恶劣影响的；②本院发生其他重大违纪违法案件隐瞒不报或拒不查处，造成严重后果或恶劣影响的；③本院在装备、行政管理工作中疏于监管，发生重大事故或造成重大经济损失

---

〔1〕 肖扬：“最高人民法院工作报告”，载《中华人民共和国最高人民法院公报》1999年第2期。

〔2〕 黄献安：“台州温州发生多次法官违法案件　两中院院长到高院检讨责任”，载《人民法院报》1999年12月11日，第1版。

〔3〕 毛磊、武侠：“政法队伍整体素质明显提高”，载《人民日报》2000年12月13日，第9版。

〔4〕 井天：“昌邑市法院实行院长、庭长引咎辞职制度”，载《山东审判》1996年第6期。

的；④不宜继续担任院长、副院长职务的其他情形。如果在前述四种情况下院长、副院长本人不提出辞职的，按照干部管理权限，由党委商上级人民法院同意后建议人大或人大常委会依照法定程序罢免、撤换或免除其职务。[1]这一规定的出台被认为是法院系统健全领导责任制的重要举措。[2]但法官枉法而院长、副院长引咎辞职的制度有违司法独立的精神，进一步强化了中国大陆司法的行政化色彩，因此受到学者们的批评，但让院长、副院长实质上拥有干预法官独立办案的权力却不承担相应的责任无疑在现实中显得更为不合理，中国大陆并不具有法官独立司法的现实，所以用西方司法独立的逻辑来对其展开批判，并不具有针对性和有效性。

（9）廉政监督卡制度。法院交付当事人或律师一张特制卡片，卡片上一般记载有当事人或律师对审判人员的违法违纪事项进行监督的范围和程序。例如，早在20世纪90年代初期，吉林省四平市铁西区人民法院，就在送达立案、应诉通知书的同时，发送廉政监督卡。当事人发现或认为办案人有徇情枉法、办案不公等行为时，可将意见填入监督卡，送交法院或监督机关。[3]1996年春，四川省三台县芦溪人民法庭为严格执行《政法干警十不准》和《法院干警八不准》，随案件受理通知书和应诉通知书向诉讼当事人发出《芦溪人民法庭廉洁办案回馈卡》，干警办案中有接受礼物、吃请等违法违纪行为，当事人可将情况记入回馈卡，寄交法庭或法院查实严处。[4]而从2001年开始，重庆市高级人民法院也在江津市和璧山县人民法院进行“廉政监督卡”制度的试点工作，并在总结经验的基础上决定自2004年8月1日起，市高级人民法院和全市各中级人民法院对受理的案件，统一随案向当事人及其代理人发放廉政监督卡，各基层人民法院可参照执行，或根据实际情

〔1〕《法官法及其配套规定》，中国法制出版社2001年版，第49～50页。

〔2〕庄会宁：“最高人民法院院长肖扬：增强司法活动的公信力”，载《瞭望》2002年第1期。

〔3〕吉林省高级人民法院、四平市中级人民法院：“全面实现民事审判规范化”，载《人民司法》1992年第12期。

〔4〕三台县法院志编纂领导小组编：《三台县法院志》（1999），国家图书馆国情资料室藏，第28页。

况自行制定发放办法。[1] 廉政监督卡制度的建立加强了当事人对法院的监督，当然在本研究结束时它也还只是个别地方法院的实践，并没有成为全国性的制度，改革者还需要在实践中对其进行摸索和总结。

为了加强制度建设，此间中国共产党制定了大量的规范性文件，使人目不暇接。而除此之外，在中共中央反腐倡廉的感召下，在治理司法腐败的制度建设上，各地人民法院还“八仙过海、各显神通”，因地制宜地采取了一系列各具特色的应对策略，制定了许多内部规定，力争调动一切力量来与司法腐败作斗争，例如针对“贪内助”的“枕边风”吹倒了一批批干警的情况，有的人民法院在干警家属中开展“廉内助”活动，把反腐倡廉活动由机关延伸到家庭。[2]

3. 检查与处罚。要让各种纪律和制度落到实处，就必须设立相应的机构和人员去具体执行。中国共产党是按照列宁的建党原则建立起来的纪律严明的“铁”的政党，为了维护党风党纪，中国共产党内部历来就设有纪检监察机构。但在20世纪80年代中期以前，同级党委纪检监察机构并没有向同级法院派设纪检监察人员，人民法院的纪律检查工作由院党组（支部）组织委员兼任。[3] 1986年，为了加强党的纪律检查工作，经中央纪律检查委员会批准，最高人民法院党组设立了纪检组，稍后各地人民法院的党组也陆续开始设立纪检组织，并指定专人负责纪检工作。[4] 例如浙江省根据中纪委批转的“关于同意最高人民法院成立党组纪律检查组”和浙江省高级人民法院党组转发的省高级人民法院向省纪律检查委员会的报告和省纪委的批文，在各地中级人民法院设立纪律检查组，在各基层人民法院配备纪律检查员。为保证纪检干部的权威性，明确规定纪检组长应是副院长级干部、纪检组副组长（纪检员）应是正庭级干部。[5] 法院纪检组织是协助院党组整肃纪律，治理

---

〔1〕 崔佳：“重庆法院全面推行‘廉政监督卡’”，载《人民日报》2004年8月11日，第14版。

〔2〕 参见吴立人：“把反腐倡廉活动由机关延伸到家庭　沈阳表彰廉洁法官和廉洁法官家庭”，载《人民法院报》1995年2月7日，第1版；张掖市人民法院：“深化审判改革　促进公正司法”，载《人大研究》2002年第1、2期；等等。

〔3〕 锦江区法院志编撰委员会编：《成都市锦江区法院志》，四川辞书出版社2000年版，第66页。

〔4〕 任建新：“进一步加强法院队伍建设”，载《法律适用》1986年第2期。

〔5〕 浙江省武义县人民法院编：《武义法院志》，浙江人民出版社出版2000年版，第458页。

腐败的帮手。

在加强党纪监督的同时，在20世纪90年代人民法院还加强了行政监察工作。1990年3月，为了加强人民法院系统的政纪监督，维护和严肃政纪，保证人民法院及其工作人员清正廉洁、严肃执法，保障国家审判权正确行使和法院其他工作的完成，最高人民法院制定和发布了《人民法院监察工作暂行规定》，同时为了保证准确、及时地查明人民法院及其工作人员的违纪事实，正确适用纪律，保护人民法院工作人员的合法权利还制定了《人民法院监察部门查处违纪案件的暂行办法》，其中前者规定“最高人民法院设立监察室，在最高人民法院院长的领导下，负责领导和管理全国法院系统的监察工作，并对本院及其工作人员，高级人民法院及其院长、副院长进行监察”，“高、中级人民法院设立监察室，负责领导和管理本地区法院系统的监察工作，并对本法院各部门及其工作人员，下一级人民法院及其院长、副院长进行监察”，“基层人民法院设监察室或监察员，负责对本法院各部门及其人员进行监察”，[1] 这就为在整个人民法院系统建立行政监察室提供了法律依据。此后各地法院都依此设立了相应的监察组织，如此一来在法院内部党纪、政纪的监察系统得以完备。

长期以来中国共产党对法院的管理类同于对行政部门的管理，这样一方面使司法失去了自治，难于抗拒外界的干扰，但另一方面也为其使用行政化的方式来大刀阔斧地整治司法腐败提供了便利。而执法执纪大检查正是中国共产党最常规、最管用的行政化治理司法腐败的方式。1989年5月6日，在全国法院廉政建设工作会议上，任建新曾指出今后每年要进行一次执法大检查，且把廉政建设问题作为重要内容。当年，全国各级人民法院以不同的形式进行了执法检查。1990年，为了把执法检查工作搞得更好，最高人民法院又发出《关于进一步搞好今年执法执纪大检查的通知》，对执法执纪大检查工作做了具体安排，并派出三个工作组，分赴海南、广西、湖南、河南、四川、贵州等六个省区督促检查执法执纪大检查工作的开展情况。而各高级人民法院也根据实际情况，部署了本地区的执法执纪检查工作。据了解，1990年全国各级人民法院共抽出近万人，组成近千个检查组，检查各类案件近百万件，仅

〔1〕 全国法院干部业余法律大学中国司法制度教研组编：《中国司法制度资料选编·续集》，人民法院出版社1991年版，第36页。

吉林省人民法院系统就检查了6万余件各类案件，占全年审结案件的80%。[1] 对此，1991年4月任建新在七届全国人大四次会议上曾肯定说："去年第四季度，全国法院系统开展了执法执纪大检查，取得了好的效果。"[2] 1991年初，任在全国高级法院院长会议上又强调说，"要认真搞好执法执纪大检查，绝不能走过场。要在执法执纪大检查的基础上，对发现的问题认真审查，严肃处理，并有针对性地制订措施，限期整改。如针对诉讼费、赃款赃物管理上的漏洞，制订制度，严格执行；坚决纠正办'关系案'、'人情案'、吃请受礼等不正之风。重申法院办案不准使用当事人的钱物"。[3] 而此后几乎每年任都会利用适当的时机强调"要做好一年一度的执法执纪大检查"工作，[4] 每年进行执法执纪大检查成了成例，而"执法执纪"本身也成了人民法院政工类公文主题词之一。[5]

执法执纪大检查的目的就是要发现司法中存在的问题，通过对违反党纪、政纪和国法的人员进行相关处罚（关于全国法院历年对干警的处罚情况参见表4-6），以严肃风纪、纯洁队伍，对此法院自身将其称为"刮骨疗毒"。正是如此，腐败分子常常与执法执纪检查人员展开殊死较量，有的甚至对执纪执法办案人员及其家属进行打击报复。1994年11月21日，针对当时"执纪执法办案人员及其家属受到打击报复的事件屡有发生，有的受到恐吓威胁，有的被谩骂殴打，有的甚至遭到报复杀害"的情况，中共中央纪委、最高人民法院、最高人民检察院、公安部、监察部联合发布了《关于采取有力措施保护执纪执法办案人员合法

---

[1] 高纪："认真做好一年一度的执法执纪大检查"，载《人民司法》1991年第12期。

[2] 任建新："最高人民法院工作报告"，载《中华人民共和国最高人民法院公报》1991年第2期。

[3] 任建新："充分发挥审判职能作用进一步为稳定和发展服务——在全国高级法院院长会议上的讲话（摘要）"，载《中华人民共和国最高人民法院公报》1991年第1期。

[4] 1992年任建新在当年召开的全国高级法院院长会议上又再次重申"要做好一年一度的执法执纪大检查。执法执纪大检查一定要注重实效，防止走过场"。参见任建新："充分发挥审判职能作用进一步为稳定和发展服务——在全国高级法院院长会议上的讲话（摘要）"，载《中华人民共和国最高人民法院公报》1991年第1期。1993年任在全国人大会上又说："各级人民法院坚持从严治院，健全廉政制度，强化监督机制，坚决抵制和纠正不正之风，开展每年一度的执法执纪大检查，大力表彰好人好事，严肃查处违法乱纪行为"。参见任建新："最高人民法院工作报告"，载《中华人民共和国最高人民法院公报》1993年第2期。

[5] 参见"人民法院公文主题词表"，马原编：《民事诉讼程序司法解释实用问答》，人民法院出版社1997年版，第549页。

权利的通知》，要求切实采取有效的防范措施，防止打击报复事件的发生；依法从严从快查处打击报复案件；旗帜鲜明地支持执纪执法人员依法办案。[1]

在历年开展的执法执纪大检查中，1998 年的集中教育整顿其“时间之长、范围之广、人数之多、力度之大都是前所未有的”，[2] 最高人民法院曾先后派出由院领导和督导员带队的 15 个检查组，分赴全国各地法院检查指导集中教育整顿工作，各高级人民法院也相继派出检查组进行专题调研和检查督促。[3] 同年 10 月，九届全国人大常委会内务司法委员会第五次会议，还专门听取了最高人民法院关于教育整顿工作情况的汇报。在集中教育整顿中，全国共有 2512 名违法违纪的法官和其他工作人员作了严肃处理，其中，1654 人受到行政处分，637 人受到党纪处分，221 人被追究刑事责任。而在受党纪、政纪处理的人中包括高级人民法院副院长 1 人，中级人民法院院长、副院长 7 人，基层人民法院院长 20 人；在被追究刑事责任的人中包括高级人民法院副院长 1 人，基层人民法院院长 2 人。[4] 如表 4 -6 所示，这是在此期间受到党纪、政纪处理和被追究刑事责任人数最多的一年。所以，虽是置身于后总体性社会的背景之下，疾风暴雨式的革命政治运动已经隐退，但由于中国共产党具有严密的组织网络，故其仍具有发动政治运动的能力，而其一旦发起政治运动仍具有强大声威，并非仅是徒具形式。当然，即使是像 1998 年那样高规格的教育整顿，也免不了一些地方一些人对其应付了事，[5] 所以在新的情景下完全依靠整风式的办法来解决问题也不再现实。在 21 世纪初年，虽然经过教育整顿后每年被党纪、政纪处分的法院干警人数已呈逐年下降趋势，但每年被追究刑事责任的绝对人数并没有实质性的减少，像 2004 年仍高达 118 人之多，而且其中不乏高级法

---

〔1〕 中央办公厅法规室等编：《中国共产党党内法规选编 1978 ~ 1996》，法律出版社 1996 年版，第 701 ~ 703 页。

〔2〕 “高法要求深入开展教育整顿工作　自觉接受监督　加强队伍建设”，载《人民日报》1998 年 9 月 26 日，第 2 版。

〔3〕 肖扬：“最高人民法院工作报告”，载《中华人民共和国最高人民法院公报》1999 年第 2 期。

〔4〕 肖扬：“最高人民法院工作报告”，载《中华人民共和国最高人民法院公报》1999 年第 2 期。

〔5〕 苏宁：“司法公正：政法部门最大的政治——全国法院检察院系统教育整顿工作综述”，载《人民日报》1998 年 10 月 20 日，第 12 版。

官违法乱纪。[1]

2005年3月，最高人民法院颁布了《关于贯彻落实〈建立健全教育、制度、监督并重的惩治和预防腐败体系实施纲要〉的若干意见》，提出在治理司法腐败上，要着力构筑“不愿为”的自律机制；加强制度建设和监督制约，努力形成“不能为”的防范机制；加大惩治腐败的力度，进一步强化“不敢为”的惩治机制；从严治院与法官待遇从优相结合，积极探索“不必为”的保障机制。[2]“不愿为”“不能为”“不敢为”“不必为”构成了一个完整的体系，标志着中国共产党在治理司法腐败上已形成了较为成熟的思路和策略。当然，那些导致司法挑战与危机的结构与体制性因素（即“不必为”）在本研究结束之时仍然没有完全被消除，中国共产党能否通过强化“不愿为”“不能为”“不敢为”三个变量，使在“不必为”的保障有限的情况下使司法腐败不再被问题化，仍需拭目以待。

表4-6　全国法院1982~1995年受到党纪、政纪处分及被追究刑事责任干警情况

年份	党纪、政纪处分（人）	追究刑事责任（人）	年份	党纪、政纪处分（人）	追究刑事责任（人）
1982~1987	1941	230	1996	992	59
			1997	—	145
1988	383	18	1998	2291	221
1989	659	31	1999	1377	73
1990	887	25	2000	1292	46
1991	开除公职20	29	2001	995	85
1992	——	54	2002	违法违纪人数占干警总数的2‰	
1993	815	53	2003	742	52

〔1〕肖扬：“最高人民法院工作报告”，载《全国人民代表大会常务委员会公报》2005年第3期。

〔2〕最高人民法院行政审判庭编：《行政审判指导》（2005年第1辑），人民法院出版社2005年版，第41~48页。

续表

年份	党纪、政纪处分（人）	追究刑事责任（人）	年份	党纪、政纪处分（人）	追究刑事责任（人）
1994	1047	47	2004	461	118
1995	890	72	2005	312	66

资源来源：1988～2006年《最高人民法院工作报告》。

五、开展司法救助

中国古代儒家主张德治，认为“为政以德，譬如北辰，居其所而众星共（拱）之”（《论语·为政》），对法律和诉讼都抱以消极的态度。孔子说：“听讼，吾犹人也。必也使无讼乎！”（《论语·颜渊》）历代统治者都教导民众少生诉端。同时加之司法腐败猖獗，所谓“衙门朝南开，有理无钱莫进来”，诉讼成了败家之举。在官方的教化和司法腐败盛行的情况下，一般而言，中国传统社会民众视“诉讼”为灾祸。而继北洋政府之后统治中国的国民党政府同样也没有根本改变这一状况，民众也常因诉讼费用的高昂而远离法庭。为了赢得民众对自身事业的支持和拥护，为了显示出比国民党的司法具有无比的优越性，共产党在根据地广泛开展司法救助活动，减免当事人的诉讼费用。在新民主主义革命时期的根据地诉讼费用一般是低廉的，同时一些根据地甚至实行免收诉讼费用的政策。例如1944年10月公布施行的《苏中区处理诉讼案件暂行办法》第8条就规定：“各级政府受理诉讼案件，不得收取诉讼费用。”[1] 1946年8月施行的《冀南区诉讼简易程序试行法》第23条也规定：“民事暂不收讼费，但胜诉人因诉讼所受之损失，得请求败诉人酌情赔偿。”[2] 像晋察冀边区虽然收取诉讼费用，但1946年1月4日制定的《晋察冀边区各级法院状纸与讼费暂行办法》也规定诉讼标的“三百元未满者，不收”，“抗日军人家属与贫苦工农免征”。[3] 而像国民党司法所征收的执行、送达、缮状等费用在各根据地基本上都始终实

〔1〕 韩延龙、常兆儒编：《中国新民主主义革命时期根据地法制文献选编》（第3卷），中国社会科学出版社1981年版，第493页。

〔2〕 韩延龙、常兆儒编：《中国新民主主义革命时期根据地法制文献选编》（第3卷），中国社会科学出版社1981年版，第562页。

〔3〕 韩延龙、常兆儒编：《中国新民主主义革命时期根据地法制文献选编》（第3卷），中国社会科学出版社1981年版，第537页。

行一律免征的政策。中华人民共和国成立初期人民法院不再收取诉讼费用，[1] 只是稍后上海、重庆等市对部分民事案件一度试行征收诉讼费用，但到 1957 年反右斗争时就被废止了。在 1982 年以前，国家一直没有制定任何有关征收诉讼费用的法律和政策。由于办案不收诉讼费用，20 世纪 50 年代初民众的诉讼热情高涨，一时甚至使法院忙不过来而出现积案，对此董必武曾解释说："积案产生的原因，是广大农民对人民政府信仰，打官司不要钱，又方便，一有事就写信来或跑来要求接待，案件增多。"[2] 但这种不收诉讼费用的状况，为 20 世纪 80 年代的立法所中断，1982 年制定的《民事诉讼法（试行）》正式确立征收诉讼费用的制度，其第 80 条规定："当事人进行民事诉讼，应当依照规定交纳案件受理费。财产案件，除交纳案件受理费外，并依照规定交纳其他诉讼费用。" 1984 年 8 月 30 日，最高人民法院依照《民事诉讼法（试行）》制定了《民事诉讼收费办法（试行）》，于 1985 年 1 月 1 日起在各级法院试行。1989 年最高人民法院又依照《民事诉讼法（试行）》的规定正式制定了《人民法院诉讼收费办法》，于同年 9 月 1 日起执行，原《民事诉讼收费办法（试行）》同时废止。而如本章第一节所述，自 20 世纪 90 年代以来由于司法经费紧张，各地法院乱收诉讼费用的现象较为严重，诉讼费用的高昂又成了底层民众接近司法正义的障碍。

为了赢得民心，体现社会主义的优越性，让"有理无钱"的人能够接近司法正义，人民法院积极开展了司法救助工作。2000 年 7 月 27 日，最高人民法院发布了《关于对经济确有困难的当事人予以司法救助的规定》，规定 11 种情形的当事人可以向法院申请司法救助，即缓交、减交、免交诉讼费用。[3] 承诺"让那些合法权益受到侵犯但经济困难交不起诉讼费的群众，打得起官司"，各地人民法院认真执行最高人民法院的规定。2001 年 9 月 5 日，最高人民法院举行了《关于对经济确有困难的当事人予以司法救助的规定》实施一周年研讨会，最高人民法院副院长姜兴长出席会议并作了重要讲话，他说开展司法救助是要努力做到"让那些合法权益受到侵害，但经济确有困难交不起诉讼费的群众

---

[1] "系统地建立人民司法制度"，载《人民日报》1950 年 8 月 26 日，第 1 版。

[2] 《董必武法学文集》，法律出版社社 2001 年版，第 167 页。

[3] 参见"最高人民法院关于对经济确有困难的当事人予以司法救助的规定"，载《法制日报》2000 年 7 月 28 日，第 2 版。

打得起官司"，"让那些确有冤情，但正义难以伸张的群众打得赢官司"，要变"衙门口朝南开，有理无钱莫进来"为"法院门为民开，有理无钱请进来"。[1] 2003年3月11日，肖扬在全国人大会上总结说1998年至2002年5年来全国法院实行司法救助的案件已达59万件，司法救助总金额达32亿元。[2] 2003年全国法院又对22.8万件案件实施了司法救助，决定减、缓、免交诉讼费达10.57亿元。[3] 2004年全年实施司法救助的案件达263 860件，共计减、缓、免交诉讼费10.9亿元。[4] 而2005年4月5日为进一步拓宽司法救助的范围，最高人民法院审判委员会又对《关于对经济确有困难的当事人提供司法救助的规定》进行了修订，为特困企业、破产企业和伤残、孤寡、低保人员提供司法救助，规定交通事故、工伤事故赔偿案件以及抚养、赡养等案件的当事人可以减交或免交诉讼费。同年全国法院为经济确有困难的当事人提供司法救助266 732人次，共缓、减、免交诉讼费12.65亿元，[5] 在司法救助方面又上了一个台阶。当然法院所提供的司法救助与现实需求间仍存在较大差距，[6] 而且仅为当事人提供司法救助是不够的，因为打官司除诉讼费用外，还有律师费用、交通费用等其他开支，这些费用对于贫穷的当事人而言仍是其接近法律正义的障碍，所以在提供司法救助的同时还得大力开展法律援助，而中国法律援助的不足显得尤为紧迫，2005年南京市的一次调查显示，不了解法律援助、费用短缺和援助范围狭窄，造成1/3有法律服务需求的人得不到援助。[7]

---

〔1〕《中华人民共和国年鉴2002》，新华出版社2003年版，第237页。

〔2〕肖扬："最高人民法院工作报告"，载《最高人民法院公报》2003年第2期。

〔3〕肖扬："最高人民法院工作报告"，载《中华人民共和国最高人民法院公报》2004年第4期。

〔4〕肖扬："最高人民法院工作报告"，载《全国人民代表大会常务委员会公报》2005年第3期。

〔5〕肖扬："最高人民法院工作报告"，载《中华人民共和国全国人民代表大会常务委员会公报》2006年第4期。

〔6〕关于司法救助制度及实践效果的不足，可参见孙欣："走近点，司法救助!"，载《法律与生活》2001年第11期；赵钢、朱建敏："关于完善我国司法救助制度的几个基本问题——以修订《民事诉讼法》为背景所进行的探讨"，载《中国法学》2005年第3期。

〔7〕娄银生："法律援助离'应享尽享'路还有很远"，载《人民法院报》2005年12月9日，第2版。

政治合法性与政治系统的有效性密切相关，[1] 因为在一个神秘主义除魅的现代社会，“对社会需求的满足程度已经成为能否赢得政治忠诚和支持的重要因素”。[2] 一个长期保持有效性的政治系统就可获得牢固的合法性；相反假如政治系统长期无效，不能满足社会成员的需求和利益，最终便会动摇社会公众对其的信心和信仰，使其出现合法性危机。为了增强自身的合法性，在21世纪初年中国共产党提出了增强执政能力建设的奋斗目标，[3] 而增强司法能力正是其重要环节之一。2004年底肖扬号召人民法院要以“公正与效率”为主题，以司法为民为基点，以司法体制改革为动力，以人民法院基层建设为基础，以建设高素质法官队伍为保证，着重增强以下方面：①惩罚刑事犯罪，维护国家安全和社会稳定的能力；②依法调节经济关系，促进社会主义市场经济健康发展的能力；③依法处理矛盾纠纷，保障社会和谐的能力；④支持和促进依法行政，推进社会主义民主政治建设的能力；⑤在司法领域保障人权，维护人民群众合法权益的能力；⑥正确适用法律、公正高效司法，保障在全社会实现公平和正义等六个方面的能力。[4] 2005年4月，最高人民法院又特意制定了《关于增强司法能力提高司法水平的若干意见》，对增强司法能力作出了具体战略部署。[5] 而为了把纠纷解决在基层，基层人民法院的建设受到了高度重视，2000年8月，最高人民法院发布了《关于加强人民法院基层建设的若干意见》，对基层人民法院建设作出具体指示和安排。[6] 而2005年9月最高人民法院又颁发了《关于全面加强人民法庭工作的决定》，使人民法庭建设迎来了新的

---

〔1〕［美］利普塞特：《政治人：政治的社会基础》，刘钢敏、聂蓉译，商务印书馆1993年版，第53页。

〔2〕俞可平：《全球化时代的“社会主义”》，中央编译出版社1989年版，第84页。

〔3〕参见“中共中央关于加强党的执政能力建设的决定”，载《中国共产党党员权利保障条例学习辅导文件汇编》，中国法制出版社2004版，第113～136页。

〔4〕吴兢：“肖扬要求全国各级法院　增强六方面司法能力”，载《人民日报》2004年12月17日，第10版。

〔5〕国务院法制办公室编：《中华人民共和国新法规汇编》（2005第6辑），中国法制出版社2005年版，第117～128页。

〔6〕“最高人民法院关于加强人民法院基层建设的若干意见”，载《人民法院报》2000年8月14日。

高潮。[1] 人民司法就如此在合法化的危机与合法化的努力激烈对抗赛中前行。

人民司法传统的部分复兴

如前所述，为了应对司法面临的一系列挑战与危机，巩固司法的合法性地位，在世纪之交，人民法院的建设者们重申了为人民服务、司法为民等社会主义原则和立场，希望通过重新整合传统的合法性资源来弥补程序合法性的缺陷和不足。1998 年 3 月，任建新在九届全国人大一次会议上明确提出要"坚持全心全意为人民服务的宗旨，继承和发扬人民司法工作的优良传统"。[2] 1999 年 3 月 12 日，最高人民法院发布《关于开展"争创人民满意的好法院争当人民满意的好法官"活动的通知》，其中明确规定所谓"人民满意的好法官"的标准之一就是要"坚持和发扬人民司法的优良传统"。[3] 故为了巩固司法的合法性地位人民法院建设者（司法改革者）有意无意地对人民司法的传统理念和技术进行了挖掘与利用，从而使人民司法的传统（特别是在基层）出现了部分复兴。

一、"以德治国"的提出，使中国共产党干部的"四化"方针和"德才兼备"原则在法院干警队伍建设中再次受到重视，法院干警"革命化"得到了重申

在江泽民提出"以德治国"后不久，《人民日报》就发表了《把依法治国与以德治国结合起来》的评论员文章，其明确提出："以德治国，就是要以马列主义、毛泽东思想、邓小平理论为指导，积极建立适应社会主义市场经济发展的社会主义思想道德体系，发展社会主义精神文明。这个体系以为人民服务为核心，以集体主义为原则，以爱祖国、

---

〔1〕 国务院法制办公室编：《中华人民共和国新法规汇编》（2005 第 10 辑），中国法制出版社 2005 年版，第 214～220 页。

〔2〕 任建新："最高人民法院工作报告"，载《中华人民共和国最高人民法院公报》1998 年第 2 期。

〔3〕 参见"最高人民法院关于开展'争创人民满意的好法院争当人民满意的好法官'活动的通知"，载《中华人民共和国最高人民法院司法解释全集 第三卷 1996. 7～2001. 12》，人民法院出版社 2002 年版，第 1931～1932 页。

爱人民、爱劳动、爱科学、爱社会主义为基本要求。"[1] 为具体实施"以德治国"指明了方向，显示了在世纪之初中国共产党力图全面恢复失落的社会主义意识形态的愿望。而全国各地也很快掀起了学习与讨论"以德治国"思想的高潮，[2] 2001年3月15日，第九届全国人民代表大会第四次会议批准的《中华人民共和国国民经济和社会发展第十个五年计划纲要》，吸收了江泽民的思想，明确提出"要把物质文明建设和精神文明建设作为统一的奋斗目标，把依法治国与以德治国结合起来，始终坚持两手抓、两手都要硬，切实加强社会主义精神文明和民主法制建设"。[3] 同时，为在全社会掀起道德建设的高潮，落实"以德治国"的战略部署，同年9月20日，中共中央向各省、自治区、直辖市党委，各大军区党委，中央各部委，国家机关各部委党组（党委），军委各总部、各军兵种党委，各人民团体党组印发了《公民道德建设实施纲要》（以下简称《纲要》），要求其认真贯彻执行。《纲要》对公民道德建设的重要性、公民道德建设的指导思想和方针原则、公民道德建设的主要内容、大力加强基层公民道德教育、深入开展群众性的公民道德实践活动、积极营造有利于公民道德建设的社会氛围、努力为公民道德建设提供法律支持和政策保障、切实加强对公民道德建设的领导等做了详细阐述和规定。[4] 而贯彻以德治国方略，具体到各部门、各单位，就是要重点抓好职业道德教育。[5] 为此，2001年10月18日，最高人民法院为规范和完善法官职业道德标准，提高法官职业道德素质，维护法官和人民法院的良好形象，制定了《中华人民共和国法官职业道德基本准则》，首次对法官的职业道德要求作出了明文的规定。[6] 各级人民法院也结合司法工作以自身的实际行动，积极响应中国共产党提出的"以德

---

〔1〕"把依法治国与以德治国结合起来"，载《人民日报》2001年2月1日，第1版。

〔2〕参见"认真贯彻'以德治国'方略，大力提高全民道德素质：学习江泽民同志'以德治国'重要思想座谈会发言摘要"，载《人民日报》2001年2月22日，第11版；"贯彻以德治国重要思想，加强少年儿童思想道德教育：'以德治国与少先队德育工作研讨会'发言摘要"，载《人民日报》2001年5月19日，第7版。

〔3〕全国人民代表大会常务委员会办公厅编：《中华人民共和国第九届全国人民代表大会第四次会议文件汇编》，人民出版社2001年版，第42页。

〔4〕《公民道德建设实施纲要》，学习出版社2001年版。

〔5〕本报评论员："把以德治院落到实处"，载《人民法院报》2001年8月21日，第1版。

〔6〕《法官法及其配套规定》，中国法制出版社2001年版，第21～27页。

治国”号召，大力开展“以德治院”的活动。[1]

在这一背景下，干部的“四化”方针和“德才兼备”原则又得到了重申。对此，2002年肖扬在谈及法院队伍建设时指出：

> 法官职业化与“四化”方针和“德才兼备”原则是完全一致的。“四化”方针和“德才兼备”原则是党对干部队伍建设的一个基本要求，具有普遍意义，我们必须始终坚持。法官职业化命题则是针对法官职业特点和法官队伍现状而言的，具有特殊意义。法官职业化突出强调了“知识化”和“专业化”，但绝不是不要“革命化”。因为“革命化”是指干部的思想政治素质，在法院队伍建设中，按照“三个代表”重要思想的要求，努力加强法官的思想政治建设，提高法官的思想政治素质，始终是第一位的。但是，深厚的法律功底、丰富的审判经验、不同阶梯的审判岗位，对职业法官来说是不可或缺的。法官职业化建设，说到底仍是按照“四化”方针和“德才兼备”的原则，遴选好法官。[2]

法官职业化——这一法治话语支配下提出的新命题，已被植入干部“四化”方针和“德才兼备”原则这个旧体系中，而日渐被人淡忘的“革命化”也获得了正当性，成为法院干警应具备的品质，而肖扬“提高法官的思想政治素质，始终是第一位的”的提法仿佛又使人回到了“政治挂帅”的年代。当然“革命化”的内涵已与时俱进地作了修改，革命的标志不再是阶级斗争，而是“三个代表”。

---

〔1〕参见郸宣：“郸城法官任前先过‘德治’关”，载《人民法院报》2001年3月20日，第1版；娄银生、李自庆、黄德清：“鼓楼法院以德治院　三管齐下成效显著”，载《人民法院报》2001年3月21日，第1版；张宽明、杨春：“道德教育带来巨变——姜堰市人民法院以德治院纪实”，载《人民法院报》2001年3月26日，第1版；丁国强、丁守兵：“锻造一支过硬的法官队伍——胶南法院以德治院侧记”，载《人民法院报》2001年6月4日，第4版；郭春雨、张明：“德法兼治兴绿园——长春市绿园区法院‘依法治院与以德治院’札记”，载《人民法院报》2001年7月28日，第2版；冯铭琦：“西华法院以德治院成绩斐然”，载《人民法院报》2001年8月19日，第2版；陈百亩：“以德治院花盛开——泸县法院加强思想政治工作纪实”，载《人民法院报》2001年8月23日，第2版；邢超峰：“德化之风漾法魂——通许县法院以德治院纪实”，载《人民法院报》2001年9月2日，第2版；等等。

〔2〕肖扬：“在全国法院队伍建设工作会议上的讲话”，载《中华人民共和国最高人民法院公报》2002年第4期。

二、“司法为民”的践行，使人民司法的一些传统理念和技术的价值又被重新发现，并得以贯彻执行

在2003年8月召开的全国高级法院院长座谈会上，肖扬曾明确提出“司法为民”绝非仅仅只是一个口号，要求人民法院在11个方面下功夫、要建立和完善10项制度、制定10件司法解释、落实23项具体措施。同年8月29日，为贯彻落实司法为民的宗旨，北京市高级人民法院推出了涉及保障当事人诉讼权利、方便群众诉讼、提高裁判效率、加大执行公开力度、强化落实司法救助和法律援助、增强审判透明度、改进审判作风、坚持文明司法等方面共50项举措，〔1〕9月河南省郑州市中级人民法院出台了10项司法为民措施，〔2〕而10月重庆高级人民法院也推出了司法为民10项新举措。〔3〕同年12月2日，为了在司法实践中进一步丰富和发展司法为民的思想，正确把握司法与为民的内在联系，处理好严格司法与文明司法的关系，处理好认真贯彻执行体现最广大人民根本利益的法律与依法满足诉讼当事人的合法要求的关系，确保23项司法为民具体措施施行的整体效果，最高人民法院制订了《关于落实23项司法为民具体措施的指导意见》。〔4〕在此后，各地人民法院开展了轰轰烈烈的司法为民活动，各大主流媒体也对其进行了铺天盖地的报道。

而司法为民的提出与践行对中国司法政策和诉讼理念产生了重大影响：

第一，在基层人民法院巡回审理的合法性重新得到确立，盲目追求“坐堂问案”的做法受到了批评，巡回审判作为先进事迹受到了大力表扬与肯定。2004年3月10日，肖扬在十届全国人大二次会议上提出要“完善巡回审判制度，及时解决诉讼纷争”。〔5〕2005年4月8日至10

〔1〕涂晓：“北京法院推出50项司法为民举措”，载《人民日报》2003年9月2日，第10版。

〔2〕刘红建、安士勇：“河南郑州中院出台10项司法为民措施”，载《人民日报》2003年9月5日，第10版。

〔3〕林泓：“重庆法院出台司法为民十条”，载《人民日报》2003年10月26日，第8版。

〔4〕参见“最高人民法院关于印发《关于落实23项司法为民具体措施的指导意见》的通知”，载《中华人民共和国最高人民法院公报》2003年第6期。

〔5〕肖扬：“最高人民法院工作报告”，载《中华人民共和国最高人民法院公报》2004年第4期。

日，全国人民法庭工作会议在广东省佛山市召开，会议对人民法庭实施巡回审判的重要性作了强调，提出了落实巡回审判的具体要求：一是设置固定巡回审理点，人民法庭派人定期到巡回审理点审理案件；二是对人烟稀少，地域辽阔交通不便、上巡回审理点诉讼仍然不便的地方，人民法庭可以不定期地进行巡回审理；三是虽交通方便，但在农忙季节，或巡回审理的法律效果和社会效果比坐堂问案更好的，如赡养、人身损害等当事人行动确有不便的案件，人民法庭也可以不定期地进行巡回审理，就地办案。[1] 同年9月23日，最高人民法院发布的《关于全面加强人民法庭工作的决定》对人民法庭巡回审判点的设置作了明确规定，提出“基层人民法院可根据需要设立巡回审判点，由人民法庭定期或不定期对案件进行巡回审理。巡回审判点应当有相对固定的审判场所和必要的办案设施”。[2] 使人民法庭的巡回审判工作进一步制度化、常规化。

第二，人民陪审员制度重新受到了重视。2004年8月28日，第十届全国人大常委会第十一次会议通过了《关于完善人民陪审员制度的决定》（简称《决定》），这是新中国成立以来中国关于人民陪审员制度的第一部单行法律，虽然存在诸如过分精英化等问题，[3] 但它毕竟为推行人民陪审员制度提供了强有力的法律保障。而且为了贯彻落实《决定》，切实做好人民陪审员费用的保障和管理工作，2005年4月15日，财政部和最高人民法院还联合发布了《关于人民陪审员经费管理有关问题的通知》。为了提高人们参与案件陪审的积极性，一些地方法院还采取了一定的激励措施，加强陪审制度贯彻落实的经费保障。经过各方面的努力，2005年全国共有45 697名人民陪审员参与了164 630件各种类型案件的审判，比上年上升了16.53%，扩大了司法民主，增强了审判透明度。[4]

---

〔1〕 杜中杰、张慧鹏：“方便人民群众诉讼　人民法庭将加大巡回审理力度”，载《人民法院报》2005年4月9日，第1版。

〔2〕 参见“最高人民法院关于全面加强人民法庭工作的决定”，载《中华人民共和国最高人民法院公报》2005年第11期。

〔3〕 参见周永坤：“人民陪审员不宜精英化”，载《法学》2005年第10期；黄豁、朱薇：“人民陪审员‘精英化’应当慎重”，载《瞭望》2005年第46期。

〔4〕 肖扬：“最高人民法院工作报告”，载《中华人民共和国全国人民代表大会常务委员会公报》2006年第4期。

第三，诉讼调解重新获得高度重视和充分肯定。调解结案与判决结案相比，有利于降低上诉率、申诉率和申请再审率，有利于做到“案结事了”。故为了贯彻司法为民和建构和谐社会，主流媒体对那些诉讼调解工作做得好的法院进行了规模空前的正面报道，〔1〕诸如“人民法院要坚持把调解工作贯穿于案件诉讼的全过程，进一步提高法官对调解工作重要性的认识，摒弃有关对调解的错误观念和消极认识，认清法院调解是实现司法效率和效益的最终途径”〔2〕之类的看法在官方媒体上十分流行，而“案外调解，法院不仅要管，而且要管好”，“民、商事案件司法公正最高境界是依法调解让双方满意，调解能有效平息纠纷，从根本上提高效率”，“在立审分离原则下，有些情况立案时立案庭可先行调解”等被媒体作为司法的“新理念”加以宣扬。〔3〕2004 年 9 月，最高人民法院制定了《关于人民法院民事调解工作若干问题的规定》，其第 2 条明确规定“对于有可能通过调解解决的民事案件，人民法院应当调解”。〔4〕2005 年 3 月 9 日，肖扬在十届全国人大三次会议上说：“各级人民法院按照‘能调则调、当判则判、调判结合、案结事了’的要求，不断提高诉讼调解水平。各级人民法院审结的各类民事案件中，诉讼调解结案的 1 334 792 件，调解结案率 31%，许多基层法院调解结案率达 70% 以上。”〔5〕被 20 世纪 80 年代晚期开始的司法改革否定了的

---

〔1〕参见夏廷堂：“长垣法院调解工作重实效”，载《人民日报》2003 年 11 月 25 日，第 10 版；马运涛、严晓东、王庆国：“全国法院首家调解庭在廊坊挂牌”，载《人民日报》2004 年 3 月 31 日，第 12 版；刘挺、郭彦明、周智霞：“辉县法院注重调解促稳定”，载《人民日报》2004 年 7 月 7 日，第 15 版；许浩：“信阳浉河区　调解结案率逾七成”，载《人民日报》2004 年 8 月 11 日，第 15 版；李书印、朱先明：“三十九个民调组织遍及乡镇　海州法院民事调解结案率超过百分之六十”，载《人民日报》2004 年 8 月 18 日，第 15 版；夏廷堂：“长垣法院民事调解成亮点　民事调解率达 70%”，载《人民日报》2004 年 10 月 27 日，第 15 版；刘振华、郑杨：“上林县人民法院民事审判重调解——九年连续零上访”，载《人民日报》2004 年 12 月 8 日，第 15 版；吴兢：“北京市朝阳区法院　全国首推‘特邀调解员’和解室’”，载《人民日报》2005 年 5 月 31 日，第 10 版；刘汉俊：“从百分之七十的调解率说起”，载《人民日报》2005 年 1 月 18 日，第 4 版；汪波、石国胜：“金法官‘断案’——法官金桂兰审判调解二三事”，载《人民日报》2005 年 11 月第 3 日，第 4 版；等等。

〔2〕史良成：“积极构建大调解机制”，载《人民日报》2004 年 5 月 12 日，第 15 版。

〔3〕郭春雨、董彦斌、李亚彪：“调解工作新理念——磐石人民法院调解工作纪实”，载《人民日报》2004 年 2 月 18 日，第 14 版。

〔4〕国务院法制办公室编：《中华人民共和国新法规汇编》（2004 年第 10 辑），中国法制出版社 2004 年版，第 165 页。

〔5〕肖扬：“最高人民法院工作报告”，载《人民日报》2005 年 3 月 18 日，第 2 版。

诉讼调解又获得了正名。

第四，法院回访工作重新受到重视。最高人民法院制定于2001年4月12日起施行的《关于审理未成年人刑事案件的若干规定》，其第39条规定："少年法庭可以通过多种形式与未成年犯管教所等未成年罪犯服刑场所建立联系，了解未成年罪犯的改造情况，协助做好帮教、改造工作；并可以对正在服刑的未成年罪犯进行回访考察"，[1]使对未成年罪犯进行回访有了进一步的制度保障，同时法院回访当事人的做法也受到了媒体的肯定和赞许。2005年，肖扬在全国人大会上还具体提出要求说："对于可能发生申诉上访的案件，建立回访制度，做好息诉服判工作。"[2]实践中各地法院对一些特殊类型的案件进行了有选择的回访。[3]

第五，司法建议工作受到重视和加强，一些法院在做司法建议工作上取得了骄人的成绩，媒体对那些司法建议工作做得出色的法院也进行了大量的正面宣传和报道，其中南京市两级人民法院即是一例，它们在近三年时间内，向社会各界发出大小司法建议近千条。[4]故"司法为民"的提出与践行，纠正了先前司法改革出现的部分偏差，[5]使部分失落的人民司法传统得以复兴。对此，具有象征意义的是，马锡五和马锡五审判方式被人视为"司法为民的楷模"大加褒扬。[6]

当然要完全回复早期的做法已不可能，因为中国的政治、经济和社会情势发生了深刻变化，而且经过十多年改革后的中国大陆司法融入了

---

〔1〕最高人民法院研究室编：《最高人民法院司法解释理解与适用（2001）》，中国法制出版社2001年版，第96页。

〔2〕肖扬："最高人民法院工作报告"，载《中华人民共和国最高人民法院公报》2005年第4期。

〔3〕宿华文、陈建新、余命隆："潮安法院法官回访离婚单亲家庭"，载《人民法院报》2005年6月6日，第3版。

〔4〕赵兴武、徐高纯、殷学兵："法院千条司法建议关注群众利益"，载《南京日报》2004年12月20日。

〔5〕包括在民事诉讼模式改革的选择上，那种严格的当事人主义的诉讼模式在21世纪初年已少有人提倡了，而被强调发挥法官作用的"协同主义"诉讼模式所取代。参见张珉："试论辩论主义的新发展——协同主义"，载《新疆社会科学》2004年第6期；唐力："辩论主义的嬗变与协同主义的兴起"，载《现代法学》2005年第6期；肖建华："构建协同主义的民事诉讼模式"，载《政法论坛》2006年第5期。

〔6〕张慜："司法为民的楷模——记马锡五和马锡五审判方式"，载《中国审判》2006年第8期。

许多从西方移植过来的司法理念与技术，人民法官已使用上了法袍和法槌等道具，一个分工明确，接受了现代法治理念，成员日渐职业化的现代法院系统正在中国大陆形成，[1] 虽然人民司法的传统技术在经济落后的边远农村还有巨大市场，但其已不可能不加改造地有效运行于整个中国（特别是现代化的大城市），同时在新的历史条件下像巡回审判、诉讼调解等技术的运作本身也大大有别于20世纪80年代的情形，在21世纪初年的诉讼调解中已包含了市场经济理性人的明智和妥协精神，而且法官在主持调解时所使用的说辞和知识话语已与20世纪80年代迥然不同，故“一种传统的复兴几乎不可避免地包含着改变那种传统”，[2] 传统的复兴只意味着对传统的超越。

[1] 东莞法官李春年审案件高达882件，北京海淀法院刑事独任审判庭年审案突破千件（参见刘晓燕：“年审千案的支点”，载《人民法院报》2003年1月16日，第4版），无疑是对此的最好说明。

[2] [美] E. 希尔斯：《论传统》，傅铿、吕乐译，上海人民出版社1991年版，第329页。

结　语

作为革命意识形态的产物，人民司法是在与一切旧中国的司法制度相区别（甚至相反对）中界定自身的。在革命的话语中一切旧中国的法制与司法都是反动的，旧法制只是“旧中国占统治地位的少数人压榨广大劳动人民的一套很精巧的机器”。[1] 故中华人民共和国成立伊始董必武即提出“现在我们的国家，同过去旧的国家有本质上的不同，法律也就非从本质上加以改变不可，决不能率由旧章，以为在新法未完全订出以前不妨暂用旧法的观点，那完全是错误的”。[2] 而彭真说得则更加形象：“反动的旧法是反映三大敌人的利益和意志的，取得革命胜利的中国人民大众，决不能用反动的旧法来为自己服务，就像狼牙决不能安在人的嘴里一样。”[3] 所以中华人民共和国人民司法的创建者们一开始最关心的事情就是将自身的司法制度及工作方法千方百计地同一切旧的司法制度及工作方法区分开来，[4] 为此他们借用了中国共产党自从苏区创立自己的司法制度以来所形成的一切思想与制度资源。

旧法制主张“法律是超阶级、超政治的”，而人民法制则坚持法律是有阶级性的，法律与政治不可分离，司法必须服从党的领导；旧司法主张“办案是单纯技术工作”，而人民司法则坚持司法要为中心工作服务、为政治服务、为人民服务；旧司法只重视司法的法律效

〔1〕《董必武法学文集》，法律出版社2001年版，第344页。

〔2〕《董必武法学文集》，法律出版社2001年版，第30页。

〔3〕彭真：《论新中国的政法工作》，中央文献出版社1992年版，第70页。

〔4〕毋庸讳言，这种片面刻意追求新旧法制与新旧司法区别的想法是不够科学的，但在中华人民共和国成立初期那个特定的历史时期又是极其必然的，董必武后来坦陈：“我国民主革命胜利后，进入了社会主义革命，我们共产党员都要求建设社会主义。但中国建设的社会主义是什么样子，却很少研究；社会主义司法工作是什么样子，也很少研究。……过去只是有一般的社会主义思想，没有具体的社会主义思想。”参见《董必武法学文集》，法律出版社2001年版，第411～412页。

果，奉行“一判了事”，而人民司法强调司法应努力做到法律效果和社会效果相统一；旧司法主张“一案不再理”“官无悔判”，而人民司法则坚持“实事求是，有错必纠”；旧司法盛行衙门作风，奉行“坐堂问案”，而人民司法则坚持走群众路线，实行巡回审理、就地办案；旧司法重视司法官的职业化，而人民司法则强调司法官要德才兼备，特别是政治上要过硬，要具有全心全意为人民服务的思想，并且吸收群众参与审判，实行人民陪审员制度，搞大众化司法；〔1〕旧司法程序繁琐，法官常写冗长的判词，而人民司法为民着想，尽量使手续简化。〔2〕旧的司法人员是官僚，相反，人民的司法人员不是“官”，而是“同志”。〔3〕

为使这些人民法制及司法的精神在全国得到遵循，中国共产党于1952年开展了轰轰烈烈的司法改革运动，对旧法观点和旧司法作风展开了猛烈地批判，从而使人民司法的制度及“服从党的领导”“为中心工作服务”“走群众路线”“实事求是、有错必纠”“德才兼备”等传统得到了全面践行。毋庸置疑，人民司法与旧中国的司法在制度及工作作风与精神风貌上的诸种区别，在共和国成立初期的那一特定历史条件下，为共产党赢得了巨大的声誉，极大地增强了中国共产党执政的合法性地位，人民司法也成为社会主义优越性的标志，从而使司法成了共产党合法性再生产的重要场域，人民司法传统也成为共产党执政的重要合法性资源。

但中国共产党所倡导的看重实质正义，对诉讼程序及程序正义不够

---

〔1〕“大跃进”时期甚至曾明确提出“群众的事群众办”“以群教群”“全民司法”的口号。参见戴福康：“发挥审判工作职能为两条道路斗争服务”，载《政法研究》1960年第1期。

〔2〕谢觉哉在《悼马锡五同志》中颂扬其做司法工作是“不为陈规束缚，不被形式纠缠”。参见张希坡《马锡五审判方式》，法律出版社1983年版第72~73页。

〔3〕《马锡五审判方式》的编者说：“马锡五同志虽然在最高法院担任领导工作，仍然当‘官’不像官。每当深入基层了解情况指导工作，不论走到哪里，从来没有架子，能够平等待人”（参见张希坡：《马锡五审判方式》，法律出版社1983年版，第65页）。而相应地，群众不再称呼“某某审判员为‘法官’，而亲切地称之为某某同志或老张、老李”也被认为是审判人民和群众的关系更加密切，贯彻群众路线很有成绩的表现，值得肯定。参见王亚东：“司法工作必须坚决贯彻群众路线”，载中华人民共和国最高人民法院司法部办公厅编：《人民司法工作在跃进人民司法工作必须贯彻群众路线（第一册）》，法律出版社1958年版，第23页。

重视的行政式司法,[1] 无疑潜伏着错案风险（事实上也如此，特别是搞政治运动时冤假错案时有发生）。长期以来之所以这一隐藏着的风险没有导致司法的危机，主要因为一则在总体性社会里诉讼案件数量本身并不多，有的是时间让法官去做耐心细致的调查取证与调解工作；二则由于中华人民共和国成立以来中国共产党长期奉行高强度的意识形态灌输和控制，绝大多数法官是清正廉洁的，是真心实意为人民服务的，故党的宗旨、纪律以及司法者的德性在一定程度上弥补了法律制度本身的缺漏。在司法中，具有高度政治觉悟的人被中国共产党看成是比制度还重要的决定性因素，例如谢觉哉在评论"司法独立"原则时曾说："资产阶级学者，有意把法律与行政对立起来，是有意蒙混视听。如果说还有点意义的话。那只是因为他们的行政官吏惯于枉法营私，妨碍司法的'公正'……而我们的行政机关，决不应有叫司法机关做违法的事，相反的，我们的行政机关，应该帮助司法机关使审判搞得更好。"[2] 表现出中国共产党人对自身行政机关及干部的充分信任，以及道德上的崇尚优越感。

德法并举：人民法院建设新思路

然而改革开放的深入发展最终打破了上述平衡：一方面诉讼案件成倍增长，另一方面由于社会主义意识形态的淡化，各种自私自利的败德行为泛滥，司法者的品行已今不如昔。诉讼案件的倍增逼迫人民法院的建设者只好进行司法改革，改变原来的工作方式与方法，以提高诉讼效率，从而使人民司法传统呈现出部分地断裂，中国共产党执政的合法性资源出现流失，使司法失去了那些仍抱守着传统实质正义诉求观念的民众（绝大多数是共产党政权赖以依靠的农民和工人）的认同，危及其

---

〔1〕 达玛什卡曾中肯地指出："苏联和中国的司法系统所做的实验的历史证实了把意识形态之诗翻译成程序形式之散文的困难。因此，非常明显的是，即使是在最适宜的条件下，来自政治领域的决定因素也只能对有限数量的程序现象起作用"（参见［美］米尔伊安·R. 达玛什卡：《司法和国家权力的多种面孔——比较视野下的法律程序》，郑戈译，中国政法大学出版社 2004 年版，第 361 页）。"重实体、轻程序"是中国共产党司法的典型特征。

〔2〕 王萍、王定国、吉世霖编：《谢觉哉论民主与法制》，法律出版社 1996 年版，第 156 页。

执政的合法性地位，故那些社会主义的实质平等与正义观念成为令司法改革者们头痛的阻力。[1] 而为控制司法者的败德行为及对权力的滥用，中国共产党决心厉行法治，不断完善诉讼程序，试图用程序价值来弥补司法改革后所出现的实质正义不足的缺陷。但十分不幸，由于社会结构转型的滞后，人民法院独立司法缺乏保障，人民司法又掉进了地方保护主义、执行难和司法腐败的泥潭不能自拔，公开审判流于形式，许多时候法律程序徒有其表，法律程序的价值被凿空。在一个实质正义（价值合理性）保障下降，而法律程序的价值（形式合理性）又呈空洞化的历史语境里，司法的公信力急剧下降，人民司法呈现出严重的合法性危机。[2]

为了巩固司法的合法性地位，维护自身执政的合法性基础，中国共产党自20世纪90年代晚期以来进行了不懈地合法化努力，一方面循着法治的路子，继续完善各项制度和法律程序，力争实现法官队伍的职业化，不断增强司法的独立性，使司法权在一定程度上具有韦伯所说的法理型合法性基础。另一方面循着德治的路子，积极加强党的建设，进行意识形态的创新，提出了“三个代表”的重要思想，以及德治、司法为民和创建和谐社会等一系列口号，树立法官的良好形象，加强司法人员队伍的职业道德建设，动用党纪、政纪和法律三种手段来防治司法腐败。当然，法治与德治间也存在一定摩擦和冲突，例如由于其主要是通过行政化的手段来防治司法腐败，故在取得成绩的同时也使司法行政化等人民司法原来固有的问题得到了再生产。而德治与司法为民的提出，为人民司法传统的部分复兴提供了契机，中国共产党再次起用了调解、回访和巡回审判等传统的司法技术与手段来迎合底层民众（主要是农民和工人）的需求，以求获得其认同。至此人民司法传统经历了“中断→恢复与发展→部分断裂→部分复兴”的戏剧性历程。

而在上述克服司法合法性危机的过程中，中国共产党实际上找到了

〔1〕 丁学良认为“对平等的过渡要求是共产主义后社会将面临的巨大挑战”，参见丁学良：《共产主义后与中国》，牛津大学（香港）出版社1994年版，第135～140页。

〔2〕 希尔斯曾总结卡尔·曼梅姆和威廉·奥格本的研究指出：“当过去的事物和现在的事物同时并存时，社会就要陷入困厄”（参见［美］E. 希尔斯：《论传统》，傅铿、吕乐译，上海人民出版社1991年版，第51页），在改革过程中新旧观念和事物并存，故危机和困厄似不可避免，问题只是轻重程度的差别。

一条将德治与法治糅合在一起以求互相取长补短（即德治和法治并举）的人民法院建设思路。[1] 一方面努力提高司法者的品德修养，发扬共产党人特有的无私奉献精神，使司法者在为人民服务的宗旨下尽可能地发挥其积极作用，使司法在实现其法律效果的同时能够兼顾其社会效果，使案件的处理结果尽可能地接近实质正义，真正做到“案结事了”。另一方面努力完善诉讼程序，认真执行法律，用法律程序来规范和约束权力，凭借法律程序的价值来巩固司法的正当性，使案件的处理结果大致能够获得一般民众的认同。以惩治和预防司法腐败为例，中国共产党一方面强化了传统技术和策略的运用，力图使用党纪、政纪来约束司法人员；另一方面大胆地进行了诸如“干警易地任职”“立审分立、审执分立、审监分立”“收支两条线”等制度创新，以使司法符合“法治”的要求，从而最终建立健全了教育、制度、监督并重的惩治和预防腐败的体系。[2] 在预防司法腐败的过程中德治和法治的手段均得到了灵活自如的运用。

人民司法传统断裂与延续的内在理路

作为中国共产党执政的合法性资源，人民司法传统的命运是与中国共产党及中国社会主义的命运联系在一起的，故只要中国还是共产党执政，中国还搞社会主义，人民司法的精神就不会消亡，人民司法传统就不会完全中断。但历史远没如此简单，因为不但中国共产党及其指导思想在不断更新，而且社会主义也存在不同的历史发展阶段（官方认为中国大陆现正处于社会主义初级阶段），特别是自1978年以来中国逐步走上了一条发展市场经济的道路，中国共产党试图利用资本主义的技术、手段（甚至理念）来充实和发展社会主义的中国。改革开放以来中国共产党“在意识形态上从革命救世主义（messianism）转向理性主

〔1〕 有法院明确提出“法治强制人的外部行为，德治规范人的内心世界，只有二者相辅相成，才能从根本上抓好法院建设”的口号，参见郭春雨、张明：“德法兼治兴绿园——长春市绿园区法院‘依法治院与以德治院’札记”，载《人民法院报》2001年7月25日，第2版。

〔2〕 参见“建立健全教育、制度、监督并重的惩治和预防腐败体系实施纲要”，载万鄂湘、张军主编：《最新刑事法律文件解读》，人民法院出版社2005年版，第2~16页。

义”,[1] 传统社会主义意识形态一统天下的局面已被打破，平等、公平等传统社会主义的重要价值目标已让位于效率（效益），那种“六亿人民皆尧舜”的时代已成为历史，市场经济立论的基础是自私自利的理性人，为了调动人们的积极性，提高经济和社会发展的效率，中国共产党借用了类似物质激励、专业分工和科层制管理等一系列西方资本主义国家行之有效的技术和方法。在整个社会“一切向钱看”，私心和私利得到最大限度鼓励和满足的社会里要使绝大多数共产党员保持大公无私的共产主义觉悟已变得极为困难，不是高尚的共产主义品德不可欲，更不是共产主义的理想不可欲，而是在一个个人主义盛行的市场经济条件下培育坚定的共产主义战士已极其不易。对此，2003年美国中国问题专家莫里斯·迈斯纳曾指出：“中国的马克思主义者面临着一个严酷的悖论。在人民共和国早先的几十年间，那时中国还很贫困，物质匮乏成为其追求社会主义的前提条件，未来共产主义乌托邦的各种景象还具有强大的生命力。今天，当中国从经济匮乏状况急速转变到一种相对富裕的境域时，未来社会主义社会的乌托邦景象则几乎被人们遗忘。正当社会主义的客观情景被逐渐现实化之时，建立一个社会主义社会的主观意志则有所消解。”[2] 迈斯纳的看法也许太过于悲观，但类似“我们不是为了钱，而是为了建设社会主义，为了实现共产主义而工作的。有加班费就干，没有就不干，那算什么共产党员？那算什么人民法官？看到别的地方工资高、待遇高就跑了，这就不是马克思主义者，也不是共产主义的世界观，而是个人主义的世界观。我们只有为党为人民多做工作的义务，没有向党向人民伸手的权利”[3] 的豪言壮语和严格要求，也许在一时一地是没问题的，但要让后革命时代的所有司法人员均一体遵行已显得极为不现实。[4] 司法人员德性（特指为人民服务的无私品行）的下降增加了对制度和法律的需求，即

---

[1] 丁学良：《共产主义后与中国》，牛津大学（香港）出版社1994年版，第17页。

[2] [美] 莫里斯·迈斯纳：《马克思主义、毛泽东主义与乌托邦主义》，张宁、陈铭康等译，中国人民大学出版社2005年版，中文版序。

[3] 郑天翔：《行程纪略》，北京出版社1994年版，第544页。

[4] 据相关统计，2000年至2005年初，全国共有1.5万余名具有大专以上学历的基层法官因各种原因离开法院。吴兢曾指出：“一个职业法官群体，意味着更理性更持久的公正为加强内部监督，2005年法院将重点查处三类案件”，参见吴兢：“法官队伍建设：一切为了公正”，载《人民日报》2005年1月26日，第15版。

司法只有依赖法律程序来获取其所需要的合法性,[1] 而法律与制度的增加又进一步削弱了司法人员为民服务的积极主动精神，使共产党的司法人员与资本主义国家里的司法人员日益显得少有区别，人民司法的传统特色也日渐淡化。所以作为法制经济的市场经济的到来必然会推动中国社会逐步由伦理型社会向法治型社会转变，传统的道德权威将逐步式微，德性化的人民司法的实践面必将逐步缩小，传统断裂具有历史的必然性。

但上述宏观的分析只是历史的一个侧面，而并非其全部。只要世上还存在压迫和剥削，还存在人与人之间的不平等，各种乌托邦思想就不会灭绝，共产主义思潮和理想就仍会有市场。就世界范围而言，社会主义（共产主义）不但曾作为一种社会制度在局部国家和地区得到实践，而且其作为一种社会理念，一种批判资本主义的理论武器早已为当今世界各国人民所分享，其包含的一些合理因素也早被各国吸收到法律和社会制度的设计中来（福利制度可谓是最突出的例子）。具体就中国而言，社会主义更不是一句空话，它是与广大工人和农民的命运联系在一起的，特别是自 20 世纪 90 年代晚期以来中国腐败猖獗，贫富差距加大广大城市下岗工人生活缺乏保障，农民的生活水平并未明显改善，社会矛盾尖锐，许多人开始怀念毛泽东时代吏治的清廉、社会的安定、民风的淳朴、人与人之间同志式的友爱，一时间使中国大陆比改革开放以前更具有实行社会主义的现实基础。[2] 在社会经济的飞速发展过程中，中国大陆社会底层出现了一个庞大的弱势群体，他们缺少知识和文化，不懂法律，更没钱聘请律师（或法律工作者），在奉行证据裁判主义原则的对抗式的庭审中败诉就常是其必然的命运，这就使中国司法背负了出现恩格斯当年批评英国司法时说的“律师就是一切”，“虐待穷人庇护富人是一切审判机关中十分普遍的现象”，“法律的运用比法律本身

---

〔1〕 季卫东认为，只有将“程序的独立价值与独立的程序价值结合起来，才使程序有可能在传统道德式微、人们的世界观发生无从弥合的分歧而呈现千姿百态的价值多样性状况下发挥整合化和正统化的功能”。参见季卫东：“法律程序的形式性与实质性——以对程序理论的批判和批判理论的程序化为线索”，载《北京大学学报（哲学社会科学版）》2006 年第 1 期。

〔2〕 郑永年即认为，全球化、社会流动、农民问题和阶级分化等因素使近年中国似乎显得更具社会主义的基础。参见［新加坡］郑永年：“为什么中国要走人本社会主义道路?”，载《开放导报》2005 年第 2 期。

还要不人道得多”的风险。[1]“程序越是精巧繁复，贪官污吏越有可乘之机”，[2]法律上规定的平等原则，落实到具体的司法中由于双方当事人在地位、权势和能力上的不平等而大打折扣，法律面前的人人平等最终变成了一种不具任何实质意义的“形式平等”。[3]这样的结果显然不会为那些挣扎在生存线上的底层民众所接受，因为司法的任何（实体）不公事实上都可能剥夺其生存的最后权利。广大的社会弱势群体需要简易的、廉价的，能够满足其对实质正义需求的司法，这就为便民、利民和重视实质正义的人民司法的传统理念与技术的复兴提供了适宜的舆论环境和肥沃的社会土壤，[4]故只要中国还有落后的农村，还有一个庞大的社会弱势群体存在，人民司法的传统理念和技术就不会在中国消失。因为社会有此需求，一部分人仍然需要法官积极主动地为其实现实质正义，对此绝不能轻易地认为公民社会的来临，民众就再不需要政府/法院为其“作主”，诚如贾恩佛郎哥·波基所言：

> 如果人们对于臣民/公民的转化问题太过认真，那么他就会无所适从。原因在于个人的臣民性会持续存在，而他们作为公民的身份至多会使这种臣民性得到升华和获得资格。因为国家从根本上讲是一个统治系统、是一整套的安排和实践，在这种系统、安排和实践中，从社会中分割出来的一部分对社会的另外一个部分实施统治，而不管这个人口之中的个人组成部分是否被赋予公民的特性。[5]

在未来的公民社会，作为臣民的个人仍然需要政府和国家的眷顾，

---

［1］《马克思恩格斯全集》（第1卷），人民出版社1956年版，第702、703页。

［2］冯象：《政法笔记》，江苏人民出版社2004年版，第157页。

［3］达玛什卡在评论美国司法时也承认美国司法存在类似问题，他说：“直到大约20年以前，美国法律想象力的主要推动因素一直在于扩充和完善程序武器的储备，但却善意地忽略了这样一个事实：这些程序武器的使用者——诉讼当事人——拥有不平等的诉讼实力。因此，不足为奇的是，当事人之间的许多实体性的力量失衡迄今仍然未曾得到矫正。”参见［美］米尔伊安·R. 达玛什卡：《司法和国家权力的多种面孔——比较视野中的法律程序》，郑戈译，中国政法大学出版社2004年版，第162页。

［4］有学者指出21世纪初年人民司法中群众路线回应的是转型中国的社会不平等问题，此语境下的“群众”特指社会弱势群体。参见李斯特：“人民司法群众路线的谱系”，载苏力主编：《法律和社会科学》（第1卷），法律出版社2006年版，第308～309页。

［5］［意］贾恩佛郎哥·波基：“公民及其国家：回顾与展望”，载［英］昆廷·斯金纳、［瑞典］博·斯特拉思主编：《国家与公民：历史·理论·展望》，彭利平译，华东师范大学出版社2005年版，第49页。

特别是当个人面对强权时离不开国家为其提供赖以生存的法律正义，而那些处于社会底层的孤弱个体，在未来仍然会希望司法者是贤能而仁慈的。人民司法理念所包含的司法为民的德性因素，在未来也必将会发扬光大，因为法治社会反对将道德政治化，但却从不反对政治伦理化。在美德与法则之间有一种关键性的联系，即只有拥有正义美德的人才可能了解如何去运用法则，[1] 司法中事实与法律间的巨大间隙需要法官用其德行和良知去填补。而在以德治国被正当化以后，充满德性的人民司法传统理念及技术也具有了广阔的生存和发展空间。故在未来人民司法传统将会有选择的得到延续，人民司法的传统技术在未来中国法治社会的局部场景中仍会有用武之地，甚至会不时地被当局作为维护自身合法性的举措而使其复兴。

法治中国与权威多元

经过二十多年的民主和法制建设，要法治而不要人治早已成为中国社会各界的共识，随着“依法治国”写入《宪法》，法治已成为中国共产党所确定的治国方略之一，除少数悲观者外，中国大多数学者均相信“法治中国”迟早会成为现实。[2] 特别是市场转型给中国社会带来一系列冲击和变化，各种非正式控制手段的式微，使在中国实行法制（治）已具有了某种必然性，现在那些悲观主义者要继续坚持自己的悲观立场已需回答托克维尔当年的追问：

> 君不见宗教信仰已经动摇，神授的权利观念已经消失？君不见社会风气已经变坏，道义的权利观念亦随之衰弱？
>
> 君不见一切信仰均被诡辩所代替，一切感情均被诡计所取代？假如在这场大动荡之中你不把权利观念与在人心中生根的私人利益

---

〔1〕 Alasdair MacIntyre, *After Virtue*, Notre Dame: the University of Notre Dame Press, 1981, p. 152.

〔2〕 参见舒国滢：“中国法治建构的历史语境及其面临的问题”，载《社会科学战线》1996年第6期；卓泽渊：“中国法治的过去与未来”，载《法学》1997年第8期；苏力：“二十世纪中国的现代化和法治”，载《法学研究》1998年第1期；季卫东：“法治中国的可能性——兼论对中国文化传统的解读和反思”，载《战略与管理》2001年第5期；高鸿钧：“21世纪中国法治瞻望”，载《清华大学学报（哲学社会科学版）》2001年第4期；等等。

结合起来，那又有什么方法使你敢于去治理社会呢?[1]

本书所提供的一些数据和事例也略微增强了法治中国的信心，毕竟二十多年来中国的立法和司法均取得了长足的进步，中国的司法在许多方面都“与世界接轨”了，达玛什卡当年关于“中国的司法制度和司法理念与西方是如此的不同、以至于任何带有西方特殊性印记的话语都有碍于我们理解那里的司法。透过常规的西方镜片来观察，人们会发现中国人藉以管理和运作其司法系统的程序很难说是合乎法律的：在那里，审判、律师——甚至法院或法律——都好像是外生的、可有可无的”的论断,[2] 现已略为显得夸张，法律在国人的日常生活中扮演着越来越重要的角色，使人已隐约感觉到了法治中国的未来前景。

但诚如笔者在导论中所指出，西方哲人早就洞见到极端的自由等同于极端的奴役，对政治抱持完美主义的心态常会走向愿望的反面，恰如“对民主的过分理想化，是专制主义的温床”,[3] 对法治的过分理想化，也正是人治的温床。对于法律的缺陷自近代以来就有许多学者提出过警示，卢梭对法律几乎不抱什么好感，他说：“所有一切国家的法律的普遍精神，都是袒护强者欺凌弱者，袒护富人欺凌穷人。这个缺点是不可避免的，而且是没有例外的。”[4] 格兰特·吉尔默也曾不无嘲讽地说：“社会越好，法律就越少。在天堂里应该没有法律，狮子应与羔羊同眠……在地狱里应该只有法律，正当程序应被一丝不苟地遵守。”[5] 在国人对法治充满憧憬与向往之时，让大家对法治的代价和局限也保持清醒的意识，乃是中国法学工作者所肩负着的重大历史使命。法治和民主一样乃是一种无奈的选择，本身即表明了人性的缺陷。拥有法治并不等于就进入了天堂、拥抱了幸福，在我们享受法治福祉的同时，也会付出高昂的代价，包括对法律形式正当性的接纳，对部分法官官僚习气的容忍。只有明白法治存在内在的缺陷，法治的建设是一个漫长的过程，并

---

〔1〕［法］托克维尔：《论美国的民主》（上卷），董果良译，商务印书馆 1988 年版，第 273 页。

〔2〕［美］米尔伊安·R. 达玛什卡：《司法和国家权力的多种面孔——比较视野中的法律程序》，郑戈译，中国政法大学出版社 2004 年版，第 3 页。

〔3〕丁学良：《共产主义后与中国》，牛津大学（香港）出版社 1994 年版，第 149 页。

〔4〕［法］卢梭：《爱弥尔》（上卷），李平沤译，商务印书馆 1978 年版，第 328 页。

〔5〕Larry Alexander (ed.), *Constitutionalism Philosophical Foundations*, Cambridge University Press, 1998, p. 27.

做好付出代价的准备，我们才不会因暂时的挫折而灰心，才能在法治的道路上坚持下去，而不至于半途而废，重新投入人治的怀抱。

马克思说："人们自己创造自己的历史，但是他们并不是随心所欲地创造，并不是在他们自己选定的条件下创造，而是在直接碰到的、既定的、从过去承续下来的条件下创造。"〔1〕中国特有的历史文化传统和现实政治经济文化状况决定了中国未来的法治必将极具鲜明特色，它除了分享一些普世性的价值观念外，其在运作方式和表现形式等方面注定会与其他国家存在显著区别，仍将保留一些人民司法传统的痕迹。诚如学者所言："在今天的世界里，还没有任何一个现代化社会，是真正的、完全彻底地不带任何传统痕迹的。因此，人们也有理由说，正是不同国家和社会中不同传统因素与现代化因素的不同程度的重叠性才导致了不同的社会发展模式和道路。"〔2〕人民司法这个中国司法现代化脱胎的母体决定了中国司法现代化必将会走一条独特的发展模式和道路——在中国共产党的领导下自上而下的进行改革，中国法治的推进离不开权威的中国共产党的支持和保障，无人能够否认这一基本历史事实。中国共产党的坚强有力、人民司法的德性传统在中国大陆步入法治之路的早期阶段所具有的不可替代的作用，做出了伟大贡献。只有具备中国共产党这样一个坚强的领导核心，迅速立法才有可能，迅速"把法律交给人民"才有可能，把一个几乎全是文盲加法盲的司法队伍迅速转变成知识化、职业化的司法队伍才有可能，中国大陆司法在短短二十余年内办公场所和装备从一无所有到相对完备才有可能。

法律不是万能的，任何社会都不可能只存在法律一个权威，试图将社会秩序的基石单纯建立在法律之上的想法是幼稚的，汉密尔顿曾嘲笑那些迷信法律统治的人说："总是单纯用法律的力量进行统治的思想（我们听说这是共和政体唯一容许的原则），除了存在于那些自命聪明、不屑汲取经验教训的政治学者的幻想之中以外，是根本不存在的。"〔3〕中国本土的经验表明"遇事只靠法律、只靠人民法院通过审判活动解决"是不行的，〔4〕域外学者的研究也证实"法律制定者如果对那些促

〔1〕《马克思恩格斯选集》（第1卷），人民出版社1995年版，第585页。

〔2〕李工真：《德意志道路——现代化进程研究》，武汉大学出版社2005年版，第5页。

〔3〕［美］汉密尔顿、杰伊、麦迪逊：《联邦党人文集》，程逢如、在汉、舒逊译，商务印书馆1980年版，第136页。

〔4〕《江华司法文集》，人民法院出版社1989年版，第66页。

进非正式合作的社会条件缺乏眼力，他们就可能造就一个法律更多但秩序更少的世界”。[1] 将“依法治国与以德治国紧密结合”思想无疑具有合理性，要实现中国社会的长治久安，除了树立法律的权威外，还要树立包括政党在内的各种组织的权威，以及宗教、信仰、理想、风俗、纪律和舆论等的权威。[2] 邓小平说得好，“没有理想，没有纪律，就会像旧中国那样一盘散沙，”[3] 革命和建设均不可能取得成功。未来的法治中国虽然法理型权威将处于主导地位，但在现实社会生活中传统型权威和超凡魅力型（chrisma）权威仍将扮演重要角色。对于那些一谈起党纪、政纪，一谈起道德和纪律就认为有违民主、自由原则的人们而言，在此我们有必要重温一下英国政治哲学家欧克肖特关于自由的相关论述，他说英国人的自由：

> 既不是从教会与国家的分离中产生，也不是从法治中产生，也不是从私有财产中产生，也不是从议会制政府中产生，也不是从人身保护令（habeas corpus）的法令中产生，也不是从司法独立中产生，也不是从我们社会特有的几千个其他设置与安排中产生，而是从每一个所表示和代表的东西，即我们社会缺乏压倒性的权力集中中产生。这是我们自由最一般的条件，它一般得使其他条件都可视为包括在这个条件中……简言之，我们认为我们自己是自由的，因为在我们的社会中没有一个人允许有无限的权力——没有领袖、派别、政党或“阶级”，没有多数，没有政府、教会、社团、贸易或专业协会或工会可以这样。[4]

政治社会学的研究表明，“人类社会的一个基本特点，可能就是无论怎样掩饰，影响、统治、权力和权威都无处不在”。[5] 社会的存在和发展离不开权力与权威，对于权力西赛罗曾不无夸张地说：“没有权力，

---

[1] ［美］罗伯特·C. 埃里克森：《无需法律的秩序——邻人如何解决纠纷》，苏力译，中国政法大学出版社2003年版，第354页。

[2] 人类学的研究也表明，“在中国的乡土社会中，国家的法律条文、政府的权力运作、民间的习俗惯例以及村庙的超验权威都对民间的纠纷起到化解和平息的作用”。参见赵旭东：《权力与公正——乡土社会的纠纷解决与权威多元》，天津古籍出版社2003年版，第295页。

[3] 《邓小平文选》（第3卷），人民出版社1993年版，第110～111页。

[4] ［英］迈克尔·欧克肖特：《政治中的理性主义》，张汝伦译，上海译文出版社2003年版，第108～109页。

[5] ［法］莫里斯·迪韦尔热：《政治社会学——政治学要素》，杨祖功、王大东译，华夏出版社1987年版，第15页。

便不可能存在任何家庭、市民社会、种族、整个人类，也不可能存在整个物质自然界和宇宙本身。"〔1〕自由的社会和强大的国家都是我们所欲的，我们的目标不是要消灭全部权力和权威，为了给民主和自由开辟道路，我们必须消灭各种绝对的权力与权威（即"压倒性的权力集中"），但同时也仅限于消灭绝对的权力与权威。中国的政党及其领导人只要能够真正落实"在宪法和法律下活动"的承诺，那么中国未来的民主和自由就是有保障的，当然要做到这一点仍需我们付出艰辛的努力。在厉行法治的同时，像长期被实践证明行之有效的"综合治理"原则与策略，以及人民调解等成功经验和做法我们仍应坚持，故在未来重建和维护基层社会的治理网络仍将是中国社会治理的一项常规性作业与长远使命。"一个社会的最佳治理方式必须是适应该社会发展需要的，必须是为人们社会生活所需要的。"〔2〕结合中国的国情，当下关键的是要在维护法律权威的前提下加强中国共产党的建设，保持共产党员的先进性，维护执政党的权威，诚如邓小平告诫的，"中国要出问题，还是出在共产党内部"。〔3〕对于一个人数众多、世界上规模最大的政党来说，如果每一个成员都能发挥先锋模范作用，能团结和带动身边的群众共同遵纪守法，那么中国无疑就将实现大治。

---

〔1〕［古罗马］西赛罗：《论共和国·论法律》，王焕生译，中国政法大学出版社 1997 年版，第 255 页。

〔2〕苏力：《制度是如何形成的?》，中山大学出版社 1999 年版，第 233 页。

〔3〕《邓小平文选》（第 3 卷），人民出版社 1993 年版，第 380 页。

主要参考文献

史料与文献典籍

一、报纸

《人民日报》《人民法院报》《法制日报》《参考消息》《经济日报》《中国检察报》《光明日报》《南方周末》《中国青年报》《解放军报》《吉林日报》《甘肃日报》《新华日报》《西藏日报》《湖北日报》《辽宁日报》《云南日报》《贵州日报》《安徽日报》《长江日报》《济南日报》《解放日报》《河北日报》《山西日报》《宁夏日报》《天津日报》《工人日报》《北京青年报》《21 世纪经济报道》。

二、杂志

《政法研究》《人民司法》《全国人民代表大会常务委员会公报》《中华人民共和国最高人民法院公报》《红旗》《求是》《瞭望》《中国监察》《法学研究》《中国法学》《政法论坛》《现代法学》《法学》《法学评论》《法律适用》《中国律师》《政治与法律》《河北法学》《法律与生活》《江西社会科学》《半月谈》《人大研究》《思想工作》《中国审判》《贵州民族学院学报》《湖北警官学院学报》《河北学刊》《新疆人大（汉文)》《检察实践》《行政与法》《甘肃政法学院学报》《警察天地》《哲学研究》《法制与社会发展》《领导文萃》《党的文献》《黑龙江史志》《教学与研究》《当代法学》《企业经济》《中国社会科学院研究生院学报》《四川统一战线》《武汉大学学报》《南开学报》《内蒙古民族大学学报（社会科学版)》《中南政法学院学报》《甘肃社会科学》《北京观察》《记者观察》《杭州大学学报》《今日中国（中文版)》《重庆师范大学学报》《大庆社会科学》《广西大学学报》《贵州

省人民政府公报》《法学季刊》《正气》《行政法学研究》《政法论丛》《乡镇论坛》《当代中国史研究》《党建》《山东审判》。

三、志书

1. 陕西省陇县人民法院编:《陇县法院志》, 1985 年版, 国家图书馆国情资料室藏。

2. 四川省犍为县人民法院编:《犍为法院志 1941～1985》, 1987 年版, 国家图书馆国情资料室藏。

3. 郫县志编纂委员会编:《郫县志》, 四川人民出版社 1989 年版。

4. 清远县人民法院编:《清远县法院志》, 1989 年版, 国家图书馆国情资料室藏。

5. 大连市金州区地方志编纂委员会办公室编:《金县志》, 大连出版社出版 1989 年版。

6. 中国人民政治协商会议湖南省湘潭委员会文史资料研究委员会编:《湘潭县文史》(第 6 辑), 1991 年刊印。

7. 玉溪市人民政府办公室、玉溪市地方志办公室编:《玉溪市年鉴 1991》(第 5 卷), 1991 年刊印。

8. 上海市嘉定县县志编纂委员会编:《嘉定县志》, 上海人民出版社 1992 年版。

9. 子长县志编纂委员会编:《子长县志》, 陕西人民出版社 1993 年版。

10. 湖北省丹江口市地方志编纂委员会编纂:《丹江口市志》, 新华出版社 1993 年版。

11. 湘乡县志编纂委员会编:《湘乡县志》, 湖南人民出版社 1993 年版。

12. 防城县志编纂委员会编:《防城县志》, 广西民族出版社 1993 年版。

13. 昌宁县地方志编纂委员会办公室编:《1986～1990 年昌宁县情》, 1994 年刊印。

14. 梅县地方志编纂委员会:《梅县志》, 广东人民出版社 1994 年版。

15. 大理白族自治州地方志编纂委员会编:《大理州年鉴 1994》, 云南民族出版社 1994 年版。

16. 牟定县年鉴编辑委员会编辑:《牟定年鉴 1994》, 云南年鉴杂志社 1994 年版。

17. 青神县县志编纂委员会编:《青神县志》,成都科技大学出版社 1994 年版。

18. 广西壮族自治区柳州市柳北区志编纂委员会编:《柳北区志》,1994 年版,国家图书馆国情资料室藏。

19. 浏阳市地方志编纂委员会编:《浏阳县志》,中国城市出版社 1994 年版。

20. 丰宁满族自治县志编纂委员会编:《丰宁满族自治县志》,中国和平出版社 1994 年版。

21. 贵池市地方志编纂委员会编:《贵池县志》,黄山书社 1994 年版。

22. 肥西县地方志编纂委员会编:《肥西县志》,黄山书社 1994 年版。

23. 山东省沾化县地方史志编纂委员会编:《沾化县志》,齐鲁书社 1995 年版。

24. 中卫县志编纂委员会编:《中卫县志》,宁夏人民出版社 1995 年版。

25. 广河县志编纂委员会编:《广河县志》,兰州大学出版社 1995 年版。

26. 政协武汉市文史资料委员会、政协江夏区文史资料委员会、江夏区委政法委员会编:《江夏政法专辑》(武汉文史资料 1996 年第 4 辑),1996 年刊印。

27. 山东省汶上县志编纂委员会编:《汶上县志》,中州古籍出版社 1996 年版。

28. 四川省理塘县志编纂委员会编:《理塘县志》,四川人民出版社 1996 年版。

29. 石家庄市长安区地方志编纂委员会编:《石家庄市长安区志》,中国社会出版社 1997 年版。

30. 江苏省地方志编纂委员会:《江苏省志·审判志》,江苏人民出版社 1997 年版。

31. 山东省惠民县地方史志编纂委员会编:《惠民县志》,齐鲁书社 1997 年版。

32. 咸宁市政协文史资料委员会等编:《咸宁文史资料第十三辑

（咸宁政法）》，1997 年刊印。

33.《厦门政法志》编纂委员会编：《厦门政法志 1906～1990》，厦门大学出版社 1997 年版。

34. 宁夏审判志编纂委员会编：《宁夏审判志》，宁夏人民出版社 1998 年版。

35. 井陉矿区人民法院编：《井陉矿区人民法院志（1950～1997）》，1998 年刊印。

36. 山西省清徐县人民法院编：《清徐法院志》（1998），国家图书馆国情资料室藏。

37. 青海省地方志编纂委员会编：《青海省志·审判志》，黄山书社 1999 年版。

38.《成都市锦江区法院志》编纂委员会：《成都市锦江区法院志》，四川辞书出版社 1999 年版。

39. 福建省地方志编纂委员会编：《福建省志·审判志》，中国社会科学文献出版社 1999 年版。

40. 三台县法院志编纂领导小组编：《三台县法院志》（1999），国家图书馆国情资料室藏。

41. 河北省保定市地方志编纂委员会编：《保定市志》（第 1 册），方志出版社 1999 年版。

42. 天津市北辰区地方志编修委员会编：《北辰区志》，天津古籍出版社 2000 年版。

43. 浙江省武义县人民法院编：《武义法院志》，浙江人民出版社 2000 年版。

44. 康定县地方志编纂委员会编纂：《康定县志（续编）》，巴蜀书社出版社 2000 年版。

45. 山东省冠县地方史志编纂委员会编：《冠县志》，齐鲁书社 2001 年版。

46. 北京市丰台区地方志编纂委员会编：《北京市丰台区志》，北京出版社 2001 年版。

47. 平谷县志编纂委员会编：《平谷县志》，北京出版社 2001 年版。

48. 大兴县志编纂委员会编：《大兴县志》，北京出版社 2002 年版。

四、文件、法规和资料汇编

1. 人民出版社辑：《中华人民共和国婚姻法》，人民出版社 1952

年版。

2. 中央人民政府法制委员会编：《中央人民政府法令汇编 1951》，人民出版社 1953 年版。

3. 中华人民共和国最高人民法院司法部办公厅编：《人民司法工作必须贯彻群众路线（第一册）》，法律出版社 1958 年版。

4. 《彻底批判“四人帮”掀起普及大寨县运动的新高潮第二次全国农业学大寨会议文件和材料汇编》，人民出版社 1977 年版。

5. 陕西省西安市中级人民法院编印：《司法资料汇编（第 1 辑）》，1978 年刊印。

6. 《中共中央关于加快农业发展若干问题的决定》，人民出版社 1979 年版。

7. 韩延龙、常兆儒编：《中国新民主主义革命时期根据地法制文献选编》（第 3 卷），中国社会科学出版社 1981 年版。

8. 《中共中央关于经济体制改革的决定》，人民出版社 1984 年版。

9. 《中国农业年鉴》编辑部编：《中国农村法规 1983》，农业出版社 1985 年版。

10. 国务院办公厅法制局编：《中华人民共和国法规汇编 1979 年 1 月 ~ 12 月》，法律出版社 1986 年版。

11. 国务院办公厅法制局编：《中华人民共和国法规汇编 1982. 1 ~ 1982. 12》，法律出版社 1986 年版。

12. 法学教材编辑部、《民事诉讼法资料选编》编辑组编：《民事诉讼法资料选编》，法律出版社 1987 年版。

13. 胡学冬、李恩滋主编：《企业必备法规汇编》，化学工业出版社 1987 年版。

14. 全国法院干部业余法律大学中国司法制度教研组编：《中国司法制度资料选编·续集》，人民法院出版社 1991 年版。

15. 盛继红编：《中国共产党党章汇编》，中国人民大学出版社 1991 年版。

16. 中共中央文献研究室、国务院发展研究中心编：《新时期农业和农村工作重要文献选编》，中央文献出版社 1992 年版。

17. 最高人民法院研究室编：《司法手册（第 8 辑）》，人民法院出版社 1992 年版。

18. 《中华人民共和国检察官法　法官法　人民警察法》，中国检察出版社 1995 年版。

19. 中央办公厅法规室等编:《中国共产党党内法规选编 1978 ~ 1996》, 法律出版社 1996 年版。

20. 卞昌久主编:《新编经济审判司法解释规范意见实用大全》, 河海大学出版社 1996 年版。

21. 中共中央文献研究室编:《十一届三中全会以来党的历次全国代表大会中央全会重要文件选编》(下册), 1997 年刊印。

22. 最高人民法院研究室编:《中华人民共和国最高人民法院司法解释全集》(第 2 卷), 人民法院出版社 1997 年版。

23. 中共中央党史研究室、中央档案馆编:《中共党史资料》(第 68 辑), 中共党史出版社 1998 年版。

24. 中共中央文献研究室编:《新时期经济体制改革重要文献选编》, 中央文献出版社 1998 年版。

25. 《常用司法公正法律法规》编选组编:《常用司法公正法律法规》, 人民法院出版社 1999 年版。

26. 中央纪委法规室编:《党风廉政建设责任制及相关文件》, 中国方正出版社 1999 年版。

27. 马原主编:《民事审判司法解释及相关案例 (第 3 辑)》, 人民法院出版社 1999 年版。

28. 马原主编:《经济审判司法解释及相关案例 (第 3 辑)》, 人民法院出版社 2000 年版。

29. 中华人民共和国监察部办公厅编:《行政监察工作文件选编 1999 年》, 中国方正出版社 2000 年版。

30. 《公民道德建设实施纲要》, 学习出版社 2001 年版。

31. 最高人民法院研究室编:《最高人民法院司法解释理解与适用 (2001)》, 中国法制出版社 2002 年版。

32. 《法官法及其配套规定》, 中国法制出版社 2001 年版。

33. 中央纪委驻最高人民检察院纪检组、最高人民检察院监察局编:《检察纪律条规汇编》, 中国检察出版社 2002 年版。

34. 最高人民法院研究室:《中华人民共和国最高人民法院司法解释全集 1996.7 ~ 2001.12》, 人民法院出版社 2002 年版。

35. 最高人民法院中国应用法学研究所编:《人民法院案例选》(总第 43 辑), 人民法院出版社 2003 年版。

36. 万鄂湘、张军主编:《最新行政法律文件解读（总第6辑)》，人民法院出版社2005年版。

37. 国务院法制办公室编:《中华人民共和国新法规汇编（2005年第10辑)》，法制出版社2005年版。

38. 国务院法制办公室编:《中华人民共和国新法规汇编（总第104辑)》，中国法制出版社2005年版。

39. 李国光:《民事执行法律分解适用集成》，人民法院出版社2005年版。

40. 最高人民法院行政审判庭编:《行政审判指导（2005年第1辑)》，人民法院出版社2005年版。

五、领导人著述

1.《毛泽东选集》(第5卷)，人民出版社1977年版。

2.《毛泽东选集》(第2卷)，人民出版社1991年版。

3.《毛泽东选集》(第3卷)，人民出版社1991年版。

4.《毛泽东文集》(第6卷)，人民出版社1999年版。

5.《邓小平文选》(第3卷)，人民出版社1993年版。

6.《邓小平文选》(第2卷)，人民出版社1994年版。

7. 江泽民:《论“三个代表”》，中央文献出版社2001年版。

8. 中共中央文献研究室编:《毛泽东　邓小平　江泽民　论世界观人生观价值观》，人民出版社1997年版。

9.《董必武法学文集》，法律出版社2001年版。

10.《陈云文选》，人民出版社1986年版。

11. 谢觉哉:《谢觉哉日记》(上册)，人民出版社1984年版。

12. 王定国等编:《谢觉哉论民主与法制》，法律出版社1996年版。

13. 彭真:《论新时期的社会主义民主与法制建设》，中央文献出版社1989年版。

14. 彭真:《彭真文选》，人民出版社1991年版。

15. 彭真:《论新中国的政法工作》，中央文献出版社1992年版。

16. 江华:《江华司法文集》，人民法院出版社1989年版。

17. 郑天翔:《行程纪略》，北京出版社1994年版。

六、年鉴、实录和通鉴

《中华人民共和国年鉴1986》《中华人民共和国年鉴1990》《中华人民共和国年鉴1992》《中华人民共和国年鉴1993》《中华人民共和国

年鉴1998》《中华人民共和国年鉴2000》《中华人民共和国年鉴2001》《中国人口年鉴1986》《中国经济年鉴1987（十）》《中国法律年鉴1987》《中国法律年鉴1988》《中国法律年鉴1989》《中国法律年鉴1990》《中国法律年鉴1991》《中国法律年鉴1999》《中国法律年鉴1992》《中国法律年鉴1994》《中国法律年鉴1996》《中国法律年鉴2002》《中国法律年鉴2003》《中国统计年鉴1985》《中国统计年鉴1987》《中国统计年鉴1991》《中国统计年鉴1992》《中国统计年鉴1994》《中国统计年鉴1995》《中国统计年鉴1996》《中国统计年鉴1997》《中国统计年鉴2000》《中国统计年鉴2004》《中华人民共和国国史通鉴（第3卷）》《中华人民共和国国史通鉴（第4卷）》《中华人民共和国国史通鉴（第2卷）》《中华人民共和国实录（第2卷）》《中华人民共和国实录（第3卷）》。

七、教材和工具书

1. 金默生、刘歧山等：《法律常识手册》，中国青年出版社1979年版。

2. 刘延寿编：《法制问题解答》，甘肃人民出版社1981年版。

3. 王国枢、王以真、王存厚编著：《刑事诉讼法概论》，北京大学出版社1981年版。

4. 邓崇范编：《刑事诉讼法概论》，吉林人民出版社1981年版。

5. 张子培主编：《刑事诉讼法教程》，群众出版社1982年版。

6. 王牧、任振铎撰：《刑事诉讼法》，吉林大学出版社1984年版。

7. 廖俊常编：《刑事诉讼法》，四川省社会科学院出版社1986年版。

8. 樊凤林等：《刑事诉讼法学》，中国人民公安大学出版社1988年版。

9. 郝双禄主编：《刑事诉讼法教程》，法律出版社1988年版。

10. 徐益初：《刑事诉讼法》，四川人民出版社1988年版。

11. 石翠岩主编：《中国社会主义建设简明辞典》，中国国际广播出版社1988年版。

12. 杨荣新主编：《民事诉讼法教程》，中国政法大学出版社1991年版。

13. 魏进发等编：《人民法院执行对策》，吉林人民出版社1992年版。

14. 张晋藩等主编:《中华人民共和国国史大辞典》，黑龙江人民出版社1992年版。

15. 方昕主编:《简明法律辞典》，中国检察出版社1992年版。

16. 柴发邦主编:《中国民事诉讼法学》，中国人民公安大学出版社1992年版。

17. 柴发邦主编:《民事诉讼法学新编》，法律出版社1992年版。

18. 常怡主编:《强制执行的理论与实务》，重庆出版社1992年版。

19. 梁书文主编:《执行的理论与实践》，人民法院出版社1993年版。

20. 张柏峰主编:《民事办案艺术与审判纪要》，人民法院出版社1995年版。

21. 樊崇义主编:《中国刑事诉讼法》，中国政法大学出版社1996年版。

22. 马原编:《民事诉讼程序司法解释实用问答》，人民法院出版社1997年版。

23. 何沁主编:《中华人民共和国史》，高等教育出版社1999年版。

24. 唐德华主编:《刑事诉讼法及司法解释适用指南》，中国方正出版社2002年版。

25. 纪敏主编:《人民法院审判监督实务》，知识产权出版社2003年版。

26. 张柏峰主编:《中国的司法制度》，法律出版社2004年版。

参考论著

一、专著

1. 张希坡:《马锡五审判方式》，法律出版社1983年版。

2. 俞可平:《全球化时代的“社会主义”》，中央编译出版社1989年版。

3. 中央办公厅信访局、国务院办公厅信访局编著:《信访学概论》，华夏出版社1991年版。

4. 鸣华、秦树:《信仰危机与现实冲突》，吉林人民出版社1992

年版。

5. 李浩：《民事举证责任研究》，中国政法大学出版社 1993 年版。

6. 何兰阶、鲁明健主编：《当代中国的审判工作（下）》，当代中国出版社 1993 年版。

7. 黄文夫：《黄文夫经济评论选》，经济日报出版社 1993 年版。

8. 邹谠：《二十世纪中国政治》，香港牛津大学出版社 1994 年版。

9. 丁学良：《共产主义后与中国》，牛津大学（香港）出版社 1994 年版。

10. 张友渔：《张友渔文选》（下卷），法律出版社 1997 年版。

11. 夏锦文：《社会变迁与法律发展》，南京师范大学出版社 1997 年版。

12. 张乐天：《告别理想——人民公社制度研究》，东方出版中心 1998 年版。

13. 李步云：《走向法治》，湖南人民出版社 1998 年版。

14. 张建华主编：《中国面临的紧要问题》，经济日报出版社 1998 年版。

15. 肖扬主编：《中国刑事政策和策略问题》，中国人民公安大学出版社 1999 年版。

16. 孙立平等：《动员与参与——第三部门募捐机制个案研究》，浙江人民出版社 1999 年版。

17. 郭于华等：《事业共同体——第三部门激励机制个案探索》，浙江人民出版社 1999 年版。

18. 荆学民：《社会转型与信仰重建》，山西教育出版社 1999 年版。

19. 周翼虎、杨晓民：《中国单位制度》，中国经济出版社 1999 年版。

20. 左卫民、周长军：《变迁与改革　法院制度现代化研究》，法律出版社 2000 年版。

21. 陈刚：《证明责任法研究》，中国人民大学出版社 2000 年版。

22. ［美］黄宗智：《长江三角洲小农家庭与乡村发展》，中华书局 2000 年版。

23. 马戎、刘世定、邱泽奇主编：《中国乡镇组织变迁研究》，华夏出版社 2000 年版。

24. 苏力：《送法下乡中国基层司法制度研究》，中国政法大学出版社 2000 年版。

25. 黄仁宇：《放宽历史的视界》，生活·读书·新知三联书店 2001 年版。

26. 于建嵘：《岳村政治——转型期中国乡村政治结构的变迁》，商务印书馆 2001 年版。

27. 龙宗智：《刑事庭审制度研究》，中国政法大学出版社 2001 年版。

28. 毕玉谦主编：《司法审判动态与研究》，法律出版社 2001 年版。

29. 王亚新：《社会变革中的民事诉讼》，中国法制出版社 2001 年版。

30. 王亚新：《对抗与判定：日本民事诉讼的基本结构》，清华大学出版社 2002 年版。

31. 左卫民：《在权利话语与权力技术之间中国司法的新思路》，法律出版社 2002 年版。

32. 吴毅：《村治变迁中的权威与秩序》，中国社会科学出版社 2002 年版。

33. 梁治平编：《法治在中国：制度、话语与实践》，中国政法大学出版社 2002 年版。

34. 中共中央党史研究室第三研究部：《中国改革开放史》，辽宁人民出版社 2002 年版。

35. 黄松有：《中国现代民事审判权论：为民服务型民事审判权的构筑与实践》，法律出版社 2003 年版。

36. 徐勇：《乡村治理与中国政治》，中国社会科学出版社 2003 年版。

37. 赵旭东：《权力与公正乡土社会的纠纷解决与权威多元》，天津古籍出版社 2003 年版。

38. 强世功：《法制与治理——国家转型中的法律》，中国政法大学出版社 2003 年版。

39. 孙立平：《转型与断裂——改革以来中国社会结构的变迁》，清华大学出版社 2004 年版。

40. 冯象：《政法笔记》，江苏人民出版社 2004 年版。

41. 李汉林：《中国单位社会——议论、思考与研究》，世纪出版集团、上海人民出版2004年版。

42. 田毅鹏、漆思：《"单位社会"的终结——东北老工业基地"典型单位制"背景下的社区建设》，社会科学文献出版社2005年版。

43. 李工真：《德意志道路——现代化进程研究》，武汉大学出版社2005年版。

44. 冉井富：《当代中国民事诉讼率变迁研究——一个比较法社会学的视角》，中国人民大学出版社2005年版。

45. 刘海年：《战国秦代法制管窥》，法律出版社2006年版。

46. 邓正来：《中国法学向何处去——建构"中国法律理想图景"时代的论纲》，商务印书馆2006年版。

二、论文

1. 任继愈："破除封建迷信　建设社会主义精神文明"，载《求索》1983年第2期。

2. 甘阳："传统、时间性与未来"，载《读书》1986年第2期。

3. 梁治平："'从身份到契约'：社会关系的革命——读梅因《古代法》随想"，载《读书》1986年第6期。

4. 邹谠："中国廿世纪政治与西方政治学"，载《经济社会体制比较》1986年第4期。

5. 徐凌志："企业思想政治工作新思考"，载《江西社会科学》1989年第2期。

6. 衣俊卿："论改革时期的'意识形态断裂'"，载《社会科学家》1989年第4期。

7. 潘自勉："论道德控制"，载《江汉论坛》1990年第8期。

8. 葛行军："论'巡回审理，就地办案'——兼评马锡五审判方式"，载《中国高级法官培训中心、全国法院干部业余法律大学首届学术讨论会论文选》，人民法院出版社1990年版。

9. 荆学民："试论信仰控制"，载《山西师大学报》1991年第3期。

10. 唐德华："谈谈贯彻执行民事诉讼法的几个认识问题"，载《人民司法》1991年第9期。

11. 周道鸾："人民法院在改革中不断前进"，载郭道晖主编：《十年法制论丛》，法律出版社1991年版。

12. 孙立平："'自由流动资源'与'自由活动空间'——论改革

过程中中国社会结构的变迁”，载《探索》1993 年第 1 期。

13. 李汉林：“中国单位现象与城市社区的整合机制”，载《社会学研究》1993 年第 5 期。

14. 王亚新：“论民事、经济审判方式的改革”，载《中国社会科学》1994 年第 1 期。

15. 李德顺：“‘滑坡’与‘爬坡’——道德转型期的观念与现实”，载《中国社会科学》1994 年第 3 期。

16. 张洪波：“社会治安的‘看客现象’”，载《党政干部论坛》1994 年第 4 期。

17. 苏力：“关于对抗制的几点法理学和法律社会学思考”，载《法学研究》1995 年第 4 期。

18. 叶自强：“论既判力的本质”，载《法学研究》1995 年第 5 期。

19. 燕继荣：“政治冷漠是不是坏事?”，载《读书》1995 年第 10 期。

20. 胡福明：“真理标准大讨论的序曲——谈实践标准一文的写作、修改和发表过程”，载《开放时代》1996 年第 1、2 期。

21. 阎志刚：“社会转型、社会控制与行为失范型社会问题”，载《社会科学辑刊》1996 年第 3 期。

22. 李浩：“民事审判中的调审分离”，载《法学研究》1996 年第 4 期。

23. 江伟、肖建国：“论既判力的客观范围”，载《法学研究》1996 年第 4 期。

24. 舒国滢：“中国法治建构的历史语境及其面临的问题”，载《社会科学战线》1996 年第 6 期。

25. 王晨光：“法律运行中的不确定性与‘错案追究制’的误区”，载《法学》1997 年第 3 期。

26. 叶自强：“论判决的既判力”，载《法学研究》1997 年第 2 期。

27. 何文燕：“调解和支持起诉两项民诉法基本原则应否定”，载《法学》1997 年第 4 期。

28. 卓泽渊：“中国法治的过去与未来”，载《法学》1997 年第 8 期。

29. 邹梅清：“解决地方保护主义问题应从法院有身做起”，载《法制与社会发展》1997 年第 4 期。

30. 周永坤："错案追究制与法治国家建设——一个法社会学的思考"，载《法学》1997年第9期。

31. 宋宝安："论社会转型时期舆论的社会作用"，载《社会科学战线》1997年第6期。

32. 苏力："二十世纪中国的现代化和法治"，载《法学研究》1998年第1期。

33. 蒋惠岭："司法权力地方化之利弊与改革"，载《人民司法》1998年第2期。

34. 叶虎："胡耀邦平反冤假错案纪实"，载《文史春秋》1998年第2期。

35. 廖中洪："司法从业资格一体化探讨"，载《现代法学》1998年第2期。

36. 贺雪峰："当前农村治理模式的形成与面临的挑战"，载《福建论坛（经济社会版）》1998年第9期。

37. 中国战略与管理研究会社会结构转型课题组："中国社会结构转型的中近期趋势与隐患"，载《战略与管理》1998年第5期。

38. 萧功秦："中国社会各阶层的政治态势与前景展望"，载《战略与管理》1998年第5期。

39. 张晋红："法院调解的立法价值探究——兼评法院调解的两种改良观点"，载《法学研究》1998年第5期。

40. 蔡虹："略论行政诉讼中的证明标准"，载《法学评论》1999年第1期。

41. 河南省社会科学院、河南省信访局联合调查组："关于当前农村社会稳定问题的调查"，载《调研世界》1999第1期。

42. 张永泉："以事实为根据之辨析——法院裁判的事实基础之价值取向"，载《法学》1999年第3期。

43. 赵晓力：《通过法律的治理：农村基层法院研究》（博士论文），北京大学图书馆藏，论文号A96003。

44. 陈桂明、李仕春："程序安定论——以民事诉讼为对象的分析"，载《政法论坛》1999年第5期。

45. 赵钢："当前的'执行会战'与现代法治原则的冲突"，载《法学》1999年第12期。

46. 樊崇义："客观真实管见——兼论刑事诉讼证明标准"，载《中国法学》2000 年第 1 期。

47. 李祖军："确信真实，一种新理论的结构性优势——论民事诉讼事实审理的目的"，载《法学评论》2000 年第 3 期。

48. 李建明："错案追究中的形而上学错误"，载《法学研究》2000 年第 3 期。

49. 黄松有："渐进与过渡：民事审判方式改革的冷思考"，载《现代法学》2000 年第 4 期。

50. 何兵、潘剑锋："司法之根本：最后的审判抑或最好的审判？——对我国再审制度的再审视"，载《比较法研究》2000 年第 4 期。

51. 景汉朝、卢子娟："'执行难'及其对策"，载《法学研究》2000 年第 5 期。

52. 张健："合法性与中国政治"，载《战略与管理》2000 年第 5 期。

53. 张卫平："民事再审事由研究"，载《法学研究》2000 年第 5 期。

54. 李浩："民事再审程序改造论"，载《法学研究》2000 年第 5 期。

55. 贺卫方："日本司法研修所访问记——兼论我国司法考试及司法研修制度的改造"，载《中国律师》2000 年第 10 期。

56. 陈瑞华："刑事再审程序研究"，载《政法论坛》2000 年第 6 期

57. 萧功秦："后全能体制与 21 世纪中国的政治发展"，载《战略与管理》2000 年第 6 期。

58. 苏力："中国司法改革逻辑的研究——评最高法院的《引咎辞职规定》"，载《战略与管理》2001 年第 1 期。

59. 陈静："解析'三潮'冲击下的'信仰危机'"，载《学习与探索》2001 年第 1 期。

60. 韩向前："信仰：危机与重铸——对'法轮功'现象的理性思考"，载《南京政治学院学报》2001 年第 3 期。

61. 高鸿钧："21 世纪中国法治瞻望"，载《清华大学学报（哲学社会科学版）》2001 年第 4 期。

62. 沈德咏："审判监督工作改革若干问题"，载《人民司法》2001

年第 8 期。

63. 孙立平："'道德滑坡'的社会学分析"，载《中国青年政治学院学报》2001 年第 5 期。

64. 季卫东："法治中国的可能性——兼论对中国文化传统的解读和反思"，载《战略与管理》2001 年第 5 期。

65. 李强："后全能体制下现代国家的构建"，载《战略与管理》2001 年第 6 期。

66. 吴毅："无政治村庄"，载《浙江学刊》2002 年第 1 期。

67. 高长江："'法轮功'的出现与共产党员信仰问题研究"，载《社会科学战线》2002 年 3 期。

68. 李德顺："'信仰危机'与信仰的升华"，载《河北学刊》2002 年第 5 期。

69. 徐勇："内核——边层：可控的放权式改革——对中国改革的政治学解读"，载《开放时代》2003 年第 1 期。

70. 左卫民、马静华："论派出所解决纠纷的机制——以一个城市派出所为例的研究"，载《法学》2004 年第 9 期。

71. 康晓光："走近冷漠——'李思怡事件'一周年的思考"，载《中国社会导刊》2004 年第 5 期。

72. 赵玮玮："转型时期农村社会的纠纷解决与基层政府"（硕士论文），北京大学图书馆藏，论文号 B02016。

73. 张传文："上层与乡下的政治——中国农村基层政权衰落之研究"（硕士论文），北京大学图书馆藏，索书号 024/M2005（005）。

74. 姚俊："苏南乡村精英迁居城市的原因及其对原居村庄的影响"，载《苏州大学学报》2004 年第 3 期。

75. 李俊："中国共产党执政合法性问题研究综述"，载《中共宁波市委党校学报》2004 年第 3 期。

76. 郭圣莉、王一侬："从里委会到革委会——'文革'十年中居委会的考察与思考"，载《广州大学学报》2004 年第 7 期。

77. 何永军："司法合法性问题探析"，载《湖南公安高等专科学校学报》2004 年第 4 期。

78. 左卫民、何永军："政法传统与司法理性——以最高法院信访制度为中心的研究"，载《四川大学学报》2005 年第 1 期。

79. 郑永年："为什么中国要走人本社会主义道路？"，载《开放导报》2005 年第 2 期。

80. 陈光中、郑未媚:“论我国刑事审判监督程序之改革”，载《中国法学》2005 年第 2 期。

81. 周永坤:“人民陪审员不宜精英化”，载《法学》2005 年第 10 期。

82. 王喆:“中国共产党执政合法性研究综述”，载《党政干部学刊》2005 年第 5 期。

83. 季卫东:“法律程序的形式性与实质性——以对程序理论的批判和批判理论的程序化为线索”，载《北京大学学报（哲学社会科学版)》2006 年第 1 期。

84. 喻中:“乡村司法的图景——一个驻村干部的办案方式述论”，载黄宗智主编:《中国乡村研究》（第 4 辑)，社会科学文献出版社 2006 年版。

85. 李斯特:“人民司法群众路线的谱系”，载苏力主编:《法律和社会科学》（第 1 卷)，法律出版社 2006 年版。

三、译著

1. ［法］孟德斯鸠:《论法的精神》（上册)，张雁深译，商务印书馆 1959 年版。

2. ［英］密尔:《论自由》，许宝骙译，商务印书馆 1959 年版。

3. ［美］汉密尔顿、杰伊、麦迪逊:《联邦党人文集》，程逢如、在汉、舒逊译，商务印书馆 1980 年版。

4. ［法］潘恩:《潘恩选集》，马清槐等译，商务印书馆 1981 年版。

5. ［英］洛克:《政府论》（下篇)，瞿菊农、叶启芳译，商务印书馆 1982 年版。

6. ［美］庞德:《通过法律的社会控制、法律的任务》，沈宗灵、董世忠译，商务印书馆 1984 年版。

7. ［英］霍布斯:《利维坦》，黎思复、黎廷弼译，商务印书馆 1985 版。

8. ［美］E. A. 罗斯:《社会控制》，秦志勇、毛永政译，华夏出版社 1989 年版。

9. ［古希腊］柏拉图:《理想国》，郭斌和、张竹明译，商务印书馆 1986 年版。

10. ［美］罗伯特·达尔：《现代政治分析》，王沪宁等译，上海译文出版社 1987 年版。

11. ［法］莫里斯·迪韦尔热：《政治社会学——政治学要素》，杨祖功、王大东译，华夏出版社 1987 年版。

12. ［美］普洛格、贝茨：《文化演进与人类行为》，吴爱明、邓勇译，辽宁人民出版社 1988 年版。

13. ［法］托克维尔：《论美国的民主》（上卷），董果良译，商务印书馆 1988 年版。

14. ［美］亨廷顿：《变化社会中的政治秩序》，王冠华等译，生活·读书·新知三联书店 1989 年版。

15. ［美］莫里斯·迈斯纳：《毛泽东的中国及后毛泽东的中国》，杜蒲、李玉玲译，四川人民出版社 1989 年版。

16. ［美］E. 希尔斯：《论传统》，傅铿、吕乐译，上海人民出版社 1991 年版。

17. ［法］布洛赫：《历史学家的技艺》，张和声、程郁译，上海社会科学院出版社 1992 年版。

18. ［法］托克维尔：《旧制度与大革命》，冯棠译，商务印书馆 1992 年版。

19. ［美］利普塞特：《政治人——政治的社会幕础》，刘钢敏、聂蓉译，商务印书馆 1993 年版。

20. ［日］棚濑孝雄：《纠纷的解决与审判制度》，王亚新译，中国政法大学出版社 1994 年版。

21. 《马克思恩格斯选集》（第 1 卷），人民出版社 1995 年版。

22. ［美］华尔德：《共产党社会的新传统主义》，龚小夏译，牛津大学（香港）出版社 1996 年版。

23. ［美］詹姆斯·汤森等：《中国政治》，顾速等译，江苏人民出版社 1996 年版。

24. ［古罗马］西赛罗：《论共和国·论法律》，王焕生译，中国政法大学出版社 1997 年版。

25. ［德］马克斯·韦伯：《经济与社会》（上卷），林荣远译，商务印书馆 1997 年版。

26. ［英］安东尼·吉登斯：《民族——国家与暴力》，胡宗泽、赵力涛译，生活·读书·新知三联书店 1998 年版。

27. [英] 埃德蒙·柏克:《法国革命论》，何兆武等译，商务印书馆 1998 年版。

28. [德] 马克斯·韦伯:《学术与政治》，冯克利译，生活·读书·新知三联书店 1998 年版。

29. [美] 福山:《信任：社会道德与繁荣的创造》，李宛容译，远方出版社 1998 年版。

30. [美] 戴维·伊斯顿:《政治生活的系统分析》，王浦劬等译，华夏出版社 1999 年版。

31. [美] 科尔曼:《社会理论的基础》，邓方译，社会科学文献出版社 1999 年版。

32. [美] 罗伯特·普特南:《使民主运转起来》，王列等译，江西人民出版社 2001 年版。

33. [英] 戴雪:《英宪精义》，雷宾南译，中国法制出版社 2001 年版。

34. [英] 埃德蒙·柏克:《自由与传统》，蒋庆等译，商务印书馆 2001 年版。

35. 黄树民:《林村的故事：1949 年后的中国农村变革》，素兰、纳日碧力戈译，生活·读书·新知三联书店 2002 年版。

36. [日] 高见泽磨:《现代中国的纠纷与法》，何勤华等译，法律出版社 2003 年版。

37. [英] 迈克尔·欧克肖特:《政治中的理性主义》，张汝伦译，上海译文出版社 2003 年版。

38. [法] 卢梭:《社会契约论》，何兆武译，商务印书馆 2003 年版。

39. [美] 史蒂芬·霍尔姆斯、凯斯·R. 桑斯坦:《权利的成本——为什么自由依赖于税》，毕竞悦译，北京大学出版社 2004 年版。

40. [美] 杜赞奇:《文化、权力与国家（1900 ~ 1942 年的华北农村)》，王福明译，江苏人民出版社 2004 年版。

41. [日] 染野义信:《转变时期的民事裁判制度》，林剑锋译，中国政法大学出版社 2004 年版。

42. [美] 米尔伊安·R. 达玛什卡:《司法和国家权力的多种面孔》，郑戈译，中国政法大学出版社 2004 年版。

43. [英] 昆廷·斯金纳、博·斯特拉思主编:《国家与公民》，彭利平译，华东师范大学出版社 2005 年版。

44. ［芬兰］凯瑞·帕罗内：《昆廷·斯金纳思想研究》，李宏图、胡传胜译，华东师范大学出版社 2005 年版。

45. ［美］莫里斯·迈斯纳：《马克思主义、毛泽东主义与乌托邦主义》，张宁、陈铭康等译，中国人民大学出版社 2005 年版。

46. ［美］阎云翔：《私人生活的变革：一个中国村庄里的爱情、家庭与亲密关系（1949～1999）》，龚晓夏译，上海书店出版社 2006 年版。

四、英文文献

1. Ho Ping－ti and Tsou Tang（eds），*China in Crisis*，University of Chicago Press，1968.

2. Franz Schurmann，*Ideology and Organization in Communist China*，Berkeley，CA.：University of California Press，1968.

3. Alasdair MacIntyre，*After Virtue*，Notre Dame：the University of Notre Dame Press，1981.

4. Larry Alexander（ed.），*Constitutionalism Philosophical Foundations*，Cambridge University Press，1998.

后 记

本书初版是没有后记的，现借再版之机增补一个后记，对相关事宜略作交待，以酬谢各位师友长年来对我的关心和帮助。

本书是我的博士论文，所以谈起本书就不得不提及我的博士论文的研究和写作过程。在左师的关照下，我读了两年硕士没有写硕士论文就直接进入了博士阶段的学习，博士也只读了三年，其第一年除了听课以外就是跟着左师做课题，学习研究和写作的各项技能，按照当时川大的要求，博士生要在 CSSCI 期刊上独立公开发表 3 篇论文毕业时才有资格拿到博士学位，所以博士二年级的第一学期，就是 2005 年下半年那个学期，我的主要精力均放在撰写相关资格论文上。而按照教学安排，博士生第三学期期末就要做博士论文开题报告，故 2005 年年底我就面临着博士论文开题的问题。

但当时我对写博士论文并没多少准备，可以说基本上没任何概念。唯一清楚的只是，我不想步当时大多数国内法学博士论文——以一个法律制度为研究对象，以中国立法上的缺陷、域外考察和借鉴、中国制度完善的构想为主要研究内容——的后尘，那样的博士论文基本上写出来很快就过时了。因为无论是国内还是域外相关法律制度总是处于不断变化的过程之中，而立法一修改书的内容就过时了，其无法克服基尔希曼所说的“立法者只要修正三个字眼书即变成废纸一堆”的宿命。我希望我辛辛苦苦完成的博士论文，其生命能长久一些。而以我当时的眼界，能想到的传世学术作品只有两种类型：一是哲理方面的著作，因为其阐释了伟大而永恒的思想因而不朽；一是讲事实的著作，因为其再现了真实的历史而永恒。以我当时的学养，当然不可能写出伟大的思想类著作，所以我唯一可能尝试一下的就是写一篇史学类的论文，研究某一个历史时段的法律或司法。历史事实已不可改易，这样就锁定了研究对象，其不可再变来变去了，只要结论是从史料中得出来的，只要使用的史料不被证伪，那么结论就始终成立，书的内容也就永远不会过时。现在看来，我当初的愿望基本达到了，十余年过去了，本书内容依然不过时，其基本结论依然成立，而且在未来的历史时空中，只要人们对人民司法传统这个话题还有兴趣，那么本书的生命就不会终结。

依据上面的想法，以及当时司法改革这个学术热点，我初步拟定研究改革开放以来（1978~2005年）的基层法院建设，但对于研究基层法院建设中的什么问题则一点概念也没有。我博士论文的开题报告可能是世界上最寒酸的开题报告，就一页纸，只列了一二级标题，总共不过数十字，由于我心无成竹，也无法向各位老师讲清楚自己究竟要干什么（研究什么问题），所以我的开题报告令老师们相当不满意，有老师很不客气地说如果我能完成博士论文那就是天才。大多数老师都不看好我，但对此我没有任何心理压力，那时还年轻，没有多少经历，也不知道世事的艰难，最后左师对我投了信任票，其虽然看出了我没有什么准备，但他似乎有充足的理由相信我能完成博士论文，就这样我凭借一页纸、数十个字就通过了博士论文的开题。这个经历加之后来自己培养研究生的实践，使我认识到，毕业论文开题应分两步：第一步把研究对象确定下来就行了，至于研究什么问题等学生研读了相关文献和材料以后再说，故原则上不要求列什么提纲，研究问题都未明确就要求列出写作的提纲是荒唐的。第二步的任务就是确定研究的问题，问题意识明确了就可以要求学生列出写作的提纲了，当然原则上宜粗不宜细，应允许学生根据研究的深入而适时修正和调整。而这每一步都应当进行若干次，不要奢望毕其功于一役，一次性就搞定，只有这样学生才能写出合格的毕业论文。

开题之后，我就开始收集资料，虽然我的研究对象是基层人民法院，但基本上凡是关于人民法院的资料我都会收集。没有第一手材料就没有第一流的可靠研究成果，但由于受经费和条件的限制，我不可能进行系统的田野调查，也不可能查阅相关档案，能够接触到的第一手材料唯有报刊。有几个月时间，我基本上都天天泡在图书馆里，早上8点钟赶到图书馆，晚上10点钟才离开，中间饿了就吃点自带的零食，困了就在图书馆的桌子上打个盹。我每天的工作就是一页一页地翻看报刊和相关书籍，看到有用的资料，篇幅不长的就用笔抄下来，篇幅长的就叫工人师傅复印下来，每天晚上回宿舍时总带回一大叠复印的材料。而回到宿舍并不意味着休息时间的来临，而只是另一项新工作的开始，我那时还没有笔记本电脑，写作全凭一破旧的台式电脑，我必须把一整天做的笔记和复印的资料全都输入电脑变成文字然后才可以入睡，这样同一份资料，一天就消化了两次，将来使用它们时就得心应手了，而且由于大多数资料在正式写作前已录入了电脑，正式写作时只需要把它们复制粘贴到相应的章节即可，这样就大大地提高了写作的进度。

把诸如《人民日报》和《人民司法》这样的连续出版物从创办之初逐页翻阅到2005年底，其中的艰辛和乐趣是无法与外人分享的，其本身就是穿越共和国历史的一种精神之旅。20世纪80年代中期以前的《人民日报》都是没有广告的，后来相关的广告陆续出现并逐步占据了半壁江山，而《人民司法》复刊后最初是一保密的内部刊物，法院系统外的人花钱都买不到，而到20世纪80年代中晚期其上也开始出现征订广告，商品经济开始向社会的各个角落渗透。逐页翻检报刊，会使人真切地感受到共和国政治、经济和社会生活诸多方面所发生的深刻变迁，这是那些通过检索诸如报刊全文数据库查找资料的人所无缘体会的。

随着翻阅和整理资料工作的深入，我对共和国以及人民法院的历史逐渐清晰起来，但是苦苦寻找的那个问题则似乎还远在天边，如何找到一个有学术价值的问题仍然是横在我面前的难题。没有好的问题就没有好的研究。如果始终找不到一个有价值的学术问题，那么我也就只能草草收场了，运气好勉强混个博士学位，运气不好则只能黯然离开。由于我没有写硕士论文，最终也许连个硕士学位都拿不到。随着时间的流逝我感到了前所未有的压力，好多天在川大的校园内焦急地徘徊，心中充满了绝望。有一天下午，我一个人静静地躺在床上回顾我所搜集的资料，“人民司法传统的命运”这个问题一下子从头脑中冒了出来，我高兴地从床上跳了起来，我成功了！我终于找到了多日来苦苦寻找的问题。后来我常对学生讲，有了好的问题就等于成功了一大半，正是源于这一段刻骨铭心的经历。

既然我最终决定研究人民司法传统的命运问题，那么我的研究对象也就没有必要再局限于基层人民法院了，而应随之放大到所有各级人民法院，这样也给我的写作带来了莫大的便利，只要是涉及人民法院的材料都可使用了，而不再限于只能使用基层人民法院的材料。我迅速地列出了提纲，并以每天数千字的速度夜以继日地进行写作，我大概用了三四个月时间就完成了博士论文主要章节的写作。2007年1月，川大即将放寒假，左师托人给我带话说他想看看我的博士论文，我匆忙地打印了一本200多页没有导论和结语的初稿交到了他研究生院的办公室。我知道他对我是否能完成博士论文以及是否能按时参加答辩心中没底，直到看见我的打印稿，方使他再次恢复了对我的信心。学校一放寒假，我就带上借来的破旧手提电脑，躲在仁寿县的一个小镇，春节期间也没休息，加班加点地撰写结语和导论。最后写的正是导论，对于像我这样匆忙研究和写作的人来说，最后写导论是恰当的安排，只有到最后许多问题才能清楚和明白起来，这时写的导论才能做到和正文天衣无缝，而不致出现正文和导论“两张皮”的情形。当然对于那种经过长期深思熟虑、胸有成竹、按部就班的写作而言，最先写导论则是较妥当的安排，像我的《中国古代法制的思想世界》和《中国古代司法的精神》即是这样做的。到2007年2月底，川大春季开学时，我的博士论文已基本定稿了，剩下的只是走送外审和答辩的程序了。

我只用了一年左右的时间就完成了博士论文的研究和写作。现在想来，当年在如此短的时间内就误打误撞地完成了一篇以历史学的方法、政治学的问题意识、社会学的知识对人民司法传统的命运进行交叉研究的博士论文，并最终通过答辩，真是无比幸运。而这个幸运很大程度上得益于左师学术上的民主和当年川大管理上的宽松，这赋予了我最大限度的自由和便利，使我能够完全随心所欲地按照自己的想法进行研究和写作，在研究的过程中可以自由地变换研究对象和问题，在当下日益严格和规范的博士生培养流程之下我当年的幸运恐怕再也不可复制了。

对于本书的再版，有朋友建议我新增加一章，对近十余年来人民法院建设的新近发展做一连续性的研究，这个建设当然十分好，一本书的再版除了修订个别原版编校上的小瑕疵之外，还能增加一些新的内容，对于读者来说当然是最负责任的做法。不过，每一本书都有自身特定的写作目的，就本书而言，其原定的研究和写作目的——整理中国共产党司法（人民司法）的新传统，梳理其各项理念和技术，探究人民司法传统的命运与中国政治权威与社会秩序以及中国共产党治国理政合法性的关联，揭示中国司法现代化过程中要解决的历史课题——已完成了，再延长一点研究的时段意义不大。而且事实表明，近十余年来人民法院的建设基本上也印证了我当初的结论，人民司法传统出现了进一步的复苏（党对司法的领导得到强化，司法的人民性得到强调），而新近所进行的一系列司法改革（跨行政区划司法机关及最高人民法院巡回法庭的建立，省以下地方法院人、财、物统一管理，司法人员分类管理，法官员额制，司法责任制，完善执行体制及工作机制，推进审判中心主义，完善错案追究制度，改革司法官惩戒制度，改革监察体制，等等）也基本上是围绕着本书所揭示的实现中国司法现代化所面临的诸如地方保护主义、执行难和司法腐败等这些挑战而展开的，且就目前所取得的成效来看，还远不能说已取得了成功，故不但本书的内容不过时，而且所讨论的相关话题在当下以及较长的未来都仍具有现实意义，其不用做任何实质性的修改就可再版。

最后，我要借此机会对云南大学法学院的各位领导和同事致以衷心的感谢，感谢大家给予了我大家庭的温暖，祝愿我们的法学院越办越好。同时，我也要对中国政法大学出版社的阚明旗主任和马旭等各位编辑老师致以谢忱，感谢其为本书的再版所付出的艰辛劳动。本书的出版得到国家社会科学基金重大项目（批准号：17VHJ004）的资助，也特此致谢。

何永军

2018 年 2 月 28 日于呈贡吴家营